U0581256

《辉煌历程——庆祝新中国成立60周年重点书系》

编辑委员会

主 任：柳斌杰　李东生

副主任：邬书林　李忠杰　邢贲思

委 员：（以姓氏笔画为序）

王英利	冯 飞	汝 信	孙大力	李宝柱
李学勤	吴尚之	张小影	张卓元	张树军
陈建功	陈祖武	邵维正	郎 樱	施子海
洪小勇	郭 玮	郭义强	黄书元	阎建琪
彭 红	韩 宇	程恩富	谢春涛	

辉煌历程
庆祝新中国成立60周年重点书系

中国市场化进程
——李晓西的观察与思考

李晓西 著

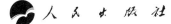

人民出版社

在新的历史起点上再创辉煌

——《辉煌历程——庆祝新中国成立 60 周年重点书系》总序

柳斌杰

1949 年 10 月 1 日，中华人民共和国诞生了！中国人民从此站起来了，中华民族以崭新的姿态自立于世界民族之林！新中国成立以来的 60 年，是中国社会发生翻天覆地变化的 60 年，是中国共产党带领全国各族人民同心同德、奋勇向前、不断从胜利走向胜利的 60 年，是中华民族自强不息、顽强奋进、从贫穷落后走向繁荣富强的 60 年，是举国上下自力更生、艰苦奋斗，开创社会主义大业的 60 年。60 年峥嵘岁月，60 年沧桑巨变。当我们回顾 60 年奋斗业绩时，感到格外自豪：一个充满生机和活力的社会主义新中国正巍然屹立于世界的东方。

在新中国成立 60 周年之际，系统回顾和记录 60 年的辉煌历史，总结和升华 60 年的宝贵经验，对于我们进一步深刻领会和科学把握社会主义制度的优越性、党的领导的重要性，进一步增强民族自豪感，大力唱响共产党好、社会主义好、改革开放好、伟大祖国好、各族人民好的时代主旋律，高举中国特色社会主义伟大旗帜，坚定走中国特色社会主义道路的决心和信心，在新的历史起点继续坚持改革开放，深入推动科学发展，夺取全面建设小康社会新胜利、开创中国特色社会主义事业新局面，都有十分重要的意义。

一

中国走社会主义道路，是历史的选择，人民的选择，时代的选择。在相当长的历史时期内，中国是世界上一个强大的封建帝国。1840 年鸦片战争以后，由于帝国主义列强的侵入，中国由一个独立的封建国家变为半殖民地半封建的国家，中华民族沦落到苦难深重和任人宰割的境地。此时的中华民族面对着两大历史任务：一个是争取民族独立和人民解放，一个是实现国家繁荣富强和人民富裕；需要解决两大矛盾：一个是帝国主义和中华民族的矛盾，一个是封建主义和人民大众的矛盾。近代中国社会的主要矛盾和我们民族面对的历史任务，决定了近代中国必须进行反帝反封建的彻底的民主主义革命，只有这样才能赢得民族独立和人民解放，也才能开启国家富强和人民富裕之路。历史告诉我们，一方面，旧式的农民战争，封建统治阶级的"自强""求富"，不触动封建根基的维新变法，民族资产阶级领导的民主革命，以及照搬西方资本主义的其他种种方案，都不能完成救亡图存挽救民族危亡和反帝反封建的历史任务，都不能改变中国人民的悲惨命运，中国人民依然生活在贫穷、落后、分裂、动荡、混乱的苦难深渊中；另一方面，"帝国主义列强侵入中国的目的，决不是要把封建的中国变成资本主义的中国"，而是要把中国变成他们的殖民地。因此，中国必须选择一条适合中国国情的道路。"十月革命一声炮响，给我们送来了马克思列宁主义。十月革命帮助了全世界的也帮助了中国的先进分子，用无产阶级的宇宙观作为观察国家命运的工具，重新考虑自己的问题。走俄国人的路——这就是结论。"中国的工人阶级及其先锋队——中国共产党登上历史舞台后，中国革命的面貌才焕然一新。在新民主主义革命中，以毛泽东同志为代表的中国共产党人带领全党全国人民，经过长期奋斗，创造性地开辟了一条农村包围城市、武装夺取政权的革命道路，实现了马克思主义与中国实际相结合的第一次历史性飞跃，最终建立了伟大的中华人民共和国。从此，中国历史开始了新的纪元！

新中国成立初期，西方国家采取经济封锁、政治孤立、军事包围等手段打压中国，妄图把新中国扼杀在摇篮中。以毛泽东同志为核心的党的第一代中央领导集体，领导全国各族人民紧紧抓住恢复和发展生产这一中心环节，在继续完成民主革命遗留任务的同时，有步骤地实现从新民主主义到社会主义的转变，迅速恢复了在旧中国遭到严重破坏的国民经济并开展了有计划的经济建设。从1953年到1956年，中国共产党领导全国各族人民有计划有步骤地完成了对农业、手工业和资本主义工商业的社会主义改造，实现了中国社会由新民主主义到社会主义的过渡和转变，在中国建立了社会主义基本制度。邓小平同志在《坚持四项基本原则》一文中，对中国为什么必须走社会主义道路作了明确的说明："只有社会主义才能救中国，这是中国人民从五四运动到现在六十年来的切身体验中得出的不可动摇的历史结论。中国离开社会主义就必然退回到半封建半殖民地。中国绝大多数人决不允许历史倒退。"

但是，探索社会主义道路是一个艰辛的过程。社会主义制度是人类历史上一种崭新的社会制度，代表着人类历史前进的方向。建设社会主义是前无古人的崭新事业，没有任何现成的经验可资借鉴，只能在实践中不断探索适合中国国情的社会主义发展道路。毛泽东同志很早就指出："我们对于社会主义时期的革命和建设，还有一个很大的盲目性，还有一个很大的未被认识的必然王国。"正是由于中国共产党人有这种认识，所以这种探索贯穿在社会主义建设的全过程。

在新中国成立之初，以毛泽东同志为主要代表的中国共产党人在深刻分析当时国内外形势和中国国情的基础上，开始了从"走俄国人的路"到"走自己的道路"的历史性探索。这表明中国共产党力图在中国自己的建设社会主义道路中打开一个新的局面，反映了曾长期遭受帝国主义列强欺凌的中国人民站立起来之后求强求富的强烈渴望。探索者的道路从来不是平坦的。到了50年代后期，党的指导思想开始出现"左"的偏差。特别是60年代中期，由于对国际和国内形势判断严重失误，"左"倾错误发展到极端，造成了延续十年之久的"文化大革命"。"文化大革命"的十年内乱，给我们党和国家带来了极其严重的创伤，国民经济濒临崩溃的边缘，人民生活十分困难。1976年我们党依靠自身的力量，粉碎了"四人帮"，结束了十年内乱，从危难中挽救了党，挽救了革命，使社会主义中国进入了新的历史发展时期。在邓小平同志领导下和其他老一辈革命家支持下，党的十一届三中全会开始全面纠正"文化大革命"及其以前的"左"倾错误，冲破个人崇拜和"两个凡是"的束缚，重新确立了解放思想、实事求是的思想路线，果断停止了"以阶级斗争为纲"的错误方针，把党和国家的工作中心转移到经济建设上来，做出了实行改革开放的历史性决策。改革开放是党在新的时代条件下带领人民进行的新的伟大革命。从此以后，社会主义中国的历史掀开了新的一页。经济改革从农村到城市、从国有企业到其他各个行业势不可挡地展开，对外开放的大门从沿海到沿江沿边、从东部到中西部毅然决然地打开了，社会主义中国又重新焕发出了蓬勃的生机和活力。以党的十一届三中全会为标志进行了30多年的改革开放，巩固和完善了社会主义制度，为当代中国探索出了一条真正实现国家繁荣富强、人民共同富裕的正确道路。

二

新民主主义革命的胜利，社会主义基本制度的建立，实现了中国几千年来最伟大最广泛最深刻的社会变革，创造和奠定了新中国一切进步和发展的基础。中国是有着五千年历史的文明古国，但人民当家作主人，真正结束被压迫、被统治的命运，成为国家、社会和自己命运的主人，只是在中华人民共和国成立后才成为现实。在中国共产党的领导下，中国人民推翻了"三座大山"，夺取了新民主主义革命的胜利，真正实现了民族独立和人民解放；彻底结束了旧中国一盘散沙的局面，实现了国家的高度统一和各民族的空前团结；创造性地实现了从新民主主义到社会主义的转变，全面确立了社会主义的基本制度，使占世界人口四分之一的东方大国迈入了社会主义社会；

建立了人民民主专政的国家政权，中国人民掌握了自己的命运，中国实现了从延续几千年的封建专制政治向人民民主政治的伟大跨越；建立了独立的、比较完整的国民经济体系，经济实力、综合国力显著增强，国际地位大幅度提高。社会主义给中国带来了翻天覆地的变化。

那么，面对与时俱进的世界，中国的社会主义建设如何在坚持中发展呢？这就要进行新的探索，新的实践。胡锦涛同志在党的十七大报告中强调，"我们党正在带领全国各族人民进行的改革开放和社会主义现代化建设，是新中国成立以后我国社会主义建设伟大事业的继承和发展，是近代以来中国人民争取民族独立、实现国家富强伟大事业的继承和发展"。正是在改革开放的伟大实践中，中国共产党人开辟了中国特色社会主义道路。这是一条能够使民族振兴、国家富强、人民幸福、社会和谐的康庄大道，是当代中国发展进步和实现中华民族伟大复兴的唯一正确的道路。在当代中国，坚持中国特色社会主义道路，就是真正坚持社会主义。

"中国特色社会主义道路，就是在中国共产党的领导下，立足基本国情，以经济建设为中心，坚持四项基本原则，坚持改革开放，解放和发展社会生产力，巩固和完善社会主义制度，建设社会主义市场经济、社会主义民主政治、社会主义先进文化、社会主义和谐社会，建设富强民主文明和谐的社会主义现代化国家。"改革开放是中国的第二次革命，给我国带来了历史性的三大变化：一是中国人民的面貌发生了巨大变化，许多曾经长期窒息人们思想的旧的观念、陈腐的教条受到了巨大冲击，人们的思想得到了前所未有的大解放，解放思想、实事求是、与时俱进、开拓创新开始成为人们精神状态的主流。二是中国社会面貌发生了巨大变化，社会主义中国实现了从"以阶级斗争为纲"到以经济建设为中心、从封闭半封闭到改革开放、从高度集中的计划经济体制到充满活力的社会主义市场经济体制的伟大转折。我国获得了自近代以来从未有过的长期快速稳定发展，社会生产力大解放，社会财富快速增长，人民的生活水平实现了从温饱不足到总体小康的历史性跨越。满目疮痍、饱受欺凌、贫穷落后的中国已经变成政治稳定、经济发展、文化繁荣、社会和谐的社会主义中国。三是中国共产党的面貌发生了巨大变化，中国共产党重新确立了马克思主义的思想路线、政治路线和组织路线，在开辟中国特色社会主义伟大道路的过程中，在领导中国特色社会主义现代化进程中，始终把保持和发展党的先进性、提高党的执政能力、转变党的执政方式、巩固党的执政基础作为党的建设的重点，实现了从革命党向执政党的彻底转变，成为始终走在时代前列的中国特色社会主义事业的坚强领导核心。

新中国成立60年来，特别是改革开放30多年来的伟大成就生动展现了我们党和国家的伟大力量，展现了13亿中国人民的力量，展现了中国特色社会主义事业的伟大力量。"中国特色社会主义道路之所以完全正确、之所以能够引领中国发展进步，关键在于我们既坚持了科学社会主义的基本原则，又根据我国实际和时代特征赋予其鲜明的中国特色。"胡锦涛同志在纪念党的十一届三中全会召开30周年大会上的重要讲话中强调："我们要始终坚持党的基本路线不动摇，做到思想上坚信不疑、行动上坚定不移，决不走封闭僵化的老路，也决不走改旗易帜的邪路，而是坚定不移地走中国特色社会主义道路。"

坚定不移地走中国特色社会主义道路，就必须牢牢把握和坚持中国共产党的领导这个根本，这也是我们走上成功之路的实践经验。中国共产党是中国工人阶级的先锋队，同时是中国人民和中华民族的先锋队，是中国特色社会主义事业的领导核心。自诞生之日起，中国共产党就自觉肩负起中华民族伟大复兴的庄严使命，带领中国人民经过艰苦卓绝的奋斗，取得了革命、建设和改革的一个又一个重大胜利。中国特色社会主义道路是中国共产党领导全国各族人民长期探索、不懈奋斗开拓的道路，党的领导是坚持走这条道路的根本政治保证和客观的内在要求。没有共产党，就没有新中国，就没有中国的繁荣富强和全国各族人民的幸福生活。

坚定不移地走中国特色社会主义道路，就必须牢牢把握和坚持解放思想、实事求是的思想路线，充分认识我国处于并将长期处于社会主义初级阶段的基本国情，深刻认识社会主义事业的长期性、艰巨性和复杂性。过去的一切失误，在很大程度上就是因为没有正确地认识中国的国情，离开或偏离了发展的实际。我们要牢记教训，一切从实际出发，一切要求真务实。

坚定不移地走中国特色社会主义道路，就必须牢牢把握和坚持"一个中心，两个基本点"的基本路线。以经济建设为中心是兴国之要，是我们党和国家兴旺发达和长治久安的根本要求。四项基本原则是立国之本，是我们国家生存发展的政治基石。改革开放是决定当代中国命运的关键抉择，是发展中国特色社会主义、实现中华民族伟大复兴的必由之路。我们必须坚持改革开放不动摇，决不能走回头路。

中国特色社会主义事业是一项前无古人的创造性事业，是一项极其伟大、光荣而艰巨的事业。我们必须清醒地认识到，"我们的事业是面向未来的事业"，"实现全面建设小康社会的目标还需要继续奋斗十几年，基本实现现代化还需要继续奋斗几十年，巩固和发展社会主义制度则需要几代人、十几代人甚至几十代人坚持不懈地努力奋斗"。在新的国际国内形势和新的历史起点上，只要我们不动摇、不懈怠、不折腾，坚定不移地坚持中国特色社会主义道路，坚定不移地坚持党的基本理论、基本路线、基本纲领、基本经验，勇于变革、勇于创新，永不僵化、永不停滞，不为任何风险所惧，不被任何干扰所惑，就一定能凝聚力量，战胜一切艰难险阻，不断开创中国特色社会主义事业新局面。

三

把马克思主义基本原理同中国实际相结合，坚持科学理论的指导，坚定不移地走自己的路，这是马克思主义的本质要求，是中国共产党人在深刻把握马克思主义理论品质、清醒认识中国国情的基础上得出来的科学结论。毛泽东同志指出："认清中国社会的性质，就是说，认清中国的国情，乃是认清一切革命问题的基本的根据。"邓小平同志指出："马克思列宁主义的普遍真理与本国的具体实际相结合，这句话本身就是普遍真理。它包含两个方面，一方面叫普遍真理，另一方面叫结合本国实际。我们历来认为丢开任何一面都不行。"中国共产党之所以成功地领导了革命、建设和改革，就是因为以科学态度对待马克思主义，正确地贯彻马克思主义基本原理与中国具体实际相结合的原则，推动马克思主义中国化，并不断丰富和发展了马克思主义。

以毛泽东为主要代表的中国共产党人，创造性地运用马克思主义的基本原理，认真总结中国革命胜利和失败的经验教训，重新认识中国国情，探讨中国革命的规律性，把马克思主义与中国革命的具体实践结合起来，提出了新民主主义理论，阐明了中国革命的一系列重大问题，实现了马克思主义和中国实际相结合的第一次历史性飞跃，产生了毛泽东思想这一马克思主义中国化的重要理论成果，引导中国革命不断走向胜利，完成了民族独立和人民解放的历史任务，创建了新中国，建立了社会主义制度。新中国成立初期，我们党在把马克思主义和中国实际相结合方面做得比较好，因而社会主义革命和建设都比较顺利，很快建立起了比较完备的社会主义工业体系和国民经济体系，显示了社会主义制度的优越性。

党的十一届三中全会之后的30多年，我们党紧紧围绕中国特色社会主义这个主题，在新的历史条件下继续推进马克思主义中国化，形成和发展了包括邓小平理论、"三个代表"重要思想以及科学发展观等重大战略思想在内的中国特色社会主义理论体系。以邓小平同志为主要代表的中国共产党人，开创了改革开放的伟大事业，并在总结当代社会主义正反两方面经验的基础上，在我国改革开放的崭新实践中，围绕着"什么是社会主义、怎样建设社会主义"这个基本问题，把马克思主义基本原理和中国社会主义现代化建设的实际相结合，系统地初步回答了在中国这样的经济文化比较落后的国家如何建设社会主义、如何巩固和发展社会主义的一系列基本问题，创立了邓小平理论，实现了马克思主义和中国实际相结合的又一次飞跃，奠定了中国特色社会主义理论体系的基础。党的十三届四中全会以后，以江泽民同志为主要代表的中国共产党人，在新的历史发展时期，把马克思主义的基本原理与当代中国实际和时代特征进一步结合起来，在建设中国特色社会主义新的实践中，进一步回答了什么是社会主义、怎样建设社会主义的问题，创造性地回答了在长期执政的历史条件下建设什么样的党、怎样建设党的问题，形成了"三个代表"重要思想，进一步丰富和发展了中国特色社会主义理论体系。党的十六大以来，以胡锦涛同志为总书记的党中央，站在历史和时代的高度，继续把马克思主义基本原理与当代中国实际相结合，在推进中国特色社会主义的实践中，全面系统地继承和发展了马克思列宁主义、毛泽东思想、邓小平理论、"三个代表"重要思想关于发展的重要思想，依据我国仍处于并将长期处于社会主义初级阶段而又进到新的发展阶段这个现实，进一步回答了新世纪新阶段我国需要什么样的发展和怎样发展的重大问题，形成了科学发展观等重大战略思想，赋予中国特色社会主义理论体系以新的丰富内容。

胡锦涛同志在党的十七大报告中强调："改革开放以来我们取得一切成绩和进步的根本原因，归结起来就是：开辟了中国特色社会主义道路，形成了中国特色社会主义理论体系。高举中国特色社会主义伟大旗帜，最根本的就是要坚持这条道路和这个理论体系。"中国特色社会主义理论体系坚持和发展了马克思列宁主义、毛泽东思想，凝结了几代中国共产党人带领人民不懈探索实践的智慧和心血，是马克思主义中国化的最新成果，是党最可宝贵的政治和精神财富，是全国各族人民团结奋斗的共同思想基础。在当代中国，坚持中国特色社会主义理论体系，就是真正坚持马克思主义。只有坚持中国特色社会主义理论体系不动摇，才能坚持中国特色社会主义道路不动摇，才能真正做到高举中国特色社会主义伟大旗帜不动摇。

四

站在时代的高峰上回望我国波澜壮阔的奋斗之路，我们感慨万千。正如胡锦涛同志所指出的，"没有以毛泽东同志为核心的党的第一代中央领导集体团结带领全党全国各族人民浴血奋斗，就没有新中国，就没有中国社会主义制度。没有以邓小平同志为核心的党的第二代中央领导集体团结带领全党全国各族人民改革创新，就没有改革开放历史新时期，就没有中国特色社会主义"。"以江泽民同志为核心的党的第三代中央领导集体"，"团结带领全党全国各族人民高举邓小平理论伟大旗帜，继承和发展了改革开放伟大事业，把这一伟大事业成功推向21世纪"。我们"要永远铭记党的三代中央领导集体的伟大历史功绩"。

新中国60年的辉煌历程充分证明，没有共产党就没有新中国，没有中国共产党的领导就没有国家的繁荣富强和全国各族人民的幸福生活，也就不会有社会主义现代化的中国。新中国60年的伟大成就充分证明，只有社会主义才能救中国，只有中国特色社会主义才能发展中国，只有走中国特色社会主义道路才能建设富强、民主、文明、和谐的社会主义现代化国家。新中国60年的宝贵经验充分证明，只要始终坚持马克思主义基本原理同中国具体实际相结合，在科学理论的指导下，不断丰富和发展中国特色社会主义理论体系，就能坚定不移地走自己的路。新中国60年特别是改革开放30多年的伟大实践昭示我们，中国的崛起是历史的必然，只要我们高举"一面旗帜"，坚持"一条道路"，在新的历史起点继续推进改革开放的伟大事业，不断开创中国特色社会主义事业新局面，当代中国、整个中华民族，就一定能走向繁荣富强和共同富裕的康庄大道。

庆祝新中国成立60周年，是今年党和国家政治生活中的一件大事。新中国60年的辉煌历程、伟大成就和宝贵经验，蕴含着丰富的教育资源，是进行爱国主义教育的生动教材。深入挖掘、整理、创作、出版有关纪念新中国成立60年的作品，是出版界义不容辞的责任和光荣使命。为隆重庆祝新中国成立60周年，中共中央宣传部、新闻出版总署组织出版了《辉煌历程——庆祝新中国成立60周年重点书系》，目的在于充分展示新中国成立60年来翻天覆地的变化，充分展示中国共产党领导全国各族人民在革命、建设、改革中取得的伟大成就，深刻总结新中国60年的宝贵经验，努力探索人类社会发展规律、社会主义建设规律、中国共产党的执政规律；宣传中国特色社会主义，宣传中国特色社会主义理论体系，进一步坚定走中国特色社会主义道路的决心和信心；大力唱响共产党好、社会主义好、改革开放好、伟大祖国好、各族人民好的时代主旋律，不断巩固全党全国各族人民团结奋斗的共同思想基础；为在新形势下继续解放思想、坚持改革开放、推动科学发展、促进社会和谐营造良好氛围，激励和鼓舞全党全国各族人民更加紧密地团结在以胡锦涛同志为总书记的党中央周围，高举中国特色社会主义伟大旗帜，为开创中国特色社会主义事业新局面、夺取全面建设小康社会新胜利、谱写人民美好生活新篇章而努力奋斗。

该书系客观记录了新中国60年波澜壮阔的伟大实践，全面展示了新中国60年来社会主义中国、中国人民和中国共产党的面貌所发生的深刻变化，深刻总结了马克思主义中国化的宝贵经验，生动宣传了新中国60年来我国各方面所取得的伟大成就及社会主义中国对人类社会发展进步所做出的伟大贡献。该书系所记录的新中国60年的奋斗业绩和伟大实践，所载入的以爱国主义为核心的民族精神和以改革创新为核心的时代精神，都将永远激励我们沿着中国特色社会主义道路奋勇前进。

目　录

序 言

我们是"文化大革命"后恢复高考进入大学的一批人，可以说，对计划经济的年代有着深刻的印象，对计划经济失误所造成的后果更有切身的体会。因此，当我们有机会在改革舞台上扮演一定的理论角色时，我们这批人坚定地支持并参加以市场化为导向的经济改革，这是非常自觉、充满激情的，绝无政治投机的盘算。正因为如此，不论在中国社会科学院进行科研工作，还是在国务院研究室专门从事政策研究，抑或是主动要求到高校从事科研与教学；不论是在人们热情赞扬经济改革时，还是全社会一度开展对市场化的批判时；不论是在有重大动力推进经济领域的市场化改革时，还是在强调卫生、教育、社会保障等社会事业的公益性而怀疑市场化改革方向的时候，我都坚定不移强调地主张和支持市场化，从来没有动摇过。因为我知道，市场化最大的基础是民本主义，是为了让千千万万的人民来决定生产、交换与消费。精英主张的理想，最终抵不上人民当家做主的力量。在表面上似乎充满盲目性的市场调节的背后，存在着引导经济最合理发展的"看不见的手"。

时代不仅给了我们参与改革的舞台，也给了我们反思与总结的良好机会。今年是新中国成立 60 周年，大家以各种方式在表达庆贺之意。人民出版社也组织了反映中国工业化、城市化、信息化、市场化、国际化进程的一套丛书，以回顾过去，彰显成就，总结经验，展望未来，并请我担任"中国市场化进程"这一本的主笔。"五化"是党的十七大提出来的，在这个大背景下"市场化"就有了清晰准确的定位。在 2008 年纪念改革开放 30 周年时，我曾主编了一本《中国经济改革 30 年/市场化进程卷》。因而，如何完成内容不重复的同名书，实在有些为难。后来，想出一个办法，即针对前一书侧重突出市场化客观的进程，这一本侧重突出在市场化进程中个人的思考，这样二者就有了区别。我又想起来，在 2008 年应"中国经济 50 人论坛"邀请，曾提交过一篇名为"中国市场化改革的推进与随思录"的文章。它大约有 3 万字，重在描述市场化客观进程，兼及一些主观思考与实践活动，但我的若干文章因受篇幅限制而没有展开。这次正好可借此基础，增加我在市场化进程各阶段中发表的论文，既努力做到客观事实简介与主观观察思考的结合，又希望通过对后者重点阐释有助于形成本书的特色。呈现在大家面前的这本大约有 40 万字且以论文为基础的著作，就是这样完成的。

屈指数来，从 1983 年我开始参与农村经济改革调研算起，至今已有 26 年的历史了；如果从我明确阐述市场化主张的 1986 年底算起，也已经过去了 23 个春秋了。因此，可以说我的学术生涯是与市场化理论与主张紧密相连的，这也使我在按市场化的历史进程来编排本书的结构时有着比较强的自信心。本书的框架结构如同我在纪念改革开放 30 年时编写的书或文章一样，把 1978 年以后的 30 年分为了四个阶段。如果加上当前国际金融危机的背景，就可增加为五个阶段。与此相应，形成了如下几章："市场化改革起步阶段的调研与思索"，"市场化改革初步进展阶段的理论呐喊"，"全面推进市场化改革的思路与政策建议"，"完善社会主义市场经济体系的理论思考"与"国际金融危机背景下的反思与前景展望"。考虑到本书是在纪念新中国成立 60 周年背景下出版的，不能只谈后 30 年，还需要有前 30 年的情况介绍。因此，加上了一个比较长的"引言"，即"计划经济下市场因素曲折成长"，概括了在经济体制改革前期市场化因素的起起伏伏。回想这些年中，经济学家群体做出了很多贡献，自己所做所写仅是其中一个很小的部分，因而就增写了第六章"我看市场化进程中的经济学家群体"。其中既有"建国 60 年对外开放理论回顾"，也有"改革 30 年重大理论问题的讨论与进展"，同时也借此把我的观点纳入到这个群体的成果之林中了，为自己的工作勾勒出一个比较客观的定位。

本书以市场化为主线，充分地反映了我一贯的思路和鲜明的理论主张。回首这 20 多年来，最有影响的市场化理论成果，一是 1986 至 1987 年间，当国家体改委征集改革思路和方案时，在中国社科院领导支持下，我曾组织了十几位博士完成了十几万字的市场化改革报告。这可能是我国理论界最早系统阐述市场化改革思路的长篇报告。当时我主笔的《市场化改革思路的主要特征与内容——深化改革的战略选择》（发表在 1987 年 11 月《世界经济导报》上）一文，后来在 2005 年被中国社会科学院经济所选编的三卷本《中国经济学百年经典》收录。二是 2000 年以后，为我国争取市场经济地位和反倾销工作，我组织了一批专家学者，主持完成了三本《中国市场经济发展报告》，用数据和事实证明中国已成为一个发展中的市场经济国家。"报告"的中英文版出版后，引起国内外的强烈反响。《2003 中国市场经济发展报告》获第十一届（2004 年度）孙冶方经济科学奖和北京市第八届哲学社会科学优秀成果一等奖。"报告"作为中国政府进行市场经济地位磋商的基本资料，正式提交给欧盟、美国和其他国家，也发送给我国 100 多个驻外使馆。"报告"在促使欧、美从拒绝讨论中国市场经济地位的立场，转到同意并成立了专门工作小组进行磋商过程中，以及在促使 60 多个国家承认我国市场经济地位中，起到了重要作用；在促使完善国内市场经济体系方面也发挥了重要的参考价值。《2005 中国市场经济发展报告》由英国阿什盖特出版公司出版，英文书名是"Assessing the Extent of China's Marketization"（《中国市场化程度的评估》）。在对此书的简评中，哈佛大学库珀教授说，这本书全面地记录了中国从中央计划经济走向市场经济国家的进程；华盛顿国际经济研究所高级研究员拉迪认为，本书是对中国向市场经济转轨的全面分析；匹兹堡大学罗斯基教授认为，这本覆盖面广、内容翔实的著作将有助于外国人了解中国经济学家和政策分析者们如何看待他们国家的发展历程、制度结构和改革进程。

　　最后想说，本书涉及众多的人与事，描述不一定全面，评论也不一定准确，均请原谅。书中专栏所列举的成果，不少是大家共同努力的结晶，当然必须是我主笔的，且主要责任在我。在此，向经济学界的前辈和同

仁，向曾以各种方式与我合作过的作者和朋友，表示衷心的感谢，是你们
丰富并完善了我人生的历程！

李晓西

2009 年 9 月 15 日

引言——

计划经济下市场
因素的曲折成长[①]

　　从1949年到1978年，我国一步步地实现了以公有制为基础的计划经济体制，一步步使计划成为资源配置的主要方式，财政实行统收统支，价格由国家制定，企业由政府管理。虽然集中国力办成了一些有益于当代与后人的大事，失误也不少，更重要的是经济发展后劲不足，动力不足，人民生活水平提高很慢，与发达国家的经济差距拉大了。与此同时，基于商品等价交换和价值规律等为基础的市场化因子，时隐时现，时起时伏，始终以其顽强的生命力伴随着共和国的历史步伐走过了一条曲折的自我成长之路。

　　下面，以新中国前30年我国经济发展的不同历史阶段为背景，以不同时期的政策变迁和学术争论为参照，简单梳理前30年计划经济体制下市场化因素复杂曲折的成长轨迹。

---

① "引言"部分，是由何奎博士先为我提供了一万多字的初稿。他认真查阅了资料，使我在修改时不必担心出错，因而没有再去翻查史料，这里要向何奎博士以及提供了一些资料的杨旭博士表示感谢。我主要是改了标题，调整了段中叙述的顺序，提出一些观点和压缩了原稿内容。

1. 市场因素发挥重要作用——
国民经济的全面恢复期

　　从 1949 到 1952 年这一时期，市场经济发挥着重要作用。毛泽东告诫各级党政领导干部不可"四面出击"、"树敌过多"①，刘少奇等领导人提出"过早地消灭资本主义的办法，是要犯'左'倾错误的"②。1949 年 3 月党的七届二中全会重申了新民主主义的经济制度纲领。党和政府依据《共同纲领》提出"公私兼顾、劳资两利"和在国营经济领导下的"分工合作、各得其所"的方针，对私营工商业采取"利用、限制、改造"的政策。1951 年 2 月 18 日，中共中央发出《政治局扩大会议决议要点》的党内通报，要确立"三年准备、十年计划经济建设"的思想，以努力恢复被长期战争破坏的国民经济，争取财政经济状况的好转。

　　当时土地改革尚未完成，朝鲜战争没有结束，国民经济还比较脆弱的情况下，在这期间，一方面，通过没收官僚资本，统一财政经济工作，平抑物价飞涨，遏止通货膨胀，优先发展重工业，掌握了国家经济命脉，确立了国营经济的领导地位；另一方面，为了促进国家经济的恢复和发展，减少制度变迁的摩擦成本和震荡效应，保留了较大比重的私人资本主义经济和个体经济，通过其积极发挥市场机制在经济运行中的基础性作用。例如，在生产资料市场，在 1950 年只有煤炭、钢铁、水泥、木材等 8 种物质采取计划调拨，在 1951 年上升为 33 种，1952 年上升为 55 种，绝大多数产品通过市场供给。私营商业也有发展，从 1950 年的 402 万户增至 450 万户，其批发额从 1950 年的 80.4 亿元增至 109.4 亿元，其零售额从 1950

---

① 《毛泽东选集》第 5 卷，人民出版社 1977 年版，第 21~24 页。
② 薄一波：《若干重大决策与事件的回顾》，中共中央党校出版社 2008 年版，第 34 页。

年的 101 亿元增至 132.8 亿元。①

这一时期的政策是完全正确的，我们看到，1952 年，我国工农业总产值分别比 1949 年增长了 144.8%、48.5%，经济取得了长足的进展。

2. 市场因素作用受到强力控制——
社会主义三大改造时期

1953～1957 年这一时期，土地改革、朝鲜战争、镇压反革命等三大运动基本结束，国民经济第一个五年计划制定并实施，计划调节力量迅速壮大，社会主义计划经济体制初步建立，国家的经济方针发生重大变化，市场调节作用逐渐下降。

1952 年 9 月 24 日，毛泽东在中共中央书记处的一次会议上提出，现在开始要用 10 年到 15 年的时间基本完成到社会主义的过渡。1953 年 11 月，他在中共中央书记处会议上说，要消灭资产阶级，消灭资本主义工商业。1953 年 6 月 15 日，他在中共中央政治局会议上正式提出了"过渡时期总路线"。1953 年 8 月，过渡时期总路线被正式确立为全党必须遵循的路线："从中华人民共和国成立，到社会主义改造完成，这是一个过渡时期，是要在一个相当长的时期内，基本上实现国家工业化和对农业、手工业、资本主义工商业的改造。"② 这一总路线简称"一化三改"。至 1956 年，基本完成了这一总路线，国民经济结构发生了根本性变化，形成了高度集中的计划经济体制。全国私营工业户数的 99%，私营商业户数的 82.2%，分别纳入了公私合营或合作社。公有制经济比重逐渐增大，市场机制在经济运行中的作用越来越小。"在国民收入中，1956 年同 1952 年

---

① 苏星：《新中国经济史》，中共党史出版社 2007 年版，第 136～143 页。
②《毛泽东选集》第 5 卷，人民出版社 1977 年版，第 89 页。

相比，全民所有制经济的比重由 19.1% 上升到 32.2%；集体所有制经济的比重由 1.5% 上升到 53.4%；公私合营经济由 0.7% 上升到 7.3%，私营经济则由 6.9% 下降到 0.1% 以下；个体经济由 71.8% 下降到 7.1%。社会主义公有制经济已占 93%。"① "单一公有制的形成，使市场机制失去多种经济成分并存这个基础，因而市场的调节作用逐渐衰微"。②

按照最初的设想，"'一化、三改'任务，要求用十五年或者更多一点的时间去完成；实际上，'一化'的任务不可能实现，而'三改'的任务却急急忙忙在三年多的时间内完成了，留下来很大的后遗症，不利于国民经济的发展"。③ 在其基本建立之时，其弊端也逐渐暴露：由于片面强调计划的作用，忽视价值规律和市场调节，原来具有比较大的自主权的企业成为上级行政管理机关的附属物，人、财、物、供、产、销全部由上级根据计划决定，企业经营积极性下降，商品品种大幅减少，商品质量普遍下降，消费者产生极大不满，等等。

经济界围绕着是否只需要纯粹的计划调节、如何利用价值规律等问题开展了活跃的理论讨论。薛暮桥在 1956 年 10 月 28 日的《人民日报》发表《计划经济与价值规律》一文，揭开了讨论社会主义制度下商品价值问题的第一次高潮。1957 年 2 月，他发表《再论计划经济与价值规律》一文，提出计划管理的范围不能无限扩大，要正确利用价值规律并在适当范围发挥价值规律自发调节作用。孙冶方在 1956 年发表《把计划和统计放在价值规律的基础上》、《从总价值谈起》，开始批判计划经济体制及其理论体系，提出"提高利润指标在计划经济管理体制中的地位"的论断，设计了以资金量为标准，"大权独揽，小权分散"的社会主义经济模式。1957 年，他在《论价值》中指出，价值规律作为客观规律就不能够加以限制，限制价值规律同取消或改造价值规律是犯同样错误的。

1956 年 4 月，毛泽东在中央政治局的讲话《论十大关系》也尖锐地

① 苏星：《新中国经济史》，中共党史出版社 2007 年版，第 187 页。
② 刘国光、张卓元等：《中国十个五年计划研究报告》，人民出版社 2005 年版，第 45 页。
③ 薄一波：《三十年来经济建设的回顾》，《薄一波文选》，人民出版社 1992 年版，第 536 页。

指出"权力过分集中于中央","管得过多，统得过死"，应向下级政府和企业放权。在1956年9月党的八大上，主管经济工作的陈云，分析了社会主义改造基本完成后的新问题，提出要对经济政策进行调整，形成"三为主、三为辅"的社会主义经济格局，即：（1）在工商经营方面，国家经营和集体经营是工商业的主体，但是附有一定数量的个体经营，这种个体经营是国家经营和集体经营的补充；（2）在生产计划方面，计划生产是工农业生产主体，按照市场变化而在计划许可范围内的自由生产是计划生产的补充；（3）在社会主义的统一市场里，国家市场是主体，但是附有一定范围内国家领导的自由市场。这种自由市场是在国家领导之下，作为国家市场的补充。[①] 应该说，在这一时期，计划经济体制已确立，但仍然在讨论如何给市场力量一定空间。但是，1957年下半年，全社会兴起了一股批判反冒进，鼓吹"大跃进"的浪潮，中共八大制定的路线没能继续推行。

3. 打下去又被"安慰"的市场因素——"大跃进"和人民公社化时期

　　1958年至1960年是新中国经济史上一段以浪漫的理想主义开始而以经济损失严重造成民生痛苦为结束的时期。1958年八大二次会议召开，确立了一条"鼓足干劲、力争上游、多快好省地建设社会主义"的总路线。各地推行了"大跃进"和人民公社运动，刮起了"一平二调三催款"的"共产风"，高指标、瞎指挥、浮夸风，严重违反了客观经济规律，破坏了经济正常比例，工农业生产大倒退，粮食供给严重不足，1962年全国出现了普遍性饥荒和大量的人口非正常死亡，国民经济再一次陷入严重

---

① 刘国光：《学习陈云同志的经济论著》，《光明日报》2005年5月31日。

困难。

实际上，这场运动一开始党中央就发现了问题。1958 年 11 月 8 日到 10 日，毛泽东带领参加第一次郑州会议的与会同志阅读斯大林的著作《苏联社会主义经济问题》，指出人民公社必须发展商品生产和商品交换，必须保留按劳分配制度。11 月 28 日和 12 月 10 日，毛泽东主持召开了中共八届六中全会，通过《关于人民公社若干问题的决议》，《决议》指出，"有些人企图过早地'进入共产主义'的同时，企图过早地取消商品生产和商品交换，过早地否定商品、价值、货币、价格的积极作用，这种想法是对于发展社会主义建设不利的，因而是不正确的。"[①] 1959 年 3 月，毛泽东指出，价值规律"是一个伟大的学校，只有利用它，才有可能教会我们的几千万干部和几万万人民，才有可能建设我们的社会主义和共产主义。否则一切都不可能"。[②] 当年 5 月，中央发出《关于农业的五条紧急指示》、《关于分配私人自留地以利发展猪鸡鸭鹅问题的指示》、《关于社员私养家禽、家畜、自留地等四个问题的指示》。这些规定承认商品、价格、价值等市场经济因素对国民经济健康发展的作用，对制止"共产风"产生了积极影响。但在肯定总路线下的某些修正，已不能也没准备来控制"大跃进"和人民公社运动的狂热进行。

与此同时，经济理论界也对此开展了深刻的反思和热烈的探讨。1958 年仲津（于光远）提出，全民所有制企业之间交换的生产资料也是商品。[③] 1959 年 4 月，以商品生产和价值规律为主题的全国经济理论讨论会召开。许涤新、王亚南、薛暮桥、郑经青、于光远、张朝尊等纷纷发表文章，很快地从批判"共产风"转入对社会主义商品生产、价值规律的历史地位和作用的讨论，并在以下几个方面基本达成共识：（1）中国是商品生产很不发达的国家，我们的商品经济不是多了，而是少了，不但比发

---

① 苏星：《新中国经济史》，中共党史出版社 2007 年版，第 336 页。

② 《毛泽东文集》第 8 卷，人民出版社 1999 年版，第 34 页。

③ 仲津：《社会主义制度下价值规律的作用问题》，《我国经济学界关于社会主义制度下商品、价值和价格问题论文选集》，科学出版社 1958 年版。

达的资本主义国家少，甚至比印度还落后；（2）"商品交换一般"的概念应该理解为在交换中比较产品所包含的社会必要劳动，实行等量劳动与等量劳动交换原则的交换方式；社会主义制度下两种公有制之间的交换、国营企业与国营企业之间的交换以及社会与个人之间的交换都是商品关系。在社会主义各种交换关系中，都要承认和尊重价值规律的作用，坚持等价交换。（3）要承认价值规律对集体所有制经济起调节作用。价值规律可以被国家利用来作为制订国民经济计划的依据之一；可以被利用来影响某些产品的生产和销售数量，作为计划调节和达到供需平衡的补充手段；可以被利用来组织经济核算，提高经济活动效果；可以被利用来作为分配和再分配国民收入的工具；等等。（4）价值规律和国民经济有计划按比例发展规律并不是互相排斥、此消彼长、一兴一灭的，国家在组织经济活动包括制订计划时，既要充分考虑有计划规律的作用，也要充分考虑价值规律的作用。[①]

但不久，在1959年7月庐山会议后，政治形势又为之一变，"反右倾"斗争运动席卷全国，否定市场的更左的思潮操纵了整个形势的发展。

4. 被容忍的市场调节——国民经济调整时期

1961～1965年这一时期，决策部门和经济理论界总结了"一五"时期和1958年后的经验教训，把社会主义商品、价值规律理论与促进经济发展直接联系起来，市场调节在处于特殊困难时期的农村部分地区起到了比较积极的作用。为克服严重的经济困难，1961年1月的中共八届九中全会制定了"调整、巩固、充实、提高"的国民经济调整方针，提出

[①] 孙尚清、张卓元、陈吉元：《试评我国经济学界三十年来关于商品、价值问题的讨论》，《经济研究》1979年第7期。

"吃饭第一，建设第二"，全国许多农民自发地搞起包产到户。1961年初，安徽省委在部分地区试行"定产到田、责任到人"的经营管理方法。1961年5月7日，刘少奇在湖南与农民谈农村工作问题时，首次提出可酌情实行包产到户。1961年9月中央工作会议上，刘少奇提出，不仅消费资料可以通过价值法则调剂，有些生产资料也要利用价值法则来促进生产，现在有收购价、调拨价、出厂价、销售价等四种价格，它们都应体现价值法则的作用。邓子恢、陈云等也都提出，为尽快恢复农业生产，应采取分田到户的办法。这些关于农村经济管理体制的思想和做法，"包含了从中国实际出发与借鉴西方经济管理经验的远见卓识，在中国经济管理体制的改革与建设领域，具开风气之先河的示范地位"。①

二十世纪六十年代初期，经济理论界开展了关于社会主义经济核算和经济效果问题的大讨论。薛暮桥于1963年7~8月，在《红旗》杂志当年第7、8期发表《价值规律和我们的价格政策》一文，分析了决定价格的客观因素和制定价格政策的出发点，强调价格必须以价值规律为依据。1965年5月，他在《经济研究》杂志发表《稳定物价和我们的货币制度》，提出了人民币的价值基础不是黄金而是可供商品量，主张在科学的货币制度基础上，对不同产品的价格及时进行有升有降的调整，同时保证物价总水平的基本稳定。孙冶方也连续撰写了《关于等价交换原则和价格政策》、《固定资产管理制度和社会主义再生产问题》、《社会主义计划管理体制中的利润指标》等研究报告和内部讲稿，提出强调价值规律，"提高利润指标在计划管理体制中的地位"，认为"利润的多少是反映企业技术水平和经营管理好坏的最综合的指标。"② 利润正是一个价值指标，它是人们自觉利用价值规律管理企业的表现。同时，孙冶方重申了要用尽可能少的劳动耗费，取得尽可能多的满足社会需要的使用价值。这些都体现了价值规律的要求，体现了市场化调节的因素。

---

① 刘国光、张卓元等：《中国十个五年计划研究报告》，人民出版社2006年版，第217页。
② 孙冶方：《社会主义计划管理体制中的利润指标》，《社会主义经济的若干理论问题》，人民出版社1979年版，第265、266页。

但是，在 1962 年北戴河中央工作会议上，毛泽东批评了包产到户、分田到户的做法，并将其升级为社会主义和资本主义路线之别，并重提阶级斗争。1963 年城乡"四清运动"展开，集中批判了"三自一包"（即自留地、自由市场、自负盈亏和包产到户）是"修正主义""走资本主义道路"，各种形式的生产责任被错误地"纠正"，对城乡集市贸易的管理也越来越死。这些活动在一定程度上干扰了国民经济的全面调整工作。

5. 重新走向历史舞台的市场调节——"文化大革命"后

"文革"为 1966～1976 年整十年时间。除了 1970 年拟定"四五"计划和 1975 年邓小平主持工作期间国民经济有一定好转外，此时期利用市场化调节的实践和学术探讨跌入历史的最低谷，市场因素甚至经济工作都完全被妖魔化了，结果是工农业生产大幅下降，国民经济濒临崩溃的边缘。

随着党的十一届三中全会决定全党工作重心转移到社会主义现代化建设上来，经济学界解放思想，认真总结我国社会主义建设正反两个方面的经验，对市场经济的若干问题进行了新的探索。1978 年 4 月，薛暮桥在当年题为《利用价值规律来为经济建设服务》的讲话中明确提出，要大力改革经济管理方式，少用行政方法，多用经济手段；要学会利用市场、价值规律的作用；要把价格管理搞活，改革统购包销的办法，实行多渠道经营，开展竞争。1978 年 10 月 6 日《人民日报》发表胡乔木的《按照客观经济规律办事，加快实现四个现代化》，标志着经济学界对客观经济规律的认识进入一个新阶段。1979 年 4 月，在无锡市举行全国性的关于社会主义经济中价值规律作用问题讨论会。此后两年时间里，经济理论界在以下几个方面对社会主义与市场经济（商品经济）的探讨有着重要的进展和突破。第一，社会主义企业，不管是全民所有制企业还是集体所有制企业，它们既是公有制的一个生产单位，同时也是相对独立的商品生产者。① 第二，价值规律对社会主义生产仍然起调节作用。有计划发展规律和价值规律都包含按比例分配社会劳动的要求，这是两者都对社会主义经济（包括生产和流通）起调节作用的共同基础。② 建国以来，我国经济几次遭到破坏，都是既违背有计划发展规律又违背价值规律的结果。第三，对社会主义经济应当实行计划调节和市场调节相结合。计划调节说明社会能够自觉地按比例地安排社会生产，市场调节则通过市场机制实现社会生产的按比例发展。同时，计划调节和市场调节是互相渗透的，计划调节离不开利用市场机制，市场调节不能离开计划的指导，两者是你中有我、我中有你的关系，其中以计划调节为主。第四，应当给企业以相对独立商品生产者必须具备的一切职能和权限，把人财物、供产销统一管理起来，逐步实行自负盈亏。第五，开展必要的竞争。竞争是商品经济的一个客观规律，也是加强和改进计划经济的一个重要机制。第六，为了适应经济管理体制的改革，要逐步实行按生产价格定价。③

　　1979 年 11 月 26 日，邓小平在会见美国大不列颠百科全书出版公司编委会副主席吉布尼等人时，明确指出："说市场经济只存在于资本主义社会，只有资本主义的市场经济，这肯定是不正确的。社会主义为什么不可以搞市场经济，这个不能说是资本主义。"④ 三十年的成长经历表明，市场化因素经历了一条曲折而不平凡的成长道路。总结正反两个方面的经验和教训后，在邓小平领导下，一场以市场化为主要内容的经济体制改革启程了。

---

① 参阅孙尚清等：《社会主义经济的计划性与市场性相结合的几个理论问题》，《经济研究》1979 年第 5 期。
② 参阅胡乔木：《按照客观经济规律办事，加快实现四个现代化》，《人民日报》1978 年 10 月 6 日。
③ 孙尚清、张卓元、陈吉元：《试评我国经济学界三十年来关于商品、价值问题的讨论》，《经济研究》1979 年第 7 期。
④ 《邓小平文选》第 2 卷，人民出版社 1994 年版，第 236 页。

开篇语

我国的改革开放已经走过了 30 年的历程。回顾波澜壮阔的改革历史，我们深为开拓进取、坚韧奋斗的民族精神而骄傲，为祖国所取得的巨大辉煌和惊人进步而自豪。

本书是对我 2008 年提交 50 人论坛的"中国市场化改革的推进与随思录"一文的扩展。它从 3 万字扩展到 30 多万字，主要是将原文中提到的相关论文全部加了进去。也就是说，既有我对市场化改革各阶段的回顾与评述，也穿插着每一阶段本人的相关文章或对策建议。

我们这一代人，有幸经历中国近现代历史上最有意义、最辉煌、最生动、最值得总结的发展过程，有幸在这一过程中努力去思索，去呐喊，更有幸看到改革开放一步步取得进展和成果，幸甚矣。虽然根据中国经济 50 人论坛提出"突出'看'且把'自己放进去'"的要求，根据人民出版社从个人角度看市场化进程的要求，书中不免要回顾自己和一些年轻学者的参与，不免要对自己的思路有所自评，但我想要告诉读者，改革开放是由党和政府领导的，由亿万人民参加的，个人只是这奔腾向前的大江中的一朵浪花。因此，本书中无论是白描还是评述，纯系个人一孔之见，纯属小草或小花之列。

下面，按照历史的脉络，把 30 年市场化改革划分为五个阶段，在这个时空框架下回顾本人对市场化进程的观察与思考，初步概括为"市场化改革起步阶段的调研与思索"、"市场化改革初步进展阶段的理论呐喊"、"全面推进市场化改革的思路与政策建议"、"完善社会主义市场经济体系的理论思考"、"国际金融危机背景下的反思与前景展望"，同时增加一章"我看改革开放进程中的经济学家群体"，并按照顺序简介与讨论。

第一章

市场化改革起步阶段的
调研与思索

那是改革开放初期，时间在 1978～1984 年。这一时期的主流提法是"计划经济为主，市场调节为辅"①。当时，我们这一批人正有幸赶上恢复高考，进入了大学。能在下乡和工作 10 年后有机会上学读书，令人非常感慨。记得 1979 年正值国庆 30 年，我填了一首"贺新郎"词，登在学校黑板报上，赞颂新时代的开始。原词是："革命喜十月，几度风雷长安街，红了枫叶。阵阵关山从头越，老将上马襄铁，重抖擞壮怀激烈。茫茫草地万里程，再一番炒面拌霜雪。奋红旗，挥黄钺。中华崛起动心魄，三十年曲曲折折，好事多磨。炼石补天人安在，悄然诗书事业。老教授烟黄茶烈，正是那丰收季节，喜张衡常卧广寒月。人消瘦，国添色。"

这一时期特别值得回顾的是农村改革的突破，国营工业企业的放权让利，城乡商品市场的恢复，以及在沿海地区设立了经济特区。

---

① 1982 年 9 月中共十二大报告正式阐述"计划经济为主、市场调节为辅"。

第一节　改革从农村突破：家庭联产
　承包责任制的推行

改革初期面临的一个大问题，就是如何看待与对待人民公社制度。1958 年中共中央政治局扩大会议通过了《中共中央关于在农村建立人民公社的决定》。人民公社的建立在当时有一定的历史合理性，但其超越了当时生产力的发展水平，否定了私有产权的价值，违背了农村经济的发展规律，平均主义的分配形式造成了低收入和低生活水平。历史表明，人民公社制度难以推动生产力的向前发展。

在人民公社成立 20 年后的 1978 年春夏之交，出了一件具有深远影响的“大”事。那时节，安徽发生了百年不遇的特大旱灾，收获无望，凤阳县便推行“大包干”。有一个小岗生产队，仅 18 户农民，背着公社和大队搞起了“包产到户”。没想到，1979 年小岗生产队获得大丰收：全年粮食产量由原来的 1.5 万公斤猛增到 6 万公斤，1979 年卖给国家粮食 1 万 2 千多公斤，超过政府计划的 7 倍；卖给国家油料超过国家规定任务的 80 倍。这个“吃粮靠返销，花钱靠救济，生产靠贷款”的“三靠队”，1979 年第一次向国家交了公粮，还了贷款。①

“包产到户”有明显的成效，但有人说“宁要社会主义的草，不要资本主义的苗”，执意反对。邓小平同志坚决支持农民的首创精神。他说：“农村政策放宽以后，一些适宜搞包产到户的地方搞了包产到户，效果很好，变化很快。安徽肥西县绝大多数生产队搞了包产到户，增产幅度很大。‘凤阳花鼓’中唱的那个凤阳县，绝大多数生产队搞了大包干，也是一年翻身，改变面貌。有的同志担心，这样搞会不会影响集体经济。我看

---

① 马立诚等：《交锋——当代中国三次思想解放实录》，今日中国出版社 1998 年版。

这种担心是不必要的"。"总的来说,现在农村工作中的主要问题还是思想不够解放"。①

1982 年中共中央发出第一个关于"三农"问题的"一号文件"对此作了性质上的界定,指出包产到户、包干到户或大包干"都是社会主义生产责任制",是"不同于合作化以前的小私有个体经济,而是社会主义农业经济的组成部分"。1983 年中央"一号文件"《当前农村经济政策的若干问题》对家庭联产承包责任制做了更为详尽的界定。到 1983 年底,全国农村以家庭为主要形式的联产承包责任制,已占农户总数的 90% 以上。②

家庭联产承包责任制的实施是改革的突破口,促进了农村经济的飞速发展。从 1978 年到 1984 年 6 年间,农业总产值增长 55.4%,粮食产量增长 33.6%。农村居民消费水平显著增长。1978~1983 年 5 年间人均消费额增加了 108 元,农村居民生活水平得到了大幅度提高。

我 1982 年考入中国社会科学院研究生院财贸经济系后,也开始参与一些农村改革的调研了。在时任国务院农研室主任杜润生支持下,在时任国务院农研室联络处王岐山副处长直接领导下,我开始了中国农村改革问题的调研。1983 年,杜岩同志向杜润生同志提交了一份关于"购改税、地改整"的建议,引起了杜老的重视,他作了"进行调研"的批示。于是,杜岩同志邀请我一同去河北新城县就此建议的可行性进行一番调研。"购改税"设想是把农民的实物税变为货币税,以此改革粮食购销体制。这是可贵的,但也有局限性。我提交了《购改税可行性研究报告》,其中有价值的部分,不是"购改税"本身,而是对粮食取消统购统销后会出现什么问题,如何看待和解决这些问题的分析。这些问题主要有:(1)取消统购后,粮食生产情况将如何?能否保持总产增长?(2)国家能否采购回来所需的粮食?(3)粮食价格和农副产品价格能否保持基本稳定?

---

① 《邓小平文选》第二卷,人民出版社 1994 年版,第 315~316 页。
② http://cpc.people.com.cn/GB/64162/64164/4416129.html.

报告在国务院农研中心的刊物《农村问题论坛》上发表后，受到不少同志赞同。以后，我对粮食购销体制进行了近两年时间的思考和调研，提出了用议购取代统购的思路。后面将涉及这篇调研报告。

这一时期，有一批青年知识分子参与农村改革，做出了应有的贡献。最先活跃在农村改革第一线的是农村发展研究组（简称"发展组"），其中有陈锡文、杜鹰、周其仁、邓英淘、罗小朋、宋国青等不少人。他们在中央农村政策研究室（又称国务院"农研中心"）领导下，坚决支持农村改革，做了不少农村大包干的调研活动，为中央决策提供了重要的根据。周其仁的敏锐思路和雄辩口才，以及给杜主任汇报时那双炯炯有神的眼睛，给我留下深刻的印象。在"发展组"的成功模式的影响下，后来又有一批研究生组织了"流通与市场研究组"（简称"流通组"）。这个组的首届负责人是蔡小鹏，后来是卢迈和刁新申。我和中国社科院研究生院的巩文波、张学军以及后来参与的张少杰等，是主要成员。"流通组"的主要工作，就是为国研中心的决策提供调研报告及建议。

在1983年和1984年10月前，我自己完成与农村改革有关的报告或文章有：《关于农产品价格补贴的性质与效益》，载中国农村发展研究中心联络室内部材料；《论"劣等地"》，发表在国务院价格研究中心办公室和国家物价局物价研究所合办的内部刊物《价格研究资料》1984年第2期上；《"资本论"中的价格理论》，载中国农村发展研究中心联络室内部材料。对最后一篇文章我想再简单说明两句：它是我想通过学习《资本论》来理解价格并为中国价格改革尤其是农产品价格改革服务的尝试。我学得很认真，但也发现，在中国现在的经济改革中，不可能直接套用马克思的理论，必须是结合中国实践创造性地运用并加以发展，这样才能真正发挥理论的作用。该文后来被中国农村发展研究中心联络室编在一本关于农价改革理论讨论的小册子中，是流通组的骨干刁新申（北京经济学院的硕士）约的稿，那是1984年4月的事情了。《论我国农产品价格补贴的改革》，则发表在《重庆经济体制改革》1984年第5期上。这篇文章是1994年全国价格理论讨论会后应《重庆经济体制改革》杂志负责人周天豹同志邀约而写的。周是中国社会科学院研究生院第一届研究生，是校友。虽然与他接触不多，但其积极参与改革的热情，仍给我留下深刻的印象。他英年早逝，令人惋惜。这篇文章发表在《重庆经济体制改革》1984年第5期上。当时流行着两种观点，一是说农价改革中要取消对农产品的补贴，使农产品价格形成，不受国家行政干预；另一种更有影响的观点是，任何国家对农产品都要补贴，因此，中国也不可能取消农价补贴。我在研究、比较若干国家农产品价格情况后发现，虽然都不同程度存在农价补贴，但补贴的方式是不同的。发达国家主要是补给生产者，而我们是补在国家粮食部门，即商业型的补贴。如果把农价补贴进行分类，让补贴转型，由补流通到补消费，将会对形成新的农产品价格体系起关键的作用。该论文的新见解就在对农价补贴的分类上。应该说，该文这种见解对农价改革起了一定作用。几年后，农价改革实行了消费者补贴政策。要指出的是，虽然价格补贴转型思路是对的，但具体操作方式没细加研究。从来没有挣过工资的街道老太太都发了一份补贴，这也有了新问题。更麻烦的是，价格是变动的，补贴是否也随之而变呢？后来，结合工资改革，又将其转为一次性的工资补贴，价补就转入职工的工资中去了。在该文写作过程中，我的同班同学何家成正在研究以色列搞的工资与价格挂钩，与我讨论过有关补贴与价格的关系，对我有启发。因此，该文是以两人的名义发表的。

下面选其中三篇原文以专栏方式刊登出来，以供再次品味与反思：

专栏一

购改税可行性研究

"购改税"是统购改税金的简称，但又不限于此。它应包括两方面的内容：一是国家把现行农业税由实物形式改为货币形式；二是国家把被征购的实物之牌市价总差额改为货币形式的税收，为便于农民理解，这部分可暂称为统购税。因此，购改税的要点：一是变实物税为货币税；二是变强制性的不等价交换产生的价差为固定的税收。

最近，我们进行了关于"购改税"可行性的调查、测算和研究。通过调查研究，我们认为"购改税"是可行的。实行"购改税"，将促进农村生产力进一步发展，其利大而风险小，是利国利民又易行的一项改革措施。

下面，我们结合调查的情况，着重从理论上分析"购改税"有什么作用？人们对"购改税"后担心出现什么问题，可否解决？为什么现在要提出"购改税"？最后一部分是关于"购改税"试点的若干原则性建议。

一、"购改税"的作用

国家税收的不同形式，即实物形式与货币形式，对商品生产和交换有不同的影响。一般来说，实物形式税收是一个国家经济不发达的表现，是在供求不平衡情况下解决供给问题的强制性办法。它既使国家税收的用途受到限制，又使纳税者的生产物类受到限制。货币税是商品经济发展的必然结果，是需求完全可凭借货币去换取满足的表现。它既使国家税收用途不受实物限制，又使纳税者的生产物类不受交纳物类的限制。"购改税"将使原来作为纳税的实物成为商品，将使国家以不等价形式征购的实物也成为商品，因而扩大了商品的范围；同时，"购改税"将使货币交换扩大，促进商品交换的进一步发展。

实物征购改为货币税后，其作用具体表现在以下几个方面。

1. "购改税"将促进商品生产的发展

由于"购改税"后，农民向国家纳税不限定实物，所以农民生产自主权提高了，可以更好地因地制宜、因时制宜、因人制宜，可以更合理地分配土地资源、人力资源、财力资源的投入，这将有利于农业生产的发展。例如，河北省新城县71万亩耕地，38万农业人口，人均才一亩多地，但农户几乎都摊派有小麦、大豆、芝麻、玉米、高粱、薯干、谷子等品种征购任务。这样一来，出现了三对矛盾：品种多与面积小有矛盾，即不同品种对土壤、水、肥要求有差别，而相对于小块土地，这种有差别的要求很难得以满足。品种杂与劳力多寡不一有矛盾，即不同品种对用工和技术要求有差别，而相对于每一农户这种有差别的要求很难达到满足。品种多与资金存量不一有矛盾，即不同品种对投资要求不一样，对于资金存量不同的农户来讲，均摊品种会使得一部分农民资金不能充分利用，又使另一部分农户因资金不足而生产困难。总之，实物税人为地束缚生产资源优势的发挥。据我们了解，已有个别生产大队或农户尝试摆脱这种束缚而搞专业化生产。如新城县平景公社北徐家营大队，沙土质土壤占耕地面积比例较大，水利条件比较差，适宜多种耐旱的花生。多种花生会影响粮食征购，于是他们今年想了一个办法，与粮产富裕的梁家营公社联系好，用 0.28 元一斤小麦的价格请梁家营公社代完成今年夏粮征购任务。据徐家营大队干部讲，他们不限农民交钱或交粮，结果有 70% 的农户交钱纳税。大队干部希望国家能根据他们的实际情况，多征点花生，少征点麦子。又如梁家营公社史家镇大队书记是种植玉米的万斤户。他之所以不种麦子，是因为劳力少，一茬麦子一茬玉米忙不过来，就单搞玉米制种。为完成今年夏粮征购任务，他去集市上买回 280 斤小麦交征购。据了解，这种情况不是个别的，越来越多的农户要求能因地、因人、因时制宜地种庄稼。

我们还了解到，分品种征购任务下达县后，县分到公社，一般在公社可以内部进行一些调剂，但由于这全靠各大队协商，利益很难均衡，往往还是分摊了事。"购改税"后，将使生产资源的投入趋于合理，将会促进农业生产发展。

2. "征改税"将促进商品交换的发展

"购改税"的直接后果是提高农村市场机制的作用。一方面，由于农业生产发展，农副产品的商品率会提高；另一方面，一部分农副产品直接变成农副商品，提高了商品交易量。更重要的是，价值规律作用将大大提高，农副产品的供给量将与市场价格高低更密切联系，价格的波动将导致供需的均衡，导致农副商品比价自动趋于合理，导致各种新品种引进。比如，当地已有农户从南方引进甘蔗种，甘蔗在市场上一小节二毛钱还畅销，这说明了对甘蔗需求量大大超过供给量。如果对生产资源投入不加限制，甘蔗发展一定很快，产量达到供需均衡点时就会相对稳定下来。对各类农副产品来讲，都是这个道理。这就是让农民在价值规律大学校里提高对商品交换的认识。

与此相应会产生一个问题：如何摆正与计划经济的关系。我们认为，市场机制要在计划经济指导下发挥作用，计划又要建立在价值规律基础上。据了解，大包干后，下达到基层的生产计划徒有其名了。在市场机制充分发挥作用的情况下，农副商品盈利将依赖于市场情况，农民自然关心市场信息。计划部门通过及时公布市场情况和生产情况，帮助农民分析供需趋势，指导农民搞好生产安排。这就是说，可以取消下达到基层的生产计划，而加强一定范围（如县一级）的指导性计划，使商品交换更有基础，更有实效。

3. "购改税"将简化商品流通环节，减少农副商品的流通费用

实物征购增加了流通环节，增加了流通费用。被征购的农副产品不能直接进入市场而进入消费，必须要先进入国家仓库，才能进入消费。征购入库费力、费工、费时，入库后保管、储存也要费工、费力、费钱。

就拿费工来讲，农村夏收、秋收后，农村基层干部几乎全体动员去催收、催征。粮食部门添人加班，有时还忙不过来，不少地方出现"卖粮难"。农户不论征购量大小，多则几百斤，少则十几斤，都要排队交购。夏征正值秋种，秋征又值种冬小麦，农民是忙上加忙。至于部分农产要买粮交粮就更添一层麻烦。

其次，伴随实物税而产生的催收催征影响了征收质量。粮食入库水分偏大，造成浪费，增加不必要的损失。粮食同时征购使仓容

偏大，这也造成储存和保管费用的增加。购改税后，大队兼职税收员一天时间就可以把几十户货币税款收齐缴纳，这方便了农民，有利于生产。当然，愿意交实物的农户也可以去粮站交公购粮，然而不会出乱买粮交粮的重复劳动了。

基层干部说得好：钱存多了收利，粮存多了增支。

4. 实行"购改税"有利于其他各业发展。

实行"购改税"将利于运输业、食品加工业、各种手工业、畜牧业、家禽养殖业、农业保险业等各行业发展。

这是因为计划指导下的市场调节使生产经营有更大的发展余地，商品经济将进一步冲击自给性生产。比如，自然经济下，农业保险作用不突出，而在商品经济条件下，农业保险对农户就很重要了。

二、关于"购改税"可行性的六个关键问题

"购改税"措施是否可行，关键在于能否回答以下六个问题：一是农民能否生产出满足国家需要的粮食；二是国家能否采购回来所需的粮食；三是"购改税"是否会加重国家财政负担；四是"购改税"会否影响职工生活；五是"购改税"是否会造成农副商品价格大幅度波动；六是"购改税"把"暗拿变明拿"，农民是否能接受。

我们与某县委领导进行了座谈，分别与县计委、农工部、粮食局、税务局、工商局、物价局、财政局、多种经营办公室、供销社等单位的领导和业务干部进行了座谈，并和部分社队干部和农民进行了座谈，还先后数次与粮食局的领导、干部和两个基层粮站的同志进行座谈，征求他们对"购改税"可行性的意见。越谈问题越清楚，越谈我们信心越足。下面综合座谈的内容，分述如次。

1. "购改税"后，农民能否生产出国家需要的粮食？粮食总产能否保持、增长？

回答是肯定的。

从生产者的因素看：实行大包干后，农民生产积极性空前高涨，粮食单产和总产都在增加。另一方面，不论农副商品比价如何变化，农民还是把口粮生产放在第一位。从自然因素分析，粮食作物面积还是有保证的，粮田转为他用是有多种限制的：

（1）土地条件的限制。一部分土地最宜于种粮食。比如新城县全县轻、中壤质土40多万亩，是生产小麦、玉米等粮食作物的基地。沙土、沙壤土近30万亩，其中18万亩较好的沙壤可以种植粮食作物，12万亩宜种花生、豆类等油料作物。可见，新城县适宜种粮食土地占全部土地80%以上。从1949年至1980年的资料看，粮田占耕地面积最少的1949年为55.74%，最高的1957年为71.25%，其中16个年头在60%～70%之间，5个年头在70%以上。

（2）粮食作物的自然属性利于自身发展。当地干部和农民认为，只要有水，小麦一年两茬且稳产高产，都乐意多种。玉米产量更高，只要能销售出去，当然也乐意种。

（3）劳力和技术条件的限制。粮田会否转种经济作物用，不单纯是受价格调节，还与农户本身的劳力和技术条件有关。一般讲，多数农民擅长于种植粮食作物。种经济作物对技术要求更高一些，投入劳动要更多一些。比如，虽然目前种菜有利可图，但种菜特别费工，对绝大多数农户讲，菜地面积不可能超过粮田面积；种芝麻风险大，怕旱怕涝，十年九不收；棉花费工，费农药，技术复杂；……所以，择优种植绝不单纯是择利种植。

（4）粮食总产保持和增加，不仅与粮田面积有关，也与粮食单产有关。只要农机、农药、化肥、柴油、电力这五种农用生产资料供给能力提高，粮食单产进一步提高毫无疑问。从新城县看，1970年以前有18年小麦亩产在百斤以下，1979年达到亩产257斤，今年达到380斤，增产潜力还很大。虽然粮食成本在提高，但只要低于总收入增加，在粮食上纯收益还是会增加，农民还是种粮有利。如果有良种推广，改善水利条件，更广泛开展科学种田，增产的可能就更大。

（5）前面已说过，"购改税"后，建立在经济规律基础上的指导性计划将加强，这将减少农民生产中的盲目性，从全局看，这将提高种植粮食的计划性，而不是削弱种植粮食的计划性。

2. 国家能否采购回来所需的粮食？

回答也是肯定的。

（1）国家所需粮食相对农业生产能力而言，份额并不算大。换言之，每亩土地负担量不大。如新城县，今年夏购是比以往高得多，每亩平均也不过36.7斤，秋购每亩承担才12斤，折合为商品粮，亩负担48斤，不超过50斤。新城县户均土地约9亩（其实小于这个数，这里没除掉农户外占地），因而平均一户农民只需提供450斤商品粮；若按全年60%算夏征购，每户存270斤小麦拿上市场即可达到国家现在的需要。

（2）"购改税"后，粮食部门将担负起采购国家所需粮食的责任，这是"购改税"可行的组织保证。我国目前粮食系统从上到下有一个强大网络，这种情况与1953年实行粮食统购时的情况简直没法比，不用担心投机粮商产生，更不用担心投机粮商控制粮食市场。国家只用经济手段（如用价格、用运输以及农用生产资料供应等手段）就可轻而易举地制服粮食投机。

"购改税"后，粮食部门具有了商业性质，粮食工作将更紧密地与粮食部门职工物质利益联系起来，从而将大大提高粮食部门工作效率和积极性。新城县粮食局领导、干部和基层粮站干部，对此十分热心。

粮食部门通过自己的网点，及时掌握粮食市场信息，灵活吞吐，平抑市价，可尽量减少重复贩粮，减少运输费用，以保证赢利。"购改税"后，产粮区作为平等的商品粮出售者，将提高生产和销售粮食的积极性。

（3）农民由于自己保证了所需口粮，除在市场进行少量交易外，不会上市场上与国家争粮。粮食储备过多就成了农民负担。只要粮食不大减产，只要粮食部门发挥作用，就不要担心农民囤粮居奇。农民好讲"百里不贩粗"，粮食就是粗笨低价的商品，对于人力、物力、财力不足以搞运输的农民来讲，此言极在理。正因为如此，除了国家组织调运外，粮食不会盲目流通的，一般会最先保证产地就近市场上的粮食需求。

（4）合同制可以保证一部分粮食的稳定来源。合同制是一种对农副产品的预购办法，是加强指导性计划的重要措施。国家可以通过签订一些物物交换合同，把农用生产资料优先供应粮食专业户，鼓励更多农户与国家签合同。这里体现的是国家与农民等价交换关系，是互利的。

（5）需求量不大的一些粮食作物（如豆、薯干等）可通过价格杠杆，通过省、地、县相互之间互通有无，调剂余缺来解决。

3. "购改税"是否会加重国家财政负担？

1982 年国家对粮食价格补贴高达 150 亿元。补贴额骤增主要有两个原因，一是购销差价逐步增加，二是统销量增加。购销差价不断增加是由于粮食超购加价部分迅速增加，而征购部分完成情况有下降趋势。

"购改税"不可能影响统销量数额。国家应另有政策稳定现在的统销量。统销量的增加，就是国家财政补贴的增加。

"购改税"与购销差价则有很大关系。"购改税"后，就不存在征购和超购的区别，收购价和超购加价就统一为一个市场价格。粮食市场价格水平就直接影响财政补贴金额。由于"购改税"是以基年标准市价①计算统购税，所以，以后年份市价波动就影响到国家财政补贴。具体说，当粮食市价高于基年的标准市价时，由于国家统购税额没变，在市场上采购同样数量的粮食就会增加补贴；反之，当粮食市价低于基年的市场价格时，国家用同一笔统购税在市场上采购到的粮食数额会增加。所以，每一斤商品粮的购销差价

---

① 标准市价问题很复杂，后面将涉及。

会缩小，价格补贴就会减少。粮食市场价格会因大丰收而下降，国家价格补贴就会有所减少。比如，今年新城县小麦市价0.23元左右，而超购加价0.261元不变，所以，农民踊跃卖超购粮，这即所谓大丰收时财政负担加重的反常现象。如果实行了"购改税"，国家则以市价采购，其中剩市粮采购还可稍低市价一点，这对国家有利，农民也愿意接受。

国家负有支援农业、发展农业的责任，因此，国家不应该也不会在丰年大压粮价，以眼前利益牺牲农业发展的长远利益，而订出一个最低限价。同样，在灾歉年亦必须抑制粮食市价的过大幅度上涨。粮价基本稳定，不论对国家，还是对农民都是必要的，有利的。在粮价浮动限度之内，国家财政补贴增减就幅度不大，如果不从某一年份，而是从许多连续的年份看，国家财政补贴是稳定的，是随农业发展趋于减少的。

4. "购改税"是否会影响职工生活？

只有现在统销政策不变，"购改税"才与职工生活没直接影响。如果有，就是农副商品增多，使职工可以买到更多的农副商品，改善生活。

这不是说，统购与统销无关，而是说，统购与统销可以分别解决。这里不妨具体分析一下。我们认为，在一定意义上，统购保证着统销，二者有密切联系，但统购与统销又是相区别的两个过程，一个讲物的来源，一个讲物的去向。有去向基于有来源，而不基于如何来。正如水库的水既可来自一条江河，又可是百川所汇。至于入库之水的去向是一江所统向东流，还是分闸泄流奔三江，这也非其来源可定。

既然二者可以分开解决，为了保证广大工资收入者生活水平不受"购改税"影响，保证社会的安定，我们就先着手解决统购。如果现在即要考虑取消统销，就相应须进行工资改革。这又要求价格体系变动，进而涉及全盘改革。这样一来，作为风险小且易行的改革措施，"购改税"就又被别的因素牵制住而搁置。一筐螃蟹眼看爬出来一个，正好抓它，让一筐螃蟹勾连住，动谁也动不了，岂不可惜？

当然，我们毫不怀疑，随着农村形势继续健康地发展，随着党的正确的农村政策的贯彻执行，不靠配给制、不用粮票解决吃饭问题的局面出现是不会太久远了。

5. "购改税"是否会造成农副商品价格大幅度波动？是否会由此产生一些不利影响？

我们认为不同农副商品的价格在"购改税"后的波动幅度是不同的。关键在于使粮价基本稳定，不大涨大落，而这是可能做到的。理由如下：

（1）粮食总产量不减少可能性是很大的[①]，粮食的需求量是相对稳定的，这就会使商品粮市场价格相对稳定，在粮食大丰收时，还会略有下降。商品粮食需求相对稳定在于：由于粮食统销不变，吃商品粮的居民基本不会干扰粮食市场供需。如前已分析过的，农民对市场上的粮食需求量不大；农民发展的家禽养殖业、畜牧业对粮食的需求是逐步增加的，因为为降低成本，农民将自己生产很大一部分饲料；饮食服务业对粮食需求不会有大的增加。

这是就正常年景而言。如果大灾大歉年，市场供给情况必然恶化，农副产品价格肯定上涨，这就要靠国家出面救灾补歉。就这个情况而言，"购改税"的作用是有限的，不能夸大这项政策的意义。

（2）国家粮食部门对稳定价格有决定性作用。国家粮食部门不能单纯为赢利而经营，还要代表国家处理好与农民的关系。粮食部门为灾年稳定粮价，可调丰补歉，一是就同地异时而言，丰年存粮，灾年放粮；一是就同时异地而言，在丰区购进粮食，在灾区卖出粮食。

（3）国家可以通过粮食进出口平衡供求，调节国内粮食的

---

① 具体分析本文暂略。

价格。

（4）只要粮价基本稳定，小宗的农副商品价格升降无碍大局。

从目前情况看，由于小宗农副商品多是供不应求，在"购改税"后短期内它的价格会上升。但从发展趋势看，则会趋于一种满足需求的均衡价格。同时，小宗农副商品需求弹性大，价格稍有变动，就影响销售量。因此，小宗农副商品价格上升是有限的。

6. "购改税"把"暗拿变为明拿"，农民是否能接受？

经过和农民座谈，我们对这个问题已不再担心。

农民对征购粮的牌市价差是清楚的，但他们具体没算过按平等价交换拿去的份额与原农业税是多大比例。我们在宋行庄大队给大队干部大致算了一下：全大队农业税为7780元，粮食统购价差折为货币为15046元。如果不包括油料，可以说，国家明拿走一份，暗拿走的是2份，按每亩负担将为3.6元（如果包括油料作物则亩负担为6.3元）。大队干部和社员说，这没什么问题，可以交纳得起。

我们听到较为普遍的意见是：农民认国家税，但就怕集体层层提留。农民说："哪个朝代都要交皇粮国税，哪有种地不交税的。这我们没意见。就是希望能户交户结"。我们明显感到，农民有些认识并不一定正确，但农村中确有一种完成国家征购理所当然，不完成征购算不上好庄稼主的舆论。

另：从全县范围测算看，农业税与征购税是1比2.2，其农业税是148万元。每亩平均负担农业税和统购税6.8元左右（包括粮、油）。

综上所述各条，我们认为，"购改税"利大风险小，是可以进行试点的。

三、为什么现在要提出"购改税"

实行"购改税"是历史的必然，这正如1953年开始实行粮食计划收购具有必要性和可能性一样。让我们作个简单回顾。统购统销是国家贯彻过渡时期总路线（一化三改造）的重要措施。统购之必要，在于当时从市场上采购粮食发生极大困难，国防和建设用粮受到影响。"这些困难主要表现在两方面：一方面是丧心病狂、唯利是图的不法粮商在国家大力购粮的时候，乘机捣乱，采取各种卑鄙手段破坏国家的购粮计划，破坏国家的粮食价格政策。他们在农民青黄不接的时候，压低价格，向农民预购；而在国家大力购粮时，却又抬价抢购，扰乱粮食市场。不法粮商为了自私自利的目的，还千方百计造谣欺骗农民，挑拨农民和国家的关系。同样的，在销售市场上，粮食投机奸商也多方破坏国家的粮食供应工作，非法套购、倒运国家粮食，囤积居奇，哄抬粮价，以此剥削工人、城市居民和其他消费者。另一方面，投机奸商这种破坏国家粮食工作的不法行为，也助长了农村中余粮户贮存观望、囤粮看涨等想靠商业活动发财的资本主义思想，甚至有些农村富裕分子竟和不法粮商勾结起来，进行投机倒把活动"。[①] "由于粮食投机奸商的破坏和农村自发的资本主义倾向的滋长，就使得国家掌握粮食调剂供应的方针不能贯彻"。[②] "中央人民政府政务院为了保证人民的生活和国家建设所需要的粮食，稳定粮价，消灭粮食投机势力，进一步巩固工农联盟，根据共同纲领第二十八条'凡属有关国家经济命脉和足以操纵国民生计的事业，均应由国家统一经营'的规定，决定在全国范围内有计划、有步骤地实行粮食的计划收购（简称统购）和计划供应（简称统销）"。[③]

30 年来，统购统销政策对保证我国社会主义建设起了巨大作用。但我们不能不看到，统购政策为之服务的"一化三改造"的总路线早已实现了。党的十一届三中全会以后，全党全国工作重点转移到经济建设上，这是一个伟大的转折。我们现在的政策就要为新形势下的战略服务。

---

① 《实行粮食的计划收购和计划供应是贯彻总路线的重要措施》，《大公报》1954 年 3 月 1 日。
② 《实行粮食的计划收购和计划供应是贯彻总路线的重要措施》，《大公报》1954 年 3 月 1 日。
③ 摘自中央人民政府政务院 1953 年 11 月 19 日关于实行粮食的计划收购和计划供应的命令。

最近几年来，农业生产责任制不断完善，大大促进了农村生产力发展。新城县干部群众，交口称赞"大包干"政策好。农业生产的发展使得农副产品供给能力大大提高了，农业劳动生产率的提高已经使一部分地区出现土地转让、承包，离土经营等情况。就新城县而言，目前农民还不愿离土经营，但很大一部分农民已把农业当作副业，主要时间和精力已投入工、副业，以副业收入投资于农业，发展农业。农副商品形势很好。如果说，"大包干"解决了农民"愿意种"的问题，提高了劳动积极；那么，"购改税"将提高农民"种什么"、"种多少"的自主权，使农民更合理地分配生产资源，促成整个社会的农业生产资源的合理分配，真正解决各类农副商品的供需矛盾。

我们要坚持社会主义方向，加强计划指导，活跃农村经济，繁荣农贸市场，使农业生产在已经取得巨大成果的基础上，继续向前发展。"购改税"正是顺应农业生产发展的需要而产生的一项措施。现在应不失时机，开始购改税试点工作，成则取得经验，败则取得教训，以利决策。

四、对"购改税"试点的原则性建议

为了保证"购改税"顺利进行，必须要有明确的目标。为此，我们提出一些原则供讨论：

1. 国家财政负担不能因"购改税"而增加。国家对粮食的需要不能因"购改税"而影响。国家对整个农业的计划必须保证。

2. 农民负担基本不变，即不重新调整征购基数；几年内不增加税收。

3. 职工生活不因"购改税"受影响，即现行粮油统销政策不变。

4. 在税制改革前，农业中除暂增统购税外，不宜开新税种。在农民已理解和接受情况下，适时将统购税并入农业税。

5. 购改税并不排斥农民自愿以市价向粮食部门交纳实物税。

6. 在试点之前或试点同时，应组织力量专门研究两个问题：（1）分析全国粮食总供需；（2）人民币币值变动影响。

7. 要力争费力小，收效大，因此，方法宜简明易行。不宜专为"购改税"搞土地普查；"购改税"只涉及国家与农民关系，不涉及农民与农民关系。因此，不宜并列提出"地改整"。

8. 由税务部门征收农业税和统购税。统购税原则上应该用于采购粮食，由粮食部门承担采购国用粮食和平抑粮食市价的责任。

9. 粮食牌市价中的市价称为基年标准市价。确定基年标准市价直接关系到国家利益和农民利益。计算市价方法甚多，应选有较充分经济根据又能为国家和农民所接受的市价为基年标准市价。

10. 试点宜在一个县的全县范围铺开，这是商品经济的本性决定的。

11. 应有试点失败的应急措施。

12. 试点的成功经验能否作为一般经验推广，还必须反复进行可行性研究。事关大局，宜慎之又慎。

限于水平和时间，囿于一县所见所闻，对"购改税"可行性研究还很不深入，很不全面，我们认为，有必要对此问题展开广泛深入讨论，既防止"存伪"，也防止"弃真"，以利于有关部门决策。

专栏二

论我国农产品价格补贴的改革

我国农产品价格补贴面临进退两难局面。不补难，补也难。要摆脱两难局面，只有彻底改革农价补贴机制。

一、农价补贴改革势在必行

1. 我国财政负担急剧加重突出了农价补贴改革的迫切性

价补改革的动力首先来自财政负担增长的压力。我国财政补贴从 1979 年开始急剧增加。1979 年财政补贴 270 亿元，为 1971 年 160 亿元的 1.7 倍，1979 年至 1982 年四年间平均增长 28%。这个增长的结果可以大致作如下描述：财政补贴占财政收入的比重 1978 年超过 10%，相当于苏联；1979 年达 26%，超过东德；1980 年达 32%，超过匈牙利；1981 年为 43%，超过波兰；1982 年略有下降，但仍高达 41%。波兰的动乱使人对 40% 产生了特殊的敏感，问题的严重性不言自明。

在财政补贴的增长中，物价补贴增长更猛，1979～1982 年平均增长率高达 36%；同时，物价补贴数额也占财政补贴的大头。自 1978 年至 1982 年，物价补贴占财政补贴的比重分别为 59%、65%、72%、74%、75%。可见，物价补贴不仅所占比重大，而且比重在不断上升。因此，控制住物价补贴就能控制住财政补贴的发展势头。

在物价补贴中又数农价补贴占的比重为最大。从 1979 年到 1982 年，仅粮、棉、油、肉、鱼、禽、蛋、菜这几大宗农产品价差和亏损补贴就达 812 亿元，占 1979～1982 年物价补贴总额 1071 亿元的 76%，占 1979～1982 年财政补贴总额 1486 亿元的 55%。因此，控制住农价补贴就抓住了主要矛盾的主要方面，抓住了牛鼻子。

2. 农价补贴改革的必要性来自理顺经济关系的需要

我国现时的农价补贴，正如有的经济学家指出的那样，成了经济生活的一个"赘瘤"。其产生的直接原因是：为促进农业生产发展必须提高农产品收购价，为维持物价稳定保护消费者的利益又不能相应提高农产品及其制成品的销价，购销价格倒挂的价差和亏损补贴就构成农价补贴的主要内容。

显然，农价补贴是政府直接干预农产品价格的结果。一方面，政府把制订主要农产品收购价的权限集中在自己手中；另一方面，政府又把稳定市场物价的责任担在肩上。前者要求政府对生产负责，后者要求政府对消费负责。农价补贴实质就是国家通过财政分配扶持流通去协调生产与消费的关系。30年来在统购包销的体制下，发展生产和保障消费在价格上的矛盾，就通过财政提供的经营和价差补贴来解决。这种统包机制缺乏自我调节能力，使政府负担过重而经济效果欠佳。

现在，农村经济改革取得人所公认的成功，城市经济改革已经开始。改革的进程不断向现存农价补贴的合理性提出疑问。从当前现实看，最有力的疑问来自流通领域：如果承认价差是商品流动的自然动力，那么，依靠财政补贴的非价差流通是否应加以革除？如果改非价差流通为价差流通，那么，现行价格补贴是否失去存在的必然性？

二、三种类型农价补贴的分析、比较

1. 商业型农价补贴

商业型农价补贴，即国家财政补国营商业，国营商业再补生产者和消费者。

采用商业型农价补贴的前提是，国营商业可以代表国家，同时，政府握有购、销价格的制定权和调整权，因而对购销倒挂负有责任。

商业型农价补贴的主要弊端是：

第一，作为价内补贴的商业型农价补贴，是违反价值规律要求的。有人认为它是对商品交换中不等价交换部分的价值补偿，是国家自觉利用经济规律的体现。对此笔者不敢苟同。因为交换要求等价，而不承认补贴。如果通过补贴使交换等价进行，那么实际上补贴就已变质了，就不成其为补贴了。换言之，如果价补作用在于维持不等价交换的继续存在，那么，价补存在本身就不合理；如果价补使交换成为等价运动，符合了价值规律的要求，那么，价补本身也就失去独立存在的形态。

第二，商业型农价补贴的多职能大大削弱了补贴作为经济杠杆的调节作用。所谓多职能，是指商业型农价补贴同时负有维持生产、流通、消费正常进行的三重职能。因为商业型价补的直接作用在于维持购、销两头价格，通过购价和销价间接对生产和消费起作用。这一点表明它是非独立的经济杠杆。虽然它对流通有直接作用，大量商品借助补贴才能流动，但它只是维持流通进行，而不是灵活地刺激和促进流通。

第三，商业型农价补贴必然造成补贴数额失控。把补贴投向交换过程中，把补贴与收购的农产品数量挂起钩来，就使得收购量越大农价补贴越多。这种补贴自然增长状况是商业型农价补贴的必然产物，是统包体制的必然产物。

2. 生产型农价补贴

生产型农价补贴是国家财政直接给农业生产者的农价补贴。具体讲，当议购合同中的议价低于市价时，为维护生产者利益，鼓励生产者继续和国营商业签订合同，政府的农价补贴管理机关根据生产者的申请，按照合同中议购数量酌情给予补贴。议购合同每年签订，议价也要根据市价进行调整。

由于农产品的需求弹性一般比较小，要实现均衡供应，就必须保持农业再生产的稳定进行。但农业生产周期长，对自然界依赖性很大，往往不容易达到预期的设想。生产型农价补贴有利于抵消或部分抵消农业收入的不稳定因素，消除或减少农业生产对市场价格滞后反映的损失。农业收入的相对稳定有利于生产者稳定农业生产投入结构，使农业产出有可能相对均衡。

在现阶段，生产型农价补贴还有特殊的作用。当前农业商品生产发展很快，大多数农民对市场供求变化缺乏预见。因此，生产的积极性和盲目性并存，致使增产减收现象较为普遍地存在。在农村保险业尚未发展起来的情况下，农价补贴将在一定程度上起保护农业生产的作用。

生产型农价补贴与商业型农价补贴虽然归根到底都体现了国家对生产者的补贴，但二者的性质、依据、作用、补贴方式是不同的。生产型农价补贴是发展商品经济中国家指导性计划的工具，而商业型农价补贴是指令性购销任务的伴随物。前者依据议市价差提供适当补贴，后者不考虑市价变化而直接通过牌价及其各种派生形式提供补贴；前者通过政府的行政机构去发放，后者通过商业部门收购过程"暗补"在价格中；前者可以指导农业生产计划进行，后者盲目刺激交售且缺乏对生产资源分配的灵活调节。

3. 工资型农价补贴

工资型农价补贴指农产品收购价提高后，在相应地提高农产品及其制成品零售价的同时，根据全国职工生活费用指数的相关变化，提高职工的货币工资及有关社会福利，以维持城市居民实际生活水平不下降的财政补贴。

购价升，销价相应提高，这是顺理成章的。目前，理顺价格关系的主要困难在于销价升所引起的"消费阵痛"能否渡过。统购包销下的商业型农价补贴使销价与职工工资关系成为一种"死扣"，成为一种僵持局面。通过压抑销价来避免"消费阵痛"，实行工资型农价补贴，把工资与物价挂上钩，就可以解开这个"死扣"，从而使价格关系活动起来，为价格改革提供必要的前提。

实行工资型农价补贴对财政的影响是多方面的：首先，它有利于理顺价格关系，促使社会经济生活走向良性循环，这将使经济发展加速，使国家财政收入有了更可靠的来源。

其次，由于工资型农价补贴是综合性补贴，而不是分项补贴，因此，各种农产品的升价和降价的同时存在成为补贴增长的内在牵制力。由于农产品价格是职工生活费用指数的一个部分，因此，一些工业消费品的价格下降趋势成为农价补贴增长的外在牵制力。

工资型农价补贴的作用不仅仅局限在理顺商品价格的关系上，而且将使工资与生产资料价格关系趋向合理，从而有利于资源尤其是劳动力资源的合理配置，也有助于实行工资的改革。

价补实为一种负税。在价格合理的条件下，不论是减税、免税还是负税，都会使生产者得到一笔额外收益而对生产起调节作用。在价格不合理的条件下，生产者并不会认为负税是一种额外收益而产生动力，而只视其为国家定价不合理造成损失的一种当然补偿。企业的努力与成果缺乏明显的联系，致使企业"等靠要"的思想比较严重。只有取消商业型补贴，理顺价格关系，税收增减全在明处。企业心里有底，税收才能真正起到调节经济的作用。

工资型农价补贴由于把目前商业型价格补贴这部分国民收入大部转化为企业内部的初次分配，因而有助于国民收入合理分配，提高财政支出的效益。这样做符合扩大企业自主权、搞活微观经济的目标，从而使分配对生产、流通、消费起到真正的促进作用。

三、改革的关键在于实现农价补贴类型的转换

农价补贴类型转换不是一个孤立的改革行为，它受到整个国民经济体制改革的制约，反转来又为整个国民经济体制改革创造条件。因为，农价补贴首先受到农产品购销体制的制约。如果农产品购销体制保持统购包销的状况，那么，商业型农价补贴就不可能取消，类型转换就不可能实现。我们认为，农产品购销体制改革的基本目标是：逐步缩减统派购的品种，减少统派购在整个农产品收购中的比重，逐步扩大农产品议购议销的范围和比重，形成以议购议销为主导的包括自由交易的农贸交易市场，统派购则改变为一种临时应急的措施。因此，可以肯定，扩展议购议销的过程，将成为取消商业型农价补贴的过程。反过来，取消商业型农价补贴又可以彻底扭转目前价格体系不合理造成的流通、消费对生产的阻碍作用，为整个国民经济体制改革创造条件。

类型转换的实质在于使农价补贴成为农业生产指导性计划的工具。随着农村自给半自给经济向商品经济的不断转化，随着农副产品购销体制的根本改革，随着农村家庭经营生产方式的不断完善和发展，随着价值规律作用在农产品市场上不断增强，农业生产和流通更加需要加强计划指导，以把分散的生产纳入计划经济的轨道，以消除价值规律自发调节带来的盲目性。各种合同制的推行已成为计划指导的信息基础，而方兴未艾的联营、农贸批发市场又逐步汇

成计划指导的网络实体。农价补贴在农业指导计划中具有特殊的意义。政府通过预先公布各种农产品参照价，供生产者决策参考。市价信号对供求的灵敏性反映和参照价对供求的稳定性要求将统一起来。一方面，市场调节受强大的计划指导制约；另一方面，计划指导又得以建立在价值规律的基础上。农产品比价将不再因价补而扭曲，差价不再因价补而逆转，整个经济关系不再因价补而失调，恰恰相反，农业基础作用因价补而加强，经济关系因价补而更协调。总之，类型转换是为改革统管体制，为加强指导性计划经济创造条件。类型转换的实现，将使价内补贴价外化、辅助杠杆独立化、暗补明朗化、补贴职能和方法单纯化。当然，这种转换是不能一蹴而就的，而必须配合整个计划体制的改革分步骤地进行。

专栏三

《资本论》中的价格理论

　　《资本论》中的价格论述不仅具有系统性、完整性，而且具有理论上的科学性。学习和掌握《资本论》的价格理论，对物价理论研究，对联系实际搞好物价工作都有重大的现实意义。

一、价格的定义

　　《资本论》有多处给价格定义。

　　价格的定义首先出现在Ⅰ113页上："商品在金的价值表现——X量商品 A = Y量货币商品——是商品的货币形式或它的价格。"商品的货币形式与商品的价格等同。因此，本句话可理解为：价格是商品在金上的价值表现，是商品的货币形式。这是从内涵入手给价格作出定义，即回答价格是什么的问题。"X量商品 A = Y量货币商品"也是解释内涵，它与"商品 A 的价值表现，属于价格"显然不同，后者是从外延上定义价格，即回答什么属于价格的问题。

在 I 119 页上，马克思给价格下了一个更能把握价格本质特征的定义："价格是物化在商品内的劳动的货币名称"。从逻辑上看，这个句型更定义化。从内容上讲，这一句话把价格与价值的联系深化为价格直接与决定价值的劳动的联系，把"货币表现"具体化为"货币名称"。但这个价格定义也正由没直接提到价值而不常为人引用。

同一页上，马克思又指出："价格作为商品价值量的指数，是商品同货币交换比例的指数"。这可视为从量的角度定义价格。商品价值同货币价值的比例，是指相对价值量。从量的角度来把握价格还有一句，这句在 I 126 页上："商品的价格只是物化在商品中的社会劳动量的货币名称"。这里不是说价格是商品的绝对价值量的指数。表现在货币名称的商品价值量，归根到底仍然是商品价值量同货币价值量比较的结果。虽然这种比较往往是用单位货币名称去进行，但在这种情况下，商品价值的相对量常视同绝对量。

在 I 129 页上，马克思又写到："价格，即商品向货币送去的秋波，表明货币可以转化的限度，即指明货币本身的量"。比喻不能作为定义，但这个比喻加深了价格定义：价格体现商品与货币的关系，表明商品与货币转化的限度。

在《资本论》第 III 卷中还有几个价格定义。

III 396 页上可引出："按照价格的概念，价格是这个使用价值的以货币表现的价值。"这里讲的"价格的概念"与价格定义是一回事。从文中知"这个使用价值"可理解为"使用价值"，进而看做商品。简化之，得出：价格是商品以货币表现的价值。

III 397 页上，马克思指出："价格是价值的货币表现"，此定义言简意赅，被奉为价格经典定义。

III 729 页上，有："价格通常不外是用货币来表现的价值。"

III 924 页上，有："一般说来，价格只是价值的一定表现。"

综上，可认为：价格是商品价值的货币表现，是商品同货币的交换比例的指数。

另外，应指出：在《政治经济学批判》第50页上，有"价格是商品交换价值在流通过程内部时的转化形式"。在马恩全集第46卷（上）第137页上，有"在货币规定性上表现出的交换价值，就是价格"。

二、价格的基础

"价格形成的基础"与"价格的基础"的区别，在于前者指动态，后者指静态；前者重过程，后者重结果。但静态为特殊动态，结果系部分过程，二者又无本质区别。下面的论述乃价格的基础。

价值是价格的基础，因为二者是内容与形式的关系。马克思运用劳动二重性学说揭示了价值的本质。商品价值是无差别的人类劳动的凝结，是一种社会生产关系。

价格（价格形式）是价值的形式。价格与价格形式是同义语，并非内容之于形式。但"价格形式"用语更明显地点明价格与价值关系，更明确地表示其属于价值形式之类。

价格（价格形式）有如下特点：

1. 价值表现为价格具有必然性；价格形式是成熟的价值形式。"简单价值形式是不充分的，是一种胚胎形式，它只有通过一系列的形态变化，才成熟为价格形式。"（Ⅰ77页）

2. 价格形式是处于相对价值形态上的商品以货币表现的相对价值形式。"一种商品（如麻布）在已经执行货币商品职能（如金）上的简单的相对价值表现，就是价格形式。因此，麻布的价格形式是20码麻布＝2盎司金。"（Ⅰ87页）

3. 价格形式是观念的形式。"商品的价格或货币形式，同商品的所有价值形式不同，是一种与商品的可以捉摸的实在的物体形式不同的，因而只是观念的或想象的形式。"（Ⅰ113页）"想象的形式"不是随意性，"价格完全取决于实在的货币材料"。（Ⅰ114页）

4. 价格形式包含着商品为取得货币而让渡的可能性和这种让

渡的必要性。（Ⅰ112 页）

价值是价格的基础，还因为商品价值最决定商品价格高低。"不是交换调节商品的价值量，恰好相反，是商品的价值量调节商品的交换比例。"（Ⅰ179 页）

另一方面，价值是价格的基础并不意味二者没有矛盾，从质的方面看，"货币虽然只是商品的价值形式，但价格可以完全不是价值的表现。……没有价值的东西在形式上可以具有价格"。（Ⅰ120 页）从量的方面看，"价格和价值量之间的不一致的可能性，或者价格偏离价值量的可能性，已经包含在价格形式之中"。（Ⅰ120 页）"价值量的实际变化不能明确地，也不能完全地反映在价值量的相对表现即相对价值量上"。（Ⅰ69 页）

三、价值的形式

有必要探讨产品价值的形成和构成。

马克思说："资本 C 分为两部分，一部分是为购买生产资料而支出的货币额 C，另一部分是为购买劳动力而支出的货币 V；C 代表转化为不变资本的价值部分，V 代表转化为可变资本的价值部分。因此，最初是 $C=C+V$，例如，预付资本 500 镑 $=410$ 镑 $+90$ 镑。在生产过程结束时得到商品，它的价值 $=C+V+m$（m 是剩余价值）。例如，410 镑 $+90$ 镑 $+90$ 镑原来的资本 C 变为 C，由 500 镑变为 590 镑。"（Ⅰ238 页）《资本论》中，首次提出 C、V、m 的字样的正是这段话，它是理解 C、V、m 的基本线索。它指出 C、V 既是资本的划分，又是产品的价值部分。

首先，从形成产品价值角度看资本价值 C、V、m。

马克思在第Ⅰ卷第五章中给不变资本和可变资本定义："变为生产资料即原料、辅助材料、劳动资料的那部分资本；在生产过程中并不改变自己的价值量。因此我把它称为不变资本部分，或简称为不变资本。相反，变为劳动力的那部分资本，在生产过程中改变自己的总值。它再生产自身的等价物和一个超过这个等价物而形成的余额，剩余价值。这个剩余价值本身是可以变化的，是可大可小的。这部分资本从不变量不断变为可变量。因此，我把它称为可变资本部分，或简称为可变资本。"（Ⅰ235 页）以下还可再具体列出C、V 一些特点。

不变资本 C 的特点：

（1）不变资本价值量相应于资本物的消耗而向产品价值转移。生产资料转给产品的价值决不会大于它在劳动过程中因本身的使用价值的消灭而丧失的价值。（Ⅰ230 页）生产资料转移的价值量是根据经验确定的劳动资料的平均使用时间来计算的。（Ⅰ230 页）

（2）不变资本中原材料、辅助材料同劳动资料价值转移方式不同。在生产过程中，原材料、辅助材料价值一次转移，可称之流动资本；劳动资料价值逐次转移，可称之为固定资本。而不变资本同可变资本是根据其生产中所起的不同作用区分的。

（3）不变资本不是指生产过程中资本 C 价值量不变，而是指资本 C 价值转移量不变。生产资本的价值量变动不会改变其作为不变资本的性质。

可变资本的特点：

（1）V 有两重含义。作为劳动力酬金，V 本身是不变量；作为这笔资本购买的劳动力在生产中使不变量成为可变量，因此称可变资本。

（2）可变资本是资本家同时使用的全部劳动力的总价值的货币表现。因此，可变资本的价值，等于一个劳动力的平均价值乘以所使用的劳动力的数目。

（3）劳动力的价值是由平均工人通常必需的生活资料的价值决定的。同时，劳动力的发展费用和劳动力的自然差别，也决定劳动力价值。（Ⅰ567 页）劳动力的价值或价格是以工资的形式，即作为一个包含剩余劳动的劳动量的价格，支付给把劳动力当作商品出卖的劳动力所有者的。（Ⅱ33 页）

（4）投在工资上的那部分资本，属于生产资本的流动部分。

作为流动资本的 V 量与可变资本 V 性质不同。（Ⅱ238 页）

不变资本 C 与可变资本 V 的关系，被马克思称之为资本的价值构成。马克思说："在同一生产方式的基础上，在不同生产部门中，资本划分为不变部分和可变部分的比例是不同的。在同一生产部门内，这一比例是随着生产过程的技术基础和社会结合的变化而变化的。"（Ⅰ340 页）这是一种什么样的变化趋势呢？它是 C∶V 的比值不断增大的趋势。马克思称之为资本的不变部分比可变部分日益相对增长的规律。（Ⅰ683 页）

其次，从构成产品价值角度看产品价值 C、V、m。

产品价值划分为 C、V、M 是理论分析的需要。"它的价值的各个组成部分实现上是观念地分割开来的"。（Ⅱ79 页）这与资本价值实际上分 C 与 V 的情况不一样。马克思说："我们把产品——生产过程的结果——分成几个量。一个量只代表生产资料中包含的劳动，或不变资本部分。另一个量只代表生产过程中加进的必要劳动，或可变资本部分。最后一个量的产品只代表同一过程中加进的剩余劳动或剩余价值。这种划分很简单，但又很重要。"（Ⅰ249 页）这种划分我们可以把资本价值与产品价值对照加以分析。

关于产品价值中的 C：

（1）产品价值 C 取决于资本价值 C。资本价值 C 对产品价值 C 有决定作用。产品价值 C 降低，或因生产资料的节省（Ⅰ361 页），或因资本价值 C 无形损耗而贬值；资本 C 变化，产品中 C 值也随之变化。（Ⅰ237 页）

（2）产品价值 C 是不变资本的所费资本（而非所用资本）的价值转移。"作为价值形成要素的机器和作为产品形成的机器，有很大的差别"。（Ⅰ425 页）但所用资本量与所费资本量直接有关。"如果机器转给产品的价值的比率已定，那末这个价值部分的大小就取决于机器本身价值的大小"。（Ⅰ427 页）当然，折旧额是平均计算，即根据生产资料执行职能的平均持续时间来计量。（Ⅱ176 页）

（3）单位机器产品中价值 C 量比单位手工产品中价值 C 绝对量少，相对量反多。"在机器产品中，由劳动资料转来的价值组成部分相对地说是增大了，但绝对地说是减少了"。（Ⅰ427 页）就单位产品而言，"机器的生产率同机器转移到成品上的价值组成部分的大小成反比"。（Ⅰ443 页）

（4）商品价值 C 中包括流通领域的生产劳动中资本价值 C 的转移部分。如运输业："投在运输业上的生产资本，会部分地由于运输工具的价值转移，部分地由于运输劳动的价值追加，把价值追加到所运输的产品中去"。（Ⅱ168 页）如保管，"保管这种储备所需要的费用，也就是储备费用，即用于这方面的物化劳动或活劳动，不过是社会生产基金或社会消费基金的保管费用的一种变形。由此引起的商品价值的提高，只是把这种费用按比例分配在不同商品上"。（Ⅱ165 页）

关于产品价值中的 V：

（1）产品价值中 V 不是资本价值 V 转移的，而是因再生产出相等于 V 的一个等价而补偿的。产品中 V 是新创造出的价值部分。

（2）产品中新创造的价值部分，与资本 V 即转化为活劳动的量成正比，其条件是，劳动价值和剩余价值率已定。（Ⅰ340 页）在劳动时间不变情况下，强度较大的工作日就体现为较多的价值产品。（Ⅰ573 页）

（3）商品价值 V 中，还包括流通领域的生产劳动的劳动追加部分。（Ⅱ165 页、Ⅱ168 页）

关于产品价值中的 m：

（1）m 是产品价值超过它的各种生产要素的价值而形成的余额。m 是在生产过程中，由雇佣工人的剩余劳动创造的，是劳动创造的价值与劳动力的差额，是可变资本带来的。m 是资本主义生产关系的产物。产品价值中包括 m，是劳动价值论顺理成章的结论，是价值规律的本质特点之一。

（2）m 量的变化规律，m 量等于预付的可变资本量乘以 m，即 m（Ⅰ337 页）；在工作日长度和劳动强度不变的情况下，产品值中 m 与 V 反向变化，m 量增减与劳动生产率成正比（Ⅰ568 页）；在劳动生产力和劳动强度不变情况下，m 量与工作日长短成正比变化。（Ⅰ575 页）

最后，这里不拟从再生产角度研究 C、V、m。

四、价值的转形

价值转形就是指价值转化为生产价格，马克思在 1857～1858 年的经济手稿中已有生产价格理论的研究成果，但其于《资本论》第Ⅲ卷中得以完成。生产价格理论解决了价值规律与等量资本带来等量利润的矛盾——这是使李嘉图学派破产的两大难题之一，沟通了抽象的劳动价值理论与资本主义现实生活的联系。

马克思在《资本论》第Ⅲ卷第九、十章中论证了价值转形。

1. 等量资本平均利润率的形成

为研究不同的有机构成与资本利润率的关系，先假设各资本 M 一样；C 全部转移到年产品中；各资本周转速度一样。

马克思举例说明不同有机构成的各资本，会有不同的利润率。

	资本	M	M	产品价值	P
1.	80C +20V	100%	20	120	20%
2.	70G +30V	100%	31	130	80%
3.	60G +40V	100%	40	140	40%
4.	85G +15V	100%	15	115	15%
5.	95G +5V	100%	5	105	5%

可见，不同有机构成的生产部门，在 M 相同的情况下，利润率不同。

等量资本平均利润率又如何形成？当我们把以上各资本的各部分加以考察时，就得到：①总资本是 500；②总 M 是 110；③商品总价值是 610；④资本平均构成是 390C +110V，即 78C∶22V。所以，每100资本有22M，P=22；P=110500=22%。

成本价格大小只影响商品价值，不影响P大小。

在现实中，P形成的过程是不同部门的资本家竞争的过程。

2. 生产价格的形成

商品的生产价格，即商品的生产成本和平均利润构成的价格。

	资本	M	商品价值	商品成本价格	商品价格	P	价格同价值的偏离
1.	80G+20V	20	90	79	92	22%	+2
2.	70G+30V	111	130	81	103	22%	−8
3.	60G+40V	40	131	91	113	22%	−18
4.	85G+15V	15	70	55	77	22%	+7
5.	95G+5V	5	20	15	37	22%	+17

由图例知，P形成后，商品不按价值出卖，而是按成本价格加平均利润出售。因此，随着利润转化为平均利润，价值便同时转化为生产价格。

3. 生产价格的基础是价值

a. 商品生产价格是在价值规律基础上形成的，C+V转化为K，M转化为P。

b. "如果把社会当做一切生产部门的总体来看，社会本身所生产的商品的生产价格的总和等于它们的价值总和"。（Ⅲ179页）

"一切不同生产部门的利润的总和，必然等于剩余价值的总和。"（Ⅲ193页）

c. 生产价格变动，归根到底取决于商品价值的变动。"价值规律支配着价格的运动，生产上所需要的劳动时间的减少或增加，会使生产价格降低或提高"。（Ⅲ200页）

4. 价值转形的历史条件

价值转形不是假设，而是现实。"商品按照它们的价值或接近于它们的价值进行的交换，比那种按照它们的生产价格进行的交换，所要求的发展阶段要低得多，而按照它们的生产价格进行的交换，则需要资本主义的发展达到一定的高度。"（Ⅲ198页）

五、价格的构成

价格的构成是讲构成价格各部分及其组成、演变。

1. 价格由成本和利润构成

关于成本。马克思指出："商品价值的这个部分，即补偿所消耗的生产资料价格和所使用的劳动力价格的部分，只是补偿商品使资本家自身耗费的东西，所以对资本家来说，这就是商品的成本价格"。（Ⅲ30页）资本家为什么把C+V当作成本价格呢？因为C+V是商品使资本家耗费的代价；因为资本家把V与C等同看待，只看到C+V的统一性及其对M的独立性；因为C+V表现着再生产过程中应重新垫支的那一部分商品的价值。资本家用资本的耗费来计量商品的费用，这表现出资本主义生产的特殊性质。马克思说："我们把成本价格叫作K，W=C+V+M这个公式就转化为W=K+M这个公式。"（Ⅲ33页）

成本价格在价格构成中所占比重最大，是形成价格的基础。"商品出售价格的最低界限，是由商品的成本价格决定的"。（Ⅲ45页）

关于利润，马克思指出："剩余价值，作为全部预付资本的这样一种观念上的产物，取得了利润这个转化形成。"（Ⅲ44页）利润是怎样转化来的呢？马克思在商品成本价格的基点上研究m，把m与成本价格置于商品价值这一统一体中，得出与第Ⅰ卷不同的m定义："剩余价值首先是商品价值成本价格的余额"，即生产该商品所费资本与该商品从商品流通中流回的资本的价值增加额。成本价格掩盖了C与V的区别，即把C+［V+M］表现为（C+V）+m，m从可变资本的结果转化为整个垫支资本的结果，就转化为

P。"如果我们把利润叫作 P，那么，W＝C＋V＋m＝K＋m 这个公式，就变成 W＝K＋P 这个公式，也就是商品价值＝成本价格＋利润"。（Ⅲ144 页）

不能不指出，价格与生产价格无本质区别，正如价格与价值无本质区别，"和价值有质的区别的价格是荒谬的矛盾"。（Ⅲ397 页）因此，价格构成与生产价格无本质区别。

2. 价格构成的演进

马克思说："如果已知价值和剩余价值的界限，那就不难理解，资本的竞争如何把价值转化为生产价格并且进一步转化为商业价格。"（Ⅲ350 页）在资本主义社会，参加资本循环过程的不仅有产业资本，还有商业资本。商业利润来源于生产中创造的 m，因此，产品出厂价要低于生产价格。马克思说："全部商品的实际价值或实际生产价格＝K＋P＋h（在这里，h 代表商业利润）"。（Ⅲ318 页）"这样一来，关于生产价格也就出现一个更确切的有限制的规定"。（Ⅲ318 页）看新修正的生产价格小于商品的实际生产价格。"商品的实际价格＝商品的生产价格＋商业利润"。（Ⅲ319 页）生产价格水平和平均利润水平，决定着商品的售卖价格高低。（Ⅲ343 页）

同时，商品价格还要加进纯粹流通费用的补偿部分，因为纯粹流通费用虽然不会加到商品价值中去，但它会加到商品价格中去。

六、价格的变动

1. 商品价格变动的原因

（1）价值规律对商品价格有决定作用

"不同商品的价格不管最初用什么方式来互相确定或调节，它们的变动总是受价值规律的支配。在其他条件相同的情况下，如果生产商品所必需的劳动时间减少了，价格就会降低；如果增加了，价格就会提高"。（Ⅲ198 页）

（2）货币影响商品价格

货币材料影响价格："价格完全取决于实在的货币材料。……根据充当价值尺度的是金、银还是铜，就具有完全不同的价格表现……"（Ⅰ114页）

货币材料影响价格："在商品价值不变的情况下，商品的价格会同金（货币材料）本身的价值一起变动，金的价值降低，商品的价格会相应的提高，金的价值提高，商品的价格会相应地降低"。（Ⅰ137页）商品价格同货币价值成反比变化。

货币流通量影响价格："贵金属的追加生产，只要时而增加，时而减少，就会不仅在比较长的时期内，而且在极短的时期内扰乱商品价格"。（Ⅱ264页）须指出："扰乱商品价格"与"决定商品价格"有本质区别，"扰乱"是说货币储藏手段不能正常发挥作用时的情况，其理论根据仍是劳动价值论，而非"货币数量论"。

（3）成本价格影响商品价格

生产某种产品的原料价格提高时，已经上市的该产品的价格必然随之提高；反之，已上市的该产品的价格就随之下降，倘若市场上该产品严重积压，则其价格变动不与原料价格变动成比例；倘若此原料库存充足，则会抑制此原料价格上升。（Ⅲ129页）

（4）劳动生产率影响商品价格

由于生产力的发展以及与之相适应的资本有机构成提高，使单个商品或一定量产品中物化在生产资料中的劳动和生产中新追加的劳动的量减少，单个商品的价格则呈下降趋势。（Ⅱ251页、Ⅱ255页）价格下降，是有机构成提高在商品价格中的反映。（Ⅲ252页）

（5）资本周转影响商品价格

不同部门的商业资本周转的快慢，会直接影响商品的商业售卖价格。"商业加价的多少，一定资本的商业利润中加到单个商品的生产价格上的部分的大小，和不同营业部门的商业资本的周转次数或周转速度成反比"。（Ⅲ348页）"不同商业部门的商业利润的同

一百分率。会按照这些部门周转时间的长短，以完全不同的商品价值计算的百分率，提高该商品的出售价格"。（Ⅲ349 页）

（6）供求影响商品价格

供不应求，商品价格会上升；供过于求，商品价格会下跌。（Ⅲ664 页）但供求不能决定价格，"供求关系一方面只是说明市场价格同市场价值的偏离，另一方面是说明抵消这种偏离的趋势，也就是抵消供求关系的影响的趋势"。（Ⅲ212 页）

2. 商品价格变动的特点

（1）综合性：商品价格变动往往是多种因素作用的结果。因此，价格变动可能反映实际的价值变动，或只是反映市场价格的波动。（Ⅰ178 页）商品价格总额加，或因商品量不变而商品价格提高，或因商品量增加幅度大于价格下降幅度。（Ⅱ383 页）

（2）周期性：《资本论》第Ⅱ卷"简单再生产"一章中指出：在繁荣时期，"不仅是必要生活资料的消费增加了；工人阶级（他们的全部后备军现在都积极参加进来）也暂时参加了他们通常买不起的各种奢侈品的消费，此外，他们还会参加这类必要消费品的消费，其中绝大部分通常只对资本家阶级来说才是'必要'消费资料；而这些又会引起价格的提高"。（Ⅱ456 页）尤其是原料价格，更与资本主义周期性危机相关，"原料生产部门的发展不过是跳跃式的有时突然扩大，然后又急剧缩小"。（Ⅲ138 页）"从有机自然界获得的原料，是处在一种不断重演的变动中：先是相对的昂贵，然后是由此引起的贬值。"（Ⅲ139 页）

（3）结构性：产品价格受原料价格影响大于受固定资本的价格影响。这是因为，原料的价值是全部一次加入新产品的价值中去，而机器等固定资本的价值则按其损耗程度，逐渐地、部分地转移到新产品的价值中去，原料价值在新产品价值中比固定资本价值所占的比重大。（Ⅲ124 页）而且随着劳动生产力发展，原料的价值在商品产品的价值中比例越来越大。（Ⅲ125 页）

（4）虚假性：马克思认为，工资增加导致物价上涨是假象，实质上是商品价格提高引起工资的提高。因为，工资增加，生活资料需求增长，其价格会上升，但同时剩余价值会减少，则奢侈品需求下降，其价格下跌，可见物价是有升有降；物价提高受多种因素影响，不能使与工资提高相连，个别部门工资提高引起的价格局部提高只是现象，不是普遍规律；在工资普遍提高时，可变资本占优势的部门的商品价格上涨趋势，会被不变资本或固定资本占优势部门的商品价格下跌而抵消，使总物价水平不变。（Ⅱ377～379页）

七、价格的作用

（1）价格的变化与价格对社会劳动总量分配有调节作用

"商品的价值规律决定社会在所支配的全部劳动时间中能够用多少时间去生产每一种特殊商品。"（Ⅰ394页）

价格对再生产有重大影响："对于W来说，即对于在这个单个资本的循环生产资本来说，出卖时价格和价值是否不一致并且在什么程度上不一致，当然具有决定的意义"。（Ⅱ106页）

原料价格对废物利用有影响："废料所引起的费用和原料价格的波动成正比：原料价格提高，它就提高；原料价格下降，它就下降。但在这里也有一个界限"。（Ⅲ125页）

原料价格高低对运输也会发生影响。原料价格提高，以弥补较贵的运费，利于原料从较远地区运来。（Ⅲ135页）

（2）价格对交换的影响

价格影响交换的实现。马克思在论产品社会性质时说：生产者劳动的这种社会性质，通过他的产品的货币性质，通过他的产品的由价格决定的普遍的可交换性，表现为他的产品所固有的社会性质。（Ⅲ719页）价值形式发展到价格形式，商品交换才可能普遍、广泛地向前发展。

商品的市场价格对销售有影响。"在一定的价格下，一种商品只能在市场上占有一定的地盘，在价格发生变化时，这个地盘只有在价格的提高同商品量的减少相一致，价格的降低同商品量的增加相一致的情况下，才能保持不变"。（Ⅲ200 页）

（3）价格对盈利的影响

"如果商品是按照它的价值出售的，那么，利润就会被实现，这个利润等于商品价值超过商品成本价格的余额，也就是等于商品价值中包含的全部剩余价值"。"只要商品的出售价格高于商品的成本价格，即使它低于商品的价值，也总会实现商品中包含的剩余价值的一部分，从而总会获得利润"。（Ⅲ45 页）

原料价格的波动对利润率有很大影响。对于加入商品的生产过程的原料，"如果原料的价格降低了，降低的数额，那么……因而利润率就提高。相反，如果原料价格提高了，那么……因而利润率就下降。因此，在其他条件不变的情况下，利润率的高低和原料价格成反比"。（Ⅲ123 页）

（4）价格对货币量的影响

商品价格总额决定了流通中需要的货币量。"商品世界的流通过程所需要的流通手段量，已经由商品的价格总额决定了"。（Ⅰ136 页）"随着商品价格总额这样增加或减少，流通的货币量必须以同一程度增加或减少"。（Ⅱ137 页）当商品量已定时，"流通货币量就随着商品价格的波动而增减"。（Ⅰ138 页）

第二节　企业改革的尝试：向国营工业企业"放权让利"

1978 年到 1983 年，国营工业企业的改革开始了初步探索。向国营工业企业"放权让利"，使国营工业企业得到了初步的自主权，并取得了一定的成效。

此前，政府对国营工业企业是统管的。政府直接决定企业的生产规模、经营管理、收入分配和产品销售。企业的盈亏由国家统一负责，财产由国家统一处理，收益由国家统一分配，资金由国家统一调拨，企业没有独立的经营决策权力。企业吃国家的"大锅饭"，职工吃企业的"大锅饭"。国家统管体制使企业失去了活力和自我发展的动力。

为解决国家同企业以及企业同职工之间的责、权、利关系，缓解财政赤字的困难，增加财政收入，改革之初开始了扩大企业的自主权。1979年《国务院关于扩大国营工业企业经营管理自主权的若干规定》等5个文件，允许企业在完成国家计划前提下制定补充计划，允许按照国家规定的价格政策自行销售；实行企业利润留成；逐步提高固定资产折旧率；实行固定资产有偿占用制度；实行流动资金全额信贷制度；企业有关新产品试制等费用可以从实现的利润中留用；企业有权申请出口自己的产品并取得外汇分成：企业有权按国家劳动计划指标择优录取职工；企业在定员、定额内，有权按照实际需要决定机构设置，任免中层和中层以下干部；减轻企业额外负担等。1981年以后进一步的改革，重点是实行责任制。1983年又开始企业的"利改税"改革。所谓利改税，就是将国营企业原来给国家上缴利润的办法，改为按国家规定的税种和税率向国家缴纳税金。利改税目的是为了稳定国家财政收入并稳定国家与企业的分配关系。这让企业有一定的税后利润和自我发展能力，提高了企业生产的积极性。但利改税改革也存在着不足，如用税收分配代替价格分配作用并不符合市场价值规律。

这一阶段，我主要参加了农村改革调研，对国营工业企业调研很少。因此，没有这方面的调研报告和论文。显然，专栏文章较多的部分也就是参与调研较多领域。以下专栏选登文章的情况类似，不再一一说明。

第三节　城乡商品市场的恢复：农村集贸市场和城镇个体经济的发展

随着改革开放的推进和城乡经济的发展，商品市场也出现了恢复和发展。1979 年后，恢复并适当扩大自留地，恢复农村集市贸易，发展农村副业和多种经营，极大地调动了农民的积极性，农村集贸市场也开始繁荣。其中，城镇个体经济的发展，也为形势发展提供了相当的动力。

这一时期，决策层在考虑，如何在农村生产领域改革基础上，推进农产品流通领域的改革。在此过程中，我们也做了点事。记得在 1984 年初，受国研中心王岐山同志委托，我和巩文波出面组织了七位学经济但专业不同的研究生去广东调研。同去的有：我们班的樊纲、崔培胜，他俩是学习西方经济学的；顾秀林，学习农经的；中国人民银行金融所研究生刘自强，是学习金融专业的；中国人民大学研究生张帆，记忆中是学习消费经济的；巩文波和我，是学习商业经济的。我们一行人去广东的广州、肇庆、深圳、东莞等地进行了近一个月的调研。受国家机构委托调研国家大事，大家都有一种使命感和责任感，人人对调研工作充满高度热情，做事也极为认真。每个人都写出了报告，涉及金融、财政、内外贸、流通等多方面，最后形成共计 10 万字的报告集。回北京后，王岐山同志又组织我们讨论了几次，还向杜润生主任汇报了一次。农研室领导对我们的调查曾给了很高评价。

我执笔写了一份《农副产品购销体制面临新的突破》的报告。全文 3 万多字，是所有调研报告中最长的一篇。我以农副产品购销体制改革为主线，写了生产、流通、消费等各方面的影响。它对全国议论比较多的"广东放开农产品价格引起混乱"、"广东滥发工资和奖金"、"广东发展靠少上缴利润、多发票子"等议论进行了调查，并用事实驳斥了类似的指

51

责，大胆地支持了广东在农副产品流通体制上进行的改革探索。我这一篇报告很快被国研中心的《农村问题论坛》杂志全文发表了。杂志负责人黄鸣处长的果断和敢于负责的精神，令我至今难忘。记得当时杂志社给了280元稿酬，我便请大家吃了一顿。此后，《红旗》杂志1984年第四期的《内参》，转载了该文的24000字。这份报告与"购改税"思路相比，有了很大进展。"购改税"是从购销体制形式方面的改革入手的，而在这里我提出了粮食等主要农副产品统购统销体制的实质性改革。其主要思路是："建议形成以议购议销为主，以换购、代购为辅，以统派购为临时应急手段的新购销体制"。报告认为议购议销是计划性与市场调节的结合，议购议销价格是指导性计划价格。

专栏四

农副产品购销体制面临新的突破

1984年中央一号文件指出："要继续调整农副产品购销政策"；"要随着生产的发展和市场供应的改善，继续减少统派购的品种和数量"。中央文件指出的这个方向完全正确，它反映了社会经济生活内在规律的要求，顺应了我国经济改革的历史潮流。与此同时，它又给经济理论工作者提出这样一个问题：随着经济改革的深入，随着统派购缩减趋势的不断发展，是否有一天统派购会失去自己的历史地位？那时候还需不需要计划收购？如果需要，这种计划收购会采取何种形式？计划经济为主、市场调节为辅的原则又如何体现？

带着这些问题，我们于今年二三月份去广东省进行了一番考察。从对广东省在三中全会以来农副产品购销政策的调整过程的考察中，我们对以上问题有了一些不成熟的想法。具体讲，我们从广东省农副产品议购议销的迅速发展过程中，从议购议销对生产、流通的作用，对消费、分配的影响中看到一些令人深思的现象，得出一些令人鼓舞的结论。一言以蔽之，议购议销有可能取代统派购的地位，成为农副产品的主要购销形式。

一、广东省农副产品议购议销的兴起和发展

到广东不久，我们很快得到关于农副产品议购议销的两条信息：一是广东省1983年零售商品议价指数第一次出现了负号，下降4%；二是广东省农副产品收购总额中，议购比重第一次达到50%。议购议销引起我们很大兴趣。

人常说，绿色象征着生命。广东省国营副食果菜商店里，议销价全用绿色小牌标出，不知这是有心计的暗示，还是随机的选择？一排排绿色小牌既像是生机勃勃的林带，把表示价格的小红牌包围起来；又像是一个个小指路标，把我们带入议购议销兴起的年头。

1. 广东省农副产品议购议销在1979年兴起

十一届三中全会后，广东省即在佛山地区试行农副产品议购议销。但真正全省范围的兴起，却是在1979年。

1979年初，广东省革委会发出（79）22号文《关于国营商业、供销社开展计划外农副产品购销业务的通知》；7月15日，中央批准广东在有关经济活动中实行特殊政策和灵活措施；9月份，国务院发出开展三类农副产品议购议销的通知。

时隔不久，惠阳地区供销社向省社报告，已有八个县市恢复了贸易货栈，上半年议购议销总额达1800多万元。广东省供销社信托贸易货栈于5月19日正式成立，它宣布议购议销是其主要经营方式。省土产公司和省果菜副食品公司新成立的购销服务部，议购议销业务已有了进展。

1979年底，全省县级以上货栈成立近200个；广州市开办了18间行栏货栈，销售额达1.3亿元。1979年仅供销系统议价购进农副产品总值达1.63亿元，占农购总额15%。

肇庆地区行署财贸办公室1979年工作总结上写道："今年在全区范围内，开展了议购议销业务，使城乡市场出现了近十多年来所未有的活跃景象"。各地反映，多年不见的商品又上市了，多年不

见的"价格行情"又纷纷办起来了。

1979 年开展议购议销的特点是：全党重视，上下一心异议，行动迅速。这一年是十一届三中全会路线迅速贯彻的一年；是解放思想，放宽政策，按经济规律办事的一年。

2. "冬瓜贵过西瓜"，1980 年议购议销面临考验

1980 年新年钟声还没响起，一份广州市供销社 1979 年 12 月份 100 种商品牌议价统计资料已送到了办公室，主要内容是：议销价高出牌价 77 种，占 77%，其中高出一倍以上的有 8 种，高出 50% 至一倍的有 27 种……

议价草鱼年平均价高达 3.22 元/斤，漫画上了报社内参。

…… ……

消费者反映强烈，议价经营压力很大。

广州市 5 月份开始物价大检查，部分议价商品降价。举例如下：

表1-1 部分议价商品降价情况

类别	品名	最高零售价（元）		降价幅度（%）
		调整前	调整后	
猪副产品类	冻猪心	1.40	1.34	4.29
	冻猪腰	1.40	1.34	4.29
	冻猪瘦肉	1.99	1.79	10.05
	冻猪碎肉	1.46	1.22	16.44
三鸟类	冻光鸭	1.29	1.18	8.53
	活母鸡	2.42	2.20	9.09
鲜果类	衣棒子（个）	0.92	0.90	2.2

当然，纠偏不是否定前进。国务院 32 号文件"要求加强物价管理，坚决制止乱涨价"，仍肯定了农副产品议购议销的经营范围，指出议价商品要坚持薄利多销的方针。广东省财办 1980 年 9 月作出"关于疏通商品流通渠道，促进商品生产，搞活市场的十

二条措施"，肯定了议购议销的作用，把统派购的 47 种农副产品减少到 25 种，扩大了三类产品的范围，允许除粮、油、糖、猪和基地塘鱼以及中药材外的三类产品跨行业经营，规定县以上信托贸易公司和货栈经营的利润分成从 1981 年起上缴财政 50%，自留 50%。这是一个推进议购议销的文件。

1980 年议购议销虽有一定压力，但仍在发展：全省农副产品收购总额中议购比重达 34.2%，为 1979 年 16.7% 的一倍，收购总值达 15.23 亿元。

这一年中，议购议销中也出现一些问题，如肇庆地区反映，多年生的山林产品资源受到破坏，供销社经营的 12 种主要农副产品中 11 种的收购量下降。值得注意的是，此系带有普遍性的问题。更为严重的是，鲜活产品议销价格逐季上升，据省商业厅物价处提供的资料，广州市中等鸡 7 月份为 1.98 元/斤，到年底涨为 2.19 元/斤；鸡蛋 7 月份为 1.32 元/斤，到 11 月份已升为 1.65 元/斤……整个议价趋升。

1980 年 12 月 7 日，国务院发出关于严格控制物价、整顿议价的通知，指出各种议价商品，一律以通知之日的价格为最高限价。

3. 在整顿中继续发展的一年

1981 年是广东议购议销史上最有特色的一年。这一年整顿议价，限制议价，而议购议销又大发展。

年初，议价高线已限以 1980 年 12 月 7 日价格为准，全年统算利润也限制在 3%，议牌差幅限在 30%，进销差率、批零差率和调拨价费率须低于同类平价商品费率。这些限制旨在保护消费，安定社会。

从坐标纸上可以看到，消费品议牌价指数曲线在 1981 年相交，交点数值为 3.2。在这一点上，议价不愧为"第二牌价"。让我们回到现实中来看看。1981 年初，广州市决定调低主要水果议价：香蕉由 0.50 元/斤降到 0.45 元/斤，大蕉由 0.38 元/斤降到 0.30 元/

斤，菠萝由 0.40 元降到 0.36 元，熟木瓜由 0.30 元降到 0.25 元。还有：冻瘦肉由 1.68 元降到 1.65 元，冻肠头由 0.84 元降到 0.78 元，冻排骨由 1.56 元降为 1.23 元，冻大排由 1.56 元降到 1.40 元，红瓜子由 2.50 元降为 2.44 元，白胡椒由 17.4 元降为 14.7 元……

6 月中旬，广州市规定了部分议价商品最高限价。

限价一搞，货源减少，造成许多商品"有价无货"，鲜活产品尤感吃紧。12 月 7 日属粮食供给较充裕的季节，这时定的价格作为最高限价，一进入春季粮食缺少时就显得低了。因此，难怪汕头地区物委要求调整粮食季节差价，指出经营单位购销发生困难，无法平抑急速上升的市价。顺德县反映，去年年底牛肉议销价每斤 2 元，现在缺货，市价已上升到 2.70 元。去年元月份购进山东苹果一万多担，今年因产地进货价每斤 0.33 元向上浮动到 0.43 元，致使合理计价销价达 0.67 元，高于去年 12 月 7 日的销价（0.56 元），因此不敢进货。四川有一批腊制品货源，合理计价销售腊肠每斤 3.30 元，腊肉 2.30 元，比目前市价低（市价腊肠 4.20 元，腊肉 2.50 元），但高于 12 月 7 日的议销价，因而没敢进货……大城市反应更为强烈，广州广鲜活水产品货栈的负责同志告诉我们：12 月 7 日限价公布时，顺德县一个公社刚拉来一车鱼，一问搞限价，便一斤不卖，把 40 多担鱼全部拉走了。最高限价，限住了国营货栈，限不了个体商贩；限住了议价，限不住市价。既然有价无货，控制不了市场，市价当然与议价拉大了差距。本年全省平均消费品议价指数为 3.2%，而市价指数高达 15.6%。限价还限住了产地的农副产品流向销地，使城市供应趋向紧张。

但是，以上分析与统计数字有矛盾。1981 年说议购议销是"有价无货"，但省经委提供的数字却非如此，1981 年议价农副产品收购总值达 22 亿元，为 1980 年的 1.5 倍；而省统计局报表上记载的全社会议价商品零售额比 1980 年增长 5 倍！

原因有两条：一是全省消费品物价主要以广州市为调查样本。

因此，议市价差在很大程度上反映了广州市当时的情况，而这正是广州市执行限价比地、县更严厉的结果。地、县的议购议销受到的限制则少一些。以高要县为例：1981 年集市贸易价格总指数比 1980 年上升 10.6%，其中消费品市价指数上升 12%，议价指数上升 7.3%，差幅为 5%，这低于全省的 12%。

另一条重要的原因是：1981 年"平转议"比较严重。从农副产品议价购进和销出的金额比例看，1979 年和 1980 年基本上是购二销一，而 1981、1982 年则为购一销二。这显然说明 1981 年平进议出严重。所以，1981 年议价商品零售额比 1980 年增加 5 倍，在很大程度上是由"平转议"造成的。

但不能否认这一条，议购议销总是在限制中发展，而且发展很快。这是为什么呢？

首先因为中央和省政府对议购议销的基本政策没变。国家物价局等八个单位《关于农副产品议购议销价格暂行管理办法》（草案）① 和省政府"关于稳定市场物价的通知"② 中，有三条精神对发展议购议销很重要：一是议购议销还要继续开展，限制不是制止；二是议购议销中要搞季节差价和地区差价，而差价政策就为突破限价规定提供了条件；三是市、县主管部门在规定幅度内可灵活掌握定价权。有了这三条，再加上经营单位对搞议购议销的积极性，议购议销就还在发展。

4. 议购议销承受的压力达到最高点的 1982 年

1982 年从年初到年中，压力有增无减，但下半年有所松动。

1 月 20 日，省政府发出"关于贯彻执行国务院'关于坚决稳定市场物价的通知'的规定"，③ 要求各种议价商品的零售价格按 1982 年 1 月 9 日价格执行。这是一年零一个月后的第二次限价。3

① 国价字［1981］127 号文。
② 粤府［1981］224 号文。
③ 粤府［1982］16 号文。

月，省政府对这两年议购议销作了自我检查，提出四个不足：①缩减统派购步子大了；②牌价收购比重下降，议购比重增长快；③收购价格和奖售政策有些乱；④多头插手，跨行业经营。同时提出两条具体改正措施：①大中城市郊区社队鱼塘恢复派购；②水果主产区四大水果恢复派购①。4月29日，省物价局在"关于整顿农副产品收购价格的通知"②中承认，近两年农副产品收购价格方面出现不少问题，指出议价失控，冲击了计划收购，破坏了某些产品资源。7月，《广东、福建两省特区工作会议座谈纪要》对广东议购议销中一些做法有批评。

这段时间，议价的确被控制住了。有关资料表明，广州市的议零价呈水平线，这说明1980年12月的限价确被突破，而1982年年初的限价一直到同年10月还未被突破③。

但是，1982年第一季度市价仍在上升。据汕头、南海等23个县市20个品种价格统计资料反映，集市价格总水平比去年同期上升7.7%。上半年，尤其是第一季度市价大幅上升的原因，各地报来的材料均归于自然条件。如：米价升，因为粮食歉收；糖价升，因榨季已过；蒜价升，因去年减产；生姜价升，因姜种欠缺；果菜价升，因成本增加。事过一年后，均不再提议价被缚绑太紧抑制不了市价的话了。但猪肉价升，"因调入量减少"一句却提供了一条线索，这显然不能归入自然因素，而与政策有关。

年中，以粮食为突破口，一举开始扭转局面。全省大米市价每斤由0.58元降到0.44元。这主要因为粮食市价一向偏高的汕头、梅州两地区的进口米和外省议价米陆续到货，当地市价被抑制到0.45元/斤。粮食部门在抑制粮食市价上显示了强大实力。肇庆地区议价经营粮食8亿斤，占总经营量的40%。全省粮食类议价指

---

① 粤府［1982］86号文。
② 粤价字［1982］72号文。
③ 取当年10月份价格，是因为当年11月份资料填报不全。

数比 1981 年上升 4% 左右，但把市价指数从 8% 拉到 6%。

三季度，全省消费品市价指数上升幅度比二季度 13% 明显下降，为 7%，四季度则为 4.6%。

1982 年市价指数逐季下降使严加管制议购议销的局面有所松动。供求规律已自己出面来限价了，成本和需求对价格的推拉已成强弩之末，疲软下来，市场不那么令人生畏了。

议购议销范围上的争议到下半年也有了结局。这里指的是四大水果改还派购一事，产区呼声很高，生产者限产改产倾向突出。东莞县不少农民听到水果改回二类管理，化肥和毛竹不买了，议论纷纷准备改种。如麻涌公社香蕉田已无人除草、犀泥，预订了蕉杉的纷纷退货。公社党委也准备组织挖蕉种蔗了。道理很简单，三类改二类，煮鸭天上飞。据省农工部下去了解，香蕉按三类收购，农民亩纯收入得 390 元，按 1979 年派购价收，即使亩产高达 35 担，也无利可图，只能保本。由于水果改类政策基本上没能执行，麻涌公社的香蕉新芽才没被挖掉。

所以，尽管 1982 年议购议销压力很大，但下半年则开始松动。1982 年农副产品收购总值议价部分增长 10%，达 24.8 亿元；社会消费品议价零售额增长 14%，达到 43.7 亿元（扣除了社会集团购买）。全省商品议销额占社会商品零售总额的比重已达到 22.8%。

5. 改革的东风鼓起议购议销前进的风帆

1983 年，春风又绿江南岸，改革的浪潮再度兴起。中共中央《当前农村经济改革的若干问题》揭开了我国农村流通领域改革的序幕。文件指出：要调整购销政策；国营商业要积极开展议购议销业务，参与市场调节；供销社和农村其他合作商业组织可以灵活购销；凡是收购任务以外的农副产品，购销价格可以有升有降。总之，农村流通领域放宽政策。

3 月 28 日，广东省政府 55 号文件《关于放宽农副产品购销政策畅通商品流通渠道若干问题的通知》指出：我省现行 36 种统派购产品，重新调整为 21 种（包括四大水果改为议购），"完成交售任务后的一、二类产品和三类农副产品，可由生产者自行处理。国营商业（粮食、商业、外贸、水产、林业、医药）、供销社、集体和个体商业，都可以议购议销"；"运销三类产品不受限制"，"收购三类产品，推行产销合同制"，"取消现行对经营单位议购议销产品限价的规定，以利于经营单位灵活经营"。这个文件给议购议销松绑脱枷，大开绿灯。

不知是政策好时天帮忙，还是天帮忙时政策也好，1983 年喜讯频传。

汕头地区至一月中旬，收购焦柑达 76 万担，比去年同期增长 25%；各地焦柑市价普遍比去年同期下降 0.20/斤 ~0.30 元/斤。

佛山水果市场在一季度发生了三个变化：①南果多于北果；②国营商店水果零售价低于最高限价；③个体商贩的水果零销价低于国营水果商店。全区柑橙库存比去年增加 4.8 倍，达 2 万多担。

顺德县 7 月份香大蕉上市时，议销价一斤降了 0.44 元，仅为 0.26 元；大蕉则由 0.30 元/斤 降至 0.16 元/斤。

广州市水果供应十分充裕，品种多，质量好。广州市水产公司的货栈，通过议购议销，掌握了上市的近 80% 的计划外水产品，调节供求，平抑市价，保证了市场。省物价局简报中说："水产品全年上市量为 164.4 万担，比 1982 年增加 14.2%，国营商业经营 126.5 万担，占总量 76.9%，议价指数下降 2.9%，使市价指数下降 11.3%"。

根据省经委的报表，1983 年农副产品 1~9 月收购值议价收购达 22.5 亿元，占牌议价收购总值的 52.3%。其中，商业系统议价收购比重已达 62%，供销系统达 50.3%。据省统计局提供，1983 年议价商品零售额比 1982 年增加 17.6%，达 51.4 亿元。在我们即将离开广东时，从商业部门得知，全年国营各商业议价农购达28.6亿元，为农购总额的49.9%。更为引人注目和高兴的是，议价商品价格指数下降4%，为96%。

1983年是广东省议购议销取得很大成绩的一年，议价指数下降为广东省1983年整个物价指数低于全国作出了贡献。1983年是否将作为议购议销的转折点而载入广东省经济发展史呢？

回顾广东省在三中全会以来议购议销的发展，我们可以看到，这种购销形式具有强大的生命力，具有不可逆转的发展趋势。

二、议购议销作用之理论分析

广东省议购议销生命力是顽强的，但顽强并不是判断优劣的准绳。我们感兴趣的是，这种顽强是否根基于社会经济生活内在规律之上，是否因其顺应了我国经济改革的历史潮流。基于这个目的，我们需要考察议购议销对生产、流通的作用，考察议购议销对消费和分配的影响。

1. 对生产的作用

议购议销对广东省农业生产发展起了很大促进作用。1979年以来，农副产品议购金额翻了两番还多，由6个亿发展到28个亿；议购比重逐年上升，几近一半。广东省农业产值1979年以后发展也比较快，1957年至1978年农业产值年均递增2.3%，而1978~1983年农业产值年均递增5.4%。

农业产值增长较快是由很多因素造成的，如农业生产责任制的推行，农业科技的推广，农业生产基础条件的逐步改善等，但农副产品议购对农业发展的促进作用也是不可忽视的。

首先，议购促进了三类农副产品发展。以广东四大水果（香蕉、柑橘、荔枝、菠萝）为例，请看下表：

表1-2　广东省四大水果总产量变化

年份	水果总产量	环比速度	增减幅度
1978	628.3（万担）		
1979	571.1	90.0%	−9%
1980	644.7	112.9%	+12.9%
1981	836.8	129.8%	29.8%
1982	1024.9	122.5%	22.5%
1983	1026（大致）		

　　1983年总产量比1979年增加近80%，而1981、1982年两年递增速度很快，分别为30%和23%。其主要原因就在于四大水果由二类改为三类。

　　其次，议购对农业生产的促进还表现在促进一、二类农副产品的生产发展上。由于一、二类农副产品收购牌价比较低，一、二类中的粮油议牌价差幅又大，均在一倍以上，所以，议价收购完成任务后的一、二类农副产品无疑可以较大幅度提高实际的混合平均收购价格，有力地起到了补充牌价的作用。如自1979年以来粮食系统议购总值逐年上升，已由1979年议购在牌议购中比重占10%上升到1983年占40%左右。全省粮食总产保持均衡小幅上升，1983年达到390亿斤，比1978年增产65亿斤，比大丰收的1982年增产4亿斤，而粮田面积则由1978年的8567万亩减少到7299万亩。面积减少而总产增加，关键在于亩产提高较大。粮食作物亩产由1978年的379斤提高到1983年的534斤。粮食议购议销对支持粮农扩大再生产和保护生产积极性起了一定作用。

　　议购议销之所以对农副产品提高总产和单产有促进作用，根本问题在于议购价格高于同一农副产品统派购价格。广东省各类农副产品近三年排议价差幅如下表：

表 1-3 议牌价指数差幅度表（以本期牌价为 100）

年份	总指数	其中：粮食类	油料类	肉禽蛋类	水产品类	干鲜菜类	干鲜果类	其他类
1981	165.5	237.9	241.0	140.3	168.4	162.9	135.5	174.3
1981	182.5	252.5	215.5	154.7	173.1	151.9	166.3	197.2
1982	168.0	225.6	201.0	145.4	191.8	161.2	135.1	127.3

（注：1981 年前统计中无议价指标项目）

议购议销对农业生产的促进另一重要方面是促进各类农作物按照社会需求去调整生产结构，也就是说，促进了农业生产资源合理进行分配。限于资料不全，仅列出以下几个表供研究：

表 1-4 1980 年七种农产品成本收益率及每劳日净产值

	甘蔗	花生	黄烟	稻谷	小麦	柑	黄麻
成本收益率（以牌价算）	123%	45%	32%	38%	−28%	194%	53%
每一劳动日净产值（以实际价算）	4.24	2.09	1.13	1.83	0.26	5.74	1.64
每日值比较（稻谷为 100%）	232%	114%	62%	100%	14%	314%	90%
成本收益率比较（稻谷为 100%）	324%	118%	84%	100%		51%	139%

表 1-5 1980～1982 年五种农产品劳动日净产值（以实际价算）

	稻谷	花生	甘蔗	烤烟	黄麻
1980 年	1.83	2.09	4.24	1.13	1.64
1981 年	1.34	3.06	4.33	2.09	2.43
1981 年日值比较	100%	228%	323%	156%	181%
1982 年	1.69	2.80	4.51	2.68	2.55
1982 年日值比较	100%	166%	267%	159%	151%
日值递增率	−4%	+16%	+3%	+5.4%	+25%

表1-6　1980～1982年六种农作物面积变动情况

单位：万亩

	稻谷	甘蔗	花生	黄(红)麻	黄(红)烟	小麦	柑桔橙
1980 年	6264	257	607	43	17	354	42
1981 年	6088	322	645	47	20	161	44
1982 年	6007	406	647	28	24	143	45
年值递增率	-2%	+26%	+3%	-20%	+19%	-36%	3.5%

　　从这三个表中，可以看到：①甘蔗的成本收益率和每日工值都大大高过稻谷，高过除柑以外的其他作物，而且日值1980～1982年还年递增3%，所以甘蔗的面积三年的年递增率为26%，居七种农作物面积增速之最。②小麦相反，日值最低，成本收益率最低，相比其他作物，基本上是无利可图，因此面积三年来年递减36%，列减速之最。③稻谷成本收益率和日工值均居下，且日值略有下降趋势，故面积也稍降。④值得注意的是黄烟和黄麻。黄烟从1980年的成本收益率和每一劳动日净产值看，低于稻谷，仅高于小麦，而其面积三年来年递增19%。何也？原来这三年烤烟每工值递增5.4%，1982年烤烟日工值快与花生接近了。黄麻更有意思，1980年按日值看低于稻谷，按成本收益率看高于稻谷。其面积三年递减20%，这对减少积压、平衡供需显然有利。因此，三年来日值也得以提高，1982年已接近花生和烤烟了。

　　通过以上简单分析，我们可以看到：面积的调整与日值和成本收益有直接关系，而几种作物的日值和成本收益率呈现出缩小差距的趋势，价格调整对缩小差距有重大作用。议购议销价格随行就市的特点，使农产品供给向需求靠近，趋于供需均衡。

　　当然要指出，生产者不单纯是择利种植，以上分析抽象掉了许多实际因素，不过是反映了一个大致的趋向而已。

　　综上所述，议购议销之所以能促进生产，一方面是因为议价高于牌价，使生产者纯收益大幅度提高，因而调动了生产积极性；另一方面，也是更重要的原因，由于议价要参照市价，要照顾产销双方，所以，议价可以发出比较正确的信号，去指导生产，使生产与消费趋于协调，供给与需求趋于均衡。而这一点正是缺乏灵活性的牌价所难以做到的。

议购议销对农业生产的促进还直接表现为：通过农用资料议购议销，支援农业生产；通过帮助推销农副产品，解决农民资金积压。此非本文重点，略而不论了。

现在需要分析议购议销对生产资源的破坏问题。1982 年省物价局 72 号文指出：少数多年生的商品如木材、桂皮、巴戟等，由于价格暴涨，致使砍挖了幼林，破坏了资源。白胡椒等产品价格暴涨暴落，甚至停止收购，正常生产受到打击。这类现象的确存在，但是否可得出议价收购就必须加以限制的结论呢？

因价格变动而易破坏生产和资源的农副产品可归纳出以下几个特点：

（1）需求弹性大，需求变化快，其价格变动主要受需求拉动。生产者由于无法把握市场需求变化，所以形成抛售抓现心理。

（2）供给弹性大，这主要因为这些产品非生产者主要生活来源。由于生产者对其长期依存性小，供给不具有均衡性。否则，就会自毁衣食饭碗。

（3）一般生产周期较长（对一年三熟的作物就谈不上）破坏资源，恢复生产较困难。

（4）有些野生的山林土特产品，种护劳动投入少，而滥砍滥收就有报酬。

（5）有些是外贸出口商品，因而受国际市场行情影响大。这最易出现价格的暴涨暴落。如广东的桂皮、桂油在 1981、1982 年抢购出口赚利，1983 年就外销不动、内购无力了。

总之，这类产品议购议销价格变化，主要不是冲击国内消费，而是冲击生产者。但应指出，这类产品毕竟所占比重不大，故不能以偏概全；而且外贸实行统一管理后，纠正了对这部分产品跨行业经营，使哄抬议价现象大为减少。只要外贸部门改进工作方法，这个问题是不难解决的。

2. 对流通的作用

议购议销对搞活流通有很大作用，这主要表现在下面五个方面：

（1）议购议销有助于形成农副产品的价差流通，解决供求在时空上的矛盾

我国农副产品中突出的卖难问题，在现阶段主要不是因为生产的绝对过剩造成的，而是由于流通领域"肠梗塞"，使供求双方在时间和空间上被隔开。正确的差价政策尤其是地区差价和季节差价，对搞活流通、搭建供求桥梁有着重大意义。

我们在调查中，深深体会到，议购议销在推动农副产品由产地向销地、由旺季向淡季的流动有显著的作用。

例如，广东省各地县的供销综合公司，充分发挥议购议销的灵活性，大力经营市场紧缺群众急需的商品，把产销联在一起。如广州市公司1983年从产地组织了大量的副食品，特别是精肉、猪、鸡的副食品，冻兔、冻羊、蛋品等共计42万担，投放在广州市场。1983年广州市公司经销农副产品占购销额90%。这些农副产品之所以购得进、销得出，经营单位在经营中可获得一些利润，就在于议购议销价格的灵活性。地区差价一限死，商品就只能凭借财政补贴搞非价差流通，这条路已被实践证明是越走越窄了。这一点，广州市水产公司体会很深。他们的结论是：价格问题是搞活水产品市场的关键，一活百活，一死百死。原因说来很简单：河鲜杂鱼，品种繁杂，生产分散，货源众多。从产地到销地，距离不等，运输条件不等，所以支付的运杂费和损耗也不等。而对不同质量，不同品种规格，消费者愿支付的货币当然也不等。至于一年中不同季节，一天中不同时辰，价格也须变通，不然对购销双方都不利。所以，

差价必须灵活。

拉大差价相对多年来差价偏小的情况是合理的，但市场竞争又会自然限制差价幅度，迫使经营者薄利多销。广州市综合贸易公司柴鱼的购销差价仅3%~4%，广州野味食品部统计，1983年进销差率在缩小了3.6%的情况下，费用水平还下降4.1%。若问何以如此自觉，请去广州一德路看看百家争营的热闹场面就什么都清楚了。

（2）议购议销有助于形成健康有序的农贸批发市场，使市场活而不乱

计划外农副产品的大批量运动已成为现实生活中不可忽视的事实。农贸批发市场在此基础上产生和发展着。批发市场上货源充裕，零售市场上就买卖兴旺。抓好农贸批发市场是搞活农副产品流通的关键环节。

广东省农贸批发市场正处在一个兴起阶段。广州市近两年来建立了6个农贸批发市场，这对掌握货源、组织好计划外农副产品的市场供应有很大作用。3月9日凌晨，我们参观了广东省水产厅下属的珠海水上鱼栏和水产冰鲜货栈。我们亲眼看到买卖双方紧张热烈的议价成交场面。在一盆盆水产品样品前，围着很多人。货栈一人为中人，高声喊价，一群买主报愿买的价，喊不过五轮即成交。在晨曦中，筐来桶往如穿梭，岸上大车小车排成行。不一会，车走人空，仿佛刚才的熙熙攘攘是一场梦幻转眼消逝了。虽是淡季，珠海鱼栏塘鱼成交量还是近300担，冰鲜近100担。在水产品河鲜货栈，我们不仅看到各地县送来的水产品，还看到来自湖南的各种鱼。据说，湖南、湖北、四川、陕西常送来货，有乌龟、王八、娃娃鱼等。一天四次收购高潮，成交量以早上四点到五点为最大。这里全是议价成交。我记了一下当日购进的成交价，来自湖南的黄鳝1.40元/斤，团鱼3.00元/斤，乌龟3.00元/斤，泥鳅1.40元/斤；来自本省的生鱼2.20元/斤，鳜鱼2.50元/斤，鲮鱼0.95元/斤，

鲤鱼1.10元/斤，鳙鱼1.30元/斤，鸡蛋1.45元/斤。议购成交价上加17%的差价即为批发价（也是代销价）。代销收3%的手续费。货栈年轻的经理告诉我们，中央的两个1号文件作用很大，现在淡季不淡了，而1981、1982年的这个季节就没有塘鱼上市了。

我们还参观了国营的水产副食商场。名扬全国的清平路农贸市场的兴旺繁荣、购销两旺给我们留下深刻的印象。尤其是鱼品种齐全，鲜猛水灵，价格合理，服务到家，令人感叹不已。

广州市水产品市场活而不乱的重要原因之一是：1983年国营水产货栈通过议购议销，掌握了近80%的计划外水产品，达703万担，成为生产与零售的强有力的纽带，使整个流通环节减少，流通渠道四通八达。

广州市办的各类货栈共26间，吸引着大批的农副产品进城，1983年成交额共达7亿元左右。

值得一提的还有批零结合的购销办法。近年来，各地综合贸易公司在市场竞争中，普遍开展了批零统筹、购销兼顾。而全省农村基层供销社1983年1～9月对集体和个体商贩批发额就达6亿多元。

（3）议购议销有助于平抑市价、利用经济手段管好市场

平抑市价，保障消费是国营商业的性质决定的，也是国营商业领导市场的指导思想之一。广东省1981、1982、1983年社会零售商品的议、市价关系有一个特点：牌议差幅小于牌市差幅，议价指数低于市价指数。物价上升时，议价慢于市价；物价下降时，议价快于市价。这点从下表中看得很清楚：

表1-7 1981～1983年广东社会零售商品的议价与市价关系

	1981 年	1982 年	1983 年
议价指数	103.2	105	96.0
市价指数	118.5	107.5	99.6

续表

	1981 年	1982 年	1983 年
牌议差幅 （以牌为 100）	165.5	182.6	168.0
牌市差幅 （以牌为 100）	180.6	190	170

　　通过议价去平抑市价，其关键在于掌握货源。议价高线限死后，一些商品货源就断了，商品或"转流"，流向自由市场；或"倒流"，用于自我消费或囤储起来。如果货源不足，市价就无法控制。1981 年议价对市价基本上就失去控制了。议市差价拉开，又造成大量抢购套购议价商品，转手倒卖，哄抬市价的现象。

　　几年来，开展议购议销的经营单位在平抑市价上积累了比较丰富的经验。1983 年以来，议价平抑市价作用日见显著。1983 年议价指数下降 4%，使市价下降 0.4%。具体举个例子，如广州市供销综合贸易公司经营的 50 个主要品种，1983 年底议销价水平比1982 年同期下降的有 25 种，持平的有 10 种，上升的仅有 15 种，总水平下降 0.9%，使市价基本稳定。国营食品部门有权调整议购议销价格后，经营活跃，有力地平抑了市价。猪肉上市价全年平均比上年下降了 6.2%。广州市年底毛鸡议销价每斤 1.30 元至 1.40元，比牌价还低。

　　（4）议购议销有助于发展联营，使市场货源充裕、买卖兴隆

　　农村经济政策放宽以后，三类产品范围不断扩大，同时，三类产品购销中集体、个人也在发挥作用，这给供销社在农副产品购销业务上带来较大困难。近年来，广东省以供销社为主的一些国家经营单位，在农副产品购销中，创造和完善着联营的购销方式。目前，广东省各地开展的联营，有农商联营（其中又有生产性联营、购销联营、加工联营等多种形式）、工商联营、商商联营等多种形式。如湛江地区公司与粮食部门联营大米，开平县公司与糖专公司

联营南糖北运，佛山地区公司与外贸单位联营木茨干片出口和进口化肥，东莞县公司与广州医药站联营医药原料的进口，南雄县公司与农民联营销售大米。高要县供销社联合社1983年通过农商联营收购的农副产品金额占农购总值58%。

在各种联营中都开展了议价经营。离开双方的协议定价、互利互惠，联营就搞不起来。双方协议定价不拘形式，各有细则。如高要县永安供销社与沙浦养鱼专业户陈兴培等联营，产品收购价按市场议购价格倒扣13%计算。广州市综合贸易公司1983年5月开始，与沙河供销社、沙河农工商联合企业和广州郊区果品公司组成了"广东沙河联合贸易公司"，以行栏交易的议购形式，组织农副产品进城，半年来成交额达200多万元。

联营给企业带来了新的活力。联营改善了农商关系，促进了支农工作，扩大了农副产品收购，提高了农商双方经济效益。议购议销将推动联营不断发展，联营又给议购议销开辟了更为广阔的天地。

（5）议购议销有助于经营单位改善经营管理，扭亏增盈，积累资金，为更大规模的商品流通奠定物质基础

议购议销的一个重要特点是购销价一般不倒挂，虽有赔有赚，但总算要略有盈余。因此，开展议购议销的单位一般都可以扭亏增盈。广东省县以上综合贸易公司1983年实现利润为823万元，广东省综合贸易公司1983年实现利润294万元，完成年计划的173%。广州市水产公司1983年纯盈利300万元，而在开展议购议销前一年亏损近200万元。

但如果认为议购议销利润来得容易，是任意提高销价的结果，那就未免太片面了。实际上，议购议销面临着激烈的市场竞争，要购得进又销得出，必须改善经营管理，降低流通费用才行。广东省供销综合贸易公司1983年费用率1.98%，比年计划8.8%降低76.82%，比1982年降低了2.1%；资金周转87天一次，比计划减

少 103 天，比上年加快 32 天。开展议购议销还必须加强市场调查，用行情指导业务开展。省公司在坚持办好"广东贸易讯息"的基础上，又拟在 1984 年试行采用电报方式与各地、市、县公司通报市场行情。广州市公司除编印"供销贸易行情"外，还经常定期召开市场分析会。如 1983 年初他们在调查分析花生和花生油的省内外货源、需求、比价等因素后，积极组织进货，仅上半年销售的花生油、花生仁就分别比去年增加四倍和一倍半。开平县公司领导坚持做到每天"四个知道"，即知道每天购进什么商品，销出什么商品，购销差是多少，库存积压商品多少。为提高商品竞争力，综合贸易公司提出努力做到流通数量最多，流通速度最快，占用资金最少，流通费用最省，并视此为市场竞争中占住阵地的关键。总之，在参与市场竞争中，议购议销这种形式给经营者聪明才智以发挥的机会。

当前我国农副产品流通中一个突出问题是流通基础设施建设差，信息网络、运输能力、加工能力、储蓄能力、市场建设都不能满足市场流通需要，经营单位处在"超负荷运转"的状态。随着农副产品商品生产规模不断扩大，流通与生产的矛盾就会更突出。因此，加强商业基础设施建设就很必要。广东省综合贸易公司正在筹建贸易中心，准备实现以经济枢纽城市为中心，向外辐射与县一级贸易中心联结，形成新的网络式的流通体制。这将有助于开畅流通渠道，适应更大规模的商品生产的需要。而议购议销业务开展，将会为贸易中心的建立，为改善流通基础设施提供一定的资金。因此，从当前看，议购议销业务，有利于商业经营单位扭亏增盈，改善管理，摆脱困境；从长远看，议购议销则为更大规模的商品流通奠定物质基础。

最后，我想指出：议购议销之所以对搞活流通有很大作用，归根到底，在于国营商业的优越地位，产、商、消三方利益的统一性，经营单位的积极性和经营方式的灵活性。

下面谈谈议购议销的消极作用，这主要是指人们常说的对计划收购的冲击。远的不提，1983 年，商业各项指标都有增长，唯有供销社的农采总额下降。以广东省供销系统的农产品收购变动情况看，按当年价格算，从 1978 年到 1983 年，年递增为 4%，但若按 1970 年不变价格计算，年递减 4%，1983 年比 1978 年减少 20%。请看下表：

表 1-8　广东省供销系统农副产品收购

单位：百元

	按当年价格计	按 1970 年不变价格计
1978 年	104720	102021
1979 年	111373	101041
1980 年	123595	101174
1981 年	123390	95177
1982 年	113509	87622
1983 年	108976	81427

全省生猪派购近几年连年减少，完不成任务。1982 年狠抓了一下派购任务，派购实绩达 525.3 万担，比 1981 年增加 8.7%，但也只完成计划的 93%。请看下表。

表 1-9　生猪收购情况

单位：万担

年份	1978	1979	1980	1981	1982
派购：数量	557.04	540.91	487.6	483.09	525.31
完成计划	92.8%	95.7%	86.3%	85.5%	92.69%
议购：数量				513.91	659.68

计划收购任务完不成有两种情况，一是统派购的农副产品由于议购冲击而影响完成任务；二是议购议销中的农副产品中一部分特需的、或作为工业原料的部分计划收购任务也完不成，虽然这种呼

声近一两年来逐渐减弱了。对统派购农副产品来讲，粮食有超购加价在起作用，完成计划与否与议购关系不大。生猪计划收购任务完不成是多方面原因造成的，主要与饲料短缺，养猪成本收益率低和一些政策规定不当有关。议价经营猪实质上起到了以议养牌作用。至于三类产品中一些有任务的农副产品计划完不成，虽然这与开展议购议销有直接关系，但与跨行业经营关系更大。我们不能把商业部门以外的全民所有制单位插手抢购、哄抬价格，视为正常的议购议销业务。这两年来，由于把支农与收购挂起来，即把责与权结合起来，这种跨行业的经商就显著减少了。总之，过分担心议购议销对计划收购的冲击是不必要的。

3. 对消费的影响

如果说农副产品议购议销对生产和流通的促进作用是主导的、突出的，那么，在议购议销兴起的较长一段时间里，农副产品议购议销对城市消费的冲击则也是主导的、突出的。

（1）议价尾随市价，拉着牌价，猛烈冲击城市消费

1979 年以来，广东省城市消费领域经受了农副产品价格上涨的巨大冲击。在城市流通领域的战场上，产业军同消费者展开了多次交锋。鲜活产品一马当先，向消费挑战，议价商品则被视为"高价"猛兽。1981 年战事达到高潮，1983 年双方则摆出罢战言和之势。

请回忆一下前面列出过的牌议价差幅和议价指数表。1981 年是广东省物价上升幅度最快的年份，高达 9.3%，居全国之首。广东省物价局长撰文写道：广东省物价上升幅度高于全国，主要在 1981 年。其原因是多方面的，议价的范围广、比重大，是影响物价总水平上升的重要因素。1981 年议价影响物价总指数上升 5.9%。

对消费者的价格冲击是牌、议、市综合作用的结果。议价随行就市、略低于市价的特点，决定了它在未成熟的年代，在没有硬性限制

的条件下,会跟上市价跑。(实际上,只有跟上跑,才能拽得住,这已有分析。)议市价的外在拉力,牌价调整的内部推力,使牌价也在上升,从而形成议价尾随市价,拉着牌价向消费冲击的局面。

请先看市价的冲击力:

从表1-10中可以看到市价变化情况,鲜菜价格上升是厉害的,尤其是1981年比1980年几乎上升75%,而且1983年又在上升。

表1-10 广东省集市贸易价格指数

年份	1979	1980	1981	1982	1983
肉禽蛋	88.9	103.8	112.6	110.9	99.1
水产品	93.8	116.2	117.8	111.5	101.1
干菜	—	—	108.3	109.5	99.8
鲜菜	97.6	105.9	174.4	98.4	116.9
干鲜果	96.0	104.1	113.5	115.1	105.9

议价与同年牌价相比,高出幅度总在50%至80%,那么,牌价越高,上升越快,议价水平也就水涨船高了。请看下表:

表1-11 城市国营商业副食品零售牌价指数

年份	1978	1979	1980	1981	1982	1983
副食品类	100.3	104.2	112.0	103.4	101.1	101.0
其中:鲜菜	107.6	109.7	110.0	119.1	103.7	105.3
肉禽蛋	100.3	104.9	118.5	100.5	100.2	100.4
水产品	100.2	108.2	111.0	104.5	101.5	97.7

从上表看,副食品类指数上升最快年份为1980年。鲜菜的价格以惊人速度直线上升,尤其在1981年竟高达19.1%,而1981年议价干鲜菜类为162.9%,这就可看出议价菜价之高了。

最后，我们把省统计局提供的主要商品牌、议、市混合零售价格列出来，具体看看价格水平有多高，这就完成了对价格冲击消费的整体的认识。

表1-12　广东省主要商品牌、议、市混合零售价格

年份	水产品 （元/斤）	家禽 （元/只）	鲜蛋 （元/斤）	鲜菜 （元/斤）	猪肉 （元/斤）	牛肉 （元/斤）	羊肉 （元/斤）
1978	0.44	2.30	0.78	0.072	0.80	0.74	0.74
1979	0.46	2.70	0.91	0.074	0.92	0.84	0.89
1980	0.67	3.03	1.03	0.085	1.07	1.16	1.06
1981	0.73	3.61	1.16	0.122	1.18	1.52	1.24
1982	0.92	5.67	1.22	0.146	1.27	2.17	1.18

（2）城市消费逐步渡过"阵痛"，新的消费局面已出现

城市消费在农副产品价格冲击下，向各方求援。最主要的一支援军是财政，这一点我们将在下面专门论述。城市消费者若要顶住冲击别无他法，就是在增加收入的前提下，稳住消费结构中食物的支出比重——在冲击下顾不上遵守恩格尔定律了！——同时对食物内在结构进行一番各自认为最优的自我调整。

"吃在广东"，广东人花在食品上的开支历来较高。近几年虽然收入提高较快，但食品支出在购买商品支出中的比重几乎保持不变。这种消费结构当然与其消费方式分不开。如逢年过节，要吃"发菜"、"红瓜子"，年货要送"年橘"等。根据广州市近三年职工家庭调查资料，食品支出占购买商品支出的比重和每人平均金额如下：

表1-13　1981～1983年广州职工家庭食品支出情况

年份	1981	1982	1983
占购买商品支出比重	72.96%	72.16%	72.76%
平均金额	31.97（元）	35.59（元）	39.13（元）

　　如果把食品支出占购买商品支出比重不变当作是消费水平保持不变那就错了，如果认为增加开支仅仅弥补了物价上涨的影响而消费水平没提高，那也说得不全面。应该承认，消费者在应付挑战中提高了自己的消费水平。我们知道，消费者对消费市场的基本要求不仅仅是物价低，还包括对品种、质量的要求，包括对供应时间、地点、经营方式的要求，包括对销售服务和售后服务的要求。广东农副产品消费品市场品种多、质量好、购买方便、服务周到，这是有目共睹的。不同的收入阶层的要求都可以得到满足。比如，收入高的阶层"不怕东西贵，就怕排大队"（双职工也怕排队购货），"不在贵贱，图个新鲜"。对他们来讲，鱼要吃生猛，菜要吃鲜嫩，鸡要吃三黄（当地鸡），鹅要吃色香。收入低的阶层，有平价粮油肉鱼保证，吃得饱没问题，且逢年过节歇周日，改善一顿不愁买不上东西。县城和墟镇的职工生活也有很大改善。我去高要县禄步镇得知，他们的消费结构与城市还有点区别。他们的食物消费顺序是：菜、鱼、猪肉、鹅、鸭、鸡。城里人吃鸡多而吃鹅鸭少些，原因是鸡要比鸭鹅价格高。由于品种多了，选择的余地大了，要求弹性和替代效应也就更便于起作用了，"阵痛"也就相应减轻了。至于说到华侨和港澳地区的同胞，他们来广东饱餐家乡美味实为一大乐趣，别有一番滋味。当然，若有钱买不上东西，实在扫兴。自20世纪80年代以来，华侨和港澳地区的同胞入境量年年在700万人次以上，可视为广东省不可忽视的"流动消费阶层"了。

　　在吃的方面，消费水平提高的标志还在于副食品在吃的结构中比重增加。拿近几年看，1981年是71.04%，1982年是71.99%，1983年是72.48%，而1977年仅49.06%。据普遍反映，现在置办酒席、宴请宾朋，"三鸟"已取代猪肉了。这说明消费水平提高的例子莫过于"鱼"了。1983年全省14个大中城市淡水鱼上市量达4.7万吨，城市人口平均每人占有20斤。广州市的上市鱼、人均占有近 30 斤，这比 1978 年开放市场前人均 13 斤增加 1 倍。城市吃鱼已不难了。

广东省城市消费者已初步适应了消费市场的变化了。在调查中，不论干部、职工、家庭主妇，大部分人都说生活有提高，认为放宽政策好。极少的认为生活有下降的同志，也对消费市场兴旺表示满意，不愿回到有钱无货的年代。越来越多的消费者，随着时间的推移，已从议价商品的"高价"面具后看出了它的本性是"议"，而不是"高"。回想议价经营之初，再看今日，消费心理变化可谓快矣。故曰：1983 年双方有罢战言和之势也。如果用数据来解释一下消费者的心理，那就是：1982 年与 1978 年相比，广东省职工生活费用价格总指数上升 27.2%，而职工平均工资上升53.4%。据最新消息，1983 年职工工资总额增加 7.7%，而职工生活费用价格指数仅为 2.8%。

消费水平提高，消费结构层层变化，对经济发展又产生了大作用。它促使农业、轻工业加快步伐，使农轻重比例协调；它促使农业内部结构发生变化，从 1978 到 1982 年，广东肉类产量和牧业产值年递增均达 13% 即是明证。

从广东省调查中，我们深深感到，农村生产关系改革引起了农副产品流通领域的变革，这场变革又直接冲击了城市消费领域，迫使分配领域以变应变。这是理顺经济关系的必然过程。而在分配领域中，奖金问题和货币投放问题正成为众矢之的，不能回避，必须作出解释。

4. 对分配的影响——城市消费领域"阵痛"所引起的分配领域"混乱"之合理性

为把握议购议销对分配的影响，有必要摸清整个价格水平变动对分配的影响。弄清后者，对前者也就有了认识。

（1）增发奖金，是财政分配派向城市职工消费的主要援军（"滥发奖金"小议）

广东省职工奖金逐年增加，其中全民所有制企业职工奖金在1974年是2.67亿元，1980年是4.30亿元，1981年是7.5亿元，1982年达到9.47亿元。下面比较一下全民所有制单位中奖金在工资中所占比例：

表1-14　1979~1982年全民所有制单位奖金占工资比重

年份	1979	1980	1981	1982
广东	8.6%	11.5%	17.5%	19%
全国	7.4%	9.1%	10.2%	10.8%

可见，广东全民所有制单位奖金在工资中的比重和递增速度大大高于全国水平，那么，广东省是不是"滥发奖金"呢？

我认为，从广东全省看，即从宏观上看，广东并没有滥发奖金，但从各单位看，即从微观看，滥发奖金现象是大量存在的。

为什么呢？

首先，广东省发放的工资（包括奖金）总额占省国民收入的比重这几年基本稳定。其比重增加尚低于全国。请看下表：

表1-15　1979~1982年工资占国民收入比重

年份	1979	1980	1981	1982	1983
广东	21.6%	22.1%	22.1%	22.6%	预计数23.2%
全国	19.3%	20.9%	20.8%	20.8%	

从1979年到1982年，广东的比重增加1%，全国增加1.5%。

其次，广东省的消费率曲线几年来呈单峰型，1982年与1978年基本持平；而全国消费率直线上升，1978年时与广东差距已缩小，1982年基本与广东消费率持平。请看下表：

表 1-16　1978~1982 年消费率情况

年份	1978	1979	1980	1981	1982
广东	71.6%	76%	77.6%	73%	
全国	63.5%	65.4%	68.4%	71.5%	71.0%

我们知道，消费水平直接依存于消费基金，消费基金又来源于国民收入，因此，消费基金在国民收入中的比重（即消费率）直接影响消费水平。通过以上两个表的对比情况，很难责怪广东工资性开支过大，很难断言广东靠滥发奖金提高消费水平。

需要指出的是，整体的合理不等于局部的合理。由于分配关系面对挑战准备不足，实际上是仓促上阵。与其说是"援军"，不如说是"散兵游勇的集合体"。各基层单位八仙过海以应付价格冲击，上级有关部门不无手足无措、举棋不定之嫌。但是，我们上面所列两个表说明，紊乱的偶然的现象后面存在着必然的规律，经济规律的内在规律性是何等惊人。因此，我们既不能以微观的不合理否定宏观的合理，也不能以宏观的合理掩盖微观的不合理。

我认为，在我国经济改革中，在分配领域改革尚未真正起步的情况下，奖金在社会再生产中具有特别大的作用。分配为交换提供了货币的购买力，二者的结合又是实现消费，从而也是实现社会再生产、保证国民经济正常运转的必要条件，分配是"包含在生产过程本身中并且决定生产的结构"。[1] 假设广东取消这 10 亿元左右的奖金，在城市的农副产品市场上可能减少 5 亿元到 6 亿元的购买力。这样势必把农产品价格硬压下去，造成农副产品销售困难，好不容易扭转了的谷贱伤农局面又会再现，进而使农业生产又有可能回到亏本种田、养殖的老路上。这样的低工资、低物价有什么好作用？当然，应指出，随着工资改革的进行，以奖金作为生活补贴来

---

[1]《马克思恩格斯选集》第二卷，人民出版社 1977 年版，第 99 页。

调节生产与消费的矛盾就不那么必要了。

（2）企业上缴利润逐年减少是正常的，不应归罪于增发奖金

广东省财政收入来自企业的收入部分逐年减少。如下表所示：

表 1－17　1978～1982 年广东省工资占国民收入比重

单位：亿元

1978	1979	1980	1981	1982	1983
13.6	8.3	8.1	8.2	5.3	2.5

但是，有两点必须指出：一是企业上缴利润逐年下降是全国性的现象。请看企业收入在同级财政中比重对比：

表 1－18　1978～1982 年企业收入占财政收入比重

年份	1978	1979	1980	1981	1982	1983
广东	33%	23%	22%	20%	12%	6%
全国	51%	45%	42%	33%	26%	

二是广东省财政收入这几年并没减少，原因主要是工商税增加。从 1978 年到 1983 年，广东省工商税总增加额大于企业收入总减少额，具体为 12.8 亿元，大于 11.1 亿元。工商税在财政中所占的比重逐年上升。

表 1－19　1978～1982 年工商税在财政中比重

年份	1978	1979	1980	1981	1982	1983
广东	61%	71%	72%	73%	78%	87%
全国	40%	43%	46%	49%	53%	

可见，企业收入在财政收入中的比重，广东省下降比全国快；而工商税在财政收入中的比重，广东省上升又比全国快。

　　如何看待财政收入中这一增一减的现象呢？我认为这并不是一件坏事。工商税属流转税类，即以商品流转额和非商品营业额为课税对象的税，是企业在产品销售后按规定向国家缴纳的税。这种税与价格有直接关系，对生产和流通具有调节作用。随着我国价格政策的放宽，其调节供求和消费的作用还会增强。因此，随着我国经济改革的发展，随着利改税的一步步推行，税还要增，利还要减，这是大势所趋，无可指责。既非罪过，又何来归罪之说？

　　广东省财政收入1978年至1983年年递增1.9%，而其国民收入年递增12.5%。显然，财政收入增长率偏低。但这个问题要放在具体的历史条件下来分析。在理顺经济关系的改革期间，省财政起了减轻"消费阵痛"的缓冲器作用。因此，适当收缩（即相对放慢增长率）是必要的。为了进两步，不妨退一步。更确切说，为了进一大步，不妨先迈个小步。一旦经济关系理顺后，经济发展将会出现一个令人鼓舞的新局面，财政收入也将进入一个不同往常的快速增长时期，失小利而图大利，何乐而不为呢？

　　（3）广东省货币投放偏多的合理性与不合理性

表1-20　1978~1982年广东省当年货币净投放额

单位：亿元

年份	1978	1979	1980	1981	1982	1983
数额	3.82	7.01	14.15	11.53	6.50	11.70
占全国比重（%）	23.07	12.59	18.03	23.00	15.19	12.91

表1-21　1978~1982年当年广东省年末市场货币流通量

年份	1978	1979	1980	1981	1982	1983
金额（亿元）	19.68	25.4	36.8	45	49.5	60.2
占全国比重（%）	9.28	9.48	10.62	11.35	11.27	11.36

　　若把广东省货币投放和年末市场货币量占全国比重，与其人

口、工农业产值和社会商品零售总额占全国比重相比较，前者肯定偏高。与全国其他省份比，广东省票子偏多，从银行现金支出方面看主要原因有：农采支现率和收购价格高于全国；农村财政使用现金支出大；工资性现金支出增加快；行政企业管理费现金支出也比全国增加快等。①

广东省货币流通量偏大是与其他省相比，但若从本省经济生活的要求来看，货币流通量大都有合理的一面。主要原因是：

①广东省城乡消费品市场没有货币流通量过度的症状。换言之，市场形势喜人，购销两旺，既没出现大量排队、货物脱销、抢购争购或商业惜售，又没出现超正常年景的货物滞销、库存过度的现象。卖方货物卖得出，买方有钱买得起，这表明在消费品市场上货币流通有物质保证。

②广东省农副产品价格上升的主流是合理的。不能认为物价上升就是货币流通量过大。我认为，广东省农副产品价格上升既有成本推动，又有需求拉动。在1979、1980年政策放宽之初，农产品购价提高对销价上升的影响是主要的。换言之，成本推动是主要的。提高工资和增加职工一人5元副食品补贴对价格上升的影响是第二位的。② 如果我们不否认提高农副产品购价的合理性，就没理由否认其销价上升的合理性。至于价格合理上涨对生产、流通的有利作用，本文已就议价作过分析。

③农采贷款增加从主流看是合理的。贷款是流通中货币量增减的吞吐总闸。因此，检验货币流通量是否合适要看每一笔贷款是否用得合理。如果合理，引起货币流通量大或小都无可非议，属经济生活本身的需要。农采贷款历来为党和政府重视，是关系国计民生的大事。不贷不可，非贷不可。在提高农产品收购价后，贷少不

---

① 请参阅刘自强《广东省1978~1983年货币流通状况分析》一文。
② 广东省农副产品价格另文分析。

行，非多贷不可。农采贷款属于信贷资金运动，不是财政资金运动。它是生产、流通中物资运动的货币表现，当然不能因不贷或少贷使社会再生产中断。

④城乡居民储蓄增长并不过猛，农村社员储蓄增长还略低于全国水平，这从一个侧面证明，工资性开支增加造成货币净投放偏多的看法值得商榷。在广东现实生活中，并未发生居民社会购买力无法实现的严重局面，有以下数字为证：

表1－22　1979～1983年城镇储蓄年末余额（人行、中行）

单位：亿元

年份	1979	1980	1981	1982	1983	
广东	202.6	250.2	311.9	393.54	505	年递增29.2%
全国	13.6	15.04	21.32	28.05	37.91	年递增25.7%

表1－23　1980～1983年农业银行农村储蓄和信用社社员存款年末余额

单位：亿元

年份	1980	1981	1982	1983	
广东	16.88	25.15	32.66	42.01	年递增35.5%
全国	149.33	211.75	281.87	386	年递增37.2%

⑤广东省城乡集市贸易额在全国所占比重很大，为1/9，那么，广东货币净投放和年末货币流通量占全国1/9左右的必要性也可以得一旁证。

请看下表：

表1－24　1978～1983年广东省城乡集市贸易额占全国比重

年份	1978	1979	1980	1981	1982	1983	
广东省贸易成效额（亿元）	16	20.7	24.9	31.5	36.8	42.7	年递增21.7%
广东省占全国比重	12.8%	11.3%	16%	11%	11.2%		

综上所述，正因为广东省货币流通量较其他省偏大有合理性的一面，有着经济生活运转本身需要的必然性的一面，所以，要紧缩货币流通量，压低净投放就很困难。由此，难就难在具体处理每一笔贷款上。广东省计划1983年货币净投放数7亿元，年末一算却达到11.7亿元，也就不足为怪了。

另一方面，广东货币流通量大也有不合理的因素，这主要是基建投资过速，尤其是小项目上马过多。仅以1981、1982年为例，这两年广东生产性建设投资和非生产性建设投资在各省中都居第一位。小型建设项目投资更遥居各省之前，两年分别达26.27亿元和29.79亿元，占全国小型建设项目投资10%左右。小型项目中的大量建材来自计划外，依靠省外议价成交，贷款量陡然增加。如1982年仅物资系统组织计划外的煤炭达45万吨，燃料油16万吨，钢材5万吨，水泥34万吨，化工原料2000吨。如果再考虑到1982年全国投资突破历史纪录（被不少同志称为"投资膨胀"的背景），那么，广东省投资占先地位就更值得打个问号了。

（4）分配领域的变革与理顺经济关系

通观全文，可概括出如下一个粗略模式：农业生产关系改革→农副产品流通改革→城市消费阵痛（分配变动）→农村消费市场扩张→工业生产→工业品流通→农业生产发展。我把此理解为生产、流通、分配、消费的良性循环，理解为理顺经济关系的图示。下面对这个模式作简单的说明。

①理顺经济关系具有了良好的起点。这个起点就是成功地进行了农业生产关系的改革。成功的起点已成为改革的动力源泉。只要承认这个起点的合理性，就必须承认它所引起的一系列冲击的合理性。

②流通领域改革已经展开，其目标应是适应农业两个转化，过多过繁杂的目标会造成手段本身的混乱和冲突。

③分配领域全面改革尚未真正起步。我们要充分认识分配领域

现阶段混乱的必然性，要迅速扭转对分配关系改革思想准备不足、措施不够协调的状况。要消除割断分配领域改革与生产、流通改革内在联系的形而上学观点。在对待"滥发奖金"问题上，应遵照国务院 1984 年 4 月 16 日文件精神，把握住宏观，解决好微观。

④在分配改革的支援下，城市消费可以挺过"阵痛"。"阵痛"是经济改革的必经阶段。

⑤农村购买力迅速扩大，是我国经济走向繁荣的征兆。只要政策对，有购买力的需求就会推动生产发展。农民兄弟伸出求援的手的地方，应是工业生产计划的着眼处。千万别忘了，1982 年全国 70% 的流通货币在农村，货币投放和回笼的大头在农村！

⑥工业发展的结果会使工业品流通问题突出起来，进而为我们全面着手解决工业品下乡问题提供新的条件。这将是供求平衡条件下的工业品下乡找市场，而不是供不应求条件下的工业品限额分配。

⑦工业支援农业，农业发展更快，进而又可以提供更多的农副商品。这是一个良性循环。

⑧在经济关系一环环得以理顺的进展中，货币资本表现为整个过程的第一推动力和持续推动力。要正确制定货币政策，要敢于肯定物价上升的合理性一面。

总而言之，在流通领域改革中，我们看到整个经济生活的各方面，财政、税收、价格、金融、信贷、工业、农业、商业及所有行业，都开始了震荡。农副产品所引起的流通领域的变革迫使经济社会全面改革。在这个意义上，从当前的现实出发，可以毫不夸张地说：全面经济改革的突破口在农业；流通影响全局——搞好流通领域改革意义重大！

三、议购议销地位转化的若干问题

1. 问题的提出——只有统派购才算计划经济吗？

近几年来，广东省的农副产品收购总额中，议购比重大，有追上、超过统派购比重的势头，视议购为市场调节的同志不由得要惊呼计划经济为主的阵地快要失守了。

为保证统派购比重占50%以上，有三条路可选择：一是压缩议购范围，扩大统派购范围；二是限定议购数额，压住议购攻势；三是积极发展统派购产品的生产，相对降低议购比重。但实践已证明都难以行通。

面对如此"严峻"的形势，必须对统、派、议购进行一番再认识，以另求良策。此次赴粤调查，就有不少同志对只有统派购才算计划经济表示了极大疑惑。

我们认为，"疑"得有理，"惑"则可解。统派购与农村实现两个转化确有难以协调的矛盾，集中在一点，就是承不承认农民是商品生产（经营）者，或尖刻地说，就是愿不愿意彻底变"皇粮皇油"为商品粮、商品油。一位领导同志说得好："计划经济不可能长久建立在自然经济的格局上"。那么，建立在自然经济格局上的计划收购方式也必然会因格局的改变而发生变化。农民作为商品生产者的地位随着商品生产发展越巩固，统派购与商品经济的内在矛盾越突出。当500万个社队核算单位一下扩展为17000万个核算单位时，这个内在矛盾就激化为外部的冲突了。

此次调查对我们的一个重要启发就是：既不能固守统派购，也不能把宝押在市场调节上。要坚守计划经济的阵地，那就要把议购议销改造成计划收购形式，完善和扩大议购议销，就能既坚持计划经济，又充分利用市场机制，走出一条适应改革潮流的农采新路来。

2. 议购议销能归属于计划经济吗？

有关文件曾指出："议购议销这种商品交换是属于社会主义性质的，它是社会主义商业的一种购销形式，是国家对农副产品收购的一项政策，是在国家计划指导下，市场调节的一种经济手段"。[①]

---

① 国务院［79］282号文。

这是为议购议销重登舞台而鸣锣开道的文件。迄今为止一直公认议购议销是计划指导下的市场调节手段，尚未见有人把议购议销归之为计划购销形式而加以论证。

问题的要害在于如何理解计划经济。如果承认计划经济具有层次性，承认指导性计划也是计划经济，那就使我们的讨论有一宗儿。它的复生和发展完全是十一届三中全会以后的事。随着经济改革的不断发展，随着价值规律作用的不断增强，随着经济关系的逐步理顺，它的地位也在提高。

具体讲，在改革浪潮中逐步产生的新的农副产品流通模式，使议购议销的计划性得以显示和发挥作用。下面我把赴粤调查中对新的流通模式雏形作一粗略的提纲式表达：

甲、参与市场，领导市场

（1）议购议销

（2）农贸市场

乙、保证市场

（1）联营

（2）自办基地

（3）换购

（4）代购

丙、调节市场

沟通产销，稳定市场——合同制

丁、组织市场，管理市场——工商管理部门

限于调查视野，以上只是一个很不成熟、很不全面的提纲。但可以肯定，议购议销在流通的各个组成部分、各个环节中都在发挥有形或无形的作用。离开各种流通形式，议购议销不可能孤立地发挥什么计划性。

议购议销能成为农副产品购销体制中的主要购销形式。

1981 年和 1982 年整顿议价，进行大规模的物价检查给人印象之深，竟恍如昨日。物价大检查，表明政府议价政策目标与企业议价经营的目标有不一致的地方。如果议价经营单位的利益总与国家整体利益不协调，与生产者和消费者利益不协调，那么，议购议销能否在新的计划经济体制中挑大梁、唱主角就不能不打上问号了。

问题的全部要害就在于：如何处理好政府与经营单位的关系，经营单位又能否处理好与生产者、消费者的关系。

我想先通过评议政府对经营单位的管理措施，来探讨政府如何对经营单位实施合理地控制。为论述集中，这里不探讨中央和地方，以及地方各级政府之间的关系，仅以省政府作为各级政府代表，对其政策进行一番分析。

省政府对议购议销的管理主要可归为四方面：

（1）确定议购议销指导思想，这就是安定人民生活，维护国家和生产者、经营者、消费者在商品交换过程中的经济利益，促进生产发展，扩大商品流通，搞活经济。[1] 这个指导思想是完全正确的。经营单位应该把促进生产、扩大流通、搞好经济作为基本的工作方针，把国家利益、生产者、消费者利益作为工作的基本出发点，把搞好经营、发展商业作为工作的基本要求。

（2）议购议销的品种范围和具体分类管理办法。调整品种范围事关大局，一般权限在上级机关。广东省现在统派购品种只有21种了。省政府把议购品种又分为三类进行区别对待，一类是主要工业原料和出口物资；一类是属于大宗农副产品，如蔬菜；其余的归一类。[2] 细分类管理比粗分类管理更切合实际。

（3）利润政策。省政府规定企业盈利年终结算不超过3%；利润进行分成，一半上缴，企业自留50%。自留部分的70%用于补充企业经营，30%用于福利和奖金。[3] 控制年利润率在很大程度上

---

① 粤府［1982］142号文。
② 粤价字［1982］72号文。
③ 粤价字［1981］231号文和粤财办1982年的"十二条措施"。

旨在保护消费，表明政府对企业经营不那么放心。我自己认为，是否考虑只限制企业盈利中用于消费的比重，而不限制企业增加盈利去扩大经营规模，向高级市场发展。

（4）价格政策。这是议购议销各项政策中的核心。广东省政府及广东省物价局的主要规定有：议销价水平低于当时当地集市价；作价费率不超过牌价；议价波动幅度不超过30%；对主要产品必要时实行最高限价或实行最低保护价。我个人认为，最高限价措施效果并不理想，议价波幅量的规定根据也不那么充分，作价费率不超过牌价的费率也不尽合理。实际上，只要有议销价水平低于当时当地集市价这一条就全有了。

从政府管理议购议销措施中，可看到中心思想在于保障供给、保护消费。在此前提下，政府为摆脱财政负担，将十分乐意大力推行议购议销。但怎样才能保护消费，这本身是个复杂的问题。比如，消费者可不可以进行有效的自我保护？如果不能，其原因何在？是否会为了保护消费者眼前利益而有损长远利益？不同阶层的消费者是否要求不同的保护方式？保护消费的动机与效果是否往往不一致？等等。我认为，在当前议价处于上升时期，在分配改革未配套进行情况下，经营单位的利益与消费者利益不一致的地方暴露得多些，而在经济关系逐步理顺以后情况就会变化。"顾客至上"，这决不是出自经营者的礼貌，而将是关系经营单位生存的重大问题。消费者的货币选票将投向懂得维护消费者利益的经营单位。因此，政府对经营单位管理只需抓住两条就可以了，一是议销价应略低于市价，二是盈利用于消费的比重要合理。然后，它就放手让经营单位在政府规定的指导思想所提供的天地里，去发挥自己的创造力。

另一方面，我们还对经营单位能否对生产者和消费者负起应尽的责任感兴趣。据了解，议价经营单位在处理购销业务上有许多具体的经营原则，如：高进高出，低进低出；薄利多销，勤进快销；

购得进，销得出；以销定购，预约上市；买者愿买，卖者愿卖；调剂余缺，平抑市价；有赔有赚，略有盈余；……这些具体的原则虽在不同时间、不同范围、不同品种、不同对象上运用是有差别的，但都体现着促进生产，保护消费的指导思想。

经营单位能否做到保障供给、保护消费，在很大程度上还体现在其是否善于把原则性与灵活性相结合。这一点，广东省一些企业的做法给我们留下良好的印象。下面择要述之：

（1）议销中心价。这是由经营单位根据有关政策，组织公司领导、业务部门、本物价部门和货栈负责人共同商订的。一个月调整一次。严时，经营者可按规定的波动幅度，围绕中心价去灵活调整。在供求变化不大的情况下，那些受季节、天气影响小的农副产品，其定期制订的议销中心价可视为短期随行就市价；而鲜活易腐的农副产品，由于议销中心价不断上下波动，可视其为时日随行就市价。这一条体现着经营单位在掌握时差上的灵活性。

（2）经营单位在实践中又把议购议销分为三种情况：一是外购地销，一是地购地销，一是地购外销。经营单位一般地销价强调低于当地市价，而外销价强调买卖自愿。县内调拨价低于出县的调拨价。这是经营单位对当地消费的负责。这一条体现着经营单位在掌握购销空间上的灵活性。

（3）议购的时间。经营单位对当地供求矛盾紧张且上市量小的商品，不插手议购；上市量较多的商品，一般在中午以后插手收购，以防止市价暴涨。这一条体现着经营单位作为国营商业的特点。

（4）结账时间。经营单位在执行省政府关于年度结账有盈余的政策时，要求自己季度结账有盈余。究竟要求多长时间结账盈余，这应根据企业规模、资金力量、经营品种变化等具体掌握。这一条体现着经营单位对自己盈利的关心。

总之，企业真正能发挥主动精神，把原则性与灵活性结合起来，企业就有生命力，对产、销、商三方都会带来好处。

议购议销能否成为农副产品的主要购销形式，不仅要求制定正确的政策（虽然这是最重要的），而且取决于经营部门的经营能力。我国的粮食部门、供销部门、外贸部门，商业的食品系统、果菜系统以及水产部门，完全可以成为支撑起议购议销大厦的六根台柱。他们搞议购议销有丰富的经验。如粮食部门，1963年就接过粮油议购议销业务，已有21年历史了。至于供销部门搞三类农副土畜产品议购议销，20世纪50年代就开始了。议价经营肉禽蛋也很早就开始了，1953年商业部就成立了中国食品公司，且开展业务，家禽的购销在多数地区一直坚持议购议销至今。总之，搞议购议销，国家有实力，有动力，部门有经验，有能力。

综括全文，我想提出一个农副产品购销体制的总体改革设想，即形成：以议购议销为主，以换购、代购为辅，以统派购为临时应急手段的新的购销体制。这将是一个符合经济规律要求的农副产品购销体制，将是一个顺应我国经济改革潮流的农副产品购销体制。

第四节　尝试市场新体制：经济特区的设立与初步发展

随着改革的推进，人们开始认识到对外开放是改革的必然要求，而建立经济特区正是改革的重要突破口。1978年至1983年，中国建立了四个经济特区，完成了对外开放的第一步，也是关键一步。

我国经济特区实行特殊的经济政策和经济管理体制，其目的主要是引进境外资金、先进技术及管理经验，并进行以市场导向为主的改革试点。基本特点主要有：一是特区企业的进口均免征关税，同时享受较低的所得税政策。二是对于国外某些高技术含量的产品，允许内销，以市场换技术。三是拥有较大的经营活动自主权和管理权限。四是坚持以公有制为主体的前提下，允许多种经济成分并存。五是市场调节的范围和覆盖率更大。①

1979年7月，国家批准了在深圳、珠海、汕头以及福建的厦门试办出口特区。之后，中央进一步提出特区不但要办出口加工业，也要办商业和旅游业，不但要拓展出口贸易，还要在全国经济生活中发挥多方面的作用。1980年8月26日，第五届全国人大常委会第十五次会议决定在广东省的深圳、珠海、汕头三市设置经济特区。1980年12月10日，国务院又正式批准成立厦门经济特区。

有一些往事也值得回忆：1984年在深圳调研时，深圳农业银行焦行长对我们（当时有樊纲、刘自强、巩文波和我）讲，欢迎你们来我们行工作，我们马上要盖深圳最高的楼，有九层。当时，我们都很兴奋。刘自强毕业后真的去了。现在回过头看看深圳的高楼，几十层高的到处都是。今非昔比，真是不可同日而语了。我们调研组一行九人还到中英街，看见拉杆箱、折叠伞都很稀奇，包括大袋的便宜味精。大家经济虽不富裕，但都买了不少东西。还有一件小事我也难忘，记得当时周小川博士也在深圳调研，我回京时他委托我带一件东西回京，他爱人来北京站接的。什么东西？一件海棉大床垫，可当时大家都觉得这东西蛮新鲜的。回头想想，那时候东西是多么缺乏，现在东西又是多么丰富，这的确令人感叹。

总之，成立经济特区，是建设有中国特色社会主义的一种尝试，也是实行对外开放的伟大创举。经济特区建立以来，充分利用国家赋予的各项特殊政策和区位优势，大力发展外向型经济，使国民经济高速发展，对外经济活动空前活跃，为全国的改革开放发挥了"排头兵"、"试验田"和"窗口"作用。

---

① 王关义：《中国五大特区可持续发展战略研究》，经济管理出版社2004年版。

第二章

市场化改革初步进展
阶段的理论呐喊

这一时期从 1984 年 10 月开始，直到 1991 年底，可称之为"有计划的商品经济"时期。

1984 年 10 月，十二届三中全会通过了《中共中央关于经济体制改革的决定》，这标志着中国经济体制改革迈出了重大步伐。农村改革继续深化，城市经济体制改革也出现了一个高潮，生产和流通领域改革不断推进，对外开放进一步扩大。在取得改革经验的基础上，1987 年 10 月，中共十三大提出了有计划的商品经济理论。

这段时期，一批在高校和社科院的年轻研究生们得到锻炼，也为改革开放做了不少调研，提出了一些建议。令我印象最深的一件事，是 1986 至 1987 年间国家体改委征集改革思路和方案，在中国社科院刘国光副院长和张卓元所长支持下，我组织了十几位博士完成了十几万字的《市场化改革》报告（含分报告），提出了建立"市场经济基础上的社会主义"的建议。此观点在国内理论界和新闻界反响颇大。我的多位学友参与了这一课题，王逸舟博士完成了政治体制改革方向的一篇分报告，樊纲博士完成了企业股份化方面的分报告，王振中博士完成了外贸体制改革的分报告，李庆曾博士完成了农村经济体制改革的分报告，宋则副研究员完成了分配市场化的分报告，刘溶沧研究员完成了财政体制改革的分报告，范棣博士完成了金融体制改革的分报告，巩文波副教授提供了商业体制改革的分报告，杨仲伟副研究员完成了关于市场化改革区域突破的分报告。作为此项活动的组织者，我承担着起草总报告和价格改革市场化分报告。黄小祥博士和忠东博士也参与了总报告起草。市场化报告的总论和九篇分报告寄给《世界经济导报》，登发了四篇文章。其中总论一篇，由我执笔，发表时署名是李晓西、王逸舟、樊纲、忠东、王振中、宋则六个人，题目是"市场化改革思路的主要特征与内容——深化改革的战略选择"，发表在1987年11月30日《世界经济导报》上，此文获1993年《中国经济年鉴》改革以来优秀论文二等奖（一等奖空缺），后被2005年中国社会科学院经济所选编的三卷本《中国经济学百年经典》收录。顺便说一下，中国社会科学院正式上报国家体改委的改革总思路是稳中求进，双向协调。

第一节　农村改革的深化：乡镇企业的异军突起和粮食购销体制的改革

这一时期，乡镇企业的发展成为令人瞩目的大事。当然这也是源于改革开放的不断深入，促使原先社队办的企业迅速发展壮大。1979年党的十一届四中全会通过的《中共中央关于加快农业发展若干问题的决定》，明确指出"社队企业要有一个大发展"，并出台了一系列政策。1984年中央4号文件将社队企业改称为乡镇企业，明确了促进乡镇企业发展的意义。在这8年时间里，乡镇企业总产值、利税总额都增长了十几倍甚至几十倍，但其增长率波动性较大。

我印象很深的一件事是，我们在广东调研后，央行研究生院刘自强写了一篇名为"要重视乡村小企业发展"的报告，很有前瞻性，也引起有关方面的重视。而"发展组"在这一时期提出了很多设想，都令人佩服。

令人印象深刻的还有"离土不离乡"的农民潮调研，以及宋国青提出的"未来将在沿海一带出现上百个新城市"的大思路等。

关于粮食购销体制的改革，中央 1985 年 1 号文件明确了要改粮食统购为粮食定购。这次改革的效果会如何呢？1984 年 12 月，王岐山同志要我们以"北京中青年赴河南考察团"的名义，对粮食购销体制问题再进行一次调查，主要是对即将公布的中央 1985 年 1 号文件可能产生的影响做个预先的摸底。这次仍由我组团带队，成员主要是中国社会科学院研究生院的同学，有巩文波、何家成、顾海良、顾海兵、夏晓汛、秦朵、赵榆江、顾秀林等。河南省政府对我们的调研给予很大支持，省长办公室通知了相关部门进行情况介绍，并安排我们下洛阳和偃师进行实地考察。

经调研讨论后，我执笔写了一份《关于河南省粮食购销机制转轨问题的调查》。报告认为，"合同定购的出发点是进一步发展商品经济，以定购取代统购。定购是一种向市场调节机制的过渡形式，从形式上看，定购比统购进了一步，但实质上还没能摆脱统购的框子，而且使两种机制的矛盾集中在一起了"。因为一方面没有根本改革收购体制，另一方面却让农民有选择余地。定购价格是按三成统购价七成议购价算出来的，行话说是"倒三七价"。由于议购价高于统购价，议购价比重高当然定购价格就比统购价格高，决策部门认为这样的价格水平是对农民的保护价。但由于种粮亏与卖粮难并存，倒三七合同反会促使农民选择了少种和少缴粮食。当然调查报告也承认大势所趋，因此，它提出了在这个政策不变的情况下完善定购的种种变通办法。同时，它还提出了粮食收购比较彻底解决问题的办法，就是发展和依靠粮油公司，变倒三七定购合同为随行就市的议购合同，以议购议销为主进行粮食的购销活动。但由于时间太紧了，此时发表不同观点已显不适宜。因此，送呈后没有听到什么反映。

现实是不幸言中。1985 年 1 号文件与 1983 年和 1984 年中央 1 号文件相比，反响和效果就弱多了。前两年农民是打鼓放鞭炮表示拥护之情，这一次到处听到的只是算盘声。1985 年粮食供求形势发生了逆转，粮食生产下滑，出现了买粮难，这与推行定购政策是有关系的。当然也要特别声明一下，这里说的是一家之言，可能不正确，也可能有书生狂妄之嫌，虽文责自负，但大家的批评保证洗耳恭听。

专栏五

关于河南省粮食购销机制转轨问题的调查

中央 1985 年 1 号文件指出：粮食取消统购，实行合同定购，由商业部门在播种季节前与农民协商，签订定购合同。今年，定购粮食，国家确定按"倒三七"比例计价，基本精神是继续放宽政策，发展农村商品生产。现将我们在河南就这方面的问题所作的调查情况介绍如下。

一

从近期看，执行中央 1 号文件遇到的问题，主要是：

1. 定购价格问题

现在定购的粮食类包括小麦、玉米、大米，倒三七价格对河南省算大账是有利的。但在具体品种上，有的品种倒三七价格高过市价，有的可能低于市价。如小麦倒三七价格算下来是 0.225 元，而去年市价是 0.23 至 0.27 元不等；玉米倒三七价 0.157 元，而去年市价在 0.09 元左右；大米去年超购加价 0.27 元左右，还低于去年市价 0.30 元，因此大米倒三七价更嫌低一些。估计在定购中，有的品种定购任务完成要困难一些，如小麦、大米；有的品种限购要困难些，如玉米。假如粮食市价发生一些波动，定购价与市场价差一拉开，购粮就会发生波动。在市价较大高于倒三七价时（比如发生灾情），收购就会发生困难；市价高过倒三七价的幅度越大，定购就越困难。

2. 定购数量问题

定购数量应多少才合理，这是十分重要的问题。河南省在去年收购的基数上，经中央同意，今年定购粮食任务 115 亿斤。这个数比去年实际征购 154 亿斤要少 39 亿斤（这里，控制粮价补贴继续膨胀是中央审定定购量的一个重要因素）。据省的匡算，仅粮棉两项会因低于去年购量而使农民人均减收 20 元左右。今年定购中可能出现的问题是：不同品种的定购数量指标，落实到各地有一定困难。各地普遍反映，小麦定购多了点，玉米定购少了点。现在小麦定购是 97 亿斤，各地 12 月 15 日前自报小麦收购合计数为 81.5 亿斤。洛阳市反映，今年定购小麦比重增加过快，往年占总购 60%～70%，现在占到 80%～85%，压力很大。

3. 对粮食生产可能产生的影响

今年倒三七价不会对粮食生产有大的冲击，大局会基本稳定，但对粮食专业户生产影响较大，因为粮食专业户的基数一般大大低于 30%。如孟新县朝阳乡石沟大队粮食专业户杨庚去年卖粮 14000 斤，基数仅 300 多斤，即 2% 左右；倒三七算基数自然成了 30%，即 4000 多斤成了统购价粮。这样一来，他减少 300 多元收入。所以，虽然粮食专业大户在河南不很多，但倒三七粮价对继续发展粮食专业户有影响。

4. 粮食定购中还须进一步明确的几个问题

（1）定购的时间问题。定购合同的期限是一年还是三年？如果一年，工作量增大，首先是各级政府和粮食部门需迅速适应这个形势变化；如果三年，工作量虽不变，但价格上的矛盾（按市价差）可能日益突出。其次是定购合同的签订时间。往年是麦收前一个月，视小麦长势而定；现在要在播种前，比往年提前一个季度左右。由于对生产形势和市场行情的预测不尽相同，农民签订合同时顾虑比以往多一些。

（2）定购的对象问题。粮食部门提出，以后能否实行“谁有粮，找谁定”的原则，不一定直接定到农户，也可以和各种经济联合体定。再是对边、山、老、少、穷的地方，中央为扶贫不下定购计划，如河南省就有 18 个县。但贫困县中还有余粮要卖，是否能对贫困县中的余粮乡在自愿的基础上允许签订倒三七定购合同。

（3）定购的程序问题。是自上而下还是自下而上？如果自上而下，计划指标数究竟是从市场需求出发，还是以往年商品粮供给状况为基数；如果自下而上，丰收年是否会出现定购量超过计划购量，歉收年又出现少于计划购量的情况，出现缺口怎么办？

（4）收粮的方式问题。一些干部理解合同定购是国家和农民做买卖，既然是做买卖，农民就不再敲锣打鼓送公粮上门，而要求买方来车拉粮，是否也需进一步明确这个问题？

（5）粮食部门提出，300亿斤按统购价销售给饲料工业、食品工业，弄不好会又出现回卖转圈粮，赚国家的差价。所以不如审核后把价差补给饲料和食品工业的有关生产方，让他们来买粮。

此外，下面同志们还提出关于倒三七合同定购的性质问题的询问。倒三七合同定购究竟是指令性的还是指导性的？有同志说，如果要平等自愿订合同，不搞指令性，价格就不要那么死，数量指标就应自下而上汇总；如果自上而下分任务，价格也定死，就不如干脆宣布是指令性的，这样，农民也会接受；总之，要明确点好。有同志认为，合同定购与统购的区别，就是数量上的减少，而无本质区别。还有一位县长说，我琢磨中央文件的基调是大丰收的情况，但若遇灾年，倒三七价就不是优待价了。

二

下面谈谈从较长期看，倒三七合同定购与农村商品经济发展的关系问题。我们认为，倒三七合同定购与农村商品经济发展有一些不协调因素，并可能导致"买粮难"问题。理由如下：

1. 种粮亏的问题会越来越突出

这几年，"种粮亏"和"卖粮难"并存。由于指令性的统购计划起作用，这个并存局面维持住了。现在取消统购，种粮亏就不愿种粮，卖粮难就不愿卖粮，这问题就值得研究了。种粮亏在各地反应的程度不一样，就我们在偃师县了解到的情况，农民越来越感到种粮亏。从农产品内部比价看，种粮不如种经济作物，不如养殖；

从工农产品比价看，整个农产品价格偏低，80 亩玉米的毛收入才换得上一台黑白电视机。尤其是农用生产资料普遍涨价，如柴油从 0.17 元/斤上升到 0.56 元/斤，煤从 17 元/吨上升到 30 元/吨，使粮食生产成本增加。在粮食价格不变的情况下，粮食上的纯收益就会下降。现在已出现粮田上投工、投资减少的倾向。如偃师县粮棉区高龙乡，农民正在计划种苜蓿或树苗，歇粮田。种粮大户、省劳模李家成正在计划如何办工业、搞商业，感到在粮食上难提高收入。由于河南耕地面积有限，通过粮田集中，扩大规模经济效益缓解粮价偏低矛盾也不容易，所谓粮食专业户也不过十几亩地。因此，种粮亏的问题还会突出。

2. 扩大收购，多给国家提供商品粮食日益困难

（1）粮食自食率大提高。原来农民一年人均细粮 80 斤左右，现在人均自食 200 到 300 斤。在产量不变的情况下，商品粮就会减少。

（2）粮食面积处在减少的过程中。如偃师已减 9.6 万亩，仅靠提高单产保持或增加总产是有限的，在没有新技术突破前这个限度已临近。

（3）各县、镇、乡、村、农户争先恐后上食品加工业，以实现粮食转化问题。据偃师管农业的县长讲，这些大大小小厂子一旦全投产，就是丰收年，偃师也无贸易粮可供外调了。

（4）中央 1 号文件允许农民直接与工厂挂钩。多渠道开通后，在物资短缺的情况下，农民以物易物的要求会更强烈，换购合同比定购合同更有吸引力。这样，农民会去找工厂，定购困难也会增加。

3. 从组织上和思想上的发展动向看

（1）我们给农民灌输商品经济思想的同时，却增加了倒三七合同定购的困难。我们在消除农民的自然经济观，变"皇粮国税"为商品粮，这自然会使从上而下、价格固定的合同难以强迫农民接受。

（2）中央鼓励农民建立各种合作组织，这完全必要。同时，这也意味着用行政手段去强迫订合同不比以往的情况了。总之，随商品经济的发展，倒三七合同定购若不改变，内在的不协调因素就会增加。

我们认为，合同定购的出发点是进一步发展商品经济，是取代统购。定购是一种向市场调节机制的过渡形式。从形式上看，定购比统购进了一步，但实质上没能摆脱统购的框子，而且使两种机制的矛盾集中在一起了。定购阶段，是两种机制转折的关键时期，搞好了，进一步；搞不好，可能会退回统购。因此，务必要争取好的前途，防止走回头路。我们必须坚定地创造性地执行中央文件，把握方向，吃透精神。这个方向和精神就是中央领导同志提出的："以后农产品要全放开，搞市场调节，国家参与市场调节，这是努力的方向"。我们认为，国家参与市场调节，就是指导性计划经济，要在指导性计划经济上大做文章，这样既坚持了社会主义方向，又尊重了价值规律作用。

三

解决粮食购销的办法：

1. 完善倒三七合同定购，可以提出一些变通办法

（1）三种粮食总算，倒三七价格不变，但在具体品种的比例价格上作些调整；还可以通过拉大质量的价差，适当照顾一下供求变化。

（2）程序上可以搞先报后定，自下而上，逐层协调，接近总量，下达指标。

（3）在定购困难较大的地方，搞一些换购。

（4）贫困县的余粮乡可在自愿的基础上搞一些定购。

（5）在定购困难的地方，试着开展一些上门取货业务。

2. 寻求一条比较彻底解决问题的办法

就是发展和依靠粮油贸易公司，变倒三七定购合同为随行就市

的议购合同，以议购议销为主，进行粮食购销活动。议购议销有三个特点，一是价格上随行就市，略低于市价，高进高出，低进低出；二是国营商业进行的购销业务，体现了国家参与市场调节，实为指导性计划经济；三是中国式的独有的购销方式，是原三类农副产品的购销办法，已搞了30年。议购议销的好处是，在农产品全部放开的同时，强调了国家参与调节，强调了国营商业的作用，强调了经济手段。它有利于粮食企业转为经营型，有利于平抑市价，使价格信号与购量信号趋向单一（议市价形影相随）。现在两个市场两种价格信号以及价格信号与购量信号并存而引起混乱。议价是经过加工处理的市价，具有灵活性基础上的稳定性、统一性基础上的适应性、平等商议基础上的指导性，可消除市价的盲目性、滞后性和过敏性，但保留了市价灵活反映供求的最大优点。搞议购议销对农民有利，对粮食部门有利，对国家财政有利，其关键在消费这头。因为高进高出，低进低出，取消了购销倒挂，使销价高了，对城市职工、干部生活影响很大。不解决这个问题，议购取代定购就行不通。但问题是可以解决的，这就是实行农价补贴类型转换。现在有商业型农价补贴、生产型农价补贴、消费型农价补贴。商业型农价补贴是高度集中型经济的产物，是把商业当做调拨分配单位，是搞购销倒挂的产物。商业企业变经营型，就不给补贴了，价格就顺了。现在需要先把商业型补贴变为消费型补贴。在转变中，原来补贴越多的城市转型越容易。换言之，农价补贴转型，大城市转比中等城市有利，中等城市转比县城有利。这里以洛阳市为例，具体分析一下粮食议购议销，补贴转型的可行性。

洛阳市1984年粮食价差补贴1400万元，亏损补贴600万元，工业抵亏140万元，省财政拨专项用粮补贴250万元，共计2400万元。1984年全市城市商品粮销售量2.37亿斤，折成小麦为2.82亿斤，按70%加算，需1674万元；因2400万元补贴粮食是3.1亿斤，需分摊在2.37亿斤上，因此为1835万元。

$$(0.1835 + 0.1674) \text{ 亿元} \div 2.37 \text{ 亿斤} = 0.148 \text{ （元/斤）}$$

0.148＋0.18＝0.328（元），即一斤面粉销价为0.328元。

每斤与现议销价差为0.028元，则

0.028×2.37（亿元）＝664万元

洛阳市粮食局系统1983年商品流通费用680万元（共14项），664万元可大致抵上680万元，结论是：若一斤标粉按0.328元售，国家补贴不增加，粮食企业盈亏基本持平，但价格理顺了，城市群众不吃亏。偃师县的基本情况是：变粮食议购议销，实行补贴转型后国家少拿250万元加价款。

第二节　企业改革的推进：承包制的普遍实行

承包经营责任制最初推行是20世纪80年代初期实行的经济责任制基础上开始的。1984年10月十二届三中全会确定企业"两权分离"[1]后就有了更快的发展，1987年它在全国大中型国有企业中迅速推开。承包经营责任制的主要内容是：包上缴国家利润，包完成技术改造任务，包固定资产增值，实行工资总额与经济效益挂钩。它采取的形式有：上缴利润递增包干；上缴利润基数包干，超收分成；上缴利润定额包干。

实践证明，承包制改革释放出巨大的生产力，但它只是一个历史性产物。实行企业承包制，只是在政企职责尚未分开、竞争性市场尚未形成、企业组织制度还没有可能进行根本改革的条件下，给予企业一些自主权的过渡性办法，而不是国企改革的根本出路。承包原则不能适应市场环境的不断变化。

对国有企业的改革，我有过思考，但深感难度很大。值得一提的可能是1986年《兰州大学学报》第3期上发表的《论经济改革中的所有制问

---

[1] 于洋、吕炜、肖兴志：《中国经济改革与发展：政策与绩效》，东北财经大学出版社2005年版，第89页。

题》一文。这篇文章是在 1985 年参加了全国中青年经济理论工作者天津
会议后，受金立佐、吴稼祥二人《论我国企业的股份制改革》一文的启
发而写的。在天津会议上，围绕着国有企业可否搞股份制展开了讨论，争
论的焦点是对承包制和股份制的评价。我支持股份制改革的观点，但认为
对股份制改革的论证的理论深度还不够。因此，回北京后，我用了半年多
时间对所有制问题进行了研究，写了大量读书笔记，从所有制的理论高度
对股份制的合理性加以肯定。论文中有几个观点是费了时间去归纳的：一
是提出了所有制内部和外部结构划分的问题，认为所有权外部结构即人们
通常讲的国家（或全民）、集体、个体等所有制形式。迄今为止已有重大
成果，突出的是"多元化理论已取代了单一制理论"。需要进一步研究的
是所有制内部结构，我将之划分为所有形式、占有形式和实现形式。实现
形式又分为两种，一种是所有权如何通过受益权和处理权而得以在经济上
实现；另一种实现形式是与占有者和使用者（即经营者管理者）的受益
权对应的形式，回答占有权和使用权如何通过受益权得以在经济上实现的
问题。从中得出的推论是："我赞成除少数必需的国有国营企业外，相当
一部分大中型骨干企业的固定资产股份化。5000 亿元国有固定资金将保
证公有制的基础。国家凭股份多少而相应受益分利，就保证了实现形式的
合理化和稳定性"。显然，我是从国家与国有企业的分配关系角度支持股
份制的。没想到的是，国有企业股份制改革中，重点根本不强调企业与国
家的合理与稳定分利。即使到现在，所有制中实现形式仍没有得到解决。
二是在该文中，提出了"所有制形式相对于经济发展是手段，而不是目
的"的观点，提出了要"从生产力和生产关系的结合角度而不是单纯从
生产关系角度考察所有制的外部组合"。这一观点，在当时提出是需要点
勇气的。三是强调要从法律与经济结合的角度来考察所有制。几十年来，
遵循马克思的理论，把从法律角度认识所有制视为"法学的幻想"，是唯
心主义的分析方法。该文认为单从经济方面理解所有制是不够的，还需要
有法律的角度。基于法律判断标准，我认为"国有企业"的提法优于
"全民所有制"企业的提法。"全民所有制"在法律上没法界定，"国家所
有"比空泛的"全民所有"更接近于实际。而在改革初期，一个大的突

破恰恰是强调了"全民所有制"提法优于"国有企业"。以上这些观点的提出，在经济学界可以说是比较早的。

第三节 流通领域改革：从"双轨制"到"价格闯关"

1984～1991 年间，我国进行了具有中国特色的价格"双轨制"改革，并尝试进行价格闯关。1984 年 5 月，国务院颁布《关于进一步扩大国营企业自主权的决定》（即"扩权十条"）标志着生产资料"双轨制"价格政策的出台。1985 年 1 月，国家又进一步取消了原来规定的计划外价格不得高于计划内价格 20% 的限制，标志着这一政策的正式实施。

生产资料"双轨制"实施后对经济产生了重要影响：一是价格体系中市场调节比重上升；二是企业拥有更大的自主定价权；三是对促进生产结构调整有一定作用；四是有助于扩大短缺产品生产以平衡市场。

但双轨制价格的实施也造成了市场的不公，计划外生产资料价格不断上涨。1988 年的通货膨胀率首次突破两位数，胀速极快。政府尝试实施强行闯关，但因通货膨胀太猛而遇挫折。1989 年 11 月，中共十三届五中全会又做出《关于进一步治理整顿和深化改革的决定》。这意味着价格改革又回到了稳步推进的道路上，以"有步骤地、稳妥"的价格改革取代了激进的"价格闯关"。

总的来说，价格改革是经济体制改革的关键。30 年来，我国通过稳步的"调放结合"的价格改革，成功地实现了从计划经济体制的统一定价向市场价格的转变，为此后进一步的经济改革奠定了良好的基础。

中青年经济工作者对决策层推行"价格双轨制"起了很大影响。记得是 1984 年全国第一次中青年经济工作者理论研讨会即"莫干山会议"上，价格改革方式有激烈的争论：一种主张价格以调为主，这是以国务院价格研究中心田源同志为代表；一种主张价格以放为主，这是以张维迎同志为代表；还有一种主张搞价格双轨制，这是以中国社会科学院华生、何家成同志为代表。回过头来看，以调为主思路趋于保守，是在计划价格的大框架内进行改良的思路，有许多重大困难解决不了。比如，要调整价格，首先要提出合理价格水平，但离开市场，如何能行？尽管当时在借助影子价格或最优计划价格在做计算，但算出来的价格不能反映真实供求变化，价格水平偏离实际，不能为实际部门接受。因此，这种计划价格优化思路在实际中难以行通。价格以放为主，方向正确，但当时各方面条件都不成熟，此时放开价格，可能欲速不达，反导致改革失败。多数人认同价格双轨制的观点，认为这种做法一方面冲击了传统的计划价格体系，另一方面也开始形成新价格机制。这种思路后来通过张劲夫同志引荐，得到中央领导同志首肯。因此，价格双轨制成为价格改革的一项重大政策出台了。由于当时正在搞生产资料价格改革，因此就首先在生产资料价格上搞起了双轨制。

需要进一步讲讲，市场化改革与双轨制思路的关系了。价格双轨制对计划价格体系给予了有力的冲击，计划外价格对调动生产资料生产企业的积极性也发挥了作用。但是，由于这是制度化的双轨制，其影响很大，超出了设计者的预料。它"破旧"可以，但规则的双轨也是它的致命弱点，腐败问题也因此而严重了。1986 年国务院发展中心价格组组织了全国中青年商品流通理论讨论会，会议在山西大同召开，乔刚同志是会议主要主持者。在这个会议上，我提出了关于用市场化取代双轨制的设想。回来后，我与宋则合作，写了《从双轨制到市场化》一文，发表在《财贸经济》1987 年第 12 期上。文章肯定了双轨制在"破旧"方面的作用，同时指出双轨制在"立新"方面是无法胜任的。双轨制内在的规则混乱，已成为建立新秩序的障碍。因此，我们主张通过市场化，把规则统一为市场规则。这样，由计划一轨到计划内外双轨，再到以市场规则为主线的一轨，就应为改革的必然过程。

在讲价格改革时候，我想还要提到一个中青年学者，是他最先提出了市场价格目标模式。这人就是郭树清。20 世纪 80 年代中期，价格改革越来越深入。到底以后价格模式是什么样，已成为决定价格改革措施和步骤的关键问题。这一时期，我的硕士导师王振之，作为中国价格学会负责人之一，组织了多次价格改革的理论研讨会，使我有机会接触到价格管理部门和价格理论界的高层专家、学者。在我的记忆中，1985年全国价格理论讨论会（常州会议）是郭树清同志率先提出了市场价格目标模式。受其观点启发，我于1986年撰文提出了统一的市场价格目标模式；在市场价格目标模式前加了个"统一"，主要是想强调，未来通过政府三种行为即参与、干预和监督价格的管理，将形成计划价格为主导、自由价格为主体、多种价格形式并存的价格目标模式。指导性的计划价格和市场自由价将构成不完全竞争的统一市场价格体系。计划内、计划外市场应具有同一基础——即商品经济基础上的一致性。该文发表在中国人民大学的校刊《经济理论与经济管理》1986年第4期上。边勇壮和石小抗这二位博士生同学这段时期与我有合作，每人主笔一篇以三人名义发表。当然，每篇发表前要讨论一下。该文是我执笔以三人名义发表的。多年过去了，对我们的合作，仍然记忆犹新。

专栏六

市场化改革思路的主要特征与内容
——深化改革的战略选择

深化改革，加快改革，是党的"十三大"的主题之一，是摆在我们面前急需探索、回答的课题。我们认为：

一、应正视深化改革的困难：双轨并行的过渡体制与潜伏的恶性循环

新旧体制的转换、共存，造成了一种"双轨并存"的运行机制。这种"双轨"，既包括又远远超出"价格双轨"的范围。在传统的计划、价格、物资、财政、金融、商业、投资等体制为框架的计划运行机制之外，出现了尚不健全的计划外的市场运行机制，形成贯穿于各个经济领域中的广义的"双轨制"。所有经济主体都被

纳入这个双轨运行的系统之中，都必须奉行两套不同的运行规则。

在新旧体制并存、经济双轨运行的条件下，搞活企业，极其困难。企业的资产所有者，仍以传统体制中的国家或全民所有者的面目出现，资产的经营者，却开始转为市场运行中的主体。因此，"两权分离"不能体现为统一的市场运行中的资产所有权与经营权的分离，而体现为靠挂"双轨并行"的"两权分离"，即企业所有权仍主要体现在计划体制中，经营权却部分体现在市场运行中。企业与国家之间财产关系、分配关系未从实质上摆脱传统格局，企业难以"自负盈亏"，国家仍是"父爱主义"；与此相应，企业自主经营、积累发展的动力和主动性就大为削弱，经营机制的转变就不可能彻底。

在新旧体制并存、经济双轨运行的条件下，作为生产者、经营者、消费者的个人的经济行为也必然自相矛盾。作为生产者，在追求从新体制中获得更多收入的同时，又会竭力保住"铁饭碗"；作为经营者，既想从新体制中获得高价出售商品的权利，又想从旧体制中获得低价的供货；作为消费者，在追求从新体制中获得"市场繁荣"的同时，又留恋和依赖旧体制下的"物价稳定"。

在新旧全制并存、经济双轨运行条件下，宏观调控，宽严两难。调整参数，间接管理，对计划运行不灵；加强计划，直接干预，对市场运行不利。同时维护双轨运行，又使宏观管理行为自相冲突。因此，我们看到，政府在引进市场机制解决旧体制的种种弊病的同时，又不得不用旧体制的种种手段去对付市场运行中出现的问题。行政干预和控制的结果，又造成了下一轮的更大困难。

企业、个人、国家矛盾的经济行为，以及两难的选择，源自新旧并存、双轨运行的过渡体制。双轨制具有内在矛盾，双轨制使经济运行中干扰和摩擦骤增。旷日持久的双轨过渡，将使计划、市场运行"两无序"，将造就畸形体制，将阻碍改革的深化和经济的发展。当然，双轨运行的产生有着历史的必然性。但时至今日，新旧体制的冲突日益加剧，旧体制复活的可能性不容低估，经济恶性循环已开始露头，经济改革已处在一个关键的时刻。

二、市场化改革目标：建立在市场经济基础上的社会主义

在经济改革反思中，我们发现，将有计划的商品经济作为改革目标，是完全正确的，但对"有计划的商品经济"的理解容易产生分歧，不同的理解造成不同的改革思路。主要表现为：社会主义经济改革是"计划的科学化"，还是"经济运行市场化"两种截然不同的认识。

"计划科学化"的观点，认为社会主义经济运行机制本质上是计划机制。社会主义计划经济之所以需要改革，是因为计划工作没搞好。因此，只要提高计划的科学性，就可以完成社会主义经济改革。至于市场，是可以"模拟"的，或局部开放的；"商品"并不一定是市场运行机制的产物，其合理的价格水平，是可以由计划部门用现代经济数学方法计算出来的。这实际上是一种"计算机乌托邦"。这种观点在"有计划的商品经济"的"计划"二字下标了着重号，把改革目标看成是完善存在着商品、货币关系的计划经济。

"市场化"则认为，社会主义是建立在市场经济基础上的。"有计划的商品经济"，就是国家调节之下的市场经济。社会主义经济体制之所以需要改革，是因为旧体制排除市场经济。历史经验证明，离开市场机制，计划是空想的，搞不好的。只有建立在市场经济上的指导性为主的计划，才可能促使全社会成员都发挥首创精神，才可能使计划建立在经济规律之上。因此，"有计划的商品经济"，其重点在"商品经济"上，社会主义经济是有社会主义国家计划导向的商品经济或说市场经济。

从理论上讲，商品经济就是市场经济。马克思主义认为，交换是商品形成的必要条件，离开交换，就没有商品经济。而各种交换关系的总和就是市场。因此，一般地讲，商品经济也就是市场经济。国家调节市场，这是现代市场经济的共同特点。但是，国家的阶级

属性、调节方式、计划目标和价值规范的不同，则决定着市场经济有着不同的社会属性。社会主义经济的本质不仅在于占有方式和分配方式，更在于社会成员是否都具有平等的占有和分配的权利。

改革目标绝不是一个纯理论的问题，它直接关系对改革现状的评价和深化改革思路的选择。为了建成社会主义市场经济，我们就要坚定不移地按照"发展和健全社会主义市场体系"的方向前进；就应把限于现实条件而暂时采取的一些行政措施和一些直接计划管理手段视为被迫的、迂回的办法，且控制在必要的范围内；就应把双轨运行的体制视为过渡体制而不是新体制，就应为统一市场化的经济运行规则而不懈努力。

三、市场化改革的主要特征与内容

由高度集中统一的产品计划经济向国家调节的市场经济转换，是实质性的变革。正如邓小平同志所指出的，改革是第二次革命，经济系统的整体性、内在统一性，要求新经济体制尽快从总体上取代旧的经济体制。新旧转换冲突的加剧已表明，改革过程中量变到质变的时刻已经迫近。

这场大变动应是以市场经济的全面推进为标志的，以社会经济生活全部转上市场轨道为基本特征的。这就是：

（1）在所有的经济领域和环节，大步推进各类市场的发展，如劳动力市场、资金市场、外汇市场、股票市场、债券市场、技术市场、信息市场、房地产市场、生产资料市场和消费品市场等等，形成完整的市场体系。商品经济的实践在告诉我们，缺乏任何一种市场，都会使市场体系出现断层，有碍市场运行中内在联系和残缺不全必然阻碍市场功能的正常发挥，阻碍生产要素的流动和资源的合理配置。

（2）大步骤、大面积引入包括竞争、风险、供求机制在内的市场机制，让各种市场参数进入市场，启动起来，运转起来。市场参数僵硬，市场机制就无法发挥正常的调节运转，才可能使各类市场内在地统一起来，产生互相适应又互相抑制的市场力。

（3）建设市场运行中的各种经济组织，发展多种所有制经济，尤其是股份制经济；发展和重建市场主体，即形成自主经营的企业，使企业行为市场化、经济效益评估市场化；限制和疏导具有反市场化行为的组织。通过所有制关系的改革，完善市场基础。

（4）通过法律重新确认财产所有权，是当前改革中一个突出的问题，也是市场化改革的一个基本条件。全民所有制企业固定资产存量和增加的产权的确认，关系到理顺国家与企业的财产关系、分配关系，关系到宏观调控方式的改变和企业各类动机的形成。为此成立的国家资产委员会和投资公司，将以平等的市场主体的身份参与竞争，调节市场。个人财产和国有财产同样神圣不可侵犯。法律保护每个公民不限数额的合法收入。

（5）在市场化进程中，改造和完善国家调节经济的职能，改造和健全社会主义经济的计划功能，确立国家对经济有效的计划调节，实现"国家调节市场，市场引导企业"。以维护和稳定市场运行为目标，加快财政、金融体制改革，完善工商、审计等市场管理职能；通过参与市场竞争，重新确立国营商业、物资、外贸部门在大宗商品批发环节上的主导地位。

（6）建立、完善各种经济法则和法制机构，依靠法律调解市场运行中的各种经济矛盾，保护市场机制的正常运行，实现各种市场行为的规范化。

总之，要以建设新体制、健全市场运行机制为出发点，以市场化为主线，设计各种改革方案。对前期改革中一些侧重于破旧而不能立新的改革措施，要加以改进。

专栏七

从双轨制到市场化——经济体制改革总思路的调整

一、双轨制可以"破旧"，但不足以"立新"

我国经济体制的八年改革取得了有目共睹的巨大成就，旧经济体制受到了极大的冲击和削弱，新的经济体制开始萌芽和发育。然而，改革的成就还只是初步的，与其说目前的双轨制解决了旧体制的问题，不如说更多地暴露了问题。前期改革的总思路是以双轨制"破旧立新"，造就和发展市场调节的一轨，削减和缩小直接计划调节的一轨，逐步实现经济体制的转轨变型。依这一思路出台的改革措施，大都具有"破旧"的明显特征，即通过简政放权，打破高度集中型的旧体制垄断，形成与旧体制相对立的"计划外市场"，并试图借助计划外市场培育新体制的微观基础，建立宏观间接调控系统。但是，改革的实践证明，"破旧"并不必然"立新"。双轨制本身在破旧的同时，由于内在的矛盾，并不必然促成或导向新体制的诞生。因此，这一思路随着新旧体制胶着状态的出现，已经具有越来越大的局限性。

价格双轨制对经济运行秩序的干扰不断增大。整个经济运行的双轨制以价格双轨制最为显著，但价格双轨制不属于通常所说的经济性差价，而是由行政干预所形成的行政性差价。在这种场合，同一商品存在计划内固定价和计划外市场价的双重价格。两种价格不仅存在量的差别，而且从价格形成方式到价格作用形式都很不相同，出现了以行政性差价为屏障的两套交换体系、资源配置体系和经济运行体系。同一商品的价值在屏障两边要由不同的货币量来表现，同一货币量在屏障两边具有不同的实际购买力。这就暴露了双轨制的种种弊病。价格双轨制作为一种短暂的过渡是不可避免的，也是必要的，但不宜拖得过久。否则，由它所牵动的经济运行秩序将出现极大的混乱，使改革遇到难以解脱的困扰。

当前，由双轨制引起的新旧体制胶着状态已经使经济运行的复杂程度迅速提高，透明度大大降低。主要表现是，计划内一轨的经济运行受到无规则市场的侵袭，原有的宏观直接控制的效力锐减，而间接控制又远未形成；市场调节一轨的经济运行受到无规则计划的干预，正常的市场自由度被种种附加条件所扭曲。经济运行中不可比、不稳定因素大量增加，新旧体制的界限已被模糊。因此，继续推行双轨制的改革思路，将面对新体制不新、旧体制不旧的"两不像"、"双无序"态势。

双轨制的实践还表明，新旧体制的转换单靠走小步，靠逐渐增减双轨经济比重的办法难以奏效。前期改革以破为主，走小步是必要的，它可以为迈大步做准备。但若长期走小步，很可能使新体制在发育过程中蜕变，产生一种违反商品经济规律的畸形体制。这是因为，经济运行具有整体性和动态性的特点，改革不能"停车检修"，只能"带电作业"，单靠依次进行的局部改革，其成果随时可能被旧体制的运行所同化和吞噬，使种种新的反市场化现象悄悄扎根，造成畸形体制滋生的温床和后续改革的陷阱。

值得注意的是，随着经济双轨制的延续，经济行为市场化与收入分配反市场化二者共生的"悖理现象"日益增多，已经使双轨过渡的改革效益递减。普遍存在的现象是：企业的生产经营行为这只脚迈向了市场，收益获取这只脚却仍留在"场外"。"脚踩两只船"，既留恋"大锅饭"的稳定收入，又羡慕市场调节带来的额外收益，企图从双轨制的两边同时捞到好处，在大锅饭之外"另开小灶"。收入分配排斥合理的市场竞争，利用多种非市场手段实行不平等竞争（包括转嫁经营损失）。企业处于有利地位时，指望"（市）场外干预"使之永久化；处于不利地位时，又企望"场外搭救"来摆脱困境。宏观上的需求膨胀依然缺乏微观的抑制基础。

实践表明，双轨过渡不可能把新体制推向主导地位，随着时间的推移，双轨制本身很可能从过渡形式蜕变为一种把双重弊病集于一身的畸形体制；旷日持久的过渡会导致种种变态形式紧随每一项改革措施之后悄悄扎根，成为更难改变的新的改革对象。因此，深化改革要求改革思路的转变。

二、市场化改革思路是深化改革的唯一选择

当前，经济体制改革面临许多困难，局部的克服困难的办法，双轨制下靠行政手段克服困难的办法，又在产生新的困难。探索价

格改革、流通体制改革、收入分配改革、所有制改革、宏观调控改革的人们经过认真的反思，都不约而同地从自己的研究视角发现一个朴素的道理：单项改革难以推进，必须进行综合研究，配套改革。现在的问题是，以什么为轴心来组织配套改革最为有利。

以价格为轴心的配套改革十分重要，但也有局限性。价格只是市场运行中的一种参数，价格也要由市场形成，合理的价格要靠健全的市场来提供。价税联动尽管是重要的，但也只是两种参数的配套，而且体现了很大程度的人为配套。价格不通过市场去形成，价税联动就缺乏市场基础。以企业为轴心的配套改革，首先遇到的障碍是市场环境的紊乱。以宏观调控方式为轴心的配套改革需要有可供调控的灵敏的市场传导系统。可见，方方面面的改革都同市场体系有关，而在市场发育过程中所遇到的问题，归根到底要靠市场机制来解决。因此，市场化改革思路是大面积引入市场机制、多方面配套改革的思路，也是深化改革、推动商品经济发展的唯一出路，是从形式上改革到实质上改革、完成经济机制转换的战略措施。所谓市场化并不是单纯着眼于市场，而是以建立健全社会主义市场体系为轴心，促进微观动力系统的运行市场化，带动宏观调控系统的市场化，使配套改革真正凝聚成为一种合力，共同朝一个方向发展，并共同克服反市场化倾向。只有这样，才能弥补双轨过渡的不足，避免畸形体制的产生，把改革推向新的阶段。

进一步发展社会主义商品市场，逐步完善市场体系，是"七五"期间三大改革任务之一。要完成这个改革任务，就必须从现在起，推行市场化的系列改革措施。市场化改革思路的主要内容是：①在所有的经济领域和环节，大步推进各类市场的发展，如消费品市场、生产资料市场、资金市场、外汇市场、股票市场、债券市场、房地产市场、技术市场、信息市场和劳动力市场等，形成完整的市场体系。商品经济的实践告诉我们，缺乏任何一种市场，都会使市场体系出现断层，形不成市场运行中的内在联系和反馈回路；市场结构的残缺不全必然阻碍市场功能的正常发挥，阻碍资源的合理配置。②大步骤、大面积引入包括竞争、风险在内的市场机制，让各种市场参数进入市场运转起来。市场参数僵硬，市场机制就无法发挥正常的调节作用。只有市场参数灵敏正常，才可能使各类市场内在地统一起来，产生互相适应又互相抑制的市场力量。③围绕市场化设计各种改革方案，改造原有的改革措施。在前期改革方案和措施中，有些措施具有明显的破除旧计划体制的倾向，但缺乏确立市场规则的内容。有些措施则具有反市场化倾向，如为保证供求大局而采取的强制性、行政性措施。这些措施应在推进市场化的过程中加以改造，让市场机制来解决在市场运行中产生的问题。④借助政府力量和法律保障，建设市场运行中的各种经济组织，改造和重建市场主体即形成自主经营的企业，完善市场基础，这是经济按市场化运行的组织保证。对具有反市场化的组织行为要加以限制、引导和改革。⑤在市场化进程中，改造和健全社会主义的计划管理功能，在顺应商品经济发展要求基础上，树立公有制经济的主导地位。在生产领域，要保证数量很少但关系国计民生、国家命脉的重要产业、企业掌握在国家手中，实行国有国营或国有民营；在流通领域，要通过参与市场竞争，重新确立国营商业、物资、外贸系统的主导地位，特别是在批发环节的主导地位。

市场化中最重要的环节之一是微观基础的改造。目前，大中型国营企业普遍实行承包制是一种进步，也是一种过渡。由于承包中的基数和上缴利润都未能与动态的市场体系挂钩，仍然具有一定的非市场化的性质。以股份化来实现企业的改造，明确财产关系和分配关系，具有重大意义。股份化和市场化是一致的。大中型企业股份制，意味着国家和企业的分配关系将建立在市场的基础上，建立在资产新增价值而不是原值的市场评价基础上，将使国家与企业的利润分配成为市场化分配的一个重要组成部分，使这种分配具有合理的经济根据，将真正解决企业行为合理化、长期化、市场化问题。股份制把企业推向市场，又把市场机制引入企业。国家对企业的参股，体现了国家对经济的干预和控制，但这是建立在充分发挥企业经营自主权和利益一致基础上、以平等的经济身份来进行的控制。"股份公有制"是任何其他社会主义国家未曾试行的，可称为最富中国特色的社会主义的基石。尽管这不是所有大中型国营企业的唯一模式，但可能是可供选择的最佳模式。与此相联系，国有资产的管理部门——国家投资公司必须建立起来，作为商品经济中的组织，代表政府以经济手段引导经济的发展。股票市场也将兴旺起来，股票交易体现了商品经济运行中产业结构的调整和资源的重新配置。这将根本改变按行政方式投资、靠行政手段调整产业结构的反市场化格局。

价格双轨制要尽快过渡到单一市场价格制。双轨价格不能适应深化改革的要求，根源在于其反市场化的性质。因此，必须尽快加以改变。

价格双轨制最突出地表现在生产资料和粮食问题上，因而解决这两类产品上的双轨价格问题具有重大意义。深化生产资料价格改革应走石家庄道路。石家庄道路的意义在于用同一的市场价取代双轨制，把现行计划内物资的价格差额退还给使用单位（企业），以平稳转轨，把紊乱的价格信号统一为市场信号，因而提供远胜于双轨价格的市场条件。粮食价格双轨制同样弊病很多。以工补农、"三挂钩"措施（即粮食定购与专用资金、化肥、柴油供应挂钩）尽管有一定效果，但毕竟是用非市场化的措施来解决市场运行问题，矛盾只会日益突出，靠行政强制决非长远之计。解决粮食收购价的关键是把现行的合同定购变成真正的合同，而不再是变相的统购。依靠强大的国营粮食系统，价格补贴由补粮食流通部门转为补消费者，实行议购议销，是解决我国粮食产销问题的根本出路。石家庄道路和粮食议价道路是一个思路，即补贴由暗到明，由补流通环节到补消费者（企业），然后走向市场价格。实践证明，双轨制带来的价格信号紊乱，造成生产者无所适从，带来流通领域的投机，已经到了必须改造的时候。

将竞争机制和风险机制以法律形式引入经济运行是市场化过程

中的一个重大步骤。收入、效用最大化，创收机会均等和注重效率目标，是市场化运行模式的通行原则，是引入市场机制的题中应有之义。倘若没有竞争，不承担风险，就不能发挥市场机制的功能，也就不可能走向市场化模式。对社会主义国家来说，在哪些领域防止垄断、防止什么形式的垄断，值得认真研究。在当前的横向经济联合中，在行业管理中，防止价格垄断极为重要，否则，就不能充分利用市场机制的潜力。与此相适应，实行破产法和允许企业买卖就更具重要意义。一定要不遗余力地克服阻力，推行企业破产法，结束那种反市场化的"没有失败者"的虚假竞争。与此同时，要在目前已经兴起的各种保险事业的基础上，充实、完善社会保障制度。

参数市场化、要素市场化、企业市场化的要害是收入分配市场化。应当明确，市场机制本质上也是收入分配机制。在产品经济条件下，分配可以越过市场直接进行，而在商品经济条件下，分配寓于交换，各种收入分配的份额由市场过程来确定，因而收入分配、利益牵引的市场化是促成市场体系、引入市场机制的原动力。而在现阶段，越过市场，靠场外谈判，是理不顺、摆不平收入分配关系的。这几年实践证明，离开市场机制进行收入分配的改革，不利于产业结构的调整和企业经营的改进，由国家调价引起的生产者收益变化，则造成生产者对国家财政的依赖，造成无休止的讨价还价。

只有通过市场化道路，才能解决不同群体、行业、个人的劳动贡献与工资收入脱节问题，解决资金效率与利润率脱节、资金供求与利率脱节、商品价值和供求与价格脱节的问题，解决反市场化的平均主义攀比和收入畸高畸低的问题，解决生产者、经营者和消费者的经济利益关系问题，解决货币收入与非货币收入、劳动收入与非劳动收入的关系问题。

对此，总的改革思路是，把微观经济收入和各种生产要素价格的决定权交给市场，在宏观上只控制收入总额和各种要素价格的总水平，把企业、个人的收益权推向市场，削减非货币收入在实际收入中所占的比重，允许劳动收入与非劳动收入共存；用创收机会均等和税收机会均等来保证现阶段应有的社会公正。

收入分配市场化相对于大锅饭体制来说，由于牵涉分配关系的重新构造和既得利益的重新调整，因而是各项改革中最富于实质性的改革。在分配领域引入市场机制，可以深化构造市场体系及其微观主体，可以为宏观间接控制提供刺激总供给、抑制总需求的内在机制，因而是推行市场化改革思路的核心。

三、对若干疑虑的回答

开创市场化改革的新阶段会导致一场猛烈的通货膨胀吗？如前所述，市场化改革思路是价格、工资、利润、汇率、税率等市场参数通过建立健全市场体系来配套，是宏观调控方式和微观基础通过市场加以改造。毋庸讳言，在推进市场化的进程中，将必然引起物价上升带来的改革阵痛。但是，这种阵痛是可以承受、能够挨过的，也是可以减轻的。这是因为：①克服成本推进式的市场物价上升的强有力机制是市场竞争机制。迄今为止，我们经常启用行政手段限价、查价，都是只治标不治本的方法，是将暂时性、特殊性手段经常化。严格说来，这是反市场化的做法，其效果的短期化和后遗症也是有目共睹的。市场价格的平稳以至回落的关键在于竞争。没有企业之间的竞争，就不会产生降低成本的压力，就没有可能把生产者价格和消费者价格统一起来，形成既保护消费者又能提高生产效益的价格水平。市场化，正是着眼于把市场竞争机制引入企业，把企业推向充满竞争的市场。这是保证价格不致因垄断而节节上升的根本。②当前商品价格结构（料、工、费、税、利的结构）中，存在着压低料、费和垄断利润的巨大潜力。以生产资料价格为例。生产资料价格上升的原因之一是供给短缺，但在供给短缺的后面，却是库存总量的上升。克服这种反市场化的状况，可使库存下降，供给增加，使市场价格回落。

另一方面，短缺还与高消耗并存。目前我国重点企业的钢材利用率、能源综合利用率、木材综合利用率均大大低于发达国家。列入国家统计的 105 项物耗指数，1985 年有 52 项，比上年上升；1986 年又有 34 项，比 1985 年上升。这也必须靠市场化来解决。降低物耗的巨大潜力展示着成本、价格下降的巨大潜力。目前，流通费用比重过大，转手倒卖的收入过高，只有通过市场竞争，才能真正压低流通费用，防止流通中滥用的行政权力与投机活动结合所造成的涨价，因而大大降低商品价格。③市场化有助于抑制需求拉动引起的物价水平上升。市场化意味着在企业利润和工资之间建立制衡机制，硬化企业的预算约束，改变目前各种承包制中只讲"企业工资总额与经济效益挂钩"的状况，从根本上制止消费基金的膨胀。市场化意味着专业银行企业化和利息率随市场资金供求浮动，从而资金供应多少直接关系到银行的自身利益，过多的资金贷款只能使利息率下降，这将堵住企业抢贷、银行滥贷的口子。市场化也意味着企业将承担更多的还贷利息，"老爷工程"、"胡子工程"将受到还本付息的巨大压力。因此，市场化将有效抑制投资基金的膨胀，提高贷款效益。此外，市场化还将为吸收存款、增加储蓄带来动力，使存款利率与物价水平的变动协调起来。而有效吸收闲散资金，又可抑制消费过度，增加生产贷款。总之，引入市场机制，既可以制止消费基金的膨胀，也可避免投资基金的膨胀，有利于物价的基本稳定。反之，如果不加速市场化的进程，我们能有效地、长期地抑制物价水平的上升吗？有可能指望物价在双轨过渡中自行回落吗？显然不能。南、匈的经验教训值得我们注意。因为，恰恰是局部性调价调资引出更多的麻烦。局部成本往复推动，形成农产品、工业品价格轮番上涨。企业的垄断加上市场价格的自由化，就是涨价的根源之一。

其实，在前期改革中我们已经受了最猛烈的物价上涨的冲击，目前集中管制的产品价格已大大减少，已放开的产品价格的覆盖面已大大增加，人们的心理承受力经过考验也有所增强。可以说，加快市场化改革进程的主客观条件是基本具备的。

市场化排斥宏观计划指导吗？我们所力主的市场化改革，决不排斥计划经济。恰恰相反，它为计划有效地管理市场提供了客观基础。市场化不等于自由化，更不等于无政府主义。它使政企在更高层次上分家，政府干政府应干的事，企业干企业应干的事。因此，市场化将伴随着宏观调控方式的根本转变。国家调控市场，而不再直接控制企业，将更好地体现社会主义经济的计划性。国家通过国营商业、物资外贸企业所参与的市场竞争来实现对流通环节的计划指导，并进而影响到生产企业，通过货币政策、价格政策、财政政策和市场法规来组织和调控市场，完善和发展有计划的商品经济。此外，国家对国有大中型股份企业的参股行为，也将体现宏观调控的意图。

市场化配套改革是否想毕其功于一役？是否考虑过经济环境的制约？市场化配套改革是一种战略思想，而不是战术思想。在推进市场化的进程中，显然会有不同的阶段，会有一定的顺序和步骤。但是，改革是一场革命，是一种质变过程。改革的长期性并不排斥改革的全面推进。不能把发展和改革对立起来，以渐变压改革，以阵痛否认改革。恰恰相反，要发展经济，追求长远的民族利益，必须加快改革步伐。经济环境对改革有制约作用，但经济环境是可以通过改革来逐步改变的。就我国所面临的经济环境来看，具有双重意义的短缺特征。一是由旧体制和目前的双轨制造成的相对短缺，即在总供给与总需求同时增长的条件下，总需求的增幅经常快于总供给的增幅。相对短缺是可控的，它可以通过运行机制的转换和经济政策的调整，刺激总供给而抑制总需求来加以克服。二是由生产力、工业化、科学技术发展水平较低引起的绝对短缺（主要表现是人均占有的绝对量指标低，开发利用水平低）。绝对短缺对于社会主义初级阶段来说，具有暂时的不可控性。它需要伴随生产力的发展，工业化和科学技术水平的提高逐步得到克服。在现实经济生活中，相对短缺和绝对短缺往往交织在一起，关系十分复杂。这种环境决定了改革的艰巨性、长期性和阶段性，也突出了改革的重要地位。其中的逻辑关系是：通过改革实行运行机制转换，基本克服相对短缺，走出"越统越短、越短越统"的怪圈，进一步解放生产力，逐步加快克服绝对短缺的步伐。由于相对短缺具有现实的可控性，因此，分阶段改革中所需要的相对宽松环境可以依靠改革本身和经济发展战略的调整而形成。市场化改革是使经济环境相对优化的唯一出路。

市场化配套改革能有足够的财政收入支持吗？由国家财政来支持经济体制改革的思路本身说明，这样的改革必定缺乏市场基础，改革被看做了国家行为，被当做了国家财力的行政分配。双轨过渡中种种反市场化倾向所引起的财政拮据，也同这种改革思路有关。而市场化改革思路所主张的，恰恰是让所有的改革力量都分担起改革的风险和压力。市场化过程中的微观基础改造问题、价格改革问题、市场体系的培育问题、宏观调控问题等等都建立在分散国家财政压力的思路基础之上。因此，这种改革有可能加速推进。

总结30年的经验，国家财力紧张的一个重要原因是执行集中财力保证重点建设的方针。重点之多，浪费之大，消耗之高，周期之长，是人所共知的。这种局面只有通过市场化改革才可能根本改变。从这个意义上说，改革不只需要一定的国家财力支持，而且会支持国家的财力。另外，市场化意味着，即使有必要集中力量进行的重点建设，也可以通过投标招标，多渠道集资，发挥中央、地方、企业多层次的积极性来解决。总之，从双轨过渡思路到市场化改革思路，首先需要的是思想观念上的转变。

第四节　对外开放的扩大：十四个
沿海城市开放及海南建省

四个经济特区作为我国对外开放的第一道窗口，取得了巨大成绩，也为以后的进一步开放奠定了基础。1984年邓小平视察经济特区后，提出了进一步开放沿海城市的建议。1984年5月，国家正式确定开放天津、上海、广州等14个沿海港口城市，并扩大经济权限，给予外商优惠政策，这标志着我国对外开放的进一步扩大和全面铺开。

1988年4月13日，第七届全国人民代表大会第一次会议批准设立海南省，同时划定海南岛为海南经济特区，使其成为我国最大的经济特区，这意味着我国开始将整个省作为一个经济特区来试点。海南建省后取得的发展成就，也标志着我国对外开放又取得了新的进展。

在对外开放这方面，这个时期我写过一些文章，涉及外汇、外资、外债、外贸等方面。印象比较深的有一篇调研报告即《1986年汇价调整的效果分析》，登载于国务院发展中心1987年第116号内部刊物上。背景是在1986年7月，人民币汇率由1美元兑换3.2元人民币调整为1美元兑换3.7元人民币。相对美元，人民币贬值15.6%。这次贬值的效果和影响如何呢？这是需要调查的问题。经过调查后认为，1986年人民币较大贬值的政策目标没有达到，对奖出限进作用不显著，对平衡国际收支作用也不大，甚至对消除币值高估的作用没有真正实现，反而助长了国内价格水平的上升。为什么出现这种政策失灵现象？我认为这次调汇仍是传统汇率体制下的汇率水平调整。市场机制基础差，外贸进出口有国家补贴，用汇靠计划部门进行分配，外贸是行政管理的运行机制，这是调汇不能起作用的体制性原因。因此，需要加快市场化进程，造就汇率发挥正常调节作用的条件。报告建议要扩大开放外汇市场，并提议实行结汇证，结汇证可按供求决定的价格转让。参与本报告调研的还有贾苏颖女士，她曾在中国社会科学院专修外贸专业，后赴荷兰某大学取得博士学位。

专栏八

1986年汇价调整的效果分析

1986年7月，我国一次性较大幅度调整了人民币汇率。一年过后，调汇的效果已得到充分反映。本文试图对这一调整的效果作出分析和评价，并提出相应的政策建议。

一、调汇的实际效果

去年调汇是针对前两年进口失控、外贸逆差、外汇储备急剧下降所采取的应急措施。其政策意图是消除币值高估，奖出限进，平衡国际收支。那么，这些目的是否达到了呢?

1. 调汇对奖励出口的作用不显著

我们所调查的广东、江苏、湖北、福建、上海和深圳等地区绝大部分部门和企业认为，去年调汇对奖出的作用不明显。尽管去年全国外贸出口额增长了4.2%，以上调查地区也分别有7%～39%的增长，但出口换汇成本也有明显上升（见表2-1）。换汇成本低于汇率，出口才赢利，表中各地去年换汇成本均高于汇率，说明了外贸出口的增长并不是在出口赢利增加的情况下实现的。

表2-1　四省二市出口换汇成本

单位：元

省市	上半年	全年
广东	4.26	4.80
江苏	3.76	3.97
福建	4.08	4.68
湖北	4.25	4.53
上海	3.47	3.91
深圳	4.43	4.63

换汇成本上升主要有三个原因：一是出口盈亏结构恶化，反映了我国出口商品的生产结构和生产能力问题。调汇后，赢利商品生产上不去，新产品上得慢，没能利用调汇的大好时机。广州市出口赢利商品增加4种，但出口值所占比重下降了3个百分点，高亏品种增加35种，出口比重上升了5个百分点。二是出口商品收购价上升，说明了在国内价格改革条件下，调汇的作用受到很大限制。

所调查地区去年收购价大约提高了 11% ~ 20%。在物价上升超过调汇幅度时，调汇的奖出作用就会丧失。生产企业要求提高收购价，反映了生产企业成本上升后要求得到外贸承认的事实，调汇不过是给生产企业要求抬高收购价提供了机会。三是部分出口商品价格下降，反映了我国出口商品结构还不适应国际市场和国内自相竞争的影响。江苏省经贸系统自营出口销价降低总金额达 3.2 亿元人民币。

调汇对出口作用不显著的深层原因，则在于外贸体制，即外贸企业不能自负盈亏。国家进出口计划部分占进出总贸易额的 70%，指令性出口占总出口的 50% ~ 60%，进出口代理制下的外贸出口额占总贸易额的比重，迄今还不过 6%。在这种统负盈亏体制下，换汇成本低于或高于汇率，对外贸出口影响都不显著。外贸亏损由国家财政补贴，赢利上缴国家财政，这就是去年调汇对扩大出口创汇影响不大的根本原因。而 1986 年出口创汇之所以有较大幅度的上升，关键在于中央的鼓励出口创汇政策。几年来的实践证明，在中央鼓励创汇政策下，外贸出口能够大发展，因为各种奖励政策可以得到落实（如去年的外汇留成落实到企业、企业间外汇留成可有偿调剂等），而且出口增加的亏损可有国家财政来增加补偿。

2. 调汇对出口的限制作用不大

从全国看，1986 年进口总额为 343.31 亿美元，比 1985 年减少 4.2%，但比 1984 年仍高出 35%。从几个调查地区的情况看，除福建、湖北进口额（按美元计算）有明显减少外，上海、江苏、广东和深圳市仍有 8% ~ 51% 的上升。

在生产力较发达地区如上海、江苏，引进国外技术设备早，需求大。一些已引进的生产线还要依赖进口的原材料维持生产，因此，调汇后进口成本升高也得咬牙进口。如上海去年进口产品中有 93.6% 的是生产资料，地方用汇支出的 7.5 亿美元中，生产基建及供应市场用原材料、技术引进、仪器设备及配件进口就占外汇支出的 90%。剩余 10% 中，扣去给合资企业补贴和归还贷款，消费品进口比重还不到 4%。江苏省情况与之类似。由于这些地区经济基础好，生产企业消化力较强，能够在一定程度上承担起调汇带来的压力，并维持了相应的进口水平。

对于部分商业利润大的地区如特区（深圳等），调汇限制进口作用也不大。其主要在于外汇留成多（深圳为 100%），而且，美元调剂价高于内地很多（深圳高于官方汇率达 2 元以上），进口内销赢利可观。加之引进设备、技术不能当年收效，而进口消费品当年可回笼货币，因而更刺激了这些地区的消费品进口。

对生产基础相对薄弱、进口商业利润也不大的地区，如福建、湖北等，调汇后进口压力很大。福建省去年进口因调汇多支出了 1.1 亿元人民币，进口额比去年下降了 53%。湖北省机械进出口公司以进养出的原材料亏损率，调汇后由 7% 上升为 22%。虽然起到了限制进口作用，但企业的亏损等矛盾加大：如福日公司原计划全年赢利 390 万元人民币，结果亏损了 2362 万元人民币。湖北 35 个生产企业由于调汇要多付 1344 万元人民币，造成这些企业进口合同履约困难，还因此引起不少合同纠纷。

3. 调汇未能消除币值高估和平衡国际收支

1986 年调汇的政策目标之一，是消除币值高估，这个目标并未达到。我们可以从以下几个参照指标来加以考察：①换汇成本与汇率之差距。尽管这个指标偏重了出口，但考虑到贸易创汇在整个创汇中占 70% 以上，因此仍不失为一个重要参照指标。从前表看，调汇前后几个调查地区的成本与汇率差距虽略有缩小，但基本格局未变。②外汇牌市差价。在我国，除深圳外，没有公开的外汇市场，只有企业之间的调剂市场和不合法的自由外汇市场。黑市外汇价格因外汇数量不足而有扭曲的一面，但毕竟可以作为一个重要参考指标。以深圳为例，调汇前，自由外汇 1 美元不到 5 元人民币，调汇后，1 美元则可兑换 5.5 元人民币甚至更多。牌市汇率差距仍在1.8元以上。③一些商品外销不如内销。由于某些商品出口创汇后再结汇的人民币价格，仍明显低于直接国内销售的人民币价格，说明人民币对美元的汇率仍然偏高，本币值还存在高估。

国际收支逆差也没有因为调汇而得到改善。国际贸易收支包括三个部分：经常项目（又包括贸易收支、劳务收支），资本项目，平衡或结算项目（包括官方外汇储备）。如上所述，调汇奖出限进作用不显著，因此，贸易收支逆差没有根本改善，1986年仍有120亿美元的外贸逆差。这比1985年的逆差减少了，但仍为1984年外贸逆差的9倍。再从资本项目看，1986年引进外资总的趋势是大幅度下降。全国引进外国直接投资协议金额1986年比上年下降了52%。上海、深圳等1986年引进外资额分别比上年下降了46%和50%。1986年外汇储备继续下降，动用了10亿美元储备。退一步说，即使实现贸易逆差和国际收支逆差减少，也不能说明就是调汇的作用。在传统外贸体制不变和汇率还没构成市场经济的杠杆条件下，借助汇率平衡国际收支本身就具有很大局限性。

4. 调汇助长了国内物价水平的上升

根据国家物价局的综合计算，调汇影响全国社会零售物价指数大约1.3%，各省计算的结果不太一样（江苏1.27%、福建0.84%、广东0.78%）。由于进出口商品价格变动在统计局编制的物价指数中不能充分反映，因此以上计算的影响并不能在全年社会零售物价总指数中得到完全体现。

首先，调汇后进口商品人民币价格上升，推动了物价上涨。由于普遍实行了进口代理制，国际市场价格通过进口品直接影响了国内市场价格。据广东省物价局涉外处提供的情况，调汇后影响了全省社会零售物价的金额为2.52亿元，其中轻工原材料、燃料、动力、设备、农业生产资料和消费晶及汽车修理影响社会零售物价指数在0.01%～0.15%之间，合计为0.94%。江苏省、福建省这一影响分别为0.7%和0.84%，全国约为0.93%。同时，进口商品价格上升，还影响了国内同类商品价格的提高。进口消费品的减少，也使某些商品供求紧张。从而影响价格上涨。

其次，调汇后出口收购价格上升，也助长了国内社会零售物价和生产资料价格水平上升。在调汇具有正常的条件下，出口商品国内购价格的上升要通过一个周期才会表现出来，而我国 1986 年调汇的一个显著特点，就是外贸收购价和汇率几乎同时变动，即汇率下调15.8%，而外贸收购价平均上升 10% ~15%。

据调查，生产企业"跟踪汇价"的时间差，沿海比内地短，快者在调汇当天即要求提高收购价，慢者也不过一个多月。

当然出口收购价上升主要是由于国内价格改革使原来被压抑的通货膨胀释放出来而造成的。一方面原材料、农产品等基础产品价格上升；另一方面又是基建规模失控，货币发行中非经济需要过多。因此，即使汇价不调，物价也会上升，调汇不过是给生产企业提高其产品计划收购价格水平提供了一个契机。

出口收购价影响国内物价水平主要有这样几个渠道：①短缺产品外贸收购价提高，直接地影响同类产品国内销售价的上升。②短缺的产品出口后，加大了国内供求缺口，又间接地促使国内同类产品销价的上升。③同量外汇购买某种商品量增多，影响该商品国内消费者价格上升，这在广东鲜活农副产品及友谊、侨汇商店的国产商品上表现十分明显。④各口岸抢购适销货源，使收购价上升，影响同类商品国内售价，如江苏省鳗鱼、对虾的外贸收购价翻了一番。⑤调汇后，群众对人民币的币值看跌，因此，抢购黄金、首饰等保值品，使这些保值品价格上升。

二、关于调汇效果几种不同观点的讨论

一种观点认为，可以通过调汇参加国际竞争，追求比较利益。应该说这种观点对促使调汇起了很大作用，并且对今后的汇率政策有很大影响。但事实上，我国正处于社会主义初级阶段，是发展中

国家，因此，以汇率为手段参加国际竞争追求比较利益有极大的局限性。比较利益学说是以比较成本为基础的，是以交换的产品为比较对象的。当代技术的发展正在改变比较成本的基础。在各种生产资源中，技术已独具显赫地位。离开技术，其他资源难以组成比较优势，难以转化为产品优势，难以适应国际市场的需求。我国技术相对落后，不得不经历一个引进先进技术、设备的发展阶段。因此，在现阶段，从总体上看，我们仅依赖外贸出口产品的微观比较利益即出口产品的边际收益大于边际成本是不够的，而应从实际出发，追求进出口的宏观比较利益，即用汇效益高于创汇成本的比较利益，追求外贸出口的国民经济营利性，争取外贸乘数作用所带来的利益高于出口换汇总成本。这就意味着，在用汇效益高的前提下，适度的出口补贴和外贸逆差可能是实现今后宏观、微观两个比较利益的必经之途。

还有一种观点认为，去年调汇是为实现外贸企业自负盈亏而采取的改革措施。对此需要商榷。去年调汇对外贸企业出口增收减亏有一定作用，但这部分增收减亏只是账面上变化，解决不了外贸企业自负盈亏的问题。在外贸体制改革与其他各方面改革互相牵制、互为条件的情况下，靠调汇打破僵局看来是不现实的。看来应从退税（包括出口退税）、出口信贷、出口保险、部分开放外汇市场等副作用小、影响面窄的行动入手。同时，还必须看到，我国"外贸隔层"不可能也不应该完全去掉，关系国计民生的大宗进出口商品还应由国营外贸承担，外贸改革只应薄化隔层，造成"有隔有不隔，少隔多不隔"的格局。

再有一种观点认为，在人民币币值高估的情况下，只要对外贬值就符合大方向，因而是正确的。这未免过于简单化了。由于调汇的效应有一定的时效期，不可能长期保持。因此，在什么条件下、选择什么时机进行调汇是至关重要的。如果调汇的短期效果不理想，就很难肯定调汇的长期效果是好的。人民币汇率下调在一个较长时期里确实有必然性，但具体哪一次下调的成败不能简单地以是否符合方向而论。在一个较长时期内，应当注意选择有利形式、有利时机调汇。

第一，我们总的看法是：1986年调汇是针对前两年进出口失控、外贸逆差剧增、外汇储备急剧下降所采取的应急措施。其政策意图是降低币值高估水平，以奖出限进，平衡国际收支。这次调汇是通过纵向掌握的经济杠杆的尺度变化来调节经济活动的，因而是传统的汇率体制下的一次政策行动。既然如此，就不必把它作为一次改革步骤过于苛求或过高评价。

第二，1986年调汇尽管没有达到预期的政策目标，但也是必要的，并不能因此认为调汇是失败了。问题在于，原来对调汇预期过高。因此，用原定的政策目标来衡量调汇效果，难免出现苛求或失望。

第三，前面围绕调汇效果进行的分析仅仅是问题的一个方面。调汇对不同部门（外贸和工业）、不同的外贸企业（中央和地方）、不同所有制的企业（"三资"企业、国营或集体企业）、不同的进出口形式（如来料加工、劳务出口和商品交易）、不同的经济活动环节（如生产资金中的外汇贷款、外汇的周转金）等，有不同的影响，因而效果有弊亦有利。比如在促进外贸企业降低亏损或增加收入、地方外贸公司的出口交易、乡镇企业出口创汇、增加来料加工的工缴费收入、外贸经营中资金加快周转等方面，也起到了一定的积极作用。

第四，前面分析表明，这次调汇的奖出限进作用不显著，重要原因在体制上。在现行计划分配外汇为主的情况下，大量原材料、设备和民需品进口并不会因调汇而明显减少，同时，大部分进口品作价办法没有改变，调汇后提高进口成本，加重的是国家进口补贴负担。由于占出口计划70%的是指令性出口商品，外贸公司主要关心的不是汇率的高低，而是换汇成本核定数的高低。另外出口代理制只在很小范围内推行，大部分生产企业还不能与国际市场建立直接联系，因而不能借助汇率下调及时增加适销对路商品的生产量与出口量。

第五，调汇措施实施过程中暴露出的问题，是由于我国经济体制中市场机制基础差，而使宏观间接协调难以奏效所造成的。当盲目扩大进口导致进口失控、外贸逆差激增、外汇储备急剧下降时，需要采取措施以奖出限进，改善国际收入。但由于外贸经营中市场机制基础差，基本上还是旧体制起作用，加上国内市场体系不健全，使调汇的政策意图未能实现。这表明需要加快经济体制改革，以市场化过程的加快和系统配套的措施，造就汇率正常调节的条件。

三、几点政策性建议

1. 目前应基本稳定汇率

基本稳定汇率意味着币值高估和国际收支逆差的存在。调汇是必然的，但现在条件不成熟。从调汇效果看，由于体制原因和市场基础不健全，靠调汇并不能解决币值高估和国际收支逆差，有可能给引进外资和技术增加困难，还会使国内价格改革的难度加大。在人民币"看跌"心理下，会助长企业的非正常行为和投机现象。现在应在建立和完善市场基础上做文章。

但这并不意味着我们在改善国际收支逆差上无所作为。相反，在目前日元升值，美元、台币、南朝鲜元相对于人民币升值情况下，来我国订货的外商大为增加。在这种情况下，即使我国暂时稳定汇率，也会有较多的增加外贸出口额的机会，这对改善外贸逆差将十分有利。

在基本稳定汇率的同时，可采取以下措施奖出限进：出口退税和出口补贴；搞好市场调研、营销，提高推销水平；提高产品质量；搞好出口生产体系；利用和发展新的流通手段；开展外贸出口的保险；尽力破除国际贸易障碍；等等。

2. 应立即扩大开放外汇市场

提高创汇效益及用汇效益，根本的出路是加强市场机制作用，扩大利用外汇市场。在条件不成熟的情况下，可考虑分阶段推进，即第一步先采用出口结汇证办法，部分开放国内外汇市场。

按照这一办法，企业出口创汇后，可向银行换取结汇证，结汇证在一定时效期内可以在外汇市场自由买卖。进口单位组织产品进口，在领取进口许可证后可通过外汇市场，筹集外汇，即按市价买到的结汇证作为进口所需的外汇凭证。结汇证可考虑采取两种形式：一种是不付人民币的结汇证，一种是付人民币的结汇证，类似于现行外汇留成额度。

在实行结汇证条件下，一部分出口创汇按官方汇率结算（主要是计划内创汇需上缴中央部分），另一部分出口创汇可以依据商品种类获得一定比例的结汇证。在外汇市场上所有的结汇证按供求决定的价格转让。这意味着对不同出口产品实行了有差别的货币贬值，有利于适应国外的需求弹性和国内的供给弹性。出口生产企业通过高于官方汇率出售结汇证，得到一笔来自进口单位的价格补偿，出口生产得到鼓励，同时，国家可以用分配不同比例结汇证的办法，来引导出口商品生产按国家需要与规划发展。进口方面除计划进口使用官方汇率的外汇外，其余相当部分商品进口将不再依赖平价外汇，而要通过公开市场去购买结汇证，用市场价外汇组织进口，从而有利于提高用汇效益。

实行结汇证部分开放外汇市场的做法，在台湾地区、南朝鲜取得了成效。台湾地区在1958年改革了外汇和外贸控制体制，实行台币大幅度贬值，用双重汇率即法定基本汇率和结汇证汇率取代了多重汇率，经过三年时间后实现了二者的统一。南朝鲜1964~1965年推行贸易自由化改革，也是在货币贬值的同时采用了结汇证方法，并于1965年正式宣布实行统一浮动汇率制。世界银行考察团在 1987 年 5 月提交的《关于中国对外贸及利用外资改革的问题与方案》中也提出了类似的改革建议。

3. 提高用汇效益必须作为重要方针加以强调

一段时间内，适度的外贸逆差、国际收支逆差是正常的。发展中国家利用外资的战略，关键在于用汇效益高低。如果引进不当，用汇效益不高，资本结构不能改善，创汇能力不能增强，国际收支逆差就将是十分危险的。

在现阶段，创汇的目的是用汇。因此，提高用汇效益是我们对外贸工作方针的基本点。目前用汇效益不高，从宏观管理的角度看是创汇与用汇管理部门完全割裂。外贸部门以创汇为中心，靠财政部核定补贴解决亏损；计委为主的非外贸部门主管分汇、用汇。这样就缺乏一条把用汇与创汇管理部门连接起来的经济纽带。从微观角度看，创汇与用汇的企业无利益上的联系，即使有留成用汇的企业也只是部分挂钩，因为后者的用汇绝大部分靠拨给。高价创汇，国家补亏；低价用汇，仍是国家补亏。

从外汇的分配、流通和使用的不同环节上，在计划部门进行外汇分配中，贯穿着效率与平等之争。比如，是考虑利税高低还是困难程度，是给老的用户还是新申请的企业，是按计划重点还是调剂给急需的企业等。在错综复杂的情况和难以判断的标准面前，单靠行政手段难以实现最优分配，而且常伴有权力的滥用。在外汇流通中，是短缺与沉淀并存。留成外汇在千家万户，缺乏合理的调剂办法。1 元钱的留成额度调剂已不具有吸引力了；一些自有外汇的外贸企业和"三资"企业，不愿去银行结汇换取人民币，而是去银行贷款；一些地方用外汇买卖商品，减少了进行国际交易用的外汇资源；企业用汇困难重重，即使自创、自有外汇，也还得有额度，有指标，有配套人民币，才能进口。这种状况不利于外汇留转和不利于提高用汇效益。在生产领域中，用汇效益也有不少问题。特别是国营大中企业资金软约束，重复引进、盲目引进、贪大求全、大材小用、进口设备利用率不高，进口设备压库、压港、压海关等现象十分严重。因此，必须把提高用汇效益作为重要方针加以强调。

为此，就要使宏观管理科学化，要求企业行为合理化。

对于国家计划内用汇，首先要解决重点项目计划评审的科学性，同时建立计划内用汇的竞争式申请制度，实行外汇使用责任制。根据权责对等原则，用汇单位得到平价外汇时，应相应承担一定的责任，通过用汇与压力、代价相联系，迫使企业提高用汇效益。

第三章

全面推进市场化改革的
思路与政策建议

1992～2001 年，是社会主义市场经济体制初步建立的时期。1992 年，党的十四大明确了社会主义市场经济体制是经济体制改革的目标。党的十四届三中全会又通过了《中共中央关于建立社会主义市场经济体制若干问题的决定》，全面描绘了社会主义市场经济体制的基本蓝图和推进改革的基本举措。市场化改革开始全面推进。

这一时期，我们特别兴奋。我们在全力理解和宣传中央的英明决定。1992 年 3 月 17 日，我在《经济日报》上发表了名为《计划和市场都是经济手段——兼论计划与市场结合问题》的文章，引来不少外国朋友的电话，了解其有什么背景。其实，这就是对小平同志的重要指示的学习体会。文中提出 10 个观点，主要有：一是计划与市场的结合是不同调控方式的结合，这二者就不存在绝对排斥的理由，不应把这二者赋予意识形态的政治内涵。二是计划与市场结合需要条件，首先一个条件是国家计划必须改进，使之符合市场运行的要求。计划与市场结合的另一个重要条件是，市场应是有管理的。一个有管理的市场体系，更容易与国家的计划相协调。三是公有制与市场经济的结合是可能的，但也有条件，首先不能只把国有制理解为公有制。其次，国有制大中企业中的大部分必须实现股份制，以市场规则为其运行基础。再次，对一些关系国计民生、国家经济命脉的产业和企业，国家所有制是应保持的，但这个比例应控制在尽量小的范围中。最后，我们对三资企业、乡镇企业、私营企业要有足够的勇气让其发展。私有经济的发展，将使公有制企业与市场经济有一个更好的结合。四是各国从不同的国情出发，从历史传统出发，有的强调计划，有的强调市场；有时强调计划，有时强调市场。这都是正常的。中国经济改革是市场取向的改革，这就强调了扩大市场机制的重要性。但从中国的国情和现实出发，从中国的传统文化出发，中国应当坚持在社会主义方向下的计划与市场的结合。

还有一篇集中反映我对社会主义市场经济认识的论文，题目是《我国转向市场经济的战略、内容及其他》。本文被收入 1993 年 7 月江苏人民出版社组织的老中青三代经济学家合作撰写的论文集《我的市场经济观》一书，我交稿大约是 1992 年底。全文三万多字。出版社编辑在我的文章前加了一个简介，认为"本文不仅对市场经济的基本理论进行有针对性的探讨，而且还从走向市场经济的具体途径、困难和战略、策略进行总体的阐述"。"本文论述了向社会主义市场经济转变的主要内容，即：政府干预适度化，社会管理法制化，宏观调控规范化，市场主体多元化，国有私有平等化，经济运行市场化，计划调节间接化，经济特区全国化，对外开放国际化"。

第一节　国有企业改革的深化：股份制的推行与"抓大放小"改革

1992 年党的十四大以后，国有企业改革的新思路是建立现代企业制度，其目的是力图通过实施这一制度来解决企业"负盈不负亏"和缺乏活力的问题，进而构建社会主义市场经济体制的基础。随着认识的不断深化，股份制改造逐渐成为建立现代企业制度的主要方式。

党的十五大报告中进一步明确了发展股份制的要求，对国有企业普遍进行股份化公司制改造。与此同时，改革的着眼点从过去的搞活单个国有企业转为从整体上搞活国有经济，提出"加快国有经济布局和结构的战略性调整"的重大战略任务，对国有企业实行"抓大放小"、"有进有退"的战略性重组改造。

　　这些重大举措在实践中得到全面贯彻，取得了积极的改革成就，促使一批具有较强竞争力的大公司大集团涌现；促进了企业经营机制转变和效益提高，促成了政府职能的转变。[①]

　　这一时期，围绕国有企业改革与国有经济定位，我发表了一些文章。这里介绍两篇文章。一篇是载于《经济改革与发展》1995年第3期的《积极推进国有企业改革　搞活整个国有经济》。针对当时国有企业改革存在的困难，我特别想谈谈国有企业改革如何与国有经济调整结合起来，并提出了"重建市场经济框架内的国有经济"的设想。该文的大致意思是：仅仅从社会主义市场经济下的企业模式出发，不可能把计划经济下的国有企业变成市场经济下的国有企业；国有企业改革，归根到底是与宏观体制改革相关联的。靠企业自己搞好改革，从总体上看，是相当困难的。因此，需要在宏观改革与企业改革的关系中，理出推动国有企业改革的思路。我的思路是：从社会主义市场经济下的国有经济整体的规模、作用、地位出发，建设符合市场经济要求的国有经济，才能使国有企业在新的国有经济整体中获得新生。计划经济条件下形成的国有经济，不必要也不可能全部搬到市场经济框架中。国有经济的总体规模太大，在县一级尚有相当多的国有企业，在完全是自由竞争的加工类领域中，也还保存有大量的国有企业，这究竟有多大的经济意义和政治意义？

　　另一篇是1998年写的关于政府参与国企资本重组的原因及其利弊一文。当时的背景是：党的十五大报告提出，要"以资本为纽带，通过市场形成具有较强竞争力的跨地区、跨行业、跨所有制和跨国经营的大企业

---

① 李荣融：《继续调整国有经济布局和结构　推进中国国有企业更多地参与国际竞争与合作》，2003年11月19日在并购重组国际高峰论坛上的发言。http://www.people.com.cn/GB/jingji/8215/30588/.

集团"。我在调研中发现，这项战略决策中潜藏着一个重大难题，即"谁来重组"？在实际操作中我们看到，国有企业不可能在不通过政府情况下进行兼并破产，政府也不可能完全不顾经济体制改革要求包办企业的重组，最典型和大量的是在政府参与下企业进行国有资产重组这种情况。这就提出一个政府参与国企资本重组的利弊分析。国有企业国有资本的所有者代表是政府部门，政府对国有资产保值、增值、不流失负有天然责任。而且，越是大企业，越是大资本，参与资本重组的政府级别就会越高。进一步，政府负有产业结构、区域结构调整的责任，国民经济管理者的责任促使它关心企业资本的重组。在强强联合、振兴经济的热潮中，各地政府无一例外地将组织本地大企业集团当做中心工作之一。但另一方面，行政化配置资源之低效率我们已有过几十年的教训了。行政性配置资本，将使我们的企业难以成为市场主体，难以具有市场的竞争力。即使政府主观上完全认识到要以市场为导向，以优势企业为龙头，要按市场方式操作，但只要资本决策主体是政府，政府的良好愿望能否转化为实在的成果就要打个问号。由上可见，这里存在着资本的国家性质与操作的市场方式的深刻矛盾。政府参与国企资本重组中，"资本纽带"既有效也会变形。"纽带"中不可避免带有部门和地方所有的痕迹，联合或兼并，由于不是企业本身可以自主操作的。因此，往往造成上联下不联，产联心不联，甚至联而不合，资本纽带成了冷拼盘。企业固然大了，但并没强，仍然没有竞争力。政府参与国企资本重组下"市场方式"，也出现了变态。各种联合或合并的协议，参照市场参数（如价格和利率等）定价，又按行政办法进行分配。因此，国企资本重组过程，很多是模拟市场方式或半市场方式，这样形成的大企业，市场竞争力难提高。文章提出的主要建议是：应尽快制定并出台《地方政府、主管部门在国有资本重组中权责的规定》，明确行政指导的权限和责任；加快国有资产管理体制的改革，建立公有资产新的管理体制和运营机制，政府把所有者权力剥离出来，委托给国有资产运营管理体系，把原来由政府部门直接对公有资产的管理，转变为通过公有资产管理机制的间接管理等。

专栏九

计划和市场都是经济手段

1. 计划与市场能否结合的讨论，首先要对计划与市场的概念要有一个基本的界定，否则观点不同可能只是字面上的，而不是实质的。如果我们把计划与市场都视为实现国民经济按比例发展的经济手段，那么，计划与市场的结合就是不同调控方式的结合，这二者就不存在绝对排斥的理由；但如果我们把这二者都赋予意识形态的政治内涵，这二者的结合就有了排斥和不容的本质，但这是已超出经济关系的范围。

2. 人类的经济活动，需要计划，这是没有疑问的。原始人的狩猎活动、封建时代的男耕女织中也有计划，几千年农业的灌溉活动更是典型的计划活动。同样，市场作为人类产品交换的必然产物，也是不能排斥和贬低的。现在争论的问题，我想不是指这种一般的人类经济活动的有目的的、有组织的、有管理的计划活动是否可能和必要，而是指国家计划的存在的必要性。

3. 国家计划存在的必要性，是发达资本主义国家所关心的问题，我不想直接用社会主义国家对国家计划的评价来回答发达国家是否需要国家计划。让我们看一下美国的情况。前些年，美国很多执政者和经济学家，是主张国家干预而不主张国家计划的。为什么呢？在美国执政者看来，国家对经济的干预，是为了更好地实现经济的市场调节，是为了克服市场调节产生的经济周期性的波动，是对私有经济的保护。而国家计划则扩大了国家在经济发展中的作用，把国家的作用放在了第一位，是对私有经济的破坏，是社会主义经济的内容。因此，尽管在荷兰、法国、日本和北欧的一些资本主义国家中，推行了国家的指导性计划，而美国作为资本主义的大本营，是不愿公开承认和实行国家的计划调节的。在实际经济生活中，国家干预与国家计划有什么区别呢？从美国的情况看，区别在于，没有专门的国家计划部门，没有以国家的年度或中期的财政预算作为引导社会投资与消费的批示器，没有对国家项目的全面的、优先的考虑。美国的经济干预是以财政货币政策为中心的一套政策组合，20世纪60年代后又强调了以工资、价格政策的补充性政策作用。总统根据内阁、联邦储备委员会、经济顾问委员会和行政管理预算局的意见，以传统的方式，零零碎碎地向国会提出。但是，这种把国家干预与国家计划加以区分的逻辑是不严密的。难道国家的财政和货币政策不是一种对某种状态的预期而作出的，不是一种对市场宏观调控手段，难道对经济的零碎干预与系统的计划决策相比，不是更远离现代化的决策方式吗？我认为，这里的计划与干预，只有程度与方式的区别，没有本质的区别。国家对市场的干预与调节不过是国家计划经济的一个组成部分，反过来，国家计划不过是国家对经济的一种干预的形式。

退一步讲，即使国家干预与国家计划是两回事，那么，美国还有不少经济学家在主张计划。他们认为，美国应成立国家的计划机构，应制订国家经济发展的中长期计划，而不仅仅是一个财政预算。著名美国经济学家约翰·K. 加尔布雷思和冈纳·缪尔达尔主张超出干预主义的范围，实行某种社会管理或国家计划，而国家计划要求借助国家经济预算和改革了的国会体制去完成国家的优先项目。从美国经济发展的趋势看，从国家干预主义到国家计划，已是越来越成为必要的和不可忽视的事。

我想从这个例子中说明，国家计划不是绝对的"坏东西"，我们在主张市场取向改革的同时，不能把计划（主要指国家计划）抛弃之。

4. 如果我们既想要计划，又想要市场，这里就必然有一个二者是否能相容的问题。据我所知，在中国，几乎所有的经济学家都认为，市场和计划都有各自的不足的地方，因而，需要用两者的结合来克服这些不足。如，有人提出了计划不足市场补的观点，认为计划的能力、方法、信息都是不足的，要靠市场补充计划、检验计划、实现计划。有人从社会主义劳动与经济利益的内在矛盾为出发点，认为个别劳动和社会劳动、个别利益与社会利益之间的矛盾，只能靠市场机制去解决。至于市场机制的不足则是多年来一直是社会主义政治经济学教科书中向人们告诫的，是人所共知的。有人认为计划与市场解决的问题是不同范围的，计划解决的是宏观的问题，市场解决的是微观的问题，或说计划解决的是经济的纵向关系，而市场解决的是经济的横向经济关系。因此，二者要结合。现在的问题主要不是有无必要去把二者结合起来，而是二者有无可能结合，或说有无可能使二者的长处结合而不是短处结合。这在实践中是一个困难的问题。

5. 我认为计划与市场是可能结合的。但这需要条件。首先一个条件是：国家计划必须改进，使之符合市场运行的要求。如，缩小指令性计划的范围而扩大指导性计划的范围，使指导性计划更符合市场法则和市场运行机制的要求，成为一种以市场主体的自主决策为基础的引导性的、自愿参与的计划；同时，使指令性计划也以价值规律为基础。在这方面，我认为可以向一些发达的资本主义国家学习，如北欧一些国家，法国，还有日本等。我想举瑞典为例。不少比较经济学家认为瑞典经济是私有经济为主的有计划的资本主义经济模式。我们知道，瑞典经济在战后几十年是发展很快的，其人均国民生产总值在世界上名列前茅。瑞典的计划程度是比较高的。它有一套制订和协调国家计划的体制。它有五年计划和年度计划。内阁提出年度国家经济计划的总设想，在每年9月交出下年国家经济计划纲要草案。计划的实际编制工作由财政部经济局做。它还设有专门的计划委员会，协调各方面的经济发展计划。瑞典的计划经济有这样几个特点，一它是指导性的计划，不为各个部门和各个企业规定具体的目标。二是它的计划委员会主要是分析和预测中期经济的发展。三是它的计划中对私营经济给予了高度重视。显然，在国家计划究竟如何制订和实施方面，瑞典的经验是有其特点的。

中国经济改革正在深入，计划体制的改革已取得很大进展。现在大家关心的一个重要问题是，国家的指导性计划到底应如何搞，如何使地方计划有自我约束力，国家经济发展的计划如何更多地体现由下而上形成的原则，如何在地方计划基础上去综合形成国家计划。对企业的计划也同样有这个问题。

6. 计划者与经营者的目标不一致问题。我认为，国家计划者与经营者的目标是既有一致的一面，又有不一致的一面。诚然，二者都在追求自己的利益。但这二者是一个什么关系呢？这不是半径相等且不相交的两个圆，而是必然相交的一个大圆，一个小圆。计划者在强调国家的社会的利益时，也包括了对经营者利益的保护。如果计划者与经营者的利益始终是对立的，那么，计划者就会"消灭"经营者，如中国在二十世纪五六十年代搞的排挤和消灭私营工商业的情况。经济改革正是对经营者自主权的承认。计划者已从经济发展的现实中认识到，否认经营者的利益，导致了计划者本身的目标落空。反之，经营者在追求自己利益时，也不能不受到社会利益的约束。现代的企业家们，如美国经济学家西蒙所说，已不是只知追求企业最大利润的传统资本家，而是以适度利润为目标，兼顾社会、公众和国家的利益。也只有这样，才能保证自己的利益。正因为如此，我认为计划者与经营者是可能合作的，但又时常发生矛盾与冲突。

7. 国外有的学者把经济比做汽车，把市场比做发动机，把政府和计划机能比做方向盘、加速器等。这是生动的和正确的。由此可得出一个结论，市场与计划必须结合，否则这部汽车是无法行动的。把市场和计划比做汽车不同的部分，由此认为二者是"分居"。但是，对汽车这个总体来讲，这"分居"的二者功能是结合的，目标是一致的，都是不可缺的。因此，"分居"也是"结合"，而不能从这个"分居"中得出无法结合的结论。

8. 社会主义计划与市场是否能结合，与公有制是否能与市场经济相结合是有关系的。我认为在一定条件下，公有制与市场经济的结合是可能的。这些条件是，首先对公有制要有一个广义的理解，就是说，不能只把国有制理解为公有制，还应把集体所有制也理解为公有制。其次，国有制大中企业中的大部分必须实现股份制。这种股份制企业一方面是由国家通过自身的股份来加以调控的，另一方面，这种企业是以市场规则为其运行基础的。现行的企业承包制，有很强的生命力，但从长远看，是很难做到与市场经济的真正兼容的。因此，在一段时间后，仍有一个企业体制改革的问题。再次，对一些关系国计民生、国家经济命脉的产业和企业，国家所有制是要保持的，也应保持的，但这个比例应控制在尽量小的范围中，且随经济的发展不断调整这个比例。从现时情况看，如果我们过高地保留国有制企业的比例，我们就会在市场运行中感到财政的过大压力，就会因经济中双重规则而使市场经济与国有制的矛盾激化。最后，我们对三资企业、乡镇企业、私营企业要有足够的勇气让其发展。我们应通过法律和经济的发展，公有制本身的发展也会出现问题，这就是历史的辩证法。而私有经济的发展，将使公有制企业与市场经济有一个更好的结合。

9. 计划与市场结合的重要形式是指导性计划与有管理的市场的结合。换言之，计划与市场结合的另一个重要条件是，市场应是有管理的。从管理学角度看，计划不过是管理的一种手段而已。一个有管理的市场体系，更容易与国家的计划相协调。还有，计划与市场的结合是多层次的，是全面的。具体讲，在宏观经济中，计划的比重是大一些，但当我们定计划时以供求价格为依据时，我们实际上也就承认市场机制在宏观经济中的作用；在微观经济中，固然市场调节的比重大一些，但当我们把企业的计划也视为计划的一个部分，把市场法则也视为计划调控的一个内容时，我们实际上也就在微观经济中承认了计划的作用。由此，我们认为不能把计划与市场分为两个各不相关的活动领域，而应把它们二者看成是住地不同而又互相照应的两部分。

10. 市场与计划的关系中，我同意这样的一种认识，即两种不同的社会经济制度，在长期经济发展中要互相吸收对方的长处，不断促进经济进步与政治的民主，这是历史的潮流。但是，这里的

"同"是从动态上讲的，完全的一样是不可能的。从各国不同的国情出发，从历史传统出发，有的强调计划，有的强调市场；有时强调计划，有时强调市场。这都是正常的。中国经济改革是市场取向的改革，这就是强调了扩大市场机制的重要性。但从中国的国情和现实出发，从中国的传统文化出发，中国应当坚持在社会主义方向下的计划与市场的结合，即坚持有计划的商品经济。中国的经济发展，大概是经历黑格尔说的"正、反、合"的三段式即：开始是只承认计划，否认市场；后来是发展和扩大市场调节的范围；最后，这两个似乎是对立的东西，是要统一起来的。

专栏十

"所有制"和"国企改革"问题的长期思考

近十几年来，在经济体制改革中，作为一个有幸的参与者和观察者，也因工作的需要，我对"所有制"和"国企改革"提出过一些想法，发表过一些观点。回过头看，这些观点中绝大部分是符合社会主义市场经济发展需要的。在新的形势下，似有必要对"所有制"和"国企改革"这一重大问题，系统地表明自己的态度。基于此，我围绕所有制和国企改革总思路和基本理论这一部分，将以前相关文章略加整理，点出题目，编入专集中。为尊重历史和严肃文风，特提供出处，希望有兴趣的同志以此为据，进行评论和批评。

一、通过股份制，改革所有制实现形式。所有制形式相对于经济发展是手段，而不是目的[①]

1986年，我在一篇专论所有制问题的论文中，针对当时研究中存在的某种不足，提出："不仅要从生产关系的总和去考察所有

[①] 李晓西：《论经济改革中的所有制问题》，《兰州大学学报》1986年第3期，原文8000字，此处有删节。

制，还应从生产力和生产关系统一的角度考所有制；不仅要从生产资料的占有、支配和使用去考察所有制，还应从占有权、使用权等法律范围与经济范围结合的角度进一步考察所有制"。由此，我在论文中区分了广义所有制和狭义所有制、所有制内部结构和外部结构，考察了全民所有制企业的所有形式、占有形式、两种实现形式之间的关系，考察了所有制外部形式——各种所有形式的合理组合问题，得出以下一些重要结论：

第一，所有权的实现形式分两种类型，实现形式Ⅰ，是所有者的受益权和处理权的对应形式，回答了所有权如何通过受益权和处理权而得以在经济上实现的问题；实现形式Ⅱ，是占有和使用者的受益权的对应形式，回答了占有权和使用权如何通过受益权得以在经济上实现的问题。

经济体制改革到今天，随着以工资改革为标志的分配领域改革的开始，改革所有制实现形式问题突出了。当前突出的问题是，实现形式不稳定。尤其是实现形式Ⅱ不稳定，这极不利于搞活企业，不利于企业和国民经济的发展。比如这些问题，国家与国有企业利润分配比例的，国有企业留成基金归属问题，国有企业借贷资金形成的固定资产的归属问题，国有所购国库券的归属问题，国有企业对固定资产有无处理权问题，国有企业厂长身份问题等，这些都反映出，由于实现形式Ⅱ不稳定，占有形式对所有形式、占有权对所有权产生一种扩张的要求。

改革实现形式，现在最重要的是使所有权具体化，使两有（所有者与占有者）关系法律化。我赞成除少数必需国有国营的企业外，相当一部分大中型骨干企业固定资产股份化。五千亿国有固定资金将保证公有制的基础。国家凭股份多少而相应受益分利（不是税收！），这就保证了实现形式Ⅰ的合理化和稳定性，也就保证了实现形式Ⅱ的合理化和稳定性。

第二，有人主张两权不再分离而统一到企业，这实际上是通过有偿或无偿归还所有形式以满足占有形式。这在部分国有企业，尤其中小企业是可行的、有益的。但这不能成为我国经济的主导力量，这也是无疑的。

第三，"在现阶段，更需要从有效性角度来考察所有制及其外部结构"。"我们不是要否认含有平等内容的所有制理论，恰恰相反，我们是通过探讨所有制的有效性问题，来丰富和完善所有制理论"。"从有效性角度考察所有制外部结构会得出一个结论：所有制形式应从属于经济发展的需要"。"所有制形式相对于经济发展是手段，而不是目的"。"因强调所有制的重要性而将它视为经济目的是不妥的"。"国有化不是目的，公有制也不是目的，其作为经济发展的手段也不是唯一的"。

二、"两权分离"不足以搞活国有企业，需要在两权相对统一基础上的"两者分离"，由此需要在股份公司基础上的"双重所有权"[①]

1988 年在英国当了近一年访问学者，研究了一些与所有权有关的法律问题。回国后提出的一个观点，主张"双重所有权"，主张由"两权分离"到"两者分离"。主要观点如下：

靠"两权分离"理论搞活企业是不够的。"两权分离"理论好比运送航天飞船的一级火箭，靠这个理论走了一程路，但如果没有新的理论去做动力，要继续往前推进就有困难了。从现实情况看，两权分离论并不能使企业有真正的经营自主权，它解决不了新增资产的归属问题、原有资产的处置权问题、企业的受益比例问题等。企业好好干，分配归国家。这肯定会影响经营者积极性问题。

西方国家所讲的"两权分离"，实质上是"两者分离"，即所有者和经营者的分离。我主张提出"两者分离"，取代"两权分离"，为什么？因为作为所有者，不仅仅是享有了所有权，实际上还享有部分经营权，比如股东就享有部分经营决策权，如对企业经营方

---

① 《李晓西论"两者分离"和"双重所有权"》，《经济师》1989 年第 1 期。

向的干预。另一方面,经营者不但享有经营权,也享有部分所有权,如对所有权中的占有、使用、受益、处分,都可享受。经营者主要是经营权,包括部分所有权;所有者主要是所有权,但还有一部分经营决策权。强调这一点,对所有者和经营者都是有意义的。国家作为股东,将以市场方式对经济活动进行调节。而企业对受益权的享有,具有重要的实践意义。实质在于:企业不仅有要干的权利,还要有保证分配的权利。"两者分离"的重点在于政企分开。

由"两者分离"引出的另一个重要法律问题是"双重所有权"。实行"双重所有权",国家国营制企业既存在一种企业的法人所有权,又存在一种国家作为股东的股东所有权。前者所有权前者所有权是具体的,后者所有权是抽象的,即不是具体物权,只是股东权利,其实现形式是分红利。"双重所有权"是生产力高度发展后的产物,突破了物权的概念,也突破了我们现在所讲的所有权四权能的框架。西方国家的公司法承认"双重所有权",我们现在需要把西方国家的公司法很好地结合我国实情进行研究。通过"双重所有权"这个关键点,解决大中型企业搞活的问题,解决在社会主义条件下既使国家国有制这个基本条件得到保证,又能使企业真正得到所有权,从而真正搞活企业。

"双重所有权"必须以股份制企业为基础,在我国,目前股份制在大中型企业还未全面展开,仅仅是试点。如果没有股份制企业,那么双重所有权理论包括它的一套法律根据都是没法适用的。

三、现代企业制度不过是为国企改革提供了一个空间;但"现代企业制度"不是企业有法可据的形式

如何理解和实现现代企业制度,是今年(1994 年)推行改革措施中最引人注意的一个问题。理论界对这个问题有各种不同看法,在实践中也有相当多的争议。我在 1994 年第一期《改革》杂志上谈过一个想法,认为中央提出现代企业制度,给了企业改革很大空间,但不是市场经济条件下的企业都是现代企业制度。在 7 月

2 日《中国城乡金融报》上，我再次集中谈了这个问题：有同志认为，现代企业制度主要是"产权清晰"；有的同志认为股份公司就是"现代企业制度"。对此，我有不同看法。我认为，股份公司并不等于现代企业制度，产权清晰也不是成为现代企业制度的唯一条件，要从生产力与生产关系两个标准来把握现代企业制度。仅仅产权关系清晰、政企分开、权责清楚等生产关系方面的条件是不够的，还必须具有相当的生产规模和生产水平，这才谈得上搞现代企业制度。众所周知，现代企业制度是在生产力高度发展后才出现的，尤其是在跨国公司出现后才日益受到人们的重视的。当生产和经营规模达到相当程度后，管理模式就发生了相当大的变化，按十八世纪的工厂管理办法就已难以行通了。因此，现代企业制度实为现代化大企业的组织和管理制度。不能认为，只要产权清晰，就具有了现代企业制度的基本条件。如果这样理解，市场经济国家的夫妻店也是现代企业制度，这显然是不准确的。因此，对有些同志主张的广义的理解，即"企业按《公司法》加以改造，组成现代的公司制度，就是实施了现代企业制度"，我持不同的意见。现代企业制度将只适用于生产力水平高、规模大的企业，覆盖面是有限的。从国有企业改革来讲，现代企业制度将只适用于少数的大中型企业。至于说，现代企业制度只适用于极少数的试点的国有企业，这又是过于狭窄的理解。其实，不仅是国有企业，不仅是试点企业，只要是具有现代生产力水平和现代的企业管理水平的大型企业，都可能成为现代企业制度的企业。

现代企业制度与《公司法》是什么关系呢？有的厂长、经理提出："我们到底是按现代企业制度来改革，还是主要按《公司法》来改革？"这提出一个现代企业制度与《公司法》的关系问题。我认为，二者是既有联系也有区别的。二者的联系是，《公司法》是建立现代企业制度的法律依据，现代企业制度是《公司法》在管理学领域的反映。我想这二者主要有这样一些区别：1. 现代企业制度不是法律用语，是管理学的用语，它包括各种公司组织形式，具有比较笼统和广泛的含义。而《公司法》里提出的"有限责任公司"、"股份有限公司"都是具有严格的法律含义的企业形式。2. 现代企业制度公司法为建立现代企业制度奠定了法律的根据，但公司法又不仅仅是现代企业制度的公司所规范，而是对所有的公司都有约束力的法律。3. 现代企业制度对国有企业改革提出了笼统的大致的方向，为各类企业发展提供了市场经济的空间，具有较强的鼓励作用。而《公司法》不仅对现在，而且对今后，都将产生重大的实际作用。

四、1994 年中，针对股份制中存在的一些问题，我提出"股份制之有利于企业改制，只改'分配机制'，不改'经营机制'，它并不能使企业自动生成好的经营机制，股份制企业仍要在经营管理上下工夫"[①]

在利用股份制对国有企业进行改造的过程中，大家对股份制旨在"改制"而不是集资，谈得已很多了。这一点，在理论界已取得较为一致的看法。但是，"改制"改的是什么"制"，似乎不是很清楚。一种比较流行的看法是，改的是企业的经营机制。换言之，通过股份制改造，国有企业将摆脱旧的运行机制，换上新的运行机制，增强企业活力，从而使企业从计划经济下的单元变成市场经济的主体。

但是，通过近两年股份制改革的试点情况看，这种想法大有问题。因为，国有企业并没有"一股就灵"，就自然成为具有活力的市场主体。撇开那些把股份改造主要作为集资手段的企业不谈，即使认为股份制主要是"改制"的企业，也没有完全达到预期目的，有的甚至出现新的困境。有些同志因此认为股份制改革不能成为国有企业改革的主要手段，甚至有同志认为，股份制改造还不如承包制。

我认为，国有企业的股份制改造方向是正确的，不能因为现在

---

① 摘自 1994 年 8 月 5 日《光明日报》发表的"全面认识国有企业现状及改革建议座谈会"上的发言。为准确起见，对发言删节的部分，根据原底稿有所补白。

出现了一些问题而动摇，更不能否定股份制把企业推向市场的作用。但是，如果认为股份制改造能使国有企业自然具有良好的经营机制，可能在认识上也有偏差。

在传统体制下，国家与企业的分配比例是由国家来决定的，是不确定的或说缺乏科学根据的。这种分配上的不稳定、不合理，极大地影响着企业自主经营的积极性。光给企业自主权，不给企业合理的自主钱，企业也是搞不好的。股份制在解决这个问题是有明显的作用的。它使国家作为股东来获取利润，股份大可以多分点，股份少则要少分点。因此，国有企业股份制改造，主要是改变了企业与国家在利润分配上的分配机制。

要指出的是，改变了国家与企业的分配机制，并不必然使企业具有良好的经营机制。企业的经营机制，具有更广泛的内容。它包括内部的分配机制、经营者的管理水平和开拓市场能力、决策的科学化、企业内组织工作的有效性和有序化，人员配备的优化、工艺技术的创新能力和质量保证程度、对变动环境的应变能力等，这些不是企业组织形式变化就自然能解决的。比如说，企业内部分配机制，对激励员工工作热情和积极性是相当重要的。股份，即使是内部的定向持股，只是一种按资分配方式，并不能解决按劳获取报酬，通过工资形式激励劳动积极性问题。又比如说，对企业领导人来讲，股份制企业并不能自然保证决策的不失误，股份制企业破产也是大量存在的。如果考虑到我国现在股份制试点中出现的"新三会"、"老三会"关系问题等，就更知股份制改造并不能减轻企业家肩上担子的压力，只是形式有变化而已。有鉴于此，希望试行和准备试行股份制的企业，充分认识到股份制在建立企业经营机制上的有限作用，在经营管理上下更大的工夫。

五、企业短期行为的主要根源还在于产权不清晰[①]

1995年，一段时间里，国有企业的产权问题成了不应谈、不

① 本部分摘自《经营者行为与产权》，《首都经济信息报》1995年1月14日。

必谈的问题，似乎只有管理问题才是重要的。对此我是不同意的。我赞成"要从十六字全面认识国有企业的问题"的这一说法。此就企业经营者行为略作分析，旨在证明这也与产权有很大的关系。

改革的较长过程使国有企业经营者行为方式发生了变化，主要有四种：一种是向既有利于企业也有利于国家的企业行为变化，一种是向有利于企业而不利于国家的行为变化，第三种是既不利于国家，也不利于企业长远发展但对企业职工近期利益有一定好处的行为选择，第四种是只利于少数管理者而对国家、企业和职工都不利的经营行为变异。

国有企业出现短期行为已有些年头了，但经营者自利行为的新倾向则更令人担忧。一些地方或企业反映"穷庙富和尚"现象，这种经营者利己行为的产生有多方面原因，既有个人素质问题，也有企业监管不力问题；有外部经营环境中存在各种漏洞和诱惑的原因，还有对国有企业前途信心不足的问题。但是，产权不清显然是更为本质的原因之一。

尽管在理论上"产权"是个有争议的提法，但在实际生活中，与产权相关的问题确实是很多的。产权界定不仅是财产本身的问题，更重要的是生产者、经营者与财产的关系问题。比如，国有企业最终的债务到底是"谁"的？新增资产所有权是否有企业的一份，以什么形式归于企业？国家、各级政府、主管部门、国有财产主管部门在企业产权上的关系如何？企业搞"剥离"后，债务上的分割如何才算合理？企业管理者和科技人才的报酬中是否有与企业资产增值挂钩的部分？什么人在什么程度才能真正行使产权所有者对经营者的监督职能？管理人员的改换与企业资产有什么联系，负什么责任？企业所有的国有土地的使用权及其转让费的归属问题等等。（后注：由此可见，"国有企业产权就是国家的，很清楚"这一说法，把问题简单化了！）

企业经营者之所以产生利己行为，一方面是由于其利益与企业的新增资产快慢、大小没关系。因此，企业经营者要通过各种办法为自己补偿。另一方面，则是由于没有产权的约束，能捞一把算一把，在产权界定、交易中为自己谋利。而在有些企业中，职工与企业领导形成了产权的共同体，把自身利益与国有财产利益既分清，又联系在一起，从而使企业行为正常化，企业经济效益提高，企业家也有了干头，这种情况是有启发性的。

因此，要搞好国有企业，不仅要抓改造、改组、改制等工作，还要考虑企业家的行为方式问题，而这与产权的界定是有直接的关系。

六、重建市场经济框架内的国有经济[①]

仅仅从社会主义市场经济下的企业模式出发，不可能把计划经济下的国有企业变成市场经济下的国有企业，不可能把计划经济下的国有企业变成市场经济下的国有企业。只有从社会主义市场经济下的国有经济整体的规模、作用、地位出发，才可能建设出符合市场经济要求的国有经济。因此，有必要提出重建市场经济框架内的国有经济的战略目标。

重建国有经济，首先是对计划经济下的国有经济的一次大刀阔斧的改革。计划经济条件下形成的国有经济，不必要也不可能全部搬到市场经济框架中。现在，国有经济的总体规模太大，在县一级尚有相当多的国有企业，在完全是自由竞争的加工类的领域中，也还保存有大量的国有企业，这究竟有多大的经济意义，有多大的政治意义？当我们确定了市场经济下什么样的领域中、什么样的需求下，才需要国有企业后，我们就明确并应当着手大幅度地精简原来的国有经济，并把这样一个精简的过程变为改革的重大推动力。

重建国有经济，是对国有经济与非国有经济关系的重新认识。在计划经济下，国有经济成为全社会中垄断性的经济成分，成为优越的社会生产关系的代名词，而其他经济成分成为补充的、次要的

---

① 本段摘自《政府部门、经济学界专家座谈国有企业改革》，国家计委杂志《经济改革与发展》1995 年第 3 期。

成分，甚至是要消灭的成分。这种认识给我们带来过沉痛的教训。现在，到了把非国有经济视为我国经济基础构成成分的时候了。非国有经济在发达的省份早已超越补充成分的地位，对经济发展和国家税收发挥了巨大作用。因此，重建国有经济，不仅不是要排除非国有经济，恰恰相反，是要界定国有与非国有各自最适当的领域，使二者共同发展，相得益彰。

重建国有经济，不仅是对过去的国有经济的一次改革，也为今后对国有经济的新投资提供了一种准绳。在不应是继续由国家去承担的项目上，在应由市场经济发展自己可以解决的项目上，国家一定要把好关，不要再去投资，再背上新的包袱。

七、不仅要从国有经济的整体出发搞活国有企业，还要从国民经济整体角度出发搞活国有企业①

随着国有企业改革的不断深入，大家认识到，只从一个个国有企业自身去搞，还不足以搞活，还必须从搞好国有企业的整体出发，去看待一个个具体企业的活与死。进一步，还应从一个更大的角度，即国民经济的整体出发，才能对搞好国有企业有更为科学周全的考虑。从国民经济整体去发，就必须更具体地确定国有经济在国民经济中的作用与地位，国有企业在不同产业中的不同比重和布局，必须进一步确定对不同国有企业国家进行管理和调控的不同的方式。与此同时，更大胆、更有步骤地发展非国有经济，使国有经济与非国有经济有一个很好的配合，既发挥国有经济在国民经济中的主导地位，又发挥多种经济在更灵活的、更具活力地发展经济方面的优势。

解决好城市与国有企业的关系，发挥城市支持国有企业改革的作用，是从国民经济整体出发搞活国有企业的重要的内容之一。城市产生之初，就是城堡与市场的组合。城市最初是消费的中心，交

---

① 摘自《城市与企业》，《中国市场经济报》1997 年 6 月 20 日。

换的中心，近代曾在工业生产上也成为中心。城市可以为企业提供劳动力，提供信息，提供供电供水的服务，提供便利的交通条件，提供社会福利方面的多种条件。城市本身就成为企业生长的最重要的经济中心。城市对国有企业有着诸多帮助，如资产重组、就业安排、破产兼并等，今年由试点城市承担几百亿元的国企的债务指标就是一例。社会保障将更多地依靠块块，而不是条条，这是改革方向。城市在这方面大有可为。政府管理与企业行为更多地发生在城市这一级。

当然，城市与企业关系是双向的，有一个互相适应和互相支持的关系。城市需要完善，解决定位问题，企业也有一个按城市规划要求来调整生产和产品结构的问题。城市建设规划与产业结构调整有很密切的关系。城市在向消费化方向转化，在很大程度上体现出商业化改造工业化，环境保护改造污染工业的趋势。

企业要更自由，政府要更开明。如果城市与企业的关系要进一步的发展，将要求企业有更多的经营决策自主权，政府要更加开明，在提供服务方面做得更好。比如，要有打破地区界限的雅量，允许企业向更适合企业发展的地方去投资，给企业更大的发展空间；要鼓励跨地区、跨省市的兼并联合；要进一步摆正所在地政府与企业的关系，分清政府职能与企业功能，各自干好自己的事，这就是相互间的最大支持。地方政府还应通过改善投资环境，引进更多的资本和适应当地发展的企业，城市之间将通过竞争而加快基础设施的发展。

第二节　民营经济的发展：从"补充地位"到"重要组成部分"

邓小平同志南方谈话为非公有制经济的发展创造了良好的经济社会条

件，党的十四大首次明确民营经济是公有制经济的"补充"。党的十四届三中全会通过的《决定》提出要"鼓励个体、私营、外资经济发展"，体现了党对非公有制经济地位和作用认识上的飞跃。此后，民营经济开始全方位快速推进，迎来发展的黄金期。

党的十五大进一步提出"公有制为主体、多种所有制经济共同发展，是社会主义初级阶段的一项基本经济制度。非公有制经济是社会主义市场经济的重要组成部分"，实现了所有制理论的历史性突破，具有里程碑式的意义。

1999 年通过的《宪法修正案》，把社会主义初级阶段的基本经济制度和分配制度，以及个体、私营经济等非公有制经济的地位和作用，用根本大法的形式加以明确。《合伙企业法》、《个人独资企业法》的相继出台，都为民营经济的发展创造了宽松的法律环境，使之日益成为经济发展中不可忽视的力量。

这一时期，为落实中央精神，在促进民营经济发展方面，我也做了一些理论解读和促进工作。其中比较有力度的可能属 1998 年 4 月在广东《亚太经济时报》上发表的《发展非公有制经济"五个不怕"》一文。文章认为，党的十五大报告"非公有制经济是我国社会主义经济的重要组成部分"的重大结论，完全符合我国实际，是我国进一步发展的需要。文中提出"在鼓励和允许非公有制经济发展的范围内，要做到五个不怕：不怕非公有制经济企业发展成为大型企业或企业集团，不怕非公有制经济企业成为某一行业的龙头企业，不怕非公有制经济企业在境外投资和发展，不怕非公有制经济企业成为地方的支柱产业，不怕非公有制经济企业成为新的增长点"。

另一篇文章是从基础理论上来为非公经济发展合理性进行论证的。它的题目是"非公有制经济只有效率没有公平吗?"，发表在《财贸经济》2000 年 3 月刊上。文章指出，不能只从非公经济有效率的角度来容忍和支持它，还要承认其在公平性上也有进步。有三种情况要关注：一是随着生产力发展，任何一个所有者消费占财富比重就越小；名义上的私有财产实际上为社会所用；知识价值的上升，意味着固定资产的所有者地位在分配中的份额在下降；消费的多样化，使消费权利是否平等复杂化，淡化了私有经济者因消费权引起的公众不满。二是生产关系不断调整，使非公有制经济中不平等一面在缓解。200 年来，强大的劳工运动，迫使资方不断调整对劳动的态度，通过法律法规来缓解劳资矛盾；股份制企业组织形式，把"所有"与"非所有"关系，变化为"大所有"与"小所有"的关系，淡化了资本对劳动的不平等关系；私人财产继承权的制度的完善和发展，不仅是对个人权益的保护，也往往体现着对社会的外在效益。如私人庄园对参天古木的保护，对环境和气候有正面的价值。三是国家对非公有制经济造成的不平等一面进行了调剂和改善，它通过税收和补助对经济发展中出现的分配差距有所调节。非公有制经济在给国家提供财税方面也不容忽视。总之，公有制与非公有制两种经济，都有自己存在的价值，都有自己最适宜的领域，这需要通过实践来达到最优的配置。

专栏十一

发展非公有制经济"五个不怕"

党的十五大报告把"以公有制为主体，多种所有制经济共同发展"提高到我国一项基本经济制度的高度，提出了"非公有制经济是我国社会主义经济的重要组成部分"的重大结论。这完全符合我国实际，符合我国进一步发展的需要。

统计资料显示，到去年底，全国私营企业达 82 万多户，注册资本达 3700 多亿元，从业人员超过 3000 万，全年总产值达 5000 多亿元，占全国工业总产值的 18.6%，成为国民经济的新增长点。这一切，得益于非公有制企业面向市场的灵活机动的经营方式。非国有经济的效益来自于市场，来自于消费者的认可，来自灵活的机制和不断提高的管理水平。它在补充计划经济时冲击了计划经济，也帮助了国有企业改革中的就业安置。它通过灵活的经营方式和广泛的经营范围，把各种潜在的、分散的生产要素结合起来，变成了现实的生产力。现在，它作为社会主义市场经济中的重要组成部分，正在规范自己的行为，提高自己的社会形象，承担更多的社会责任。它的作用在各地经济发展中正在显示出来，对各级干部市场经济观念的形成正在起到切实的影响，对先富带后富、点上富到面上富正在发挥作用。

非公有制经济对促进经济体制改革，对建立社会主义市场经济体制提供了相当大的助推力。因此我们还要进一步解放思想，为非国有经济提供更大的舞台。为此要进一步消除对非公有制经济的政治偏见和社会偏见，真正把非公有制经济作为社会主义市场经济的重要组成部分来对待。通过建立各种协会、商会，使非公有制经济与国家有关机构建立起正常的联系。在宣传国有经济重要性和先进人物的同时，也宣传非公有制的重要作用和先进人物。在有关的政治协商组织中，增加非公有经济的代表。创造出一种不论什么所有制，劳动光荣、社会贡献光荣、为人民服务光荣的氛围。但应注意，不应抬一种经济成分贬低另一种经济成分，这样做不仅在经济上是不利的，在政治上也是有害的。

要将非公有制经济中的大企业和企业集团，纳入各地的经济和社会发展的总体规划中，在立项审批、股份制改造、户籍管理以及法律保护、社会保障等方面，给予切实有力的支持。鼓励它们向生产社会化、管理规范化和经营国际化方向发展。在鼓励和允许非公有制经济发展的范围内，要做到五个不怕：不怕非公有制经济企业发展成为大型企业或企业集团，不怕非公有制经济企业成为某一行业的龙头企业，不怕非公有制经济企业在境外投资和发展，不怕非公有制经济企业成为地方的支柱产业，不怕非公有制经济企业成为新的增长点。

当然，鼓励非国有经济的同时也要依法强化管理。管理的目的，是要使非公有制经济必须在爱国、守法的条件下活动，必须在社会主义市场经济法规约束下活动。管理不是束缚它的发展，不是管死，而是要把服务与管理结合起来。

专栏十二

再议非公有制经济与社会公平之关系

  这些年来，我们承认非公有制经济的地位和作用，有一个重要的思想支柱，就是非公有制经济发展是有效率的。因为它产权清晰，经营自主，面对市场，自负盈亏，有生有死，对整个社会经济发展可带来活力，且政府对其破产没有直接的压力。这些道理应该是对的。但是，在大家心中，可能还有一层意思没有讲出来，就是非公有制经济在公平这个问题上是不行的。非公有制经济天然会存在对内部雇工的剥削，不论是否是"欢迎剥削"还是"剥削也会促进社会发展"，不公平的帽子是肯定不能摘掉了。而这是由《资本论》判定的，不可能给予否定的。因此，经济学家在呼吁和支持非公有制经济时，主要是从经济发展、从效率这一面来讲的，而不是从公平性这一角度讲的。这种观点大约还是比较普遍地存在。我认为，"我们不是要否认含有平等内容的所有制理论，恰恰相反，我们是通过探讨所有制的有效性问题，来丰富和完善所有制理论。""从有效性角度来考察所有制外部结构会得出一个结论：所有制形式应从属于经济发展的需要"，"所有制形式相对于经济发展是手段，而不是目的""因强调所有制的重要性而将它视为经济目的是不妥的，国有化不是目的，公有制也不是目的，其作为经济发展的手段也不是唯一的"。这些观点在一定意义上讲，是为非公有制经济发展提供了一个根据，就是非公有制经济存在之合理性，就在于它是有效率的，对经济发展是有作用的，是经济发展的一种手段。因此，可以也必须发展非公有制经济。

  不久前，参加福建省一个关于从跨世纪角度看非公有制经济发展趋势的大型理论研讨会。聆听着专家学者们的发言，我突然对自己从来没有从公平性上思考过非公有制经济的思路产生了一种怀疑，难道非公有制经济仅仅是效率上可取吗？当我们在陈嘉庚大学参观时，在众多学校的邵逸夫楼前徘徊时，在希望工程捐款名单前辨认善主时，在各种介绍国外或港、台地区大企业家的创业事迹时，难道没感到非公有制经济的一种社会贡献，难道没体察到非公有制经济促进社会公平的这一方面。确实应该反思一下这个观点。这里提出一个新的观点，就是非公有制经济在公平性方面具有两重性，既有不公平一面，也有向公平发展的一面。不公平一面，传统经济理论讲得很多了。但向公平方面发展，或说具有公平性的一面，尚没见有人这样去分析，或没发掘出这方面的论述。在此，概括出这样三方面，佐证非公有制经济公平性的这一面。

一、生产力发展，使非公有制经济不公平一面在弱化

一个私有企业，在发展百年后，老板可能是继承创业者的第三代人或第四代人，企业名称仍然如故，但企业规模可能是创业时的几十倍或上千倍，含有新技术的新产品正在不断被推出。这个企业在吸纳就业、安置员工上可能成为地方政府名册中的优等生。问题是这家企业老板，自己能有多大的消费能力？对他一生来讲，生产资料所有权最终的意义到底是什么？名义是所有者，但这种所有不能用于个人消费，只能用于生产和扩大生产。生产目的又是什么？是为了利润？利润多了又意味什么？是为了享受，是为了挥霍，还是财富的无止境的积累？有一点大家看得很清楚，任何一个所有者，其财富越巨大，其能消费其财富的比重就越小。（古人云：良田万顷，日食三升；广厦万间，夜眠八尺。）私有化越来越社会化，所有者个人消费比重越来越小。更多的财富将在对所有者异化，成为名义上的私有财产而实际上是社会的财富。这当然不是法律意义上的，而是在财富发挥作用的效果上讲的。可以说，非公有制企业为他人、为社会创造的财富比重在上升。在这个意义上，我们看到，与生产社会化同时并存，生产社会化与占有私有的矛盾解决方式在变化。用财产的重新分配和剥夺方式已不是法治社会的常例，而占有的实际公有化程度的提高成为缓解矛盾的自然途径。

另一个可以看到的变化是，随着经济发展和时代进步，科技起

着越来越重要的作用。科技进步使知识价值上升，使知识分子的收益在提高，使知识在国民收入分配中的份额在增大。具体到一个企业，我们看到的是知识化的员工越来越多，白领员工越来越多，知识的成分越来越高，这意味着什么呢？就是固定资产的所有者地位在分配中的份额自然在下降。有了知识，有了对经济、经营的把握，一个没有资产的人很快会成为大富翁，美国首富比尔·盖茨就是典型的例子。在可以预见的未来，由于知识经济的发展，传统意义上的生产资料个人所有的重要性将会大大下降，比近百年来两权分离出现的所有权地位相对下降更为显著。

人们还发现，生产力的高度发达，使人们消费产生了多姿多彩的形式，人们对生活的安排越来越富于个性化。人们很少意识到，这种消费的多样化，对私有经济造成的不平等有什么影响，似乎是不相干的。其实不然。我们讲平等，说到底，是要求有平等的消费和享受的权利。生产资料的平等占有，正是为了实现我们消费权利的平等。消费权利的平等在不发达的时候，有很明显的比较办法，如能否吃饱、能否穿好、能否有宽敞的住房、能否有行走的工具等。但是，当吃、穿、住、行的形式多样化后，什么为吃得好、穿得好，就要按消费者个人的需求满足程度来判断了，而没有同等的固定的尺度了。正是这种变化，使消费权利是否平等的比较复杂化、多样化，从而大大淡化了非公有经济或说私有经济在消费上的特权。

二、生产关系不断调整，使非公有制经济中不平等一面在缓解

非公有制尤其是私有制，其罪恶之显露，主要在 18 世纪和 19 世纪初期。这正是在空想社会主义产生的前前后后。这一时期，工业化发展很快，但资本家与工人的关系正在形成中，资本对劳动处于优越而不平等的地位上，劳动者的合法权益得不到保护。这一时期产生了众多为工人阶级呐喊的学者，包括马克思、恩格斯这样的

伟大思想家。但是，二百年的发展过程中，资本与劳动的关系不断在调整之中。社会主义在全世界的胜利，更促使了资本主义改善劳动与资本的关系。正如有的学者讲的，正是社会主义和马克思主义，使资本主义得到了一剂良药，促使了资本主义消除自身的污泥而向前发展。生产关系的不断调整使非公有制经济中不平等的一面得到很大缓解。举三个方面的理由：

1. 劳资矛盾在新形势下有新的解决办法。各资本主义国家都制定对劳工的保护法，全面地具体地实施对劳动权益的保护，对资本权益范围的界定。强大的劳工运动，在二百年时间里也迫使资方不断调整对劳动的态度，采取多种办法缓解劳资矛盾。现在，在发达国家中，劳资矛盾与二百年前时的情况有了巨大变化，劳动和资本双方不仅有严密的法律约束，而且完善了自身约束。这种势态使非公有制经济不公平的一面得到制约，使资本与劳动作为社会不同分工的合作关系得到加强。

2. 股份制企业组织形式，使资本所有者多元化、大众化，使资本与劳动关系有了很大变化——从所有与非所有关系变化为大所有与小所有的关系。这种变化淡化了资本作为所有者对劳动作为非所有者的不平等关系，随之是受益的分配形式在变化。劳动者不仅有劳动的收入，还有资本的收益。生产关系中这种所有者权益的普遍化过程，淡化了少数所有者成为社会不平等体现者的矛盾。

3. 私人财产继承权的制度得到完善和发展。从传统眼光看，私人财产继承是对个人权益的保护，是有钱人利益的不劳而获的延续，是继续剥削他人方式的强化。但从现实来看，私人财产权的继承，不仅是对个人权益的保护，也体现着对社会的贡献。当你在发达国家漫游感叹保护完好的百年建筑时，当你在私人大庄园的参天古木大森林面前，当你在山东孔府参观并了解到一代代孔家后人为保护自己祖先财产的艰辛努力及其对社会的巨大贡献时，人们发现了私有权造成了对公众的一种巨大的外部效益，对社会作出了一种特殊的贡献。正如公共物品对私人具有外部效益一样。当然，我们并不低估国家或国有制对财产的保护，但没有私有制参与这种保护，我们的人文和自然环境，我们的生产力，就难有一个普遍的高起点。

三、国家对非公有制经济造成的不平等一面进行了调剂和改善

国家通过税收和补助，对经济发展中出现的分配差距有所调节。它对贫困有所补助，对高收入有较大征税，因此，部分地缓解了收入分配上的不平等。值得强调的是，非公有制经济在给国家提供财税方面，是不可忽视的一支力量。在发达国家，非公有制经济是基础，是税收的重要来源甚至主要来源。在我国，非公有制经济虽然才有初步的发展，但向国家上缴税金在不断增加，成为税收中的重要方面。1994年我国非公有制经济（私营、个体、集体和外商等）上缴财政利税为1791亿元，占34.4%。1994年个体、私营经济交纳税金320亿。1995年，个体私营经济税收占全国税收的8%。主要来源于外商投资企业的涉外税收（不包括关税和土地费），1995年达659亿元，比1994年增长64%，占当年全国工商税收总值的12.27%；1996年比1995年又增长20%，占当年工商税收11.88%。从1992年到1996年的五年中，涉外税收达2120亿元人民币。据有关方面介绍，1996年非公有制经济的税收会高于以前年度。1996年，全国个体和私营经济向国家缴纳税金448亿元，占全国工商税收的7%左右。个体私营经济在地方财政收入中所占比重逐步增大，如1995年大连市财政收入中10%来自私营和个体经济。在大多数基层市、县的财政收入中，个体、私营企业税收占当地财政收入的比重超过1/3，在少数市县超过80%。1992年到1996年，乡镇企业利税总额由1573亿元增加到6253亿元，增长了3倍。其中非公有制成分占了半数。这些数据反映了非公有制经济对国家税收贡献逐步增大，比重逐步提高。另一方面，由于非公有制经济主要是非国有企业对财政依赖度很小，财政并不直接给

予非公有制经济补贴，也没有对非国有企业的资本金和各种形式的信贷支持。这一进一出，就看出了非公有制经济对提高国家财政力量有重要作用。对贫困的帮助，其中部分资金来源于非公有经济贡献。总之，非公有制经济对增强国家调节收入不均的力量起到越来越大的作用。

结束语：说非公有制经济在公平性上具有两面性，其实，公有制经济何尝不是也存在这种两面性。当我们把一切罪恶都归于私有制时，以为公有制就会带来一个全新的社会时，我们犯了一个简单化的错误。事实上，几十年的实践使我们发现问题不这样简单，公有制尤其是单一形态的公有制，其产生的公有制经济表面上是所有人的所有，其实在现实中往往成为一部分人、少数人的所有。有些人是非法去占有公有财产，更具典型性的是不少人合法地占有了公有财产。利用手中职权占有公有财产的实际使用和受益，这在现实中尤其是传统经济体制下，成为相当普遍的现象。因此，公有制并没有自然地带来人民生活的天堂，带来人们平等的受益和消费权利。因此，在提出非公有经济也存在向平等性转化的一面时，强调的是两种经济都有自己存在的价值，都有自己最适宜的领域，这需要通过实践来达到最优的配置。

第三节　全面对外开放：涉外经济体制改革的深入

这一时期，对外开放步伐进一步加快。从 1994 年起，为实现社会主义市场经济体制的改革目标，为满足加入 WTO 的要求，涉外经济体制改革迅速推进，涉外经济领域的开放持续扩大。首先，外商直接投资领域的改革开放不断深化，外资政策逐步与国际惯例特别是 WTO 规则接轨，政策透明度高，投资环境进一步得到完善，为外资的大规模涌入奠定了基础。其次，外贸体制改革也全面展开。1994 年国务院提出我国外贸体制改革的目标是"统一政策、开放经营、平等竞争、自负盈亏、工贸结合、推行代理制，建立适应国际经济通行规则的外贸机制"。① 在实践中，对外贸易得到迅速发展，贸易规模不断扩大，进出口结构不断优化，极大地增强了国际竞争力。

实践证明，对外开放为促进我国经济发展、提高人民生活水平、增强我国综合国力，以及促使中国经济更紧密地联系国际经济发挥了重要影响。

1993 年，我从中国社会科学院财贸所调到国务院研究室宏观司工作。主要原因就是因为在对外资调研中遇到了困难，因此，想直接到有关政府部门来进行调研工作。这段时间里，根据改革形势发展的需要，根据对外开放争论问题的凸显，我写了一些关于外贸、外汇方面的文章，但有影响的可能是在外资方面的两次答记者问。一次是答《人民日报》记者问，发表在 1995 年 10 月 17 日的《人民日报》上，题目为《立足国情，确立正确的引进外资战略——与李晓西博士对话录》；另一次是答《中国工商时报》记者问，发表在 1997 年 1 月 21 日该报上，题目是《外资不是"虎"》。主要观点如下：一是我国现阶段引进外资战略应根据社会主义市场经济的需要作必要的调整。二是引进外资中的优惠政策导向应向市场导向转变，倾斜政策逐步向国民待遇转变。三是承认引进外商投资规模的合理性。四是理解和支持社会公众和研究人员强调"民族工业"的提法，但建议政府采用"内资工业"用语。五是认为评估国有资产存量，要把购进价值与合资后的可贡献性结合起来分析。

1998 年东南亚出现金融危机。受国务院研究室委派，我邀请当时的中国人民银行货币政策委员会副秘书长易纲博士、南方证券总公司副总牛仁亮博士、中国银行研究所国际金融研究室副主任鄂志寰等，组织了一个东南亚金融形势考察团。从 4 月 6 日至 4 月 25 日，我们赴泰国、新加坡、印尼和韩国，对金融危机进行了实地考察。考察团与四国的金融管理局、中央银行、财政部、产业管理部门、证券管理部门、大学、研究机构进行

---

① 于洋等：《中国经济改革与发展：政策与绩效》，东北财经大学出版社 2005 年版，第 315 页。

了座谈。考察的结果汇编为一本书《东南亚金融危机考察报告》。此次的考察,从申请到报告完稿,从明确考察目标到突出调研重点,都有国务院政策研究室原主任桂世镛先生的指导与点拨。记得在新加坡考察时,他还曾在电话中关心地对我说,"要劳逸结合,不要太累了"。在纪念改革开放 30 周年之时,我更加怀念这位令人尊敬的老领导。他为改革大业无私奉献、甘承重托、鞠躬尽瘁、死而后已,借此机会表达我对他的深深崇敬之心与追思之情。我国驻四国的大使馆,中国银行驻泰国、新加坡和韩国分行领导和工作人员,对考察给予了大力支持,在此也再次一并表示感谢。特别要提到,易纲博士一流的英文水平,为考察团的活动大增光彩。而回国后,他利用休息时间审校了十余万字的翻译稿,这更反映了他中西文化结合的高水平。牛仁亮博士宽厚的为人、智慧的提问、精炼的概括,给大家留下深刻的印象。有太多感人的故事想讲,为不至于使文字太长,就让我把这一段感情长久地留在无言的回忆之中吧。

专栏十三

就引进外资诸问题答人民日报记者

近年来,随着我国引进外资规模的迅速扩大,确立一种什么样的引进外资战略,已日益成为人们关注的热点。日前,《人民日报》记者就这一问题走访了曾对各国引进外资战略问题作了长期研究的李晓西博士,下面是李博士对有关问题的回答。

一、积极有效地引进外资是我国对外开放的重要组成部分

对外开放具有多方面的内容,积极、合理、有效地利用外资是我国整个对外开放政策的重要组成部分。据统计,从 1979 年到 1993 年底,我国已实际引进外资达 1252 亿美元,有力地缓解了我国建设资金严重短缺的局面。但其意义并不仅仅在于引进了我国急需的巨额资金,同时还在于其巨额资金背后所蕴涵的对社会经济体

制变革产生的重大影响。

概括地说，其主要作用是，促进了经济发展，推动了改革开放，提高了我国的国际地位。在促进经济发展方面，引进外资的作用表现在：一是弥补了国内储蓄与投资、创汇与用汇的缺口，缓解了建设资金的不足，促成了一批基础设施和重点项目的建设，增强了我国经济发展的后劲；二是引进了先进的科学技术、机器设备和管理经验，有力地推动了我国产业结构调整和管理水平的提高；三是使我国产品迅速升级换代，提高了产品的市场竞争能力，拓宽了国内外市场，促进了对外贸易出口，带动了经济的全面发展；四是兴办了一批三资企业，解决了我国1000万以上劳动力的就业，既增加了我国国民收入，又减轻了就业压力。

在推动改革开放方面，引进和利用外资的作用主要表现在：在引进外资的同时，我们还引进了经济运行中的国际惯例，引进了有助于我国经济发展的宏观管理经济和微观运营机制；三资企业的成长、壮大，对我国的金融体制、财税体制、投资体制、外贸外汇体制以及整个市场运行体制提出了更高的要求，促进了我国社会主义市场经济体制的建立及其法制建设；有助于我国更广泛地参与国际资本市场和国际的生产分工，促进了我国外向型经济的发展，进而保障了我国在经济持续快速健康发展条件下偿还外债能力的不断增强。此外，由于经济优先已成为当今世界影响国家关系的主导因素，因而通过引进外资，把投资国的经济利益与中国的经济发展联结在一起，使我国实行独立自主外交路线的经济实力得到了加强，进而大大提高了我国在国际舞台上的政治地位。

二、建国以来我国引进外资战略的实践与问题

在20世纪50年代，我国主要是从苏联、东欧国家引进资金和技术。苏联分别于1950年和1955年，以1%～3%的利息向我贷款3亿和23亿美元。利用这两批贷款，我国从苏联引进了一大批成套设备，建立了冶金、机械、汽车、石油、煤炭、电力等149个重

点基础项目（另有东欧国家7项，共计156项）。这对我国经济发展起了重要作用。在20世纪60年代，我国利用出口信贷和延期付款方式，从日本、英国、法国、联邦德国、瑞典、意大利、奥地利等国引进了价值3亿多美元的成套设备，但由于科技落后和资金不足，加上"文化大革命"的严重影响，引进的资金和设备没有发挥应有的作用。20世纪70年代，我国引进外资的规模较前有所扩大。截至1978年，先后两次贷款30亿和73亿美元引进大型设备。但由于投资规模超过当时的国力，因而一些项目被迫下马或调整。从上述回顾中可以看出，在前30年，主要是间接引进，借钱买设备。借的钱绝大多数属于利率高、还期短的商业贷款，主要投在重工业上。因此，它对经济发展虽然起了较大作用，但引进的成本过大，不仅宏观经济效益潜在损失不小，而且相当一批项目微观效益也不高，在一定程度上加剧了经济结构失衡。

党的十一届三中全会确定了实行对外开放政策以后，我国引进和利用外资工作进入了一个新的阶段。从1979年到1992年，我国引进外资战略是以优化产业结构为目标，以进口替代与出口导向相结合为基础，多形式、多层次、多渠道地积极引进外资、先进技术和管理经验，有力地推动和加快了我国经济发展的步伐。据统计，从1979年到1991年底，我国实际引进外资达800亿美元，其中对外借款占2/3，外商直接投资占1/3。对外借款主要用在加强国民经济瓶颈产业，在能源、交通、煤炭、化工等工业方面完成了一批重要项目。外商直接投资带来先进技术和管理经验，填补了国内生产的某些空白，扩大了我国的出口和对外贸易，推动了市场竞争，对我国经济尤其是沿海地区的经济发展起了很大作用。

记者：这一阶段我国的引进外资战略是正确的，成绩是巨大的，这一点毋庸置疑。请问，在引进外资的实践中是否也存在着一些亟待解决的问题？

李：我认为，这一阶段的引进外资工作确实也存在着一些不容忽视的问题。首先，优化产业结构的目标在很大程度上没有实现。

这是因为，在没有把市场机制作为基础性的调节手段之前，在没有形成真正的市场价格信号之前，我们很难把握什么是合理的产业结构，其认识或计划往往与实际有相当大的偏离。对外资向基础产业投资的控制或价格管制，使急需发展的一些产业在相当长的时间内没有得到大量的外资。而随着转轨中市场供求的急剧变化，一些产业由长线成为短线，也有的从短线变成长线，使制定正确的产业政策本身存在相当大的困难。其次，利用什么样的外资投向哪种类型的产业，在转轨中很难有明确的答案。因此，一些项目从微观上看有一定效益，但从宏观上看，以现在的观点看，就没有效益，或不值得利用长期优惠贷款。再有，计划导向与利润导向往往不一致，使政府对经济转轨中产业结构的调整处于矛盾之中。急需发展的产业，发展不起来；要控制的产业，却总成为投资的热点。这些现象说明，在市场导向没有真正明确之前，优化产业结构的政策没有也不可能真正发挥作用。同样的道理，在没有明确还债主体的情况下，多渠道借款就成为难以控制的多窗口"滥借"，用债效益就难以真正得到提高。

三、确立适应于社会主义市场经济要求的引进外资战略

我国现阶段引进外资战略应根据社会主义市场经济的需要作必要的调整，以更好地为现代化建设服务。这种适应于社会主义市场经济要求的引进外资战略，其内涵就是：以加快我国经济发展的步伐为中心，以促进我国经济市场化、法制化、国际化进程为目标，积极、合理、有效地引进和利用外资。它主要包含四层意思：（1）积极、合理、有效地引进和利用外资。所谓"积极"就是要敢于大力引进和利用外资；所谓"合理"就是要合理引导外资投向，优化外资投资结构，以不断提高引进、利用外资的质量；所谓"有效"，就是要善于引进和利用外资，不断提高利用外资的经济效益。既积极合理又有效，既能加速我国经济建设，又防止我国出现偿还外债的危机，防止不法外商企业侵犯我国的经济主权。（2）

引进外资要为我国经济持续、快速、健康发展服务，防止把外债作为弥补财政困难和国际收支失衡的经常性手段，防止把大量外资用于非生产性项目。（3）引进外资为我国经济市场化、法制化服务。这就要求我们在引进国外资金的同时，一方面要注意引进经济运行中的国际惯例，引进市场经济的基本规则，引进有助于推动我国经济改革的宏观管理经验和微观运营机制，为建立社会主义市场经济体制服务；另一方面要注意加快经济法制建设的进程，不断加强对引进外资和三资企业的依法管理，以有效防止各地在引进外资方面政策的不统一现象和一些不法外商企业的不法行为，从而带动我国整个经济管理向法制化方向的转变。（4）引进外资为推进我国经济实现国际化服务。引进外资没有出口导向战略相配合是不行的，因为只有扩大出口才能解决在高速发展中的还债问题。许多国家的经验已表明，用控制进口办法，如拉美国家的进口替代战略来解决债务问题，其结果是既没发挥外资的作用，又导致了本国经济的不振。可以说，引进外资战略必须与外贸战略相协调，没有正确的外贸战略，就不可能有理想的引资效果。发展外向型经济是重要的，但仅此也还不够。因为外向型经济强调更多的是国内市场的国际化，而没有强调国内经济的一体化，没有涉及资本的双向流动问题，没有涉及参与国际分工和国际市场（尤其是国际金融市场）的问题。因此，面对我国经济与世界经济逐渐接轨的新形势，把促进我国经济实现国际化的目标纳入到引进外资新战略中去是完全有必要的。

四、当前引进外资实践中需要正确处理的几个问题

1. "在引进外资中能否以市场导向为主"一直有不同看法，你有什么看法？

李：在引进外资过程中，一定要坚持市场导向为主的原则，高度重视市场导向的作用。因为，从这些年的实际情况看，你想让外商去投资的产业，可能没能形成投资热潮；而你一直想限制的行业

或产品,却在不断地扩张。究其原因,就是外商主要是从利润角度来决定投资方向的,而不是按我们的产业政策来决定投资的。如果我们的产业政策与市场导向一致,外商投资既有利又安全,他自然乐意为之;但如果二者不一致,外商在确保政策风险不大的情况下,还是要去追逐利润的。所谓市场导向,在这里就是什么行业、什么产品赚钱就投资什么。

2. 在引进外资中坚持以市场导向为主的同时,是否还需要加强对引进外资的宏观管理和调控呢?

李:承认市场导向对引进外资的重要作用,不仅没有否认宏观管理和调控的作用,相反,正因为我们把市场调节作为配置外资资源的基础性手段,所以,加强对引进外资的宏观管理和调控就更显得重要。但这种宏观管理,主要应利用法律的、经济的手段进行,即主要用间接调控方式来解决。当前,应加强对引进外资的统计和监控,加强对政府引进外债使用方向及其效益的管理,加强通过引进方式和债务结构的管理,要以高度的警惕性来预测和防止可能出现的债务危机。要克服目前重审批、轻管理的问题,要根据新情况制定新的项目审批办法、评估办法和监督办法。要进一步完善引进和利用外资中的法律、法规,既要抓紧对现有法律、法规的清理、修改和完善,又要抓紧制定一批新的法律、法规,为依法管理引进外资工作提供法律依据。此外,还要注意加强市场中介组织建设,为对引进外资实现宏观间接管理提供方便。

当然,为了更好地把握对引进外资实行宏观间接调控的力度,我认为在政策上应当对政府引资与非政府引资作出必要的区别。对民间的直接引进外资,要在充分发挥市场调节作用的基础上,加强宏观管理,依法监督其明确债务关系和还债责任;对国有大中型企业的中外合资或其他引进外资方式,要在明确产权关系和保护国有资产的基础上,进行多种形式的管理,必要时可通过有关部门进行直接的行政管理;在间接引进外资中,要对不同的借债主体实行区别管理政策,凡政府引进的,要切实加强管理,进行直接的控制,不能不顾总体还债能力和国家经济总体平衡，只从微观效益出发，大举借债；对政府担保的项目，也要严格把关；对非国有企业自负风险引进的外资，可以相对放宽，但也必须加强依法管理。

3. 随着引进外资规模的迅猛扩大，实践向我们提出了"对外商的优惠政策还要不要坚持下去"的问题。对此人们议论纷纷，应如何看待？

李：在引进外资的初期，优惠政策对吸引外资曾有过相当大的作用，但到了今天，对三资企业按国民待遇对待已成为各种所有制类型企业的共同呼声。不仅没有享受到此类优惠政策的企业有意见，而且享受到了优惠政策的企业也提出宁愿有一个平等竞争市场环境而不要优惠政策的要求。显然，直接引进外资中的优惠政策导向向市场导向转变，倾斜政策逐步向国民待遇转变，将成为我国转轨时期引进外资的一大特点。今后吸引外资应当主要靠创造优越的投资环境，靠健全的法制和高效的管理，靠有吸引力的市场，而不再是靠政策优惠。对企业的优惠将不是由财政来提供，而应由市场来提供。只有按照市场需求来投资、生产，才能得到更多的盈利。对外商投资产品，应逐步实现向"国民待遇"的过渡。在此过渡阶段，应考虑不再向三资企业提供新的优惠政策，条件许可（主要指国际社会理解、外商接受）、影响不大的一些优惠政策可酌情取消，但要格外慎重。要妥善地缩小对外资实现"优惠待遇"的范围，妥善"优惠政策"与"国民待遇"的消长关系。

4. 早在20世纪70年代末，我国提出了老企业改造问题，到了20世纪80年代中期一些地方就开始利用外资来进行国有企业的技术改造，当时人们称之为"嫁接改造"。现在，各地又出现了"国有企业利用存量资产与外商进行合资合作"的做法。对此，应当如何看待？

李：国有企业利用存量资产吸收外商投资，是盘活存量资产、调整产业结构、转换企业经营机制、扩大开放的一条有效途径。它在实践中有多种不同形式，概括起来主要有两种：一是将部分国有存量资产评估后作为中方的股份，与外商合资；二是将部分国有存量资产出售给外方，以外方投入的资金改造企业。早期主要是第一种形式为多，而现在则是第二种形式在增多。从各地实践来看，这种引进外资的方式对于促进国有老企业进行技术改造和机制改革，确实具有很大的意义。

5. 根据当前实践中出现的一些情况看，国有企业利用存量资产吸收外资这种形式是否存在着一些值得人们注意的问题？

李：是这样。对国有企业利用存量资产吸收外资这种形式，要使其达到我们的预期目的，必须存利除弊，积极稳妥地推进，使其健康发展。我认为，目前至少有以下几个问题应当在认识上和政策上加以解决：

第一，关于外商参股比例问题。对此，我认为重要的是要区别不同的情况。不向外商开放，不能直接引进外资的产业，不存在外商参股比例问题。对那些真正关系国家经济命脉、属中央政府掌握的大中央型企业，应保证国家控股或拥有调控权。现在的问题是要把范围具体化、明确化，国家将负有更大责任，帮助和支持这些企业的生存和发展，也要使有关部门更加明确政策界限，更好地执行中央的政策。在地方的国有中小企业以及其他地方企业，除其中一部分不宜于外商参与经营外，应允许外商参股。对外商控股的合资企业，应按国家规定，进行审批。具体企业的中外资持股比例，应由中外双方通过谈判来商定，并报有关部门。总之，对外商参股比例问题，一方面要保证国家经济主权不被外资控制，另一方面又要保证市场经济条件下的企业自主权的真正实现。政策应在这两方面寻找一个好的结合点。事实上，世界各国对外商的产业都是有管理、有限制的，问题是如何实现这种管理。

第二，国有存量资产的评估问题。评估国有资产是一项严肃而复杂的问题，少数企业为了合资而搞突击性评估效果并不好，会使评估质量无法保证。必须由有资格的评估机构进行有组织有计划的全面评估；同时，评估国有资产存量务须做到实事求是，不要夸大，也不能缩小。为此，一定要按科学的、有说服力的办法进行评估，要把存量资产的购进价值与合资后的可贡献性结合起来分析。特别要注意的是，不能忽视土地价值，这是最大的国有存量资产。对土地参与合资的企业，其合同期限长短实际上意味着土地价值能否在首期的动态变化中得到实现。对土地没有参与合资的企业，土地使用费的收取也要持动态的发展观点，使用费应随土地增值而调整和提高。无形资产的评估也要给予高度重视。有些外商利用我国国有企业的无形资产在海外上市，这本是无可非议的，问题在于我们这方面如何争取相应权益。我们必须制定出符合市场经济中产权评估和交易的规则，切实有效地防止国有资产的流失。

第三，资金到位问题。在合资中，国有企业存量资产往往是一步到位，而外商资金则往往分几次才能到位，这个问题已经引起各方面的关注。我认为，资金到位应遵守平等合作的原则，中方在与外商签合同时，应要求外方在同一出资期限内同比例地注入资金。但这里要注意处理好几种关系：一是处理好项目与资金的关系。在单个企业与外资合资中，往往已有项目，但缺乏资金，在这种情况下，应要求外方按合同及时注入资金。若是多个企业与外商合资，由于正在调整企业和产品，在没有或正在筹划项目过程中，可以允许外商按中方要求的时间（指超过合同时间的情况）注入资金。因为在没有项目的情况下，外资到来后，将在没有发挥生产性作用的情况下就参与分红，这对中方压力很大。当然，中方应尽快地搞好项目的可行性研究，以尽快利用和发挥外资的作用。二是要处理好单项条件平等与整体合资平等互利的关系。由于中外合资中，中方企业有许多历史包袱要求外商给予理解和帮助，因此，中外双方在谈判中，往往要从整体上做到平等互利，而不能只局限于某一点上的平等，这就要求我们从整体上来考察外商的资金到位问题，要对外商推迟资金到位问题进行综合的比较分析。当然，这里要防止少数谈判人员为个人谋私利而使外资不能及时到位问题的发生。三是要区别出售国有企业存量资产和合资国有企业存量资产两种情况，前者不仅仅是个资金到位问题，而且是"买东西要交钱"的问题。此时，外资必须按规定及时出资，要限制先收购、再上市、后支付这种运作方式。

专栏十四

"外资不是'虎'"

以下是答《中华工商时报》记者问。

问：1996年我国引进外商投资达400亿美元，这个规模是否太大？您对此有什么评价？

李：首先要承认这是一种市场调节的结果，你有吸引力，发展前景看好，有较好的投资环境，外商才会来。你不可能去事先计划外商投资的规模。很多人都担心1996年外资会下降，结果又出人意料地增长了。应当说，这是我国引进外资政策继续发挥作用取得的可喜成果，是一件好事。规模是否太大了？我认为要具体分析，我国居民存款确实有4万多亿，但其中结构是复杂的。有一部分是个体经营者的经营性存款，这部分已存在于生产或流通领域，不存在可用于投资的问题。一部分是利息转存。还有相当一部分是公款私存。如果再加上我国银行贷款质量的历史问题，真正能用于投资的资金是相当有限的，外汇储备虽然大，但大部分是不能动的。近两年，已动用了几十亿的外汇转存，投放在经济活动中，主要用于流动资金短期贷款。用外汇储备进行中长期投资，这是不现实的，甚至是危险的。至于说外资过多使人民币配套资金短缺，这问题我们不用担心，应让外商自己考虑，外商来投资，但贷不到人民币或合作伙伴贷不到人民币，你还来不来？你有办法筹资，你就来。政府该如何调控就如何调控。不负担什么责任。当然，对货币发行的流通量会有通盘考虑。事实上，现阶段我国经济对外资的需求还是很大的，不仅是中西部地区和基础产业（尤其是农业和电力），东部沿海地区也仍然需要引进和利用外资。最后，还要看到，国际资本的变化是很快的，我们利用外资有一个时机问题。我们不要错过时机，哪怕自己现在条件还差点。

问：如果继续有这样大规模的外资进入中国，那会对国内经济产生相当大的影响，很多人都在讨论"保护民族工业"问题，您是否同意"民族工业"这样的提法？

李：今天，由于外商进入中国市场，也对民族工业形成了巨大的压力。但是，时代不同了，中国与当年也不同了。这是我们判断问题的基本前提。民族工业的提法，作为研究人员和社会公众的呼声，没有什么不对，甚至是积极的，有助于鼓舞民众尤其是企业家的奋发图强精神。但作为政府的政策用语，我认为要特别慎重。具体讲：在引进外资中，港台资本占到70%，现在政策是视同外资。那它们到底算外国资本还是民族工业？如果算民族工业，那么我们对外资占领国内市场要重新估价，其比例和影响可能大为下降。如果不算民族工业，在政治上如何解释？有台商提出，把台资不作为民族资本，是不是搞"台独"？因此，这个问题要慎重。二是合资企业中有国内企业的股份，有的是中方控股，有的是外方控股，这些企业以什么来算，是民族工业还是外资企业？是以股份大小来划界，还是也以人力资本大小来划界？这是一个世界性的难题。第三个问题是来自少数民族地区，他们在问，到底什么是民族工业？为什么以前称他们的工业为民族工业，现有政策是否要有变化？最后一个问题是来自国外舆论界，他们中一些人别有用心地把我们讲民族工业与民族主义联系起来，认为是不符合当今国际化的历史趋势的提法。因此我认为，政府要慎用此词，建议采用"内资工业"一词，来达到同样的目的。

问：不论外资规模大小，归根到底是外资对我国经济起到了什么作用。如果有益作用大，规模大点就好。如果负面作用大，规模大就问题多。请您对外资对我国经济影响谈点自己的看法，好吗？

李：这确实是分析规模大小的前提。我们为什么要大量引进外资呢？因为引进和利用外资对我国经济发展起到了很大作用。从

1979 年到 1996 年，全国累计批准外商投资协议项目超过 28 万个，外商实际投入资金超 1600 亿美元。近三年，我国成为吸收外商投资第二大国。去年引进外资预计 400 亿美元，同比增长 5.8%，外商向基础和中西部投资增多，引进外资总体上效果是好的。外资对我国经济发展的作用主要是：1. 外资弥补了我国建设资金的不足。八五时期，外商实际投入金额相当于我国全社会固定资产投资的 11.8%，其中 1995 年为 16%。在沿海省份，比重更高，广东达 35%，福建达 51.6%。外商投资企业工业产值增长速度明显高于全国工业平均增长速度，占全国工业产值比重从 1990 年的 2.1% 提高到 1995 年的 14.5%。现已开业的外商投资企业直接从业人员达 1700 万。从 1986 年到 1995 年外商投资达到 550 亿。2. 引进先进技术和管理经验。引进外资，推动了我国机械、电子、汽车、化工、轻工、纺织、建材、医药、食品等许多行业技术水平和生产工艺的提高。3. 促进了出口贸易的快速发展。1995 年，外商投资企业出口总值 469 亿美元，是 1990 年的 6 倍，占全国出口总值的比重从 1990 年的 12.6% 增加到 31.5%。外商出口产品中工业制成品占 93.6%。其中机电产品 206 亿美元，占全国机电产品的 47%。因此，是优化了我国外贸商品的出口结构。4. 促进了两岸三地经贸往来。来大陆的港澳台投资占协议金额的 68.4%，实际投入金额的 68.8%。这些投资使各方受益，促进了祖国经济发展，也有助于港澳台地区繁荣。经贸关系的发展，对香港、澳门和平过渡，对祖国统一大业都将产生深远的影响。

问：你认为引进外资有没有负面影响？具体是什么？

李：当然有多方面的负面影响。最大的一个问题是：跨国公司对中国市场形成的压力问题。近年来，实力雄厚的跨国公司来华投资不断增加，外商独资、控股企业增多，这些对我们扩大利用外资的规模和渠道是有利的。但跨国公司来华的目的是占领中国的市场。近两年来，跨国公司的产品以各种形式进入我国市场，其中某些行业、某些潜力大的产品市场反映最大。国外著名品牌占有市场率高的产品市场反映最大，国外著名品牌产品大量涌入，使国内不少名牌产品步履艰难，甚至被挤垮；个别外商控股、收购和炒卖国有企业，引起各方关注。因此，有不少同志提出，要防止进来一个，挤垮几个；引进一批，打倒一片。其次的问题有：部分地区吸收外商投资重数量轻质量，重引进轻引导。有些地方为争项目，降低我方合资条件，或缺乏严格的项目审查，或忽视后期管理和服务。还有不少同志强调这样一个问题：合资过程中，低估国有资产，国家税收流失现象比较严重。问题还远不止这些，如果我们对这些问题视而不见，发展下去，可能出现大的损失。

问：您从利弊两方面分析了引进外资，那么，到底是利大还是弊大呢？

李：我认为，外资对中国经济积极的作用是主导的方面，我想就去年争论最大的两个问题作重点讨论。一是中国国内市场到底外商占了多少。从总量上看，1995 年外商投资企业产值 6403 亿元，其中内销产值 3895 亿元，占同期全国工业企业内销产值的 7.9%。如果只计算外方股权相应的部分，这一比例大约只有 3.4%。这就是说，我国国内市场份额中，外商所占并没有我们感觉的那么大。由于消费品中的外商产品比重较大，因此，我们感到到处都是外商产品，这是不奇怪的。当然，现在外资还是一个扩大的势头，会不会有一天完全占领了我国市场，我认为决无此可能。只要放开中国企业家的手脚，二十年后，中国市场必然仍是中国人的天下。台湾当年经济中殖民化倾向已相当严重，但发展到今天，很少有人再去讲台湾经济是殖民经济了。有所失将有所得。靠政府保护不如靠企业家自我保护。搞好企业改革，发展各种形式经济，中国人的竞争力就会显示出来，这在全世界是公认的。二是关于是否引进了先进技术的问题。有人认为我国利用外资对引进新技术收效不大。这个判断，如果是从预期与实际相比，可能是成立的。我们曾对引进新技术有很高的预期。另一方面，我也不同意过低地评价这方面的成绩。据我了解，有以下一些原因会使我们对此评价过低：一是对新技术的理解面太窄。如果只认为当代最前沿的技术是新技术，那么，这种大量引进新技术肯定是困难的。如果认为中国没有的技术就是新技术，引进先进技术的数量就大增了。二是单从我国外贸部门统计的引进新技术数量来评价，结论也会偏低。因为，外贸部门对先进技术统计是与税收优惠相联系的，是非常严格的，因此，肯定是低估的。三是引进新技术的方式是多样化的，现在统计多是看先进设备部分，而先进设备只是先进技术的一种固化形态。因此，对是否引进了先进技术要具体分析。引进、消化、吸引先进技术，要看我们努力的程度。有些合资企业反映，它们成功地引进了先进技术。它们的经验是，不能只要求外方提供技术，自己不努力去争取学到技术，外方对真正可靠的合作者，才愿意提供先进技术。日本人有一名言：新技术与其说是传进来的，不如说是连偷带拿学会的。我亦认为，外国人与封建行会师傅的保守劲差不多，但有心的徒弟是挡不住的。还要看到，正在改革之中的国有企业在引进先进技术上，还会受到体制自身阻力。体制如果不能提供一种强大的引进技术的动力和责任感，很难想象会有成功的引进。第四，先进技术引进往往需要若干年，因此，要从全过程来判断是否引进了新技术，不要太早下结论。

问：面对外企大举占领中国市场，政府是否对内资企业保护？

李：是的。应当保护。但要用符合国际通行规则的办法，来扶持和保护内资企业。前不久看到一则消息，一家很有业绩的内资企业，其产品在国内市场份额居首位，创造了中国的名牌。这既引起公众的赞扬，也成为生产同类产品的一些外资企业的主要竞争对手。据说有的外资企业宁肯亏本三年也要把这家企业竞争下去。不能眼看着国内名牌产品被挤垮，怎么办？政府应提供什么保护？我的看法是，政府应当按照国际上通用的规则，制定有关的法规，保护和支持这类企业。比如"反倾销"就是一个很好的武器。如果一家企业要用亏本三年的办法来挤垮别的企业，就是明白无误的倾销。按关贸总协定，低于成本出售产品，就构成倾销的主要内容。

因此，不妨调查一下，是否真有其事。如果是真的，要运用法律武器，对其进行反倾销制裁。这是运用国际通用的规则保护正当竞争。这方面可运用的武器很多，这里不一一介绍了。

专栏十五

东南亚金融危机考察报告

1998 年 4 月份我率团赴泰国、印尼、新加坡和韩国，对其金融危机进行了实地考察，这里是考察成果之一。

一、东南亚金融危机的发展

1997 年 7 月泰国爆发金融危机，泰铢贬值，股市大跌。据泰国财政部介绍，7 月底外汇储备 300 亿美元，美元债务却高达 884 亿，无力偿还。1997 年 8 月 5 日，泰国内阁向 IMF 提出援助。IMF 遂与泰国达成协议，答应提供 172 亿美元信贷贷款。双方于 1997 年 11 月和 1998 年 2 月又两次达成进一步协议。IMF 总裁康德苏曾表示，泰国落实协议进展不错，将为泰国提供备用贷款。1998 年 5 月，泰与 IMF 进入第四次谈判。

泰铢贬值祸及印尼。7 月 14 日，印尼放弃维持汇率，听任市场波动，印尼盾大幅贬值。印尼商工部介绍说，"印尼欠外债 1180 亿美元，其中 220 家私人公司欠 650 亿美元，短贷长用，现还贷困难，美元升值更使雪上加霜"。印尼于 1997 年 9 月向 IMF 求援。1997 年 10 月 IMF 同意提供 400 亿美元。第一批 30 亿美元在 11 月到位。这一协议由于印尼执行不力半途而止。1998 年 1 月又达成第二个协议，仍没能恢复各方对印尼经济的信心。1998 年 4 月谈成第三个协议，新协议旨在消除人们对政府改革诚意的疑虑。

1997 年上半年，韩国韩宝、大农、三美、真露和起亚等大企业相继破产，银行不良贷款剧增，企业和金融机构对外信用等级下滑，部分金融机构还债陷入困境。外商信心动摇，外汇大量抽走，美元一时紧缺，本币不断贬值，股价连续下跌，政府权威下降。时值东南亚危机，遂内外受困。韩国政府于 11 月向 IMF 正式提出紧急金融支援要求，IMF 在 12 月 4 日召开紧急会议，研究通过了 210 亿美元短期性债权援助，并与世界银行、亚洲开发银行、美国、日本等共同宣布了总额 570 亿美元的援助计划。

二、东南亚金融危机中的汇率、短期债务和股市波动

1. 金融危机中的汇率走势

汇率变动是金融危机最先发生和最具力度的反映指标。金融危机说到底，是一国金融机构、企业对外商和外资金融机构的支付危机。对外支付困难，缘于美元不足；外汇市场上，本币汇率必然贬值。下面是 1997 年 7 月 1 日、1997 年底，1998 年 2 月末、3 月末和 5 月 14 日这五个时点上的汇率。

表 3-1　四国货币的美元汇率和增减幅度

	1/7/1997	31/12/1997	+/-% *	27/2/1998	31/3/1998	14/5/1998	+/-% *
泰铢	24.70	46.80	-47%	43.025	39.05	38.94	-37%
印尼盾	2432.6	5550.0	-56%	8900.0	8625.0	10750	-77%
新元	1.4305	1.6770	-15%	1.6180	1.6160	1.6438	-13%
韩元	887.80	1415.20	-37%	1652.60	1378.80	1435.5	-38%

（＊指同 1997 年 7 月 1 日汇价相比）

上表所示，1997 年底相对 1997 年 7 月 1 日，四国货币全部贬值，除新元外，泰铢、印尼盾、韩元贬值幅度都很大。1998 年 5 月 14 日，相对 1997 年底汇率贬值幅度，泰铢回升了 10 个百分点，新元回升了 2 个百分点，韩元继续下降 1 个百分点，印尼盾则又下降了 21 个百分点。这种态势反映出，泰国金融危机到了头，正在回升；新加坡影响不大，且向好的方向变化；韩国控制住了局面，而印尼金融形势仍在下降走势中波动。从汇价指标变动中得出的初

步看法，在考察座谈得到了证实。

明确合理的汇率水平有助于判断市场汇率偏离程度，这里需简介当事人估价。泰国中央银行认为一美元兑40泰铢左右基本合适。泰财政部认为在一美元兑34至38泰铢水平可达到均衡点。泰计划发展委员会认为，1998年一季度，一美元可兑35铢到38铢，根据这一指数，泰国已度过艰难时期。这种估计接近国际货币基金组织的结论。IMF认为1996年泰铢高估20%，1997年贬值过大，低估2%。

关于印尼盾与美元的合理汇率水平，印尼贸工部负责人说："3500到4000卢比（印尼货币单位）兑一美元，是合理的汇率，有助于偿还贷款。但卢比兑美元到5000，经济就可以复苏了"。IMF和印尼中央银行外汇局认为，"6000水平的汇率是比较合理的"。印尼财政部财经观察委员会主席说："1997年12月，我说金融危机看不到底，现在我已看到底了。"近日由于社会动荡，虽未到底但已见底的经济形势，又在恶化。

韩国产经部认为，1996年韩元汇率700是高估了，现在是1300，年底可能达到1200，比较合理了。我驻韩大使馆参赞认为，1400到1300的汇率比较合理了。1998年1、2月份的1600过低，而1997年7月的900则高估了韩元。

综上，合理汇率水平的不同看法接近，除印尼外，现实汇率与合理汇率趋近。

2. 从短期外债看金融危机

表3-2　三国外汇储备与短期外汇情况

	泰国	印尼	韩国	正常比例
1997年外汇储备与短期债务之比	75%	91%	58%	100%
1997年到期外债（亿美元）	457	342	675	
到期外债占外债总额的比例	65%	62%	68%	

产生金融危机的直接原因，是短期外债比重过高。短债长用，搞非生产性投机。高估且稳定的汇率和利率，刺激了大量短期外债流入。炒股票和房地产，造泡沫，获虚利，结果不能按期还债，就出现了支付危机。20 世纪 90 年代后成立的大批金融公司，在向海外短期融资方面起了很大作用，现在正面临关闭或整顿。

新加坡开放程度最高，但由于没有外债，外汇储备很高，财政和经常项目盈余，因此，没有出大的问题。但泰国、印尼、韩国情况相反，外债很多。泰国盘谷银行负责人认为，"1995 年私营部门外债占外债主要部分，其中 80% 是不足一年的短期外债。1996 年私营部门借外债达 730 亿美元，其中短期债务增长更快。IMF 允许短期债务延期，才缓解了金融危机"。印尼外债 1337 亿美元，其中 230 亿 1998 年到期，230 亿中 30% 已获延期。5 月 11 日后由于社会动荡，国际货币基金组织原定拨付的 30 亿美元援助可能延后，亚洲开发银行也推迟召开印尼贷款会议，这使印尼债务困难更为严重。韩国 1996 年末统计有 1047 亿美元外债，1997 年发现还有 500 亿海外短期外债没有统计在内。在 IMF 安排下，外国银团今年 3 月底把韩国的 230 亿短期外债延长为 1 至 3 年的中长期外债，韩又发行了 40 亿美元的全球债券，这才使金融危机有所缓解。

3. 从股价变动看金融危机走势

表 3-3　四国股市价格变化

	1/7/1997	31/12/1997	+/-% *	27/2/1998	31/3/1998	14/5/1998	+/-% *
泰国股市指数	527.28	372.69	−29%	528.42	459.11	367.87	−30%
新加坡海峡时报工商指数	1981.28	1529.84	−23%	1615.4	1629.2	1322.03	−33%

续表

	1/7/ 1997	31/12/ 1997	+/ -%*	27/2/ 1998	31/3/ 1998	14/5/ 1998	+/-%*
雅加达股 市综合指 数	731.62	410.01	-44%	482.38	541.42	405.94	-45%
韩国综合 股价指数	758	376	-50%	548	481	352.83	-53%

（＊指同 1/7/1997 比较）

　　股价指数能反映金融危机。股价会因外资大规模抛售股票而大跌，也会因上市公司外债偿还困难而导致股价大跌，股市和股民的信心动摇又加重股价震荡。上表所示，泰国、新加坡、印尼、韩国股市价格在 1997 年年底跌幅很大，使总资产价格大大下降。据统计，从 1996 年 11 月 25 日到 1997 年 12 月 29 日，泰国、新加坡、印尼和韩国股票平均收益率分别为 -0.3%、-0.1%、-0.2% 和 -0.2%，全为负值，同期美国则为正值。5 月中旬，相对于 3 月底，四国股价均在继续下跌。

三、影响金融危机走势的因素分析

1. 加剧金融动荡的不稳定因素

　　（1）印尼因素。印尼有 2 亿人口，国民产值占东南亚近一半，与东盟国家、日本和韩国经济联系很深。日本在印尼投资达 270 亿美元。印尼政治和社会继续发生动荡，印尼盾将会继续贬值，债务更难偿还，就将引起东亚的连锁反应。印尼与 IMF 于 4 月份达成了协议，并开始认真履行协议。美国等也都不愿看到印尼出现大的动荡，希望印尼局势能稳定下来。苏哈托控制局面还是有一定力量的。因此，现在社会动荡局面可能缓和，印尼经济在下降中趋向稳定的可能性仍然较大。

　　（2）国际游资因素。国际游资已达 7.2 万亿美元，且游动快速、多变，极不稳定，通过金融市场炒作获利。IMF 在泰国、印尼和韩国达成协议，部分恢复了人们尤其是西方投资者的信心。大量外资包括游资在逐步地返回东南亚和韩国。这对结束金融危机是必要的、有利的，但印尼动荡为外资回流又蒙上一层阴影。

（3）日本因素。日本经济实现好转是稳定亚洲经济的关键。日本国民生产总值相当于亚洲的一半，在亚洲投资和贸易巨大。为摆脱危机，东南亚各国需要日本更多进口。要恢复信心，也需要日资入市或实业投资。如果日元贬值失控，极可能引发新一轮金融动荡。日本国内经济六年不振，金融大案接二连三，近日汇率又在大幅贬值，但出现全面危机可能性不大。一是日本有雄厚的外汇储备；二是日本与美国经济紧密联系，美不能坐视日本经济崩盘；三是日内阁正在改革财政金融制度，调整政策，扩大内需。因此，日本经济的动荡虽对亚洲经济带来很大冲击，是极大的不稳定因素，但也是有限的、不会失控的。

2. 缓和金融动荡的因素在加强

（1）美国因素。亚洲经济形势受美国影响很大。帮助解决金融危机，美国是有实力的。美国利率的调整，直接影响到游资流向、纽约股市走向和各国证券市场。美国直接影响国际货币基金的政策，IMF 在解决金融动荡中发挥着重要作用。美国对东南亚金融危机开始袖手旁观，后对与美国经济利益关系大的国家提供经援，旨在减少美国的损失。美国的态度正在由消极变得积极，开始介入东南亚和韩国经济调整。

（2）人民币因素。中国人民币不贬值，不仅是在出口上帮助了东南亚各国，更重要的是，在稳定和恢复东亚各国信心上成为重要精神支柱，这是克服金融危机的重要基础。同时，这也使欧美资本增强了返回亚洲的信心。

四、东南亚、韩国经济恢复需要三年左右

金融危机与经济危机是有区别的。从四国有关部门、专家的观点和其主要经济指标看，东南亚、韩国经济经济恢复有望，但不会很快。

东南亚和韩国金融实力尤其是外汇储备能力受到严重损伤，但经济发展的基础没有被摧毁。高达30%的储蓄率、良好的基础设施、较高的教育水准以及开放的贸易体系都是有利条件。东南亚和韩国经济用三年左右时间可以恢复。

1. 泰国经济恢复前景分析

表3-4　泰国主要经济指标

	1995	1996	1997	1998 一季度
GDP 增长率	8.8	5.5	0.0	-2.0
消费增长率	7.1	6.7	0.4	-1.5
投资增长率	11.2	6.0	-8.7	-11.6
通货膨胀（CPI）	5.8	5.9	5.6	8.8
出口增长率（美元计算）	24.7	-1.9	3.8	3.3
进口增长率（美元计算）	31.8	0.6	-13.4	-3.1
经常项目差额占 GDP 比重	8.0（逆差）	8.1（逆差）	0.8（逆差）	1.3（顺差）

（资料来源：曼谷银行即央行研究部提供）

上表所示，泰国出口情况和经常项目有好转，但消费需求和投资需求都是负增长，通货膨胀也创几年新高。因此，其经济短期恢复难，在两年后有希望。泰国政府对经济恢复持较乐观态度。4月9日晚，泰国副总理在给我驻泰大使介绍情况时认为，"今年二、三季度负增长，四季度将回升，明年增长可达2%"。IMF对泰国1998年GDP增长率预测值为负3.1%。亚洲开发银行认为泰国1998、1999年均为负增长，然后开始复苏。

2. 印尼经济恢复前景分析

表 3-5　印尼主要经济指标

	1995	1996	1997	1998 预计
GDP 增长率	8.2	7.8	4.7	-4.0
通货膨胀（CPI）	6.8	6.4	9.8	47.0
出口增长率（美元计算）	6.8	8.1	7.5	8.2
进口增长率（美元计算）	24.6	5.7	-1.0	-6.4

（资料来源：印尼工贸部等）

上表所示，印尼进入了高膨胀、负增长时期。在 4 月 9 日与 IMF 签署的第三个协议中，印尼承诺经济增长降低 5 个百分点，加大整顿和调整力度。IMF 预测印尼 1998 年 GDP 增长率为负 5%。联合国亚太经社会报告认为，印尼经济 1998 年 GDP 将下降 3%，其经济在 2001 年前不会复苏。印尼在政治上有三个不稳定因素：一是人民生活问题，出现失业、涨价、缺粮食。预计年底失业人数将达到 1300 万，占劳动力总数的 15% 左右，危机直接造成的失业有 300 万到 400 万。二是学潮。学生要求反腐败，反裙带，反涨价，要求政治改革。现已冲出校院，形成社会性的动乱。三是政府腐败严重。但我们也看到，印尼基础建设相当不错，资源丰富，曾是美、日投资的重点国家。不久前，美国公司还在雅加达 5 个区各买了一个医院。只要政治上保持稳定，三年或更多一些时间恢复经济是可能的。

3. 韩国经济恢复前景分析

表 3-6　韩国主要经济指标

	1995	1996	1997	1998
GDP 增长率	8.9	7.1	5.5	-0.8 至 -0.2 （全年预计）

续表

	1995	1996	1997	1998
通货膨胀（CPI）		3.6	4.2	10.8 （全年10以内）
出口增长率（美元计算）	24.0	14.1	5.3	12.0 （一季度）
进口增长率（美元计算）	22.0	14.8	−3.8	−35.3 （一季度）

（资料来源：韩国银行和《证券调查月报1998年第3期》）

上表反映出韩国经济连续下降、通货膨胀逐年上升的情况。IMF对韩国1998年GDP增长率预测值分别为−0.8%；韩国发展研究院认为："韩国经济危机最坏阶段已过去了，一是在1月底时，商业银行和银团达到协议，推迟短期债240亿；二是政治上权力平稳交接；三是外汇储备回升，现在达300亿，最困难时才30亿。但实质经济问题很大。1998年GDP增长为−1%。现在工业投资下降，增长恢复的动力主要在贸易方面，出口增长恢复较快，大约为8%~10%。1998年预计顺差达200亿至250亿美元，占GDP的15%；因韩元贬值造成的价格上涨将平稳下来"。大宇经济研究所认为："今年800个上市公司（含银行）有150个倒闭，失业率将达到8%，经济增长率可能是−3.4%。明年可望好转，经济增长率可达到2.4%"。

综上，从经济层面看，泰、印尼、韩三国，经三年努力可能出现出口能力、投资能力、还债能力、应付国际市场和国际金融变化能力以及信心和竞争力的较大提高。

五、东南亚金融危机对我国的影响

1. 对我有利的影响

（1）中国经济地位相对上升。1991中国的GDP仅相当于日本的12%，1996年达到18%，1997年增至21%。中国比东南亚各国产出水平上升50%，其中70%来自币值波动，30%来自实际经济增长。在东南亚危机中，中国相对实力上升，好比"水落石出"，下一步则需要"水涨船高"。

（2）我国外汇储备相对分量增长。据不完全统计，泰国损失其外汇储备32%，印尼损失了22%，马来西亚46%，菲律宾17%，韩国35%。东亚地区本国外汇储备高于基准规模（注：外汇基准规模是根据一国进出口贸易水平及稳定程度、长短期债务的本息额度、外国直接投资的盈利及再投资比率、各种非经济风险等概算出来的。）的国家和地区仅有新加坡、香港、台湾、日本和中国。

（3）中国大陆、香港、台湾总体经济体地位上升。亚洲金融危机中凸显了两岸三地合作的必要性，也对区域金融、经济合作提出新课题。这对下世纪我国实现统一是有利的。

2. 对我负面影响

近期会影响我实现GDP增长8%目标。东盟国家和韩、日等国，因投资能力和进口能力下降已减少对我投资和进口。今年前三个月，我国重要的国际商品交易会来自东南亚的客商减少三成左右，与东南亚、日本、韩国商品成交金额均下降在30%左右。今年向韩国、东盟出口的机电产品、玉米、水产品等将下降。一季度东南亚、韩国等来华投资能力明显下降，已使我国结汇减少。三资企业已不能维持几年来在出口和固定资产投资方面高比重、高增长的格局，对我经济增长的贡献度大大下降。

东南亚金融危机负面影响将逐步增大。现在周边国家币值不稳定，结算困难和预期混乱，同时结构调整还刚开始，出口生产能力有限，因此，近期对我出口影响还有限。但一两年后，这些国家币值稳定下来，出口作为恢复经济的主要措施，挟贬值之助力，与我出口竞争中有优势可居。现在这些国家币值低而利率高，对外资尤其是流动性高的外资有很大吸引力，低价拍卖的金融公司和上市公司引起欧美资本兴趣。一两年后，这些国家经济稳定下来，工资成本有所下降，资本品价格下降，外资回报率相对提高，加上纷纷出台对外资的优惠政策，因此，中期在吸引国际产业资本上与我竞争将加剧。

六、化解和利用东南亚金融危机的政策建议

第一，分阶段地、灵活地把握"人民币不贬值"。

我国政府领导人关于"人民币不贬值"的表态，受到四国政要和学者的极大敬意，这在政治和经济上是非常成功的。汇率变动对出口影响滞后期大约1年到1年半，如果我人民币保持相对升值，扩大出口困难可能加大。因此，需要在"人民币不贬值"的大题目下进行小调整。"人民币不贬值"的一年期含义是维持人民币1997年平均汇率水平不变。"人民币不贬值"的两年期含义是人民币维持1997年和1998年两年的市场汇率水平不变。如果1998年人民币市场汇率小幅下降，则可顺势对人民币汇率作小调整。此阶段人民币目标汇率可能低于当前含义的汇率水平，但仍略高于市场汇率。"人民币不贬值"的三年期含义是人民币不相对升值。两年后，东南亚、韩国经济在恢复，国际竞争力提高，我国产品出口压力加大，资本市场对外更开放，人民币需要根据市场汇率适时较大调整，使我出口能在平等基础上参与国际竞争，也防止国际游资利用汇率高估带来冲击。

第二，积极推进与东南亚各国的经济贸易合作。

东南亚金融危机，也为我国提供了新的机会。东南亚国家开放商品市场，取消对部分商品垄断，降低了某些商品关税，有利于我扩大出口。下一步加强经济基础设施建设，调整经济结构，将会提供商业合作尤其是工程承包和劳务合作的新机会。我国大西南各省（区）劳动力成本低，资源丰富，已与东南亚国家有过较多接触，初步形成了澜沧江—湄公河区域经济合作的意向，现在是落实合作

的好时机。

第三，借鉴正反经验，推进金融体制改革。

一是金融体制实现开放与监管的同步。在金融国际化、全球化的今天，金融安全成为各国政府关注的大事。东南亚金融危机原因之一是开放很快，监管无力，国家宏观管理出现大的漏洞。开放应与监管同步进行，要加强金融法规建设，完善外债统计监测，健全经常项目汇兑、资本项下进出的管理。当前重点是加强对外资固定回报率、利用远期信用证搞借债、外资银行担保的内债转外债等变相外债的管理，坚决防止出现债务偿还危机。

二是提高外汇体制应变能力。我国坚持有管理的浮动汇率制度是必要的。现在看来，需要在"灵活调整"和"适时浮动"上进行制度化的改进，提高应变的灵活性。应继续保持强大的外汇储备以应不测。供三个月贸易所需，这是商品贸易为主时代的外汇储备理论。在金融全球化、一体化中，外汇储备应包括防止国际金融风险部分，中国成功的实践为此提供了脚注。

三是解决好银行与企业的关系。东南亚金融危机不仅是债务偿还的危机，也有债权损失的危机。东南亚国家和韩国的政府下决心清理债务，并减少债权损失。他们进行大规模地整顿金融机构和大企业。金融危机发生后进行这项工作，成本比较大，对经济影响比较大。我国早已开始了对金融机构整顿，这是必要和及时的。现在可以通过借鉴，加快整顿速度，提高整顿质量和效果。整顿既可以停下来进行，也可以在资金运行中进行，后者成本要小得多。对亏损的国有企业贷款，要坚决停止。

第四，调整产业结构，发展高新技术。

借助人民币币值相对上升压力，迫使传统产业加快升级换代，加快产品结构调整进展，加大对优势企业在名牌开发、技术创新、人才培养上的支持，是防止金融危机和经济危机的重要方面，也是面对一两年后国际竞争加剧的必要措施。这次金融危机也显示出，国际金融冲击是以高技术和信息化为基础的。信息产业越发展，信息工具越完善，对付金融冲击的能力才越强。金融危机促使我们加大科教兴国、发展知识经济的力度。

第五，加强与国际货币基金组织的技术合作和经验交流。

在这次金融危机中，当债务国要求帮助时，IMF 提出的条件是相当严格，令当事国痛苦。但 IMF 对解决金融危机发挥的作用，也是不可低估的。中国决定在 IMF 框架内提供援助，是明智的、正确的。这既获得了受援国的好评，也加强了与国际金融机构和西方大国的合作，加深了对国际经贸关系的了解。这对完善金融调控和金融监管的技术操作是有益处的。因此，有必要继续加强这方面的合作关系。

第四节　劳动力市场的形成与发展：农村劳动力转移和城镇劳动力就业

党的十四届三中全会通过的《决定》，明确提出建立劳动力市场体系，促使就业、用工等方面的市场化，并提出要建立与劳动力市场相适应的多层次的社会保障体系。同年 12 月，劳动部发布《关于建立社会主义市场经济体制时期劳动体制改革总体设想》，提出培育和发展劳动力市场的目标模式是建立竞争公平、运行有序、调控有力、服务完善的现代劳动力市场。这一时期，虽然分割城乡的户籍制度尚未彻底改革，转移到城市的农村劳动力只是形成了一种流动人口，但与改革以前相比，农村劳动力向非农领域和城镇转移比重明显提高，城镇劳动者跨地区之间的流动增加，农村劳动力就业结构已经发生了根本的变化。

随着企业自主权进一步落实，国有企业经营者的选聘更多地采取市场机制。部分职工开始下岗，构成失业群体。为解决下岗职工的再就业，国家一方面深化经济体制和就业体制改革，另一方面则通过发展经济保持宽松的就业环境。

此外，这一时期，我国已建立了较全面的劳动力市场体系，城乡劳动力市场快速发展，劳动保障制度初步建立，但也还存在着劳动力市场分割严重、劳动者竞争有失公平、劳动力市场保障体系不健全等诸多问题。

反思自己，在失业问题上研究成果不多，一篇是1997年6月30日发表在《中国经济信息》的《减人增效与增效减人》一文。当时正在中央党校第28期进修班学习，一起同学的中国海洋石油总公司下属的中海物探公司的于喜增总经理，介绍了不少情况，这引发我的思考。企业有了效益和积累后，在考虑扩大再生产或进行技改投资时，将减员作为一个项目，将其中的部分资金用于减员。减员是要花钱的，减员后企业又可以多挣钱。在这个意义上讲，增效后做好减员的工作，也相当于一次投资，而且是极有价值的投资。这家公司一是"拆庙"减人，二是岗位定编减员，三是鼓励辞退。这"三板斧"砍下去，企业对各方压力能受得了吗？该公司又有三条思路：一是"要人少，更要人精"，减人还要多干事；二是"要人退，但其退休费和福利要让人满意"；三是"有些事要靠社会，但要双赢，企业和社会都有好处"。公司领导说，"有了钱，不去乱投资，不去干那些个体户赚大钱的事，不去听信东南西北的游说者招商引资，干好自己的专业，这是增效的基础，也是减人的条件"。据悉，这个认识是付出不少学费才学来的。当时，高层有关领导比较强调减人增效，我在这里希望企业能增效减人，将减员视为一种投资，因而为企业家献策。

1999年，因工作需要，我曾对失业问题有更多的思考，其成果反映在本人专著《宏观经济学：转轨的中国经济》（首都经贸大学出版社2000年版）中。我对西方国家的失业问题及失业理论进行了全面考察，分析了失业的原因，归纳了西方失业理论的类型；同时特别分析了转轨中的失业理论，探讨了产业转型、企业走向市场、农村劳动力流向城市和对外开放造成的四种类型的失业，还特别对下岗失业现象做了案例分析。

专栏十六

转轨中的失业理论

我国在向市场经济转轨中，在改革开放不同阶段上，出现了程度有别、比较严重的失业。与通货膨胀相联系的失业，在我国存在；与经济周期相关联的失业，在我国同样也存在。这两种失业，与西方国家同类失业有类似的特点与规律。西方经济学中分析的自愿失业、摩擦性失业和结构性失业，在我国现阶段中也都程度不同存在。这些内容这里就不展开讲了。下面，重点分析我国特有的、影响很大的转轨型失业。

一、转轨型失业的原因

转轨型失业的定义及原因。转轨型失业是发生在经济转轨国家，由于体制转换而出现的失业。其基本背景是，由于从计划经济向市场经济过渡，从封闭经济到开放经济，从国家统负盈亏到自负盈亏，企业发生了很大的不适应，会相应出现失业。具体原因如下。

1. 产业转型造成的失业。经济转轨中，生产结构必然要有重大调整，有的部门将会消失，这时就出现了改革性或变革性失业，即体制性失业。在苏联和东欧国家，这类情况也很普遍。

2. 企业走向市场造成的失业。计划经济体制下的企业，体制僵化和管理差。过度就业和效益不高，成为影响企业竞争力的重要因素。转轨中一个重要的问题，就是要让经济效益成为企业最重要的指标。为走向市场，企业必须减员增效，即要使一部分职工下岗或失业。这种做法，得到了国有企业的主管部门或高层决策部门的支持。因此，它很快成为国有企业较为共同的做法，成为一种普遍的现象。

3. 农村劳动力流向城市出现的失业。改革开放以来，农村生产体制发生巨大变化，大量农村剩余劳动力从农业中释放出来，转向了城镇和非农产业，形成引起世人注目的"民工潮"。这股"民工潮"表现为经济欠发达地区向大中城市流，中西部地区向沿海地区和发达地区流。大中城市、发达地区、沿海地区，吸纳了大批民工，同时，大批民工在经济波动中加入了失业大军的行列。

4. 对外开放造成的失业。由于从封闭走向开放，大量有国际竞争力的跨国公司进入中国市场，国内相当一批企业不能适应竞争，被迫关闭或破产，形成了大量失业。

二、转轨型失业的特点

1. 公有制单位从业人数减幅较大，非公有制单位从业人数迅速增加。国有企业下岗失业在全社会失业中比重上升的趋势，与国有经济战略性调整是一致的，也是转轨型失业有典型意义阶段的一个特点。在转轨的关键时候或说改革的攻坚阶段，1996 年公有制职工人数首度减少，与 1995 年比减少 62.6 万人，下降幅度为 0.4%。1997 年继续减少，减幅为上年三倍，这个势头还在发展。1997 年国有企业职工减员 273 万人，比城镇集体企业多减员 118 万人。非公有制经济从业人员则有大的增加（本文下面还将有专门分析）。

2. 失业人数增减与改革力度紧相关，国有企业集中、改革力度大的地域减员也大。改革开放早的东部 12 省、市，1997 年减员人数占到职工总减员人数的 51%，超过中西部 18 省区之和。1997年底，城镇企业下岗职工占职工总数的比例由 1995 年的 4.8% 上升到 7.3%。在下岗职工中，国有企业职工占职工总数的 66.5%，集体企业职工占 31.3%，其他各类企业职工占 2.2%。下岗职工从地区分布来看，国有经济成分多的地区比较严重，下岗率较高的地区依次为辽宁（13.1%）、湖南（11.7）、江西（10.4%）、湖北（9.7%）、吉林（9.1%）、黑龙江（8.8%）等。

转轨期失业率呈 n 形，即由低到高再到低。这是因为改革前失业率较低。改革进展中，随着国有经济战略性调整，国有企业改革深化，产业结构合理化，农村劳动力流向城镇，一个阶段各种形式失业将较为集中地增加，形成高失业期。此后，随着经济走向平稳发展，转轨任务基本完成，失业率也会有所下降并正常化，将会在自然失业率基础上上下波动。预计今后几年，我国将处在高失业期。一是因为国有企业职工下岗分流集中在近 3～5 年，因此，这一时期失业量会有大的上升。二是因为农村劳动力在城镇就业呈下降态势，加大了失业量。随着分流下岗的结束，预计今后一段时期失业率会有所下降。

4. 转轨型失业的真实失业率比较难以把握。由于我们原来的统计上没有"失业"这个项目，在 20 世纪 80 年代初还使用"待业"，以后只用登记失业率。这个统计面很小，占从业人数不到 1/3，因此不能反映全社会的失业情况。比如，国有企业下岗职工和农村剩余劳动力在城镇未找到工作的人员，都还没有计入登记失业率统计指标中。显然，"登记失业率"已远远不能适应形势需要，不能反映真实的失业情况。人们普遍认为，我国真实的失业率被低估了。但另一方面，由于存在大量的隐性失业，也没有指标反映。据分析现在登记失业者中的隐性就业达 60%，下岗职工中也有相当比例的隐性就业。因此，也有人认为，我们的就业率也低估了。转轨时期的这种混乱，当然不足为奇，有其必然性。当然，这也反映了转轨型失业的一个特点，就是由于转轨本身的变化和不稳定，对真实的失业规模，尚没有取得一致的看法，还难以有一个统一的表述。

三、转轨型失业理论两点局限性

中国失业问题确实与转轨有直接的最大的关系，但这不是问题的全部。转轨型失业理论不能单独地解释清中国转轨中的失业问题，这是因为有两个明显的局限性：

1. 转轨型失业理论不能包括人口增长背景。要看到中国是一个人口总量过大的国家，中国的失业是总量过剩与转轨型失业的重叠。因此，中国失业问题有若干年前人口政策失误的因素，这是中国特殊的国情。不论经济转轨还是旧体制，这个国情都是客观存在的。

2. 第二点是转轨型失业理论不包括经济发展带来的影响。中国失业问题与经济增长有关。一般失业理论多认为经济增长是就业的函数，就业量决定经济增长率。我国理论界和决策层则更多关注经济增长决定失业这一方面，通常用经济增长率来推算新增就业量，即测算 GDP 增长 1% 将使就业增长百分之几。由于转轨型失业理论不能解释我国 GDP 的变化，因而也解释不清由 GDP 变化带来的失业率的变化。

四、转轨型失业中的特殊现象——下岗失业分析

1. 基本情况：据劳动和社会保障部统计，截至 1998 年 6 月底，国有企业下岗职工达到 1170 万人，其中分流安置 460 万人，下岗未就业人员 710 万人。下岗未就业人员中，有 230 万人领到基本生活费，160 万人进入了再就业中心。截至 1998 年底，绝大多数国有企业下岗职工进入企业再就业服务中心并得到基本生活保障，基本养老保险行业统筹移交地方管理工作按期完成。

2. 大批职工下岗的原因：①企业效益欠佳是导致职工下岗的重要原因。由于企业亏损、停产和半停产，使相当数量的职工下岗。②国有企业长期以来存在着冗员现象，即潜性失业，为了提高效益，必须剥离富余人员，出现了下岗失业，即潜性失业的显性化。③国有经济中重复建设现象严重，已不能适应市场需求，设备闲置与人员下岗就不可避免。④国有企业资本重组过程中，由于关闭、兼并和资本重组，使部分职工失去传统岗位。⑤部分能源工业由于资源枯竭急需关停并转，如煤矿、油田等。⑥农民工进城镇顶替了一部分岗位。

3. 下岗职工特点：①年龄偏大，以中年为主。②女职工下岗比例高于男职工。③多数具有 15 年以上工龄。④家庭生活水平明

显下降。⑤多数不愿与原企业解除劳动关系，主要是担心退休养老无人管。同时，部分下岗职工认为劳动补偿问题解决不令人满意，还有的是因为企业拖欠职工债务短期内难以偿还。

4. 解决问题的思路：①积极地、坚决地落实国务院有关做好下岗职工工作的各项政策。要纠正有些地方、有些用人单位违反国家规定歧视性对待下岗职工的错误做法。②完善失业社会保险制度。③健全劳动力市场，发挥市场调节再就业的作用，根据实际情况改进现在的再就业办法。

第五节　政府管理职能的重要转变：宏观调控体系的初步建立

1993 年，为了适应市场经济体制的需要，一个"一揽子"宏观管理体制的改革方案开始酝酿。1994 年初，开始了以建立宏观调控体系为主要目标的重大改革。

从财税体制改革上看，经历了从"分灶吃饭"改为"分税制"，之后又转向构建公共财政的几个阶段。1994 年分税制改革的内容是理顺中央与地方的关系、改革国有企业利润分配制度、改革税收制度，从过去单纯的放权让利向按照各级政府的公共职能划分财政权限的方向前进。1998 年全国财政工作会议明确提出了建设公共财政的要求。党的十五届五中全会《建议》进一步明确将建立公共财政初步框架作为"十五"时期财政改革的重要目标。

从金融体制改革上看，经历了恢复初创、全面拓展和深化健全这样一个循序渐进的发展过程。1993 年《国务院关于金融体制改革的决定》是金融体系全面改革的方案，其核心就是要将金融改革作为形成社会主义市场经济体制的重要环节。1994 年三大政策性银行的成立实现了政策性金融和商业性金融的分离。1995 年《中国人民银行法》的生效，确立了中国人民银行的中央银行地位。此后，国有专业银行的商业化改革也开始逐步启动。在继续对利率水平进行调整的同时，国家还加大了对利率结构的调整。

从外汇体制改革上看，1994 年外汇体制改革取消了原来的双重汇率体系，实行了由市场供求决定的、单一的、有管理的浮动汇率制度，实现了人民币在经常项目下有条件可兑换，并推动了中国外汇管理体制的国际化进程。

从宏观调控政策效果上看，中央政府宏观调控方式不断优化和丰富，取得了很大成效。特别是"九五"期间的宏观调控，为实现经济"软着陆"，抵御亚洲金融危机、遏制通货紧缩发挥了重要作用，初步形成了市场经济体制下宏观调控的框架，为国民经济健康发展提供了保证。

这一时期，理论讨论非常热烈。因为在国务院政策研究室宏观司工作，我在政府管理、财政和货币政策方面做的研究较多。除内部报告外，公开发表过 30 多篇文章。《金融研究》杂志与我联系较多，先后多篇文章在其上发表，如 1992 年第 10 期《社会主义市场经济条件下的货币政策》，1996 年第 4 期《试论宏观调控体系的改革趋势》，2000 年第 7 期《货币政策传导机制与国民经济活力》等。《经济研究》上也发表一篇，即 1999 年第 10 期《经济结构调整与资本市场》。1993 年第 1 期《财政研究》发表一篇《社会主义市场经济条件下的财政体制初探》。此外，《国际金融研究》1995 年第 5 期发表了《外汇占款对通货膨胀影响之我见》，《光明日报》1997 年 9 月 1 日发表了《我国宏观调控的重大进展》。

这里，简介一下观点比较尖锐的一篇文章：《社会主义市场经济条件下的货币政策》。记得好像是 1992 年 8 月份，中国金融学会在兰州组织了一次金融体制改革的研讨会，这篇文章是我向会议提交的论文。文章认为，金融体制改革已经滞后，金融管理中很多办法还是计划经济的手段，现在的货币政策在很大程度上是计划经济中的货币政策工具，必须要加快改革，主动改革。文章还提出国有银行的产权定位问题，提出国有商业银行的股份化改革。文章认为，如果一方面不能在专业银行企业化方面迈出实质性步伐，另一方面又不愿放弃现有国有银行对资金市场的垄断地位，金融体制改革就不可能取得成功，货币政策调控就没有金融基础。面对社会舆论对银行要赚钱的批评态度，文章专门进行了驳斥，认为银行赚钱，天经地义。今天看来这些观点并非不能接受，但当时应属相当尖锐的了。感谢《金融研究》杂志全部照登，没有删节，并作为头篇文章推出。这从一个侧面表明改革进入了一个令人振奋的阶段。《金融研究》编辑部主任刘吉和编辑邹国英的果断和麻利，给我留下了很深的印象。

对于宏观调控体系自身的改革，我也想得多一点。在《试论宏观调控体系的改革趋势》一文中，我提出了三个观点，一是认为宏观调控主体要将"政府"与"国家"区分开来；二是认为宏观调控客体要以通过市场参数的需求管理为主，并提出要区分政府的"宏观管理"与"宏观调控"的职能，并将适度的供给管理列入政府管理职能而不是宏观调控之中；三是对宏观调控手段提出要"细划分，总配套"，要将宏观调控政策变成一个形成合力的系统，以提高我国宏观调控的水平。当然，这些观点，至今仍会有不同看法，还需要进一步讨论。顺便要提到，据我自己了解和接触的情况，最早提出"宏观调控"这个字眼的是中国社会科学院研究生院1983届的高梁。他比我低一级，可能是在1984年左右他们班里讨论经济问题，我第一次从他那里听到了这一名词。

有一篇当时不太起眼的文章想提出来说两句，这就是《中国土地报》1995年11月22日发表的《关键是发挥土地效益》一文。这一时期，我应邀参加一些土地管理方面的会议，有些想法也在文中提出来了：一是土地管理机构是行政执法机构，要从长期观点调控土地供给。宏观调控政策总的讲是短期政策，应该是需求调控。二是土地是国家最大的资产，3万亿国有资产远远赶不上土地价值。发挥土地效益是土地管理的关键问题，这可以成为下一步改革巨大的推动器。三是应明确土地收益的分配问题。是征土地税呢还是和房地产税一起走呢？中央和地方怎么来分？这都应该明确。改革中这一块财富流失巨大。四是耕地保护问题十分重要。但应使农民对耕地的爱惜之情和我们保护耕地的政策一致起来，很多事情就好办了。

专栏十七

试论宏观调控体系的改革趋势

一、宏观管理和调控的主体分析

这个问题实际上是要回答，谁来实施宏观管理和调控？

宏观管理和调控的主体似乎人人都明白，"是国家"，"是中央政府"，可是进一步考虑，"这二者是一回事吗"？诚然，现在，在很多场合"政府的宏观调控"和"国家的宏观调控"是作为同义语在使用，不少重要的论文甚至文件，讲宏观调控与管理时甚至无需用主语。除有过一些关于"地方政府是否也是宏观调控主体"的讨论外，我们还很少甚至几乎没有看见区分国家管理与政府调控方面的论文或著作。但认真仔细推敲"政府宏观管理与调控"与"国家的宏观管理与调控"异同，就会发现，这两种提法的含义是相当不同的。

"国家"与"政府"应当是有区别的。马克思、列宁、毛泽东等人，都明确区别过"国体"与"政体"的不同含义。这里，我们从经济管理的角度区分一下二者的不同。国家对经济的宏观管理体制应当包括三大部分，其中之一是人民代表大会作为立法机构对经济的管理职能，这是我国健全法制的重要部分。现在，已有近千个经济法规，这已成为管理我国经济最重要的依据。二是以中央政府为代表的宏观经济的管理和调控体系，这里有政府的经济管理职能和其各种机构。三是以最高法院、检察院为代表的执法和监督机构。它们以法律为准绳，对各种违法的经济活动给予打击和制裁，维护国家和人民的利益，保护经济的正常运行。显然，国家对经济的宏观管理在范围上应比政府对经济的宏观管理和调控大得多。在某种意义上，政府宏观管理和调控只是国家管理的一个组成部分。

在宏观管理这方面，国家与政府是什么关系呢？最近通过的党的十四届五中全会的文件《关于"九五"计划的建议》（以下简称

《建议》），第一次提出了"规范政府行为"这样一种提法。谁来规范政府行为？显然，国家的代表——人民代表大会，首先要负起这个责任。当然，规范政府行为，不是由"人大"去干预政府的日常工作，而是要通过"人大"的立法为政府提供宏观管理与调控的依据；由法院、检察院以及党的纪检部门，以法律为准绳，规范政府的行为，检查和监督政府的行为。当然，也包括检查政府在宏观调控中采取的各种手段和措施的合法性。

把"国"与"政"加以区分是一方面，另一方面，"宏观管理"与"宏观调控"的含义也有不同。"宏观管理"相对"宏观调控"更为稳定，是对包括中长期经济行为在内的所有经济行为的规范，而"宏观调控"更多的是对短期经济波动或经济中出现的问题的纠正。因此，在多数时候，我们可能应将国家对宏观经济乃至整体经济的管理，称为国家的宏观管理体制，把政府对经济波动的调节活动称为政府的宏观调控。

对宏观管理和调控的主体加以区分意味着，在国家管理的层次上，进一步理顺不同管理主体的关系，进一步明确各自承担的责任，进一步区分法律手段、经济手段、行政手段的关系。它意味着，政府宏观调控改革的方向应从政企分开逐步发展到"国政分开"，使国家管理体制逐步实现现代化。它还意味着，中央与地方的关系，在很大程度上是通过人民代表大会的程序来法制化，让地方能充分发表自己的意见并保护自己的利益；中央政府对各地的财政转移支付要通过具体的法律条文来执行；各种改革的成果都要通过法律的形式加以肯定。总之，这种区分是符合中国特色社会主义和中国国情的民主化过程，也是新中国民主政治在经济管理领域的新发展。

令人振奋和欣慰的是，不久前召开的党的十四届五中全会上，中央关于制定"九五"规划和2010年远景目标的建议中，对政府的宏观管理和调控有相当深入和精辟的分析。

党的十四届五中全会的《建议》非常明确指出了政府宏观调

控的主要任务，即保持经济总量的基本平衡，促进经济结构优化，引导国民经济持续、快速、健康发展。为增强宏观调控能力，实现宏观调控的任务，就要进一步完善宏观调控体系。《建议》多次指出了政府职能转变的重要性，并提出了从组织上改革政府管理组织机构的方向，就是"要按照精简、统一、效能的原则，着手制定进一步改革和调整政府机构的方案，把综合经济部门逐步调整和建设成职能统一、具有权威的宏观调控部门；把专业经济管理部门逐步改组为不具有政府职能的经济实体或改革为国家授权经营国有资产的单位和自律性行业管理组织"。这将是政府机构改革向前迈出的相当大的一步，非常重要的一步，对政企分开将产生最实际的影响。要真正做到这一切，就有一个健全法律的问题。《建议》中强调了"加快经济立法，建立和完善适应社会主义市场经济体制的法律体系。坚持改革决策、发展决策与立法决策紧密结合，并把经济立法放在重要位置，用法律引导、推进和保障社会主义市场经济的健康发展"。我认为，党的十四届五中全会的《建议》是一个进一步改革和发展的大纲，是对政府宏观调控体系改进和完善的可靠保证。

政府与国家的宏观管理进一步定位将会在各方面产生广泛影响。限于篇幅，这里仅举一例，比如对中央银行的独立性问题的影响。现在，中国人民银行是在国务院领导下的机构，这是在现实中最有利的选择。但到了下世纪初，这个情况可能会因为国体与政体的进一步定位而有变化，可能央行的独立性会提高。当然，其责任也更大了。从发达国家的经验看，这样的变化可能对实现币值稳定的目标更有利。据对九个发达国家央行独立性与从1973年到1986年年平均的通货膨胀率对比，表明央行独立性越强的国家，比如，德国、瑞士、日本等，通胀率就低，而央行独立性不强的国家，如法、加、意等，通胀率就高。因为，央行受行政干预越大，就越难保持货币的稳定。（注：这是1995年10月国家体改委举办"中德经济比较"国际研讨会上，德国专家的发言。）

最后要指出，在当前，解决这个问题可能条件并不成熟，而到了下世纪初，这个问题则可能成为最热门的题目，成为建设中国特色社会主义市场经济体制的重要标志之一。

二、宏观调控的客体

这个问题实际上是要分析调控什么？调控谁？具体讲，就是宏观调控是需求管理，供给管理，或是以需求管理为主供给管理为辅的混合管理。这些问题的实质是：宏观调控是调控市场、调控企业，还是调控市场为主与调控企业为辅的混合调控。进一步的问题是，政府的宏观调控与政府的经济管理是否是一回事。

早在20世纪80年代末期，党的十三大的有关文件中就提出了一个著名的口号"国家调节市场，市场引导企业"，这对改革宏观调控是起了相当大的作用。党的十四届五中全会的《建议》再次明确了社会主义市场经济条件下将实现一种以间接方式为主的宏观调控体系，而不是直接对经济加以干预的调控体系。这是对市场经济基础上的宏观调控的准确定位。

政府宏观调控的任务是要保持经济总量的基本平衡，主要是总供求的平衡，这是以价格总水平基本稳定为标志（当然，也存在总供求基本平衡时因结构失衡而出现的通货膨胀），是通过宏观调控实现的。总供求的基本平衡是企业和各类经济实体生存发展需要的宏观环境。宏观调控往往表现在如何使总供求失衡走向总供求平衡，概括讲有这样几种情况，相应有几种政策选择：一是当总供给大于总需求，一般此时会出现价格总水平的下降。这时作为政府来讲，有三种选择，一是压缩供给，二是扩大需求，三是既压缩供给又扩大需求。第二种情况是，当总供给小于总需求时，一般会出现价格总水平的上升，政府又有三种选择，一是扩大供给，二是压缩需求，三是既扩大供给又压缩需求。在实际操作中，在市场经济条件下，调控总需求成为主要的方面。

为什么搞社会主义市场经济，要特别强调以需求管理为主要内容的宏观调控呢？主要有两个原因：一是因为企业成为了市场主体，而不是政府的附属品，就要靠市场力量来调节其活动。政府调控市场影响企业并引导企业，就使对供给的管理成为一种非直接的、更为经济的调控形式。国有企业正在实现政企分开，实现自主经营、自负盈亏、自我积累、自我发展。非国有企业正在发展壮大，起到越来越重要的作用，但其生产经营完全是企业的决策。这些都意味着政府不要直接进行生产管理而应更多地抓通过外部环境来引导企业，即在出现总供求不平衡时，主要通过需求管理间接地影响企业。直接对企业干预，政府就应承担市场风险，这是不必要的。如果政府把众多的供给管理都背上，这就回到计划经济的老办法上去了。二是因为政府即使能对供给面进行调控，也只是部分企业，调控手段也是非常有限的。显然，这不能称为宏观调控，只能是结构性的有限优化和调整。而需求调控不同，它对全社会一切经济实体发生影响，尤其是对市场的总需求规模发生影响，进而间接地对全体企业和经济体发生影响。再者，需求调控相对于供给管理是短期的、及时的，要求尽快有收效的。供给管理主要是对少数行业和企业进行制度上的规范和投资上的计划，多涉及中长期的产出；而当前的生产能力短期产量调整，不论在何种情况下都应是企业自身按市场变化去及时调整的。

政府对供给的管理，如产业政策、国有企业的管理、行业管理等，是政府经济管理的一个组成部分。在宏观调控任务中，"促进经济结构优化"是与供给管理相关的。但"供给管理"严格讲，不属于政府的宏观调控。不论政府是否实施宏观调控的措施，国有企业都要受到政府为代表的供给管理。政府经济管理包括了在经济出现波动时的宏观调控和一般条件下的正常的经济组织（含供给管理）的活动。因此，政府宏观调控就是需求管理或调控需求，而不是供给管理，也不是以需求管理为主、供给管理为辅的混合调控。当然，供给方面的管理，在经济转轨时期是必要的，在建立起社会主义市场经济的框架后也是需要的，只不过那时对供给管理的范围会比现在小得多。

把政府的经济管理与宏观调控加以范围上的区分有什么意义呢？我认为，将有助于把宏观调控更限于利用市场参数进行，在需求调节的范围内进行，以达到解决短期（比如年度的）经济波动的目标。而经济的宏观管理更注重于制度的建设，更注重于为中长期结构优化和总供求平衡服务。同时，有助于分清两种管理职能的各自职责。此处可举一个例子：1994年我国畜产品大丰收，肉类产品增长17%，禽蛋产量增长25%。与此同时，全国生猪平均购价年底比年中上升近60%，鸡蛋市价上升近40%。进入1995年后，畜产品生产大滑坡，导致价格猛升，引起社会购买的紧张。有同志认为，这是政府宏观调控的失误，其问题出在政府控制了畜蛋产品价格而没能控制住饲料价格上涨。就现阶段宏观调控与宏观管理不分的情况下，这种批评是合理的。但我们要问：行政性的控制某种产品价格这种事是宏观调控的职责吗？市场供求的变化应由企业来预测和决策，还是应由政府来做？政府对某些重要行业的管理属于宏观调控的范围吗？按我们上面所述的理解，我们就不必要求政府宏观调控去干预供给，而是应当为企业的决策提供健全的市场运行下的价格信号。行业管理出了问题，虽是政府管理的责任，但不是宏观调控的责任。如果要求政府不仅调控需求，还同时调控供给，要想达到总供求相对平衡就更难，而不是更容易。

需进一步研究的两个问题是，政府宏观调控是直接调控市场需求规模还是通过调控市场参数来调控市场需求规模？是调控信贷规模还是通过调控市场参数来调控市场需求规模？从长远看，这两个问题我们都应取后者，即通过调控市场参数来调控市场需求规模。离开市场参数，我们对市场规模的判断就难以符合实际。但是，没有一个健全的市场体系和良好的微观基础，通过参数调控是相当困难的。在转轨时期，我们往往不得不（有意识或无意识地）通过行政办法来调控市场需求规模，主要表现在直接调控投资规模和信贷规模。这样做，见效快，但力度难以把握，在对规模大小判断中主观性较大。因此，有时会出现市场过小，使过多的企业出现销售困难。这就出现了间接调控中的直接调控问题。

三、宏观调控手段

这是要研究宏观调控怎样调，通过什么渠道来实施调控？

"九五"规划的《建议》提出，"完善宏观调控体系的重点是：建立计划、金融、财政之间相互配合和制约，能够综合协调宏观经济政策和正确运用经济杠杆的机制，按照政企分开的原则，转变政府职能，真正转变到制定和执行宏观调控政策，搞好基础设施建设，创造良好的经济发展环境上来，把不应由政府行使的职能逐步转给企业、市场和社会中介组织"。这里对宏观调控体系改革以及政府职能指出了大致的轮廓。依我的理解，计划、金融、财政这些是宏观调控的主要手段，政府要在制定和执行宏观调控政策上做更多的努力。而搞好基础设施建设属于政府经济管理职能中最具现实意义的部分。

就完善宏观调控手段问题，我想提出一个具体的设想，叫做"宏观调控手段的细划分、总配套"。什么是"细划分"呢？我认为，现在我们讲宏观调控还是比较粗略的，比如讲货币和财政政策，用"适度从紧"就可以概括了。但什么是"适度从紧"，没有系统的说明，只有宽泛的理解。据我观察，各方面是这样来理解的：适度从紧的货币政策，是指货币供给量要紧一些；适度从紧的财政政策，指要控制财政赤字，支出要紧一点。但这样一种理解太简单化了，是对货币和财政工具没有细划分的结果。就适度从紧的货币政策而言，是否要将贷款规模的增长控制在某一个计划数上？是否要求提高利率？是否要求提高准备金率？是否要求加大在公开市场上抛售公债和各种政府发行的有价证券？是否要求提高央行的再贴现率？是控制还是允许直接融资？等等。就适度从紧的财政政策而言，是否要普遍提高税率，还是部分提高税率？是要增加新税种还是保持甚至调减税种？是减少中央政府财政支出还是减少地方政府财政支出？是要减少预算赤字还是保持预算赤字？是要扩大还是缩减重点项目，扩大或缩减财政的转移支付？等等。我相信，不论货币还是财政政策，都是相当多的工具可用来形成一种对总需求的影响力，我们讲的"适度从紧"这种目标，只能是合力的结果，而不是指每一项政策都以同样的力度去从紧。这就要求我们对政策工具做细的划分，对其合力有一个系统的研究。

政策工具不仅意味着货币和财政政策的"细划分、小配套"，还需要"总配套"。"总配套"就是要在货币、财政政策之外，考虑计划手段、收入政策和对外政策的大配套。这里讲的计划手段主要指年度计划，其中又涉及金融与财政、投资等政策的协调问题，这是大家比较熟悉的问题，这里就不多议了。我认为，我们在宏观调控政策中忽视了或低估了收入政策的作用。收入政策的关键是要用种种办法使收入增长不超过生产率的增长。在国外，有工资指导线政策工具，有劳资之间的制约作用。这个政策之重要，在于它有助于实现总供求的基本平衡。当我们利用货币政策促进经济增长而又担心通货膨胀时，从紧的收入政策就是一个好帮手。比如，当我们从紧的货币财政政策已使经济发展速度大大下降，市场规模大大缩小，接近经济疲软之时，再从紧货币很困难，不从紧也担心通货膨胀。此时，就要以较宽松的货币政策与紧缩的收入政策相配合，即既促进经济增长，也控制成本性的通货压力。这个经验对我们可能有现实意义。对我国宏观调控而言，能否考虑"货币政策中性化，财政政策有紧有松，收入政策从紧偏严"的配套政策选择呢？

宏观调控与对外政策的联系，在 1994 年外汇体制改革后就非常突出地提出来了。外汇的结售汇制度，使人民币的供给与外汇结售汇制紧密相连了。1994 年，不少人认为广义货币供给（M_2）的较大增长（34%），是与外汇占款过大分不开的。因此，仅货币政策上的宏观调控，就已经必然地要与外汇的供求一并加以考虑了。而出口退税政策也把外贸与财政政策紧紧联系起来了。以此为切口，外贸进出口量的大小、外资引进的多少，外汇储备的增减等，都将成为与国内宏观调控不能不加以配套考虑的政策了。

总之，宏观调控手段的"细划分"，就是要进一步明确货币和财政政策等宏观调控手段的各自复杂的内涵，就是要明确还有没有别的调控手段，就是要对各种手段的使用力度有一个综合配套的系统解释。宏观调控手段的"总配套"，就是要找到可资用于需求调控的各种政策工具，使各种政策自身对达到政策目标有一种配合，同时，各类政策工具之间对达到总的政策目标也有一种配合。

专栏十八

我国宏观调控的重大进展

加强和改善国家对经济的宏观调控是建立社会主义市场经济体制的重要前提。党的十四大以来，经过各级政府的共同努力，可以说，我们已大步实现了国民经济管理体制的转变，初步建立起社会主义市场经济的宏观管理体制和宏观调控体系，成功地达到了宏观调控目标。回顾历史，总结经验，我们对未来充满信心。

一、宏观管理体制实现了重大变革

发达国家需要宏观调控，发展中国家更需要宏观调控。这不仅是因为市场失灵和市场调节范围和力度有限，还因为发展中国家进入经济起飞时期，政府对经济管理和组织的作用比正常发展时期要大得多。

如何实现在市场经济基础上的宏观管理和调控？中央关于社会主义市场经济的《决定》深刻指出，只有转变政府职能，改革政府机构，建立健全宏观经济调控体系，才能建立和健全宏观管理体制。

党的十四大以后，按照建立社会主义市场经济体制的要求，我国经济管理以转变职能为主线，进行了机构改革。综合经济管理部门从定项目、分钱分物转向宏观政策制定和监管，承担宏观管理单一职能的部门也纷纷进行了改革，专业部门从直接管理企业转向行业管理。这些重大的改革，构建了实施宏观管理的组织基础。

计划体制、投资体制、财税和金融体制、国有资产管理体制等，通过改革，通过制定一系列的法规，明确了各自在宏观管理中的地位，确定了在新体制中的分工和合作关系，加强了对经济运行的综合协调和指导。

中国人民银行在短短几年中，加速了向真正的中央银行——国务院领导下独立执行货币政策的管理部门的转变。人民银行不再管理直接的项目贷款，央行的分行不再实行利润留成制度。人民银行负有监管各类金融机构、维护金融秩序的责任。切断中央财政赤字向银行透支这条路，保证了金融体制改革的正常进行。新成立三家政策性银行，促进了商业银行与政策性银行的分离。令世人注目的是资本市场管理体制，国务院证券会和中国证券监督管理委员会是在党的十四大刚结束后宣布组建的。实践证明，资本市场对发展社会主义市场经济具有重大的意义。

体制改革中动作最大、制度创新历时最短、效果最显著的是1994年推开的财税体制改革。它把地方财政包干制改革为在合理划分中央与地方事权基础上的分税制，涉及各方利益，难度很大。这项改革符合市场经济统一税法、公平税负的原则，符合简化税制、合理分权的要求。仅1994年，中央就出台了86份有关财税体制改革的文件，在财税制度创新方面做了大量创造性的、艰苦的工作。历经两年后，认识逐步统一，上下密切配合，迅速地建立起新财税体制的基本框架。

二、宏观管理方式和宏观调控手段越来越成熟

社会主义市场经济的宏观管理，包括供给管理和需求管理。五年来，我们加强和改善了供给管理。在投资管理、国有企业管理、基础建设管理等方面，突出了规则统一，依法管理，减少了对具体企业具体业务的管理，改进了对国有企业直接管理的方式。国有资

产管理形成了多层次的管理职能及相应机构。财政部门加强了通过收益分成率、折旧率、提高资本金率等经济手段，支持和影响企业发展方向和调整产业结构。中央银行对符合产业政策的重点企业制定了扶强扶重的若干规则和具体措施。专业经济部门通过从部门管理转为行业管理，打破了条块分割和所有制界限，加强了行业协调服务。若干产业部门通过机构改革，组成了总公司或其他经济实体，或独资，或控股，或参股，使政府与企业的关系向政企分开方向前进了一大步。

更为可贵的是，我国在以需求管理为主的宏观调控方面进行了开拓性的试验，并取得了超出预料的成功。宏观调控的间接性，是指政府不直接干预企业的生产，而是通过货币政策和财政政策、通过调整经济参数（货币供给量、税率等）来间接引导企业的生产和经营决策。宏观调控的责任，主要落在了国务院领导下的中央银行和财政部身上。近五年来，中央银行和财政部在经济生活中的影响力越来越大，在短期经济的调节中越来越有力量。人民银行通过存款准备金、再贷款与再贴现、公开市场操作和利率等，对社会资金进行配置，对企业进行间接调控。规模控制和"点贷"比重越来越小，国家商业银行试行的资产负债比例管理，有助于商业银行与央行、与企业建立市场经济条件下的新型关系。随着利率市场化改革的延伸，随着公开市场操作规模的扩大，央行间接调控将更具有市场经济下的操作方式，将对市场经济为基础的国民经济发展产生更为有益的影响。发挥财政政策调控作用方面，也取得很大进展。现在，财政通过重要的经济参数（税率、债券利率和对基础设施的财政投融资等）的变动，对企业进行间接引导和调控。这是在尊重市场机制配置资源基本作用前提下，按国家计划和产业政策进行的。特别令人印象深刻的是，外汇并轨前，货币当局完全用经济手段，用在市场上灵活吞吐外汇的办法，迫使外汇市场上汇价基本平稳，为宏观间接调控进行了一次有益的尝试，为外汇体制改革创造了一个较为温和的环境。这是金融宏观间接调控颇为精彩的一幕。

五年来，我国宏观管理的成功，是政府将宏观管理重点由传统的单纯供给管理向供需管理结合、短期以需求管理为主模式转移的结果，是政府将直接配置资源为主的传统模式向直接配置资源与利用市场配置资源相结合、以市场配置资源为基础手段的模式转移的结果。

三、宏观调控力度适中"适度从紧"政策是正确选择

"适度从紧"的宏观调控政策取向，是针对一个容易膨胀的体制而制定的。由于我国经济体制改革没有完成，投融资缺乏有力的自我约束机制，国有企业与国有银行之间的经济关系还带有软约束因素，因此，体制性的投资冲动和"过热"非常容易发生。

"适度从紧"是辩证的调控思路。"从紧"与"适度"是对立统一的。"从紧"在很大程度上是为了控制通货膨胀，而"适度"则体现了不让经济快速增长受压。五年来，"适度从紧"的政策操作呈现出错综复杂的局面：名义上紧一些，有助于减小预期，规范住了自我约束弱的企业；实际上仍有渠道，只要是有效益、有市场、有信誉的企业，不会找不到贷款。政府对货币发行的空间控制得紧一点，学者们对商业贷款更好服务议论多一些，促使企业家头脑更复杂点，决策更慎重些。体制内调控紧一些，运行规范一些；体制外灵活一些，但违规多一些，以后一步步被纳入一个大的统一体制内束之以规矩。这些构成宏观调控实践演进变幻的一幅动态画面。

实践丰富了"适度从紧"政策的内涵。"适度从紧"已从重在货币供给量的影响，走向关注货币政策多项措施的总效应；从偏重金融操作走向兼顾货币政策与财政政策配套效应，从总体上"适度从紧"走向总量与结构结合的"适度从紧"。

企业对资金紧张的呼声时高时低，一直没断，但总体上看，这种呼声越来越低，越来越少，这是一种进步。一方面它反映了货币

信贷政策是符合实际的，资金该紧处紧，该需要处仍能满足；另一方面，人们越来越认识到，企业对资金要求中合理的部分，随着银行改革正在得到满足；而企业要求中不合理的部分，将由市场来裁定，不能靠国家银行不计贷款安全性去"普度众生"。

由于坚决地执行了"适度从紧"的政策，五年来，保持了宏观调控各项政策的稳定性，既防止了一哄而上的"过热"，也防止了再走"一刀切"式的急刹车调整经济的老路。

四、宏观调控适应范围从一国封闭环境中走了出来

1994年的外汇体制改革，把国内外经济联系在一起，是相当重大的一步。外汇体制改革有三方面内容：一是构筑了以市场供求为基础的、单一的、有管理的浮动汇率制度；二是实行银行结售汇制度，实现了人民币在经常项目下的可兑换，取消了计划方式的外汇收支分成制和额度管理，实行了通过银行买卖的市场式外汇供求制度；三是建立统一的外汇市场，发挥市场对外汇资源的分配作用。外汇体制改革取得成功，新体制运行正常，市场化外汇改革促进了我国与国际经济的衔接，结售汇使中国货币投放发生了根本性的变化，因结售汇造成的外汇占款成了中央银行基础货币投放的最重要渠道。被指定为结售汇的十几家国家商业银行发现，原来管外汇存款的国际部的相对独立性已完全消失，不与国内部业务协调，工作已无法进行。外汇存款工作大量转成为国内部的业务，国际部与国内部不协调，外汇工作已无法进行。外汇存款工作转成为外汇结售汇，客户与银行关系发生了相当大的变化，已由存取关系变为买卖关系，众多前来结汇的客户构成了人民币流向国内市场的巨大闸门。这意味着，中国国内进行宏观调控，进行货币供给量的操作，已经与国际贸易和来华外资联通了。1994年出现较高通货膨胀时，不少学者都对结售汇制所起作用表示了担忧。但仅过两年，这种担忧就消除了。我们找到了央行与商业行再贷款对冲方式，规定防止资本性收付混入经常项目下结汇的办法等，部分减轻了这种

压力。更重要的是，国内成功的宏观调控，发挥了强大作用，抵消了可能来自国外通胀传递的压力。两年多时间，国内人民币贬值与对外人民币升值的"反向运动"也低调走平，人民币汇率基本稳定，而国内因通胀大幅下降，人民币对国内商品的币值也稳定了下来。

与前几年出现的"短期贷款转长期用，拆借资金转贷款用"的违规行为相比，1995年借合法的汇兑制而出现的"外资转内资使用"问题，副作用就小得多。由于控制得较好，"外转内"没有产生多大消极影响，反而对我国经济有效增长，对促进企业提高运营效益，起到了较好的作用。这充分显示出我国宏观管理和调控，从封闭的国内市场走了出来。在国内外货币骤然沟通的历史关头，宏观调控是从容的、有效的。

五、宏观管理目标基本实现　宏观经济状态良好

近五年来，通货膨胀得到了有效抑制，1993年社会零售物价涨幅为13.2%，1994年高达21.7%，1995年控制到14.8%，1996年回落到6.1%，今年上半年与去年同期相比仅上升1.8%。可以说，宏观调控最重要的目标达到了。国内生产总值1993年到1996年平均为11.6%，今年上半年为9.5%。固定资产投资增速由1993年的58.6%，回落到1996年的18.2%。广义货币供给 M_2 的增幅由1993年的37.3%回落到1996年的25.3%。进出口贸易由1993年逆差122亿美元回升为1996年顺差122.4亿美元。国家外汇储备由1993年的212亿美元，增加到1996年的1050亿美元。人民币汇率1993年为1美元兑11.9人民币，此后三年都在1美元兑8元多人民币，保持了基本稳定、人民币币值略有上升的局面。总之，宏观调控目标基本达到，相当成功。

国民经济既能高速度发展，又能低通货膨胀被称为"软着陆"。我国宏观调控最突出的就是实现了经济的"软着陆"。虽然这个词不是经济学的专用名词，但确实很形象，很生动。从理论上

和实践上，经济增长速度与物价涨幅有这样四种组合情况：一是高速度、高通胀，这在不少国家经济起飞阶段都曾出现过；一种是低速度、低通胀，现在西方发达国家追求的理想状态即为此；三是低速度、高通胀，就是滞胀，20世70纪年代的西方国家曾受此困扰，苏联东欧国家转轨中也染此病毒；第四种情况也是最理想的经济状态就是低通胀、高增长。中国经济两年来在此区间运行，如果现在这种高增长、低通胀状态能持续下来，中国经济就将成为经济发展史上一段奇迹，将达到国内外经济学家们所主张、所追求的最优状态。这是中外近代经济史上少见的。去年年底，中央经济工作会议对经济发展和宏观调控作用有一段准确的总结：经过努力，我国国民经济实现了持续、快速、健康发展，有效地解决了在大步前进中曾一度出现的投资和消费增长过快、金融秩序混乱、物价涨幅过高等突出的矛盾和问题，成功地避免了可能出现的经济大起大落，整个经济开始进入适度快速和相对平稳发展轨道，以治理通货膨胀为首要任务的宏观调控基本上达到了预期目的。

当然，中国经济的健康发展，不仅是中央政府宏观调控的结果，也与地方政府努力和各界人士尤其是经济界艰苦劳动分不开，更与在实践第一线千千万万的工农商各界人士奋斗拼搏分不开。

六、我国宏观管理体制还需要进一步改革和完善

中国的宏观管理体系和动作，毕竟时间还很短，经验还不足。面对中国经济的历史性转变，宏观管理的困难之多之大，是可想而知的。因此，中国宏观管理体系需要进一步的完善。

首先是进一步理顺供给管理和需求管理的关系。在社会主义的中国，宏观管理的范围肯定比西方国家要大一些，这是正常的，但也不能再走传统计划经济下那种包揽产供销的老路。进一步的改革，将更加明确我国政府宏观管理的范围，尤其在供给方面管理的范畴，要压缩过长的战线，对国民经济进行战略性调整，并同时改革管理方式。另一方面，宏观调控主要应搞好需求管理，进一步发

挥经济手段和法律手段的作用。

　　宏观调控的手段要进一步完善，财政体制和金融体制还需要进一步健全。新的财政体制解决收入方面的突出矛盾，但在支出方面仍需要进一步明确中央与地方事权的划分，而这在一定意义上与政治体制改革是相关的。分税制后，如何更好地实施财政返还和转移支付，具体制度正在形成中，还有待完善。如何使财政政策进一步发挥作用，也还需要研究。金融体制方面的改革尚未完成，在金融组织建设、市场建设和政策调控方面，都还需要进行艰苦的努力。在货币政策和金融调控方面，需要弱化把国家商业银行利率作为宏观调控手段的做法，强化中央银行与商业银行之间的再贴现率、准备金率等调控手段，尤其是进一步发展和提高公开市场操作的比重，使之对货币供给的数量调节方面起到更积极的作用。在已实现资金拆借利率市场化的基础上，还应进一步有序地推进多种借贷利率的市场化。

　　中国历史上的改革，败多成少，中国人民为此付出的代价太多了。今天的改革，我们看到了它坚定的步伐，一步步地成功。改革中有混乱，有失误，但更令人欣慰的是成功，是前进。改革中有反对，有动摇，但令人充满信心的是，改革成果在统一着人们的认识，在动员着更广泛的力量。与其他转轨国家比，与中国历史比，深知我国改革开放的成果多么可贵，多么来之不易！宏观调控成绩很大，改革任务任重道远，我们相信并祝愿，宏观管理体制和调控体系将更加完善，更为坚强有力，更受到人民的信赖。

第四章

完善社会主义市场经济体系的理论思考

《中国加入世贸组织议定书》于 2001 年 12 月 11 日生效，中国正式成为世贸组织成员，这意味着中国经济体制改革开放进入了一个新阶段。党的十六大提出，要在 2020 年建成完善的社会主义市场经济体制。十六届三中全会通过了《关于完善社会主义市场经济体制若干问题的决定》。进入新世纪，我国经济体制改革既面对发展战略机遇期，也进入了矛盾凸显期。在科学发展观和和谐社会理论的指导下，我国社会主义市场经济体制得到了进一步的完善。既然如此，就让我们将 2002 年至 2007 年的这一时段，视为社会主义市场经济体制的完善时期吧。

2001 年 6 月，我工作调到北京师范大学，组建了经济与资源管理研究院。做的第一件大事，也是一件与市场化改革紧密相关的研究工作，就是主持撰写了《2003 中国市场经济发展报告》（以下简称《报告》）。当时的背景是这样的：在中国《加入 WTO 议定书》第十五条"确定补贴和倾销时的价格可比性"中规定，中国加入 WTO 之日后 15 年被视为"非市场经济国家"；在确定中国产品是否倾销或补贴的价格可比性时，贸易对手国将采用第三国的同类产品价格来判断中国产品价格是否属倾销。由于替代国的选择多为成本高于中国的一些国家，因此，往往错估或高估中国产品的倾销，使我国出口遭受不公平待遇。因为政府有签字承诺，民间组织可以对此提出异议。因此，受商务部委托，我组织了校内外一批专家学者和研究生，围绕国际贸易中"非市场经济地位"这个问题,在深入调查研究后做出了回答。《报告》从反倾销的角度,提出了合理判断市场经济地位的五大依据;建立了包括33个基础指标的市场化程度测度体系,测度出2001年中国的市场化程度为69%,证明了"中国已经是发展中的市场经济国家"的重要结论。《报告》的中英文版出版后,引起国内外的强烈反响。学术界众多专家对《报告》予以充分肯定,《报告》获第十一届(2004年度)孙冶方经济科学奖和北京市第八届哲学社会科学优秀成果一等奖;新华社、中央电视台、《人民日报》、《求是》杂志社、《美国商业周刊(中文版)》等国内外诸多主流媒体对《报告》作了大量报道。商务部领导高度评价了《报告》的研究成果。《报告》作为中国进行市场经济地位磋商的基本资料,正式提交给欧盟、美国和其他国家,也发送给我国驻100多个国家的使馆。《报告》在促使欧、美从拒绝讨论中国市场经济地位的立场,转到同意并成立了专门工作小组进行磋商过程中,以及在促使几十个国家承认我国完全市场经济地位中起到了重要作用;也在促使完善国内市场经济体系中发挥了重要的参考价值。此后,我还组织完成了《2005中国市场经济发展报告》,英国阿什盖特出版公司(Ashgate Publishing Ltd)以此为基础版本,出版了《中国市场化程度的评估》(Assessing the Extent of China's Marketization)一书。在该书封底,有三位世界著名经济学家作出了评论:哈佛大学库珀教授认为这本书全面地记录了中国从中央计划经济走向市场经济国家的进程;华盛顿国际经济研究所高级研究员拉迪认为,本书是对中国向市场经济转轨的全面分析;匹兹堡大学罗斯基教授认为,这本覆盖面广、内容翔实的著作将有助于外国人了解中国经济学家和政策分析者们如何看待他们国家的发展历程、制度结构和改革进程。可以说,在做这份报告时,深感自己的研究经历,确实与中国市场化过程紧紧地联系在一起。

第一节　对外开放的新阶段：加入世界贸易组织

2001年年底，中国正式成为WTO第143个成员国，标志着对外开放进入了新纪元。市场化和全球化的意识已经渗透到经济与社会生活当中，机遇和挑战也同时到来。

通过履行入世承诺，中国的市场化改革不断深化，各领域市场化程度稳步提高，2003年经济市场化程度已经达到73.8%。中国通过更深更广地融入全球市场经济体系，提高了自身的资源配置效率，综合国力和国际竞争力迅速增强。在对全球经济增长的贡献方面，中国也被认为是美国之外的新经济增长引擎。入世以来的发展证明，入世对于中国是一个正确的选择。

如何看待中国加入世贸组织？我在中国社会科学院研究生院、北京师范大学、长安论坛、北京市金融学会、国家审计署培训班、全国省级台联领导干部培训班、上海财经大学、青海省政府、辽宁营口市、香港经济学会第二届双年会等不同场合，结合自己的体会畅谈入世的意义。我在讲演中一直强调，十月革命一声炮响，送来了马列主义；入世是十五年反复谈判，经协商同意送来了一大套协议；前者引起世界的震动，后者引起世界的赞同；前者送来的是革命，后者送来的是建设。入世表明世界承认中国，支持中国按平等的规则走向法治，这是百年来没有过的。其意义将非常之大，经济上利大于弊，政治上稳定了基本格局。相信再过50年回过头来看，对这件事的意义才会有真正的历史性的深入认识。记得在青海省政府会议上，我讲的主题是"面对WTO的'五眼并用法'"，我借用了于光远先生讲的"肉眼，火眼，慧眼，法眼，天眼"五眼分类，讲了"慧眼看政府，法眼看规则，天眼看趋势，肉眼看自己，火眼看对手"。2001年和2002年，我在杂志和报纸上发表了近10篇谈WTO的文章。其中，《求是》2001第22期上的《WTO与政府管理体制的创新》一文比较集中地反映了我的观点，主要有：加入世贸组织是党中央、国务院根据国际国内经济发展形势，高瞻远瞩，总揽全局，作出的重大决策，这对我国经济和社会各方面产生重大而深远的影响。我国直接成为经济全球化的一个部分，国际竞争将更加激烈。这种竞争，从表面上看是企业之间的竞争，但其背后是政府管理方式、机制、职能与效率的竞争。我们必须正视入世对政府管理体制的重大影响。对此，我的观点是：在市场经济体制基础上进行政府管理体制改革与职能转变，高效率的现代行政管理制度才能适应入世的形势需要，要确保国内相关法律法规与世贸组织规则和相关义务一致，要建设与国际接轨的外经贸体制。我建议要处理好严格履行WTO协议与从我国实际出发的关系，包括研究并利用世贸组织为发展中国家提供的某些保护措施，支持企业发展；在不违反世贸组织规则的基础上，从中国国情出发，制定一些有助于本国经济发展的政策；关注并参与贸易争端的解决，对企业进行入世的辅导和帮助等。

专栏十九

2003年市场经济报告的总论

2001年中国加入了世贸组织，这是世界经济史上的一件大事。世界贸易组织绝大部分成员是市场经济国家，世界贸易组织运作遵循着市场经济规则。但中国在参与世界范围的贸易时，在国外对华反倾销中被视为"非市场经济国家"（Non-Market Economy Country，缩写为NMC），受到不公平的待遇。事实上，中国经过20多年的改革开放，已经建立起市场经济体制。为促进外国朋友对中国市场经济的了解，2002年我们用了近一年时间，对截至2001年年底中国市场经济的状况进行了调查研究，对市场化进程进行了评估测度，并将其与一些发达国家、转轨国家及发展中国家的市场经济程度进行了比较。在此基础上，撰写了《中国市场经济发展报告2003》（以下简称《报告》）。

一、从反倾销谈起

中国市场经济发展程度（国内一般也称市场化进程）的研究分析，起初是为了找出中国市场化改革中的不足，以推进中国的改革开放。但20世纪90年代以来，尤其在中国加入世贸组织过程中和入世之后，这种分析的结果越来越与反倾销有了内在关联。众所周知，是否是市场经济，是反倾销调查确定倾销幅度时一个常用的重要概念。反倾销案发起国的调查当局如果认定调查商品的出口国为非市场经济国家（Non-Market Economy Country，缩写为 NMC），将引用与出口国经济发展水平大致相当的市场经济国家（替代国，surrogate country）的成本等数据计算所谓正常价值（normal value）并进而确定倾销幅度，施以对应的增税措施。

反倾销是世贸组织允许采取的维护公平贸易和保护国内产业安全的合法手段，是各国公认的。中国赞成和支持这一措施，一贯反对以倾销方式扭曲公平贸易竞争的秩序，反对以倾销损害贸易伙伴国相关企业的利益。但是，中国坚决反对滥用反倾销，把反倾销变成进行贸易保护或歧视政策的手段。现在，确有一些国家利用某些贸易纠纷案件，把反倾销作为贸易保护的工具，人为地夸大对方国家所谓倾销的幅度，尤其是把一些发展中国家和转轨国家作为"非市场经济国家"，采用与这些国家经济毫不相干的第三国（替代国）的市场价格来计算这些国家产品的正常价值，而不从这些国家产品的实际成本和价格出发来计算。这就不能真实反映出口国经济的现实，导致误判（替代国制度本身的缺陷，将在本《报告》第十二章进行专门分析）。这种歧视性的做法和不公正待遇，使一些国家出口产品本来没有倾销而被裁定为"倾销"，本来倾销幅度轻微而被裁定为高度倾销，给这些国家出口造成人为的壁垒，给国际贸易公平秩序造成过度的摩擦和动荡。

中国是受损害较大的一个国家。一些国家之所以对中国做出非市场经济国家（NMC）的判断，之所以经常使用对华反倾销的政策及其做法，主要是因为双方交流不够。他们确实不了解中国市场经济已发展到什么程度，不了解中国市场化的快速进展，也不理解中国讲的社会主义市场经济到底是什么样的市场经济。而中国企业由于对国际反倾销法律及程序不熟悉，同时对国内市场经济方方面面变动的不甚了解，在相当一段时间内也很少能向反倾销国家提供案子调查的广泛背景资料；中国学者们虽然从推进改革角度做了不少中国市场化测度的研究，但几乎没有从反倾销角度与国外同行讨论中国的 NMC 问题。因此，使一些国家对中国经济误判一直没有能得到更正甚至因某些小纠纷而加深了。当然，不排除在一些反倾销案件中，有非认识方面的因素在起作用。比如，有时会因涉及一些进口国生产企业的经济利益，进口国政府有关部门迁就了国内企业的过分要求；甚至也不排除个别时期或个别国家机构在与贸易紧密相关的反倾销措施中掺进了某些政治因素。

实际上，市场经济地位并不是反倾销胜诉的唯一条件。市场经济条件下，也存在不公平贸易的产品；非市场经济条件下，也可以有相互满意的公平贸易。同样是市场经济地位的企业，反倾销中仍然也会有败诉。因此，中国要求反倾销国从实际出发对待中国的 NMC 问题，并不是追求反倾销中的优惠地位，只是要求贸易伙伴公平的对待；只希望为了公平贸易而实施的反倾销措施，不要成为扩大不公平贸易的手段。

为了在反倾销中能得到一个非歧视的、公允的判断，我们需要耐心地、客观地向外国朋友介绍中国经济快速转轨的进展情况，帮助外国朋友认识中国是一个市场经济国家，中国的企业是在市场经济条件下运行的企业。本《报告》就是这样一份向外国朋友们提供关于中国市场经济极为详尽的调研成果。我们欢迎国内外读者尤其是外国朋友共同来评判中国市场经济的发展情况。我们将充分听取包括国内外专家在内的各方意见，摆事实，讲道理，心平气和，充分交流。这不仅将有助于促进中国市场经济的深化，也将有助于形成公平、公正的世界贸易秩序和经济发展环境。

二、市场经济标准

当人们说某些国家是市场经济国家，某些企业是市场经济企业，自然会引来一个问题：

什么是市场经济，什么是标准的市场经济或者说什么是市场经济标准？否则，怎么会得出某些国家是或不是市场经济国家的结论？

事实上，有人承认也有人否定存在市场经济标准。承认者和否定者都有各自理由。在这里，我们可以接受国际贸易中因反倾销提出的一个命题，即市场经济标准是存在的；同时，认为市场经济标准是相对的。

我们看到，被公认的一些市场经济国家，其经济制度是有差异的。没有人会断言，某个国家是市场经济标准国，凡与之有差异者就不能算市场经济国家。各国基础不同，传统不同，发展阶段不同，市场经济的形式甚至部分内容也必然会不尽相同。但是，差异并不能证明市场经济标准不存在，从差异而否定市场经济标准存在是不正确的。市场经济作为人类历史上一种经济制度，产生于近代，繁荣于现代，与历史上的自然经济不同，也与计划经济不同，当然有其内在规定性。这种内在规定性是存在于各个发展阶段不同的市场经济国家之中的共性。从形形色色市场经济国家中找到共性，树起一个框架，将有助于我们在反倾销中来判断，到底哪些国家是市场经济国家，哪些国家还不能算是市场经济国家。承认市场经济有一定标准是正确的，但把这个标准绝对化、简单化也是不可取的。这个市场经济标准的框架，不是绝对的，不是一个点，也不是一条线，而是在市场经济基本特征基础上建立的区间，是一个允许有一定差异和偏离存在的状态区间，是一个以各国市场经济的共同性为主、差异性为辅而形成的一个丰富多彩的市场经济状态区间。

1. 从美国、欧盟、加拿大反倾销相关法规看市场经济标准

美国商业部所指的非市场经济国家是指不按市场成本和价格规律进行运作的国家。它对市场经济有六个法定要求或者说具体标准：一是货币的可兑换程度；二是劳资双方进行工资谈判的自由程度；三是设立合资企业或外资企业的自由程度；四是政府对生产方式的所有和控制程度；五是政府对资源分配、企业的产出和价格决策的控制程度；要求该产业的产品数量和价格决策没有政府介入，所有重要的产品投入都是以市场价格支付的；六是商业部认为合适

的其他判断因素。此外，美国商务部还特别关心出口国的出口管理：一是在法律上，政府是否对该企业的出口活动进行控制。包括：a. 对各个企业的经营和出口许可有关的限制规定；b. 任何对企业减少控制的立法；c. 政府其他任何减少对企业控制的措施。二是在事实上，政府是否对该企业的出口活动进行控制，商务部通常要考虑以下因素：a. 出口价格是否由政府确定或须由政府同意；b. 出口商是否有权协商合同条款并签订合同或其他协议；c. 出口商在选择管理层时是否不受政府限制而有自治权；d. 出口商在分配利润和弥补亏损上是否有独立的决定权。

欧盟在 1998 年颁布有关法令，允许中国应诉企业在反倾销调查中申请市场经济地位，同时规定了五条判定市场经济地位的标准：一是市场供求决定价格、成本、投入等；二是企业有符合国际财会标准的基础会计账簿；三是企业生产成本与金融状况，不受前非市场经济体制的歪曲；企业有向国外转移利润或资本的自由；有决定出口价格和出口数量的自由，有开展商业活动的自由；四是确保破产法及资产法适用于企业；五是汇率变化由市场供求决定。

加拿大在对非市场经济问题的调查中，明确包括五个方面：一是政府部门在经济政策、经济管理活动中发挥的作用是否不干扰市场经济正常运行？这包括政府定价的比重、结构、产品分布和报价程序的影响判断，国内产品及服务的定价机制，产品生产和提供服务的计划管理和市场限制的情况，以及对国内及国际贸易管理的情况。它还包括政府机构和职能进一步改革情况等。二是政府部门对企业在生产、销售、采购等方面是如何管理或管制的？对企业融资方面如何管理或管制的？三是在国际贸易方面，政府决定外贸企业可进行对外贸易的条件、程序；政府对进出口产品配额、价格的指导和管制等。四是国有企业的市场化程度，包括企业所有制形式，国有企业改制的时间与完成方式；政府控制的国有企业中，要素价格包括原材料、能源、劳动力成本以及产品数量、价格是如何确定的；企业的资金管理、业绩管理、利润分配、劳资关系以及贷款的获取方式等情况。五是利率在不同企业、不同产业和内外贸不同部门中是否有差异，汇率对出口商而言是否市场形成，企业换汇及存汇方式是否有自主权等。

可以看到，欧美等对市场经济标准的法律规定，是根据反倾销中影响公平贸易因素而归纳的，具有很强的针对性。当然，美国与欧盟以及加拿大提出的市场经济标准有一定的区别。美国直接提出国家的市场经济标准问题，而欧盟和加拿大主要是讲企业和行业的市场经济标准问题。但可以看到，这种区别只是表面上的，就其内容而言，涉的问题是相同和相近的，其实质是一样的。这些标准构成了一个体系，不是单独使用的。欧美等国不是只根据某一条来下判断，而是将围绕所有这些标准的调查结果加总起来，判断企业或产业是否达到市场经济的临界水平，得出和认定该国或该行业、企业是否已经具有市场经济的条件的结论。当然，在具体处理反倾销案件时，与哪一国家打官司还是要针对当事国标准来抗辩。

2. 市场经济五大因素

根据现代经济理论对市场经济的主要概括，从国内外市场经济发展的历史和现实出发，借鉴美国、欧盟、加拿大反倾销对市场经济标准的法律规定，我们认为在对什么是市场经济国家问题上，有五个方面特别重要，也可从中概括出五条带有共性的标准。

（1）政府作用问题。欧美等国关心的问题有：政府对自然资源、资本和人力资本资源的占有、分配与控制问题，政府对国民经济运行的控制和管理权限问题，政府对生产（谁来生产、生产什么、多少，为谁生产）的控制（涉及企业的产权制度、利润分配与破产机制）问题，政府对国际和国内贸易的控制问题，政府对中介组织的控制（如商会和行会）问题等等。归根到底，是资源由政府配置还是市场配置？资源的使用和定价是市场决定还是政府决定？政府是否尊重和保护经济主体在经营方面的自主权利，是否对企业有不公平的对待？这些问题用一句话讲，是政府作用问题，或更准确地讲，是市场经济中的政府作用及政府与企业的关系问题，我们将这一条概括为"政府行为规范化"。

（2）企业权利与行为问题。美国商务部关心企业的产出数量和价格决策有没有政府介入，企业有没有自主的经营和出口权，有没有选择管理层、分配利润和弥补亏损上独立的决定权，有没有协商合同条款并签订合同的自主权，尤其关心出口企业这些权利。欧盟同样关心企业决定出口价格和出口数量的权利，关心企业有没有符合国际财会标准的基础会计账簿，关心企业是否有融资和向国外转移利润的权利，有没有开展商业活动的自由权。加拿大政府有关机构除关心上述方面外，还关心企业所有制形式及国有企业改制情况等。归根到底，他们关心企业在产销活动中，行为是市场化的还是行政化的？概括的讲，这一条要害是讲企业权利和行为，我们概括为"经济主体自由化"。

（3）投入要素的成本与价格问题。美国商务部关心一国政府对资源分配的控制程度，关心产品投入是否以市场价格支付；欧盟关心市场能否决定投入要素的价格，关心企业成本的真实性；加拿大政府有关机构关心国有企业要素价格包括原材料、能源、劳动力成本以及产品数量、价格是如何确定的。总之，欧美等对企业投入方面的生产要素如原材料价格、劳动力工资等是否是市场价格，都是很关心的。这完全是可以理解的，因为投入品价格关系到产出品成本，直接影响产品价格，这与反倾销是直接相关的。因此，任何进口国，对出口国的产品，都会特别关注其成本的真实性和其价格形成的规则。这可归结为"生产要素市场化"。

（4）贸易问题。欧美等国关心贸易活动包括国际贸易和国内贸易中，交易活动是自由的还是被压制的？市场基础设施和市场立法及司法是否健全？市场中介是否具有独立性？起什么样的作用？贸易政策中的企业定价是否是自主的？政府如何管理出口和出口企业的？企业是否有商业活动的自由。总之，关心贸易环境与条件，我们概括为"贸易环境公平化"。

（5）金融参数问题。欧美等国特别关注反倾销的被调查国利率和汇率是否由市场形成？本币是否可兑换或可兑换程度？利率在不同企业、内贸、外贸部门、不同产业中是否有差异？企业金融状况是否不受前非市场经济体制的歪曲？企业是否有向国外转移利润或资本的自由？企业换汇及存汇方式是否有自主权？等等。概括的讲，他们关心利率和汇率这两大金融参数的形成和适用范围中的公平性，进而涉及这些参数形成基础即金融体制的合理性问题，这里将其归纳为"金融参数合理化"。

显然，以上概括的判断市场经济标准的五大因素，是在我们对现代市场经济理论和现实认识和理解的基础上，在充分吸收欧美和加拿大反倾销要求而提出的市场经济标准基础上，紧紧围绕公平贸易角度提出来的。我们认为，将这五条作为衡量市场经济标准进行比较和讨论，便于直接与欧美国家对话，是极务实的做法。

当然，将这五大因素作为判断标准，与国内学术界对市场经济或市场化的分类是有区别的。有专家强调市场经济是由三大产业组成，因此要分成三部分来衡量；有专家强调市场经济是由七大类市场组成，因此可分为七部分来衡量；还有专家强调市场经济应从政府、企业和市场三大因素入手进行衡量，等等。各种不同的分类都有其存在理由。正如我们在剖析一头大象时，首先面临如何分解？是头、身和腿的因素结构，还是呼吸系统、神经系统、骨骼肌肉系统组成？还是因关注环境，重点从内因与外因两大部分进行归类？分类直接会得出相应的因素指标。我们认为重要的是，要从研究的目的出发来进行分类。如果是市场专家专业所用，自然强调市场分类指标；如果是理论研究，会看重全面性；而如果运用于反倾销，当然要注重当事国的问卷要求和相关法定指标。正因为我们是从反倾销的实用角度进行市场经济研究的，因此我们就从反倾销的重要当事国的标准中归纳出"五大因素"，以此作为讨论的基础。显然，五大因素选择有两大特点：一是不强调市场经济的完整性，而突出分类指标的标志性，即把市场经济中对贸易影响最大的五因素作为判断的标志性指标，进行综合分析。二是不强调按市场经济理论的逻辑性来分类，而是强调与公平贸易相关的针对性问题来分类和应对。

3. "政府行为规范化"和"经济主体自由化"的进一步分析

下面，我们以"政府行为规范化"和"经济主体自由化"这两条标准，来深入地讨论因素标准的含义和基本特征。

"政府行为规范化"的要求是，政府管理体制能适应市场经济的要求，处理与市场和企业的关系。概括的讲，一国资源主要是政府行政性配置还是市场手段进行配置？欧美等国有关市场经济标准并不要求通过理论模型或是一个完全竞争的放任性经济来对各国做出判定，他们也承认当今世界上市场经济有许多不同的形式和特征。

在现实中，"政府行为规范化"往往是用"政府规模和干预程度"近似地表述的。大家关心的是：政府在市场经济中，是否要发挥作用还是不要发挥作用，发挥的作用大点好还是小点好，即大政府好还是小政府好，强政府好还是弱政府好？核心问题是政府与市场的关系。以亚当·斯密为代表的古典经济学强调小政府，强调市场的完全自由化；凯恩斯理论则强调大政府，认为完全自由并不能达到供求均衡，政府干预经济才能扩张有效需求，实现供求均衡。就现代市场经济而言，萨缪尔森的新古典综合理论成为主流意见，就是政府要与市场相结合，政府要在市场配置资源基础上，发挥自己的组织和引导作用。在这里，政府通过对经济的干预进行资源的再配置成为资源市场配置方式的必要补充。按照萨缪尔森的观点，政府的作用：一是确立法律体制；二是决定宏观经济稳定政策；三是影响资源配置以提高经济效率；四是建立影响收入分配的合理机制。政府要少干预市场，少干预企业，但也不能放弃提供公共品和追求健康经济环境的责任。当今社会，没有一个经济体是纯粹的（完全）竞争的市场经济，更没有政府全部包干的市场经济经济体。共同的认识是，要减少政府过度干预，要防止垄断，要促进竞争，要实行法制。

但对不同国家、不同发展阶段、不同经济问题而言，政府对经济的作用大还是小是有区别的。对高度发达的市场经济国家，一些政府对经济直接干预的作用小了，但对经济间接影响的作用大了。同时也存在另一种情况：一些政府仍保有多一些的国有资本，对产业政策有多一些的依赖。比如，美国和英国强调市场机制的作用比日本和北欧国家更多一些，而日本和法国则对指导性计划和产业政策有较大的认同。对于中国这样一个转轨国家，尽管通过改革与开放，将原来计划经济体制下的政府职能进行大的调整，将全面的经济干预变为重点干预，并从制度上强化尊重和保护企业在经营方面的自主权利，越来越公平地对待各种所有制类型企业。但事情的另一方面是，为了将来政府作用小，现在必须要求政府发挥更大的作用。因为，没有政府对改革的领导和对市场发展的支持，市场经济体制是建立不起来的。尽管成熟的市场经济国家和经济转轨国家，都存在政府适度干预和市场自由运行的结合，但政府作用大小和对经济的干预程度强弱，必然是有差异的。这种差异是正常的，是处在市场经济不同阶段的对应表现形式。

所有的政府行为都涉及管制。如果政府管制超过必要的程度，势必会影响市场的有效性，最终导致在保护一部分利益的情况下，很大程度地影响了另一部分人的利益和权利，并使整个经济自由性受到伤害。但有些必要的管制是不可或缺的。因为这些必要的管制一方面可以保护社会集团、国家的利益，同时，也是为了推动社会进步，确保人们可以自由地享受其劳动成果。政府对经济的干预范围和程度的合理性判断，以及推广到不同国家时对差异性区间的界定，是测度市场经济标准的理论基础。

"经济主体自由化"的要求是，在市场经济中，企业（这里也包含各类经济主体，下同）不仅在法律上而且在事实上是独立的经济实体，产权关系是明晰的，经营管理、贸易和经营的决策等是独立的和自主的。同时，企业在资源（资本、劳动、土地和企业家）配置方面和在市场交易中，其价格、产量、利润和进出口等方面，是按照市场规则、市场供求来考虑和决策的，而不是根据政府要求来决策的，即企业行为也是市场化的。"经济主体自由化"，有助于企业提高效率和自己承担风险，有助于实现社会范围内资源配置的合理化。正因为如此，企业的自主性和行为的市场化，成为判断一个国家是否是市场经济的标志。也正因为如此，我们理解并赞成欧美等国在市场经济标准中对企业市场化的种种标准。

当然，"经济主体自由化"的测度，是复杂的，是有难度的。我们看到，在不同时期、不同发展阶段、不同的历史条件下，企业的市场经济标准是变化的。就企业产权、管理模式和行为而言，并没有一个绝对的标准。企业组织形式是多种多样的，公司治理模式是多种形式的。特别是国有企业存在情况是不同的，各市场经济国家对国有企业管理模式也是不同的。据世界银行统计，到20世纪80年代初，国有企业占全球国内生产总值的比重平均在10%，占全球总资本的份额则为35%。我们应按照一定标准，判断各类企业尤其是国有企业的市场化程度，并据此判断国家市场经济程度。我们要允许这些标准有一定弹性，有一定区间，不能过于机械。比如，我们不能说，20世纪90年代的英国是市场经济国家，而20世纪70年代工党执政时期，国有化程度高峰时就不是市场经济国家；也不能说美国政府把国有企业的大部分出租给私人垄断组织的方式是市场经济的，而意大利参与部通过国家级控股公司对企业进行层层参与、逐级控制的模式就不是市场经济的。事实上，第二次世界大战以后，英国、法国、意大利等西欧国家积极推进"国有化"运动，通过直接投资兴办、购买或没收以及国家持股参与等形式建立国有企业，从而形成了各个国家规模大小不等、管理方式各异的国有经济体系。1972年，国有企业占本国全部资产总额的比重，英国为29%，法国为33%，意大利为30%，联邦德国为30%，日本到20世纪80年代初也达到35%左右。（参见《报告》第十四章：中国与发达国家市场经济比较）。

4. 市场经济标准的绝对性与相对性

我们认为，市场经济标准应是绝对性和相对性的辩证统一。

从欧美等国反倾销的市场经济标准中归纳五大因素，这本身意味着我们承认，存在着市场经济的标准。任何一个国家，我们都可以用这五大因素标准加以衡量，来判断其是否是市场经济国家。但另一方面，这五条标准本身是大体上的，是粗略的，是有差异区间的，是有弹性、有变化的，现实中不存在100%的市场经济国家。

一些支持绝对标准论的专家认为，为了达到一个统一认识，为能做出统一结论，即使现实中没有纯粹的市场经济，理论上也需要100%为完全的市场化标准，以0作为完全计划化的标准。否则，不同国家的比较也就失去统一的标准，同一个国家的不同领域或不同时期的比较也会发生困难。持相对标准的专家认为，世界上不存在一个100%市场化的国家，只有市场化程度的相对比较及排序，才是有意义的。

我们倾向于这两种思路的综合。我们认为，国内专家多把市场化100%作为完全标准，这是一个带绝对化的理论标准。绝对数值标示清楚明了，一目了然，但绝对化则与现实有差距。用相对位次判断市场化程度是可行的，相对指标只列位次，简单易行，理由充分，但这种排序过程中，其实离不开选择若干指标进行评分这样的测度过程。可以说，相对位次排列，并不能否认中间过程存在绝对数值的测度；绝对数值的结果，也不能否认甚至还需要再进行相对比较。绝对数值判断与相对位次排序需要结合和统一起来。

总之，绝对合理的市场化标准是没有的，但用市场经济五大因素方面的平均值作为大体标准，则是一种比较实际的带相对性的标准。有人问：这五条标准本身是否是科学地分类？我们的回答是：这是来自实践的标志性分类，是运用于特定目的的。我们研究的目的是如何公平贸易，如何正确公正地反倾销，而不是从理论的完整性出发。我们在追求和各当事国达成共识的过程中，在推进公平贸易过程中，相信能够不断提高测度工作的科学性。

三、经济自由化指数与市场经济程度指数

如何来测度市场经济程度？这是一个具有挑战性的课题。我们

只有在借鉴和吸收已有成果的基础上，才可能做出自己的回答。我们拟以归纳欧美反倾销中涉及的市场经济五大因素作为基础标准，并借鉴国际上已进行多年的经济自由化测度的思路和方法，参考国内专家对市场化测度的丰富成果，提出以反倾销为目标的市场经济程度测度的思路与方法。

这里，主要是对国际上进行经济自由化测度的研究成果进行分析。

1. 经济自由化指数的测度

自20世纪90年代起，多家国外的研究机构对于全球范围内不同国度的经济自由化（程度）进行了实证性的评估和测度，进行了经济自由化指数的排序。其中最有影响的有两家：一家是美国传统基金会（Heritage Foundation），另一家是加拿大弗雷泽研究所（Fraser Institute）。下面，分别对这两家研究机构的测度思路和方法进行分析，并从中找出为我们测度和判断市场经济标准的可资借鉴之处。

（1）美国传统基金会的工作

美国传统基金会的经济学家将经济自由（化）定义为"政府在生产、分配、消费等方面超过保护公民和维持其自由的强制或干预的消除"。他们认为，①一个国家的繁荣缘自长期持续地推行开放市场和健全的经济政策；②贸易自由化将迫使其他领域经济自由化的发展；③在缺乏对建立强有力的法律制度进行承诺的情况下，仅仅推行私有化，不足以导致真正的经济自由化。显然，他们考察的具体对象主要是政府的相关政策。美国"传统基金会"和华尔街杂志（The Wall Street Journal）于1995年首次出版了该年度《经济自由度指数》（Index of Economic Freedom）。

美国传统基金会在对自由化指数的测度中，共设置了50项变量（Variables）或指标，并将其分为十项因素（Factors），分别予以估测，然后将各类因素的分值进行加权平均，便获得某国（地区）的经济自由（化）指数。显然，这是一种"三层楼、两段式"

的测算方法。这十项因素分别是贸易政策、政府的财政负担、政府的经济干预、货币政策、资本流动及外国投资、银行和金融、工资及价格、产权、规制以及黑市。由于传统基金会的研究人员认定，难以区分十项因素重要程度的差别。因此，便用上述十项因素分值的算术平均值来衡量一国经济自由程度的指数。而每项因素的评估采用了分值测度的方法，即预先就分值的含义、依据等做出规定，然后根据变量指标对各项因素进行"打分"和评估。该机构将各项因素的分值分为五等，规定了每一等的具体标准。分值1表示该因素的评定最好，5分则最差。将各项因素的分值进行综合，便可获得用分值表示的经济自由（化）指数。指数小于1.95表示"经济自由"（Free）；指数2.00~2.95表示"大部分自由"（Mostly free）；3.00~3.95表示"大部分不自由"（Mostly unfree）；4分及其以上表示"抑制"（Repressed）。

（2）弗雷泽研究所的工作

弗雷泽研究所是对世界范围内国家（地区）经济自由进行研究和测度的另一个著名研究机构。研究报告为《世界经济自由度报告》。该《报告》概括了100多个国家的自由（化）指数。

该研究所的专家设置了37个变量指标，归为五项因素：政府的规模、法律结构与产权保护、货币政策的合理性、对外交易的自由、信贷和劳动力及商业管制。

加拿大弗雷泽研究所认为：经济自由的核心内容是个人选择、私有财产的保护，以及交换的自由。公众拥有经济自由应当包括：一是非使用暴力、欺诈及偷盗所获得的财产受到保护，以免除来自他人的实质性掠夺；二是公众拥有自由使用、转让、赠与其财产的权利，只要其行为并未妨碍他人同等的权利。因此，他们特别强调个人经济自由的选择和产权基础。

弗雷泽研究所综合指数的计算过程是通过加权平均完成的，数值被设定为1~10的范围，较高的指数数值，反映较高的经济自由度。在具体指标的选择上，强调指标的可测性。

简短的评价：美国传统基金会的十项因素指标，对我们测度市场经济程度有很大借鉴意义。这十项因素指标，与市场经济标准的五大因素高度相关。因此，有些因素可直接借鉴，有些因素将修改后借鉴。比如，"税收"显然是政府管理的部分，可归在"政府的经济干预"之中，不再单独于政府之外；资本流动、工资等，可归入"要素流动"之中；而货币政策和金融可合并，物价控制也可以与贸易政策合并。此外，传统基金会先定标准再打分的评价方法也是我们重点参考的。

弗雷泽研究所的因素选择也有很多可取之处。它的五个因素与我们概括的市场经济标准五大因素比较接近。其中它对经济主体自由度的关心，更是我们在选择子因素下变量指标时要充分考虑的，即企业这部分的变量指标要多一些，更充分反映经济主体的自由度情况。

对以上两个研究机构更为详尽的介绍与成果分析，可参见《报告》的第十三章。

2. 从自由化指数到市场经济测度

自由化指数在相当程度上是可以用来进行市场经济测度的，因为其所依据的因素指标或变量指标均与市场经济紧密相关。就总体指标看，市场经济程度越高，相应自由化程度越高；反之，市场经济程度越低，自由化程度也越低。另一方面，自由化指数还不能完全代替市场经济标准，二者在功能上和设计上还有一些差别。在现实中，同是市场经济程度很高的国家，自由化程度并不一样高。同样，同是自由度很高的国家，市场经济程度也有较大差异。就单项指标看，自由化与市场经济程度尚有较多的背离和矛盾的一面。

下面，我们从自由化指数两大研究机构的子因素与反倾销中的五大因素标准，来比较自由化指数与市场化指数的异同。

首先，自由化指数强调政府管制的放松和对经济干预的减少，这正是市场经济标准中最重要的一个标准。美国传统基金会不仅把"政府的经济干预"作为一大指标，而且在其他子因素中，如贸易政策、税收、货币政策、外资政策、工资及价格控制等，几乎所有的子因素都是强调政府作用要限制、要规范化。加拿大弗雷泽研究所强调的政府规模、货币政策和私有权保护等，也体现着这一精神。因此，自由化指数中对政府管制和干预放松的诸多要求，与欧美等国反倾销中提到的政府行为规范化的精神是完全一致的。但是，自由化指数的评分标准中，对税收评价是越低越自由；而就市场经济评价而言，税收合理是最重要的，不能越低越好。同样，就自由化角度，政府干预越少越好，而在市场经济标准中，政府少干预是必要的，但不是越少越好。符合市场经济规则的政府干预是需要的，这也是经济市场化运行的保障条件。

其次，自由化指数特别强调经济主体自由的程度，这是强调政府少干预的另一种角度。美国传统基金会对政府行为规范化的种种要求中，体现着这种精神。加拿大弗雷泽研究所更是具体提出使用不同通货的自由、对外贸易的自由、资本市场上交换的自由等。而在市场经济标准规定中，经济主体自由化是非常重要的一条，也是市场经济的基本内容之一。由此可见，经济主体的自由度是两种指数指标的共同要求。当然，在这一共同要求方面两种指数也有一定区别：市场化指数要求经济主体自由化的同时，还要求经济主体组织和行为符合市场经济规则；自由化指数对此的关注相对较少。

再次，自由化指数关注工资形成，关心政府对信贷的影响程度，政府对于企业的补贴，这与反倾销市场经济标准中对生产要素市场化的关注也是相同的。但从具体指标上可以看到，在这一项上，自由化指数评判标准不如反倾销的要求那么严格和具体，这是可以理解的。因为这一条对公平贸易是至关重要的，而对自由化程度判断则相对分量轻一点。从这一条上，我们可以体会出评价两种指数时因关心重点差异而出现的具体测度上的差异。

第四，在贸易活动方面，自由化指数关心关税是否足够低，越低表明贸易越自由；关心企业自由定价的程度，关心对外商企业的公平性，关心市场秩序比如黑市的干扰等。就这一方面看，自由化指数的要求与市场经济标准的公平化要求，实质上差别很小。因为在反倾销中所考虑的市场经济标准，重点就是贸易活动公平化和自由度。当然，在对自由化的理解上，两个指数强调的重点有所不同。自由化强调管理、管制、限制越少越好；市场化强调管理和干预不能影响公平贸易，不能影响企业自主性，尽管必要的管理仍然是不可少的。

第五，自由化指数强调银行提供信贷的自由和企业融资的自由，银行存贷利率的市场决定，使用不同通货的自由，汇率的市场决定，等等。这些自由化指数的要求，大部分在市场经济标准中也是必要的。如货币的可兑换程度、汇率变化由市场供求决定，企业换汇及存汇方式有自主权，企业有向国外转移利润或资本的自由等。同时，市场经济标准中，还关心利率在不同企业、内贸、外贸部门、不同产业中是否有差异，即资本资源配置时的公平性，关心企业金融状况和资金管理不受前非市场经济体制的歪曲。但自由化指数特别强调非通货膨胀条件的重要性，认为通货膨胀越高，经济主体越不自由，或说相当于政府增加了通货膨胀税。而市场化指数对通货膨胀并未提出要求。因为，市场经济国家，出现通货膨胀是经济周期中一个正常状态，不是反映市场经济体制变化的标志。显然，自由化指数与市场经济标准在货币政策和金融体制方面的多数要求是相同或近似的，但市场经济标准更关注体制基础。

综上所述，自由化指数在很大程度上或说总体上是可以用来判断市场经济发展程度的。尤其近年来，自由化指数的判断标准与市场经济标准有靠近的趋势。比如2003年美国传统基金会年度报告就政府干预问题指出："政府管制或限制的度没有超出保护和维持经济自由本身是必要的"，也就是承认政府管制或限制存在着保护和维持经济自由的一面，只是不能过头和越位。这一点，恰恰是我们认为比较市场经济标准与自由化指数存在的不同之处。如果这一点两种指数在靠近，那么，我们就可能更多地吸收自由化指数测度中的思想和成果。

另一方面，我们也看到现阶段自由化指数与市场经济标准确有差别：一是自由化指数是从经济自由角度来看政府管理的放松，来测度经济主体的自由化程度；而市场经济标准关心的重点是从公平贸易角度来关心政府管理是否能遵循市场经济规则，关心政府与经济主体的关系是否符合市场经济规则。因此，二者选择的指标和对指标的评价有不同之处。正如非市场经济国家经济不自由，但不自由不都是非市场经济国家。在自由度排名中，自由度高的国家并不一定就是公认的市场经济国家。比如，在美国传统基金会2003年度报告的排序中，巴西和蒙古同时排名第72位，但巴西公认为是市场经济国家，蒙古则正处在经济转轨中，还没有被公认为是市场经济国家。二是自由化指数的理论基础是完全自由市场经济，是亚当·斯密的自由放任市场经济理论；市场化指数的理论基础是现代有管理的市场经济，是以新凯恩斯主义为主的，或说是国家干预主义与新自由主义的混合。因此，市场经济标准在总体上肯定自由化的同时，更强调制度的合理性。三是自由化涉及的范围相当广泛，而反倾销中的市场经济标准相对是有重点的。因此，在指标选择上面，后者相对集中一些。或者说，市场经济标准的因素和子因素相对集中在对贸易公平性相关的指标上。因此，完全套用自由化指数来判断市场经济程度有其不足。

四、2001年：中国市场经济测度结论及其国内外比较

众所周知，20世纪70年代末以来，中国就开始了改革开放，开始了向市场经济的转轨，即人们常讲的市场化。2001年中国市场化程度如何？到底是否达到市场经济五大因素标准？这是值得我们认真地、客观地加以研究的。下面，我们从三个方面来分析这个令人关注的重大问题。

1. 1978~2001：中国市场经济快速成长

1978年，中国开始对计划经济体制进行改革。1979年，农村推广家庭联产承包责任制，农户被给予充分的生产经营自主权。

1984 年，中国作出了经济体制改革的决定。1992 年 10 月，中国明确提出建立社会主义市场经济体制的改革目标。2002 年中共十六大向世界宣布，社会主义市场经济体制已初步建立。中国将坚持改革开放，不断完善社会主义市场经济体制。

经过 20 多年的努力，中国经济的市场化进程已经取得了举世瞩目的成就。

首先，政府职能从服务于计划经济转向服务于市场经济，市场在资源配置中发挥了基础性作用。生产什么、生产多少已由生产者根据市场需求自行决策，市场主体在经营活动中获得自主权。政府逐步从直接的大量的企业管理中退了出来，成为宏观管理和社会管理者。1994 年财税、金融、外汇、投资等体制改革后，中国已建立了与市场经济相适应的宏观管理体系。（见《报告》第一章：政府管理体制的改革）

其次，多种所有制经济共同发展的格局基本形成。据国家统计局测算，中国非国有经济创造的增加值占 GDP 比重，1992 年为 53.57%，2001 年增加到 63.37%。另据世界银行国际金融公司估算，1998 年中国 GDP 中各种所有制企业的比重，国有为 37%，集体为 12%，私营为 24%，外资为 6%，股份制为 3%，农户为 18%。也就是说，私营部门的比重已经达到 51%。这个估算为国际上所接受。非国有经济已成为支撑国民经济的重要力量。国有企业市场化程度大大提高，规范化改制力度不断加大。"产权明晰、权责明确、政企分开、管理科学"是国有企业改革的重要原则，人事、劳动、分配三项制度改革，促进了劳动力要素的自主流动和工资率自主形成。垄断行业改革与重组已取得阶段性成果。国有企业市场化程度大大提高，基本按照市场规则运行，转制成为市场主体。中国政府采取措施鼓励外商直接投资，大批外商投资企业发挥了重要作用，进出口总额新增加部分外商投资企业所占比重达 63%。欧美有许多世界著名的跨国公司，如摩托罗拉、西门子、阿尔卡特、诺基亚和飞利浦等，都在中国市场获得了巨大成功。中国

市场化改革为他们开拓中国市场提供了强有力的制度保证，他们是中国市场经济发展的见证人。（见《报告》第二章：企业的市场化）

三是市场体系逐步完善。金融市场从无到有并日趋完善，劳动力市场近年来发展快速，房地产市场稳步发展，技术市场、信息市场逐步形成。商品、生产要素和服务品的价格绝大多数由市场形成，利率市场化初见成效，以市场为基础的、有管理的浮动汇率制度有效地发挥着作用。中介组织的发展明显加快，已初步形成了有多种机构类别、多种组织形式和多种服务方式的中介组织体系。市场的管理与监督也在不断改善与加强。（见《报告》第三章至第九章）

特别要指出的是，在中国，市场经济的法律体系已基本建立。这些年来，通过三次修改宪法，已明确规定"国家实行社会主义市场经济"，确立了各种市场经济主体的平等地位。根据市场经济发展的需要，制定了一系列法律，确立了市场规则，规范了市场主体行为，明确了国家管理经济的职能。（见《报告》第十章）

综上表明，中国已初步建立起市场经济体制，已成为一个发展中的市场经济国家。下面，我们进一步从定量测度角度来评估这一结论。

2. 中国市场经济发展程度的测度结果

市场经济五大因素标准和美国、加拿大两大研究机构的经济自由化测度评价，是我们测度中国市场经济发展程度的重要借鉴和参考。我们在五大因素基础上确定了 11 个子因素，在 11 个子因素下确定了 33 个变量指标。通过对变量指标设等评分、汇总评估，得出中国市场经济发展程度的重要结论。

下面我们先简介 33 个变量指标及分值，然后介绍 11 个子因素，并对五大因素的评分进行介绍和分析，最后将作出中国市场经济发展程度的最终评分和简短的评论。

表4－1　中国市场经济程度测度指标及评分

	指标名称	1992	2000	2001	2001 年得分
1	政府消费占 GDP 的比重（%）	13.11	13.09	13.58	2
2	企业所得税（含费）平均税率（%）	37.35	29.36	30.92	3
3	政府投资占 GDP 的比重（%）	2.24	3.54	3.90	3
4	政府转移支付和政府补贴占 GDP 的比重（%）	5.12	6.70	7.36	3
5	政府人员占城镇从业人员的比重（%）	17.86	14.39	13.90	3
6	非国有经济固定资产投资占全社会固定资产投资的比重（%）	31.95	49.86	52.69	3
7	城镇非国有单位从业人员占城镇从业人员比重（%）	39.03	65.00	68.09	2
8	非国有经济创造的增加值占 GDP 比重（%）	53.57	60.62	63.37	2
9	非国有经济税收占全社会税收的比重（%）	33.00	57.72	64.42	2
10	非国有经济进出口总额占全部进出口总额比重（%）	27.45	54.59	55.04	3
11	财政对国有企业的亏损补贴占 GDP 比重（%）	1.67	0.31	0.31	2
12	经营者由市场选聘的企业比例（%）	7.9		89.22	2
13	拥有决策自主权的企业比例（%）	54.9		93.14	2
14	分地区常住人口与户籍人口数之差占户籍人口比重（%）	1.39	2.35	2.57	3
15	行业间职工人数变动率（%）	2.14	5.20	4.96	3
16	工资由雇主和雇员自愿谈判的企业比例（%）	70.2（1993）		81.35	2

	指标名称	1992	2000	2001	2001 年得分
17	资本形成总额中外资、自筹和其他资金所占比重（%）	57.27	74.69	75.28	1
18	外方注册资金占外商投资企业总注册资金的比重（%）	59.75	69.68	71.11	1
19	城镇土地使用权的拍卖面积占土地使用权出让面积的比例（%）	5.70	13.34	12.00	3
20	社会消费品零售总额中市场定价的比重（%）	94.10	96.80	97.30	1
21	农副产品收购总额中市场定价比重（%）	87.50	95.30	97.30	1
22	生产资料销售总额中市场定价比重（%）	81.30	91.60	90.50	2
23	平均关税税率（%）	43.20	16.40	15.30	4
24	从国际贸易中获得的税额占进出口额的比重（%）	2.33	1.91	1.99	3
25	违反不正当竞争法规的案件立案查处率（%）		87.82	80.90	3
26	知识产权案件中立案查处率（%）		79.57	86.29	2
27	非国有银行资产占全部银行资产的比重（%）		24.59	26.74	4
28	非国有金融机构存款占全部金融机构存款的比重（%）	19.50	26.58	32.22	3
29	三资乡镇个体私营企业短期贷款占金融机构全部短期贷款的比重（%）	7.08	14.85	15.74	4
30	最近五年通货膨胀率的平均值（%）	9.94	1.86	0.34	1
31	各种金融机构一年期贷款利率全距系数（%）		60.00	60.00	3

	指标名称	1992	2000	2001	2001 年得分
32	资本项下非管制的项目占项目总数的比例（%）			28.00	4
33	人民币对美元汇率与新加坡本金无交割远期汇率月平均差偏离度（%）		1.68	0.55	2

以上 33 个变量指标中得 1 分的有 5 个，表明这方面自由度高，市场化程度高；得 2 分的有 11 个，表明这 11 个方面自由度和市场化程度较高；得 3 分的有 13 个，表明这 13 个方面自由度和市场化程度较低；得 4 分的有 4 个，表明这几个方面的自由度和市场化程度低，是我们进一步改革需要特别关注的地方。

在 33 个变量指标分值基础上，我们得到 11 个子因素的评分分值，排分值从低到高即自由度和市场化程度由高到低的排序是："贸易产品定价自由度" 1.33 分；"资本与土地" 1.67 分；"企业运营" 2.00 分；"非国有经济的贡献" 2.40 分；"政府的财政负担" 2.50 分；"法律对公平贸易的保护" 2.50 分；"劳动与工资" 2.67 分；"政府对经济的干预" 3.00 分；"银行与货币" 3.00 分；"利率与汇率" 3.00 分，"对外贸易自由度" 3.50 分。

在 11 个子因素分值基础上，我们得到了五大因素的评分分值，排分值从低到高即自由度和市场化程度由高到低的排序是："生产要素市场化" 2.17 分；"经济主体自由化" 2.20 分；"贸易环境公平化" 2.44 分；"政府行为规范化" 2.75 分；"金融参数合理化" 3.0 分，排在最后。

在五大因素分值基础上，我们得到中国市场经济程度的总评分：2.51 分，反映了中国市场经济程度既不是最好，也不是最差，处于中等偏好状态，或者说比较自由和市场化程度较高的状态。如果折算为百分比，近似为 69%。这是市场化程度较前有进步，但与欧美等国家比较还有较大差距。

具体的评分标准和方法，将在《报告》第十一章中进行详尽的说明。

1. 中国市场经济程度的国内外比较

（1）中国市场经济测度结论与国内各研究组织的同类成果比较

为进行中国市场经济程度测度结论的比较，现将国内学者做过的市场化测度概括为下面的一张表。

表4-2　对中国市场化进程的各种测度指数

研究者	1980 年	1990 年	1992 年	1994 年	1995 年	1996 年	1997 年	1999 年
卢中原、胡鞍钢			62%					
江晓薇、宋红旭					38%			
国家计委课题组					65%			
顾海兵	5%	35%				40%		50%
陈宗胜等							60%	
徐明华（1999）	8 大类共 31 项指标，对 9 个省份市场化排序							
樊纲、王小鲁（2000）	五个方面共 15 个指标对各省市场化排序							

（资料来源：王全斌：《关于我国市场化进程的研究》，《中国经济时报》2002 年 7 月 20 日）

从上表中可以看出，1992 年后研究者们对中国市场经济程度的测度分两类，一类是绝对分值的测度，另一类是相对位次的排序。就绝对分值的测度结论看，其分值最低值为 38%，最高为 65%。其中，有三组研究者的测度结论在 60% 及 60% 以上，其中一组对 1992 年评分值就达到 62%，各种研究结果的年度简单平均值为 52.50%。这些结论告诉我们，各位专家对中国市场化程度的测度结论，是略低于但接近于我们的测度分值的。如果考虑到我们的工作与前期研究者相比，时间已过去了若干年，而这些年中国市场化进展又很快的事实，那么，我们测出的 2001 年市场化指数在 69%，这应具有相当的可信度。当然，这种比较是与前期相比，国内研究成果尚没有 2001 年的。因此，这仅为大家对市场化测度结论的分析比较提供一种参考。

（2）中国市场经济程度的国际比较

①22 国（地区）金融市场化排序

为使我们的研究成果能与世界各国的同类评判有一个比较，我们按照发达国家、经济转轨国家和发展中国家三种类型，选择了 22 个国家和地区，将中国市场经济发展的重要方面如政府管理、企业自由度、生产要素市场化等，与它们进行了比较。这 22 个国家和地区是：阿根廷、澳大利亚、巴西、保加利亚、中国、捷克、中国香港、匈牙利、印度、意大利、日本、哈萨克斯坦、韩国、墨西哥、蒙古、波兰、罗马尼亚、俄罗斯、新加坡、英国、美国、越南。与此同时，我们还从国内外有关经济体制和竞争力的国际比较年鉴或报告中，得到不少资料和启发。通过国际比较我们发现，中国市场化程度和发达国家有一定的差距，但其中某些方面并不比他们差；而且和改革及转轨国家相比，中国市场化程度的不少指标居领先地位。（见《报告》第十二章至第十六章）

我们对 22 个国家（地区）与市场经济标准相关的资料和数据进行了收集和整理。由于国外大量统计资料是发展类指标，而有关市场化方面指标很少。即使有经济自由度方面的指标，也因国情差别，而与我们判断国内市场经济的指标不同。如国有企业市场化方面的指标，国外没有此类数据，甚至连"国有企业"都没有单列出指标。因此，经过最大努力，也只收集了不到 20 个涵盖 22 个国家（地区）的变量指标。变量指标不足，使全面测度 22 国（地区）市场化程度并进行排序的设想没能实现。但这些已收集整理的资料仍有一定价值，我们把这 20 个变量指标挑选合并为两类，一类是测度金融市场化，另一类是测度政府规模和财政收支。下面，列出金融市场化22国（地区）比较的简表，供大家分析。

表4-3 2000年金融市场化22国（地区）排序表

国家（地区）	综合排名	各单项排名				
		金融资产占GDP的比重	对私人部门信贷占GDP的比重	直接投资和证券投资流出入之和与GDP之比	汇兑项目中管制项目的比例	最近五年通货膨胀率标准差
阿根廷	16	14	16	16	7	18
澳大利亚	6	8	8	8	5	10
巴西	10	11	11	10	10	5
保加利亚	14	18	17	7	8	17
中国	12	7	5	15	9	15
捷克共和国	7	10	10	5	2	12
中国香港	2	1	2	1	1	11
匈牙利	11	13	13	13	1	7
印度	17	12	14	22	10	13
意大利	4	6	9	4	1	1
日本	8	5	1	18	2	16
哈萨克斯坦	18	22	20	12	9	8
韩国	9.	9	7	14	6	8
墨西哥	20	16	18	21	7	14
蒙古	15	20	21	19	6	4
波兰	13	15	15	9	10	9
罗马尼亚	22	21	22	20	9	19
俄罗斯	21	19	19	11	12	20
新加坡	5	4	6	3	4	6
英国	1	3	4	2	1	3
美国	3	2	3	6	3	2
越南	19	17	12	17	11	15

（资料来源：M_2、GDP来源于世界银行《世界发展指标（2002）》；私人部门获得的贷款占GDP的比重根据世界银行《世界发展指标（2002）》计算而来；直接投资、证券投资以及最近五年通货膨胀率等有关数据来源于国际货币基金组织《国际金融统计年鉴（2002）》）

金融资产的计算方法为：金融资产＝M_2＋有价证券（债券余额和股票市场总市值之和）。

从这个表中，我们看到，中国在金融市场化排序中综合排名列第12位，处于中间状态，领先于印度、俄罗斯等10个国家。关于本表中综合排名的计算方法，以及本表中原始数据的资料来源，请看本《报告》第十三章。

②美国传统基金会经济自由度报告中中国、俄罗斯排名比较

由于中国与俄罗斯国情极为相近，同是计划经济向市场经济的转轨国家，同是大国，具有很大的可比性。因此，下面利用国内外相关研究成果进行比较：

首先是根据美国传统基金会发表的《经济自由度指标2003年报告》数据和因素评分，提供读者进行比较。

表4-4　经济自由度指数国际比较表——传统基金会（2000年）

国家	排名	得分	贸易政策	政府财政负担	政府对经济的干预	货币政策	资本流动及外国投资	银行和金融	工资及价格	产权	规制	黑市
中国	121	3.55	5.0	3.0	4.0	1.0	4.0	4.0	3.0	4.0	4.0	3.5
俄罗斯	131	3.70	4.0	3.5	2.5	5.0	3.0	4.0	3.0	4.0	4.0	4.0

（资料来源：美国传统基金会）

传统基金会评分标准是越低越好。从这张表中，我们看到，在经济自由度指数方面，中国比俄罗斯领先10个位次。领先的具体因素指标是："政府财政负担"，中国是3.0，俄罗斯是3.5；"货币政策"，中国为1.0，俄罗斯是5.0；"货币政策"明显高于俄罗斯；"黑市"，中国是3.5，俄罗斯是4.0。

自由度指数中国低于俄罗斯的因素有："贸易政策"，中国是5.0，俄罗斯是4.0；"政府对经济的干预"，中国是4.0，俄罗斯是

2.5;"资本流动及外国投资",中国是4.0,俄罗斯是3.0。

两国持平的自由度因素有:"银行和金融",均为4.0;"工资及价格",两国均为3.0;"产权"和"规制"这两个因素,两国均为4.0。通过这些比较,我们可以看到,中国经济自由度与俄罗斯相比,有强项,有弱项,但总体评分上领先于俄罗斯。

③加拿大弗雷泽研究所经济自由度报告中中国、俄罗斯排名比较

下面我们再根据加拿大弗雷泽研究所发表的《经济自由度指标2000年报告》数据和因素评分,制成小表,提供读者进行比较。

表4-5 经济自由度指数国际比较表——弗雷泽研究所(2000年)

国家	总指数	排名	政府规模	法律结构与产权保护	货币政策的合理性	使用不同通货的自由	信贷和劳动力及商业规程
中国	5.28	101	3.84	4.15	6.52	6.69	5.23
俄罗斯	4.73	116	6.39	4.45	1.46	6.95	4.39

(资料来源:弗雷泽研究所)

弗雷泽研究所的评分是越高越好,与传统基金会相反。从这张表中,我们又发现,在经济自由度指数方面,中国仍然领先于俄罗斯,且领先15个位次。领先的具体因素是"货币政策的合理性"和"信贷和劳动力及商业规程"。"货币政策的合理性",中国为6.52分,俄罗斯为1.46分,两个研究机构对中国货币政策评价都相当高。"信贷和劳动力及商业规程",中国为5.23分,俄罗斯为4.39分。

中国自由度低于俄罗斯的因素是:"政府规模",中国是3.84分,俄罗斯是6.39分;中国相差程度还比较大;"法律结构与产权保护",中国是4.15分,俄罗斯是4.45,两国相差不大;"使用不同通货的自由",中国是6.69,俄罗斯是6.95,俄罗斯略高于

中国。

通过这些比较，我们可以看到，中国经济自由度因素与俄罗斯相比，二强三弱，但总体评分上领先于俄罗斯。

④瑞士洛桑学院全球竞争力报告中中国、俄罗斯排名比较

表4-6　国际竞争力比较表（瑞士洛桑学院2000、2001年）

国家	总排名		经济表现		政府效率		企业效率		基础设施	
	2000年	2001年	2000年	2001年	2000年	2001年	2000年	2001年	2000年	2001年
中国	30	33	5	7	32	35	37	40	34	39
俄罗斯	47	45	44	30	47	47	47	47	44	47

（资料来源：瑞士洛桑学院国际竞争力报告）

由于国际竞争力比较体系中主要采用发展方面的指标，因此这里仅选了几个与政府关系较大的指标，从一个侧面来看中俄的市场情况。洛桑国际竞争力比较是相对比较，位次越低越好。从上表中我们看到，2000年和2001年中国国际竞争力均高于俄罗斯。

综合上面四张国际比较表，我们可以比较肯定地说，中国在市场经济程度方面，已全面领先已被承认市场经济地位的俄罗斯等一批国家，属于市场经济国家，或更准确地说，是发展中的市场经济国家了。

4. 中国是发展中的市场经济国家

中国从1978年到2001年，经历了一个改革开放的过程，一个快速市场化的进程，一个由传统计划经济转向市场经济的历史性转轨过程。我们借鉴美国传统基金会测度自由化指数的思路和方法，测算出中国市场经济发展程度2001年年底已达到2.51，折合百分制算法为69%。假设存在一个100%的市场经济标准，市场化程度达到69%，这也意味着市场经济框架已经建立。这里，我们实际上已给出一个判断，即是否达到市场经济标准，60%应是一个临界

水平。超过60%就达到了市场经济标准的最低线，就成为市场经济国家。如果承认80%到100%之间都是成熟市场经济的区间，那么，69%的市场经济水平更应被承认是市场经济国家了。在议会里，多数人赞成通过就可成为法律；在判断是否是市场经济国家方面，多数领域或某领域大部分市场化，就可以判断这个国家从整体上已是市场经济国家了。

有人会说，你们讲一只桶盛上了一大半水，我关心的是没盛水的那一部分。诚然，中国还没有实现全部市场化，但什么是100%的市场化？哪个国家是100%的市场化呢？如果你要来中国投资，难道69%的市场化对你不重要吗？至于还有某些方面没有达到市场化临界水平，并不是说这一部分是非市场化真空地带。事实上，这部分领域市场化也在快速地推进中。

中国是发展中的市场经济国家，这包括两层含义。一层是中国由初级的市场经济国家在向成熟市场经济国家推进。这种含义强调了制度改革与创新，强调了中国经济体制的改革开放和全面转轨。这一层含义是"发展中的市场经济国家"的主要内涵。我们只用了20多年时间来实现计划经济向市场经济的转轨。事实证明，市场经济的核心是市场规则的确立；而建设市场经济的速度则与制度目标选择直接相关。20多年前，中国之所以没有发展市场经济，是因为最初没有选择市场经济。在中国周边的国家和地区，一些新兴的工业国家和地区，因为选择了市场经济，几十年时间就已完成了自然经济或农业经济向工业经济的发展，也同时完成了计划经济向市场经济的转轨。市场经济作为各种经济形态中最自由发展的经济，只要你选择了它，其发展是很快的，尤其是在现在经济全球化背景下。

第二层含义是讲中国作为一个发展中国家实行了市场经济制度。这一层解释与"发展经济学"所讲的"发展"一词理解是一致的。"发展中的市场经济国家"，强调了从经济发展角度来理解这一概念的含义。发展阶段确实与经济制度有很大关系。市场经济制度是经济发展到一定阶段和程度上才产生的，因此，经济发展水平与经济制度有一定的关系，虽然不是等同的关系。发展程度高的国家，确实实行市场经济制度也更容易；或反过来讲，实行市场经济制度，也有助于经济发展。当然，"发展"与"发达"，虽然主要是经济发展程度的区别，但也内含着制度上的区别。从这一层含义出发，我们看到自己经济发展水平与发达国家的差距，我们还需要继续努力，保持经济快速稳定健康地增长，早日实现经济的现代化，也为全面实现市场经济制度打好物质基础。

显然，发展中的市场经济国家，是从发展与改革结合角度来判断一个国家经济制度的。同时，在这里"发展"与"改革"也是相辅相成的：经济发展到一定程度，才能建立和健全市场经济制度；市场经济制度的全面建立，是推动经济快速发展的重要体制基础。

1998 年 4 月 7 日，欧盟通过决议，将中国从其反倾销政策中的"非市场经济"国家名单中除去，给予中国介于"非市场经济国家"和"市场经济国家"之间的"特殊市场经济国家"待遇。这表明欧盟一直关心中国的市场经济发展，并及时校正对中国市场经济程度的判断。这里的"特殊"，就特殊在中国市场经济正在快速发展中，在令外国朋友吃惊的变化之中。但"特殊"不应是"非市场经济国家"和"市场经济国家"之外的第三类国家，而是应归于市场经济国家中有一定特殊性的国家。一位专家说得好：不成熟的孩子也是人，发展中的市场经济国家也是市场经济国家。因此，"特殊"不是"另类"，政策不能歧视，贸易往来需要公平。

总之，中国国民经济主要已按市场经济规则运转了，市场经济标准临界线早已突破了。这是中国人全力投入改革开放的结果，是世界范围内各种经济力量交融、激励和相互支持的结果。中国愿与各国共享改革与发展的成果。

专栏二十

再论中国市场经济地位

2004 年 6 月，欧盟对中国市场经济地位做出了初步评估意见，认为中国还没有完全达到其反倾销法律规定的市场经济标准。欧盟评估的这一结论引起了国内政界、学术界的不满，也引发出国内学术界和媒体向欧盟争取市场经济地位必要性的疑问与争议。本文拟从中国是否应申请市场经济地位，中国能否算是市场经济国家和如何看待欧盟的初评意见三个方面，谈点看法。

中国市场经济发展程度（国内一般也称市场化进程）的研究，起初是为了找到中国市场化改革中的不足，以推进中国的改革开放。但 20 世纪 90 年代以来，这种分析的结果越来越与反倾销有了内在关联。反倾销案发起国的调查当局如果认定调查商品的出口国为非市场经济国家（Non-Market Economy Country，缩写为 NMC），将引用与出口国经济发展水平大致相当的市场经济国家（替代国 surrogatecountry）的成本等数据计算所谓正常价值（normal value）并进而确定倾销幅度，施以对应的征税措施。因此，是否被认定市场经济国家，在国际贸易中已成为一个重要的问题。非市场经济待遇已成为一些国家限制我国企业出口的重要手段。

中国是不是一个市场经济国家，需不需要争取主要贸易国对我市场经济地位的承认，已成为近两年尤其近几个月来人们关注的一个重要话题。

一、中国要不要申请市场经济地位？

中国在加入世贸组织后，面对国外不减反增的反倾销势头，中方开始向有关组织和国家提出承认中国市场经济地位的要求。两年时间里，国内各界对此并没有什么异议。不久前，欧盟作出了暂不承认中国此项要求的初评意见。此后，国内出现了对是否申请市场经济地位的不同观点。下面我们简单地讨论一下这些观点。

有的同志认为，中国不需要申请市场经济地位。理由是：中国搞什么经济制度别人无权干涉；反倾销金额在我国贸易额中只是一个很小的比例，仅涉及中国出口贸易额的 0.5% 左右。我们认为这种观点值得商榷。中国建设和完善社会主义市场经济制度是完全自主的选择，任何国家没权干预，这是不用争议的。但是在反倾销中，存在交易的双方甚至多方时，做事的规则就需要商量了。首先需要与当事国商量，即要进行谈判。这种谈判就是一种斗争，但这是维护公平贸易原则的斗争。由于在入世的协议书中有不利于中国市场经济地位的条款，虽然这是在入世谈判中有得有失的让步，而入世谈判总体上是成功的。没有人会相信，谈判不需要让步和妥协；没有人会以为，谈判的结果会全盘有利。但入世后，面对国际反倾销颇有增势的情况，面对企业提出承认公平地位的要求，研究机构纷纷提出中国市场地位的充分论据，政府就负有抓住机遇、争取公平贸易条件的责任。商务部抓住了欧盟承认俄罗斯等市场经济地位的机遇，及时向欧盟提出中国的要求，这是明智的，必要的。欧盟作出回应，组织了专家组认真研究中方的申请，这也为中国早日解决非市场经济条件问题创造了条件。欧盟反复申明，它们完全支持中国的改革与开放，支持中国对经济制度的选择，无意对中国制度做总体判断，只是从反倾销调查角度提出疑问和担心。因为它们知道，中国作为一个大国，不会接受外国的干预，但听得进别人的建议，中国经济制度的选择权完全在中国人民自己手中。

中国争取市场经济地位，首先是义，其次才是利。义者，中国经过 26 年改革，已成为一个市场经济国家，尽管相比发达国家，其市场经济制度还需要完善和健全。承认这个客观，就是尊重事实，就是承认中国企业的权益，就是义。反之，那些严重背离中国经济发展现实的界定，就是不公平的，不义的。

当然，讲义也要讲利。我们看到，否认中国市场经济地位，在促使反倾销的不断升级，已给中国出口进而国民经济造成了很大损害。1995～2003 年，我国连续 9 年成为世界遭受反倾销调查数量最多的国家。从 1979 年至 2004 年 7 月底，国外共对我发起 586 起反倾销调查，涉案金额累计约 170 亿美元。仅 2003 年一年，国际上针对中国的反倾销和保障措施立案就高达 59 起，涉案金额约 22 亿美元。虽然 22 亿美元在同年外贸出口额中仅占 0.5%，但是，每年这样的比例，每年这样的金额，累计起来就不是小数字。虽然直接涉案金额似乎还不惊人，但与之相关联的经济损失就大得多。虽然就全国而言，就总额而言，损失率在千分之五，但对被征高额反倾销税的企业或行业，就可能从此被挤出国际市场，就是 100% 的损失。事实上，中国遭受反倾销涉及的出口商品类别相当广泛，几乎从低附加值到高附加值的各类商品都有，其中机电设备、纺织品、化工产品、基础金属等受到的影响最为突出。欧盟已于 2004 年 6 月对我纺织品进行反倾销立案调查，涉案金额高达 3.16 亿美元。2005 年全球纺织品配额取消后，反倾销可能成为国外限制我纺织品出口的便利手段。一个企业败诉可能会连带其进口商和上下游的一批关联企业，进口商往往会转往其他市场寻找新的供货商。我们经常看到，一个企业被征反倾销税会持续 5 年或更长时间，因此，其影响是较长期的。企业败诉，还吓阻了想在本行业投资的外商和内资，更是直接影响到 GDP 的增长。另一方面，被反倾销的企业的员工就业也成了问题。比如，2004 年我国虾产品在美国被初裁确定征收高额反倾销税，表面上受到影响的是我 100 多个虾产品出口企业的利益，但这些企业后面则是我数十万的虾农。又如，近期因美国反倾销，台湾家具商出现企业向海外投资转移现象，已影响我相当数量的工人就业。

与此相关的一个观点是：有人认为：根据《中国入世协定书》第十五条"价格可比性"一条的承诺，中国在 15 年内是没有资格提前拿到欧美市场经济地位的。这种观点我们不能同意。15 年内，中国有权按照成员国的国内法尤其是主要贸易伙伴的国内法，去争辩自己的市场经济条件。而且，现在欧美已就此问题与中方接触，为什么要自我设限？

有同志认为，市场经济地位是政治决策，技术层面之争没什么用。我们认为这个观点也是需要商榷的。由于市场经济地位的争论实际上是各国利益之争，是由政府出面商定的，因此，市场经济地位不完全是技术层面的问题，确实存在甚至有时主要是政治决策。但是，评定市场经济地位又与技术层面的判断和争论分不开，在市场经济地位的磋商中技术层面是基础性的。技术层面的研究，能给政治层面提供有力的论据，促使政治层面的谈判处于有利的地位，这是常识，也是经验。有人认为，市场经济地位的获得纯粹是一个政治问题，欧盟承认俄罗斯是典型的政治决策。但当我们仔细研读俄罗斯的市场经济申请报告时，也看到其论述的全面和回复欧美标准的极强的针对性，换言之，它也是以技术层面报告为根据的。事实上，自普京执政以来，俄罗斯经济已取得了较快发展，国家对企业的干预大大减少，市场化进程加速，虽然自由化指数总体上还是低于中国，但在某些方面的改革比中国进程要快。这个例子也在说明市场经济问题中技术层面的因素是基础性的，是重要的。问题是，非市场经济问题在技术层面到底能争出个什么名堂吗？能有公认的标准吗？这确实很复杂。但不是没有根据，没有规则。WTO的宗旨和机制，就提供了评定公平贸易一定的标准，使围绕这方面的争论有了一定的依据。欧美自己在判断反倾销中都有一套所谓的技术标准，完全可以以子之矛攻子之盾，这是争论取胜的特别有力的策略。能否不承认他们的标准？当然，可以，但这就等于我们放弃了一种取胜的手段。因此，我们既不是全盘接受他们的标准，也不是全盘否定他们的标准，而是既提出我们自己具有包容性的标准，同时也设计在对话中可资双方认同的交集，这才是与之抗争的最佳策略。至于有同志担心政治决策可以完全不顾技术层面之争，那既非事实，也不成为否定技术层面争论的理由。诚然，政治决策是政治家作出的，但什么叫政治家？政治家就是最需要也最懂得为政治决策找理由的人。若技术层面有理，政治层面决定完全不顾技术层面，就会明显看出某些集团或国家的不讲理和霸权，就会引起公众的批评。这一点，欧美都是忌讳的。欧盟特别申明自己这次初估不是政治层面的，以表明自己是讲理的，就是一个证明。虽然其理由并不令人信服，但其态度的背后，我们能体会到技术层面的力量。什么是技术层面？对一个巨大系统如一个国家的制度分析时，要有一套理由，有成系统的指标，有国内外的比较，这就是所谓的技术层面。难道这是不需要的？

还有同志借用某些国外人的观点，认为中国获得市场经济后，国外反补贴就会加大，就更为不利。这种观点也需要进一步分析。反倾销是针对所有企业的，反补贴主要是针对国有企业的，针对政府的。因此，范围大为缩小。民营企业显然会直接受益。至于对国有企业的补贴，尽管还存在，但已微乎其微。据统计，2003 年已降低到 210 亿元左右，占 GDP 的比重不足 0.2%。目前政府对国有企业的亏损补贴，主要用于安置计划体制下形成的大量企业冗员和社会保障等历史欠账，是为市场化改革的顺利推进创造稳定的经济社会环境。因此这些补贴根本不足以构成欧盟对华反补贴的理由。对比反倾销与反补贴，可以看到，反倾销主动权在别人手里，被反的可能范围是所有企业；反补贴主动权在我们自己手里，被反的范围重点在国有企业，根子在政府。因为是否反补贴，关键是政府是否给予了财政补贴。中国要完善市场经济制度，本身就要解决对国有企业给予补贴的优惠待遇。事实上，这个问题已很不突出了。外国人不反，我们改革进程自己也要解决这个问题，政府也完全有能力解决这个问题，有能力来对付反补贴。进一步讲，反倾销与反补贴并不是一个讨价还价的代替品。我们就市场经济条件提出异议，首先是尊重事实，要求公平对待的问题，不能因为会出现反补贴就不解决非市场经济待遇。事实上，反补贴并不是不允许政府对经济主体有任何一点补贴。欧美在农业上都存在补贴问题，也都在为自己的做法辩护。WTO 的《补贴与反补贴协议》对补贴作出了明确的定义，将补贴分为禁止性补贴（Prohibited Subsidies，即"红区"补贴）、可申诉的补贴（Actionable Subsidies，即"黄区"补贴）

和不可申诉的补贴（Non Actionable Subsidies，即"绿区"补贴），分别予以规范。我国完全可以根据WTO的《补贴与反补贴协议》规定重新审视和规定我国对有关行业、地区或部门补贴的法律或法规及政策，取消"红区"补贴政策，把握"黄区"补贴的数量界线及形式，适当增加"绿区"补贴的力度和范围。

二、中国争取市场经济地位的理由是充分的

近两三个月，出现了一些短文，它们用了几个数据指出几个问题，就得出结论：中国不能算市场经济。论证如此简单，结论如此肯定，实在不能令人信服，也令我们为前线谈判者可能形成受制而担心。

如果说中国是成熟发达的市场经济国家，那没人相信；如果说中国是一个发展中的市场经济国家，市场调节已基本成为资源配置的主要方式，大部分人还是可以接受的。中国市场化程度接近70%，虽然不是完全成熟的市场经济，但已是一个发展中的市场经济国家，也即市场经济国家。我们不是"美女"，但我们是"人"，不把我们当"人"看是荒唐的。WTO组织的140个成员中，有几个是给了"非人"待遇，为什么一定是我们？我们有充分理由证明中国是一个市场经济国家。我们为此作出了努力，提出了一些分析报告，下面简介之。

1. 中国市场经济的定性分析

根据欧美市场经济标准和市场经济理论的基本内涵，我们概括出市场经济地位分析的五个基本因素，即政府行为规范化、经济主体自由化、生产要素市场化、贸易环境公平化、金融参数合理化，以反映市场经济主体、生产要素价格形成、市场环境等各个方面是否受到政府的系统性扭曲。经过我们的系统分析认为：就总体而言，市场经济在资源配置中已起基础性的作用，具体表现如下：

（1）政府由直接干预转向为市场经济服务。第一，政府对企业生产活动直接干预基本取消。截至2001年，工业品除卷烟、食

盐以及木材、黄金和天然气某些环节实行指令性计划外，全部由市场调节生产。农业生产方面的指令性计划已全部取消。在社会商品零售总额、社会农副产品的收购总额和生产资料销售总额中，政府定价的比重分别从 1992 年的 5.6%、10.3%、19.8% 下降到 2001 年的 2.7%、2.7%、9.5%。第二，政企行政性关系进一步脱钩。2003 年 3 月国有资产监督管理委员会成立，《企业国有资产监督管理暂行条例》颁布等都大大促进了国有企业按市场原则运作。第三，政府对经济活动管理中的行政审批项目大幅减少。

（2）企业市场化程度进一步提高。第一，非国有企业发展迅速，作用越来越大。2002 年，非国有经济对 GDP 的贡献率达到 66.23%，比 2001 年又提高 2.86 个百分点。第二，国有企业实现按市场规则经营或实施破产。2002 年底，全国 2627 家企业集团中，已有 2019 家企业集团母公司改为公司制企业，占全部企业集团的 76.86%。2002 年，全年共实施关闭破产项目 533 项。2003 年，国有企业的退出工作继续稳步进行。

（3）生产要素主要依靠市场进行配置。第一，劳动和工资决定的市场化程度显著上升。根据对全国 31 个省（区、市）6.8 万个农村住户和 7100 个行政村的抽样调查，2003 年末农村转移劳动力达 1.7 亿人，占农村劳动力较往年的 35%。截至 2003 年 8 月，平等协商、集体合同制度覆盖的基层单位达 127 万家，覆盖职工达 9500 万人。第二，国有企业使用的能源及原材料进价，已经是市场价格。以消费量最大的能源——电力为例，通过电力体制改革，电价已基本实现市场化。第三，土地资源取得越来越多的要通过市场。

（4）贸易环境进一步改善。第一，市场经济法制建设有重大进展。中国公平贸易的法制环境已初步形成。从入世到 2003 年底，废止、修订、制定涉及中央与地方两级政府的法律、法规和规章超过 20 万件，我国经济贸易法律制度更加完善和透明。第二，大幅削减关税，逐步取消非关税措施。2002 年 1 月大幅下调了 5300 多个税目商品的进口关税，关税总水平由 15.3% 降低到 12%，降幅达 21.6%。2003 年关税算术平均税率降至 11%，降幅达 8.3%。非关税措施逐步减少。第三，国内市场进一步开放。允许外商设立从事佣金代理、批发、零售和特许经营服务的合营公司。第四，中介组织发挥了作用。多种专业的中介机构应运而生，中介组织体系不断完善，成为市场经济运行机制的主要组成部分。

5. 金融市场化程度不断提高。近两年，我国履行加入 WTO 的承诺，在积极推进中国金融业的对外开放方面迈出很大步伐。第一，在已放开银行间同业拆借、债券回购、现券交易、利率贴现和转贴现、国债和政策性银行金融债券发行、外币贷款等利率的基础上，近两年利率市场化取得重要进展。第二，完善人民币汇率形成机制，改进外汇管理。延长银行间外汇市场交易时间，实行双向交易，完善外汇市场运行。适当放宽了外汇管制，允许各类企业开立经常项目外汇账户，在上年度经常项目外汇收入 20% 的限额以内保留外汇，实现限额内的意愿结汇。允许移民、非居民的国内资产兑换汇出。放宽对企业和居民用汇限制，将个人自由携带外币现钞进出境的限额提高到 5000 美元。第三，外资银行经营人民币业务地域不断扩大，资产不断增加。2003 年 10 月末，在华的外资银行资产总额已经达到了 466 亿美元，比 1998 年提高了 36%。

2. 中国市场经济的定量分析

（1）本课题组对市场经济测度指标体系

我们分析比较了国内外所有的市场化、自由化指标，根据中国国情和论证的需要，并考虑指标的客观性、可获得性、国际可比性、独立性等要求，选择和设计了 33 个测度指标。请见表 4-7：

表4-7 中国市场经济程度测度因素及指标表

一、政府行为规范化	经营者由市场选聘的企业比例	平均关税税率
1. 政府的财政负担	拥有决策自主权的企业比例	从国际贸易中获得的税额与进出口额的比率
政府消费与 GDP 的比率	三、生产要素市场化	9. 法律对公平贸易的保护

续表

一、政府行为规范化	经营者由市场选聘的企业比例	平均关税税率
企业所得税（含费）平均税率	5. 劳动与工资	违反不正当竞争法规的案件立案查处率
2. 政府对经济的干预	分地区常住人口数与户籍人口数之差占户籍人口的比重	知识产权案件中立案查处率
政府投资与 GDP 的比率	行业间职工人数变动率	五、金融参数合理化
政府转移支付和政府补贴与 GDP 的比率	工资由雇主和雇员自愿谈判决定的企业比例	10. 银行与货币
政府人员占城镇从业人员的比重	6. 资本与土地	非国有银行资产占全部银行资产的比重
二、经济主体自由化	资本形成总额中外资、自筹和其他资金所占比重	非国有金融机构存款占全部金融机构存款的比重
3. 非国有经济的贡献	外方注册资金占外商投资企业总注册资金的比重	三资乡镇个体私营企业短期贷款占金融机构全部短期贷款的比重
非国有经济固定资产投资占全社会固定资产投资的比重	城镇土地使用权的拍卖面积占土地使用权出让面积的比例	最近五年通货膨胀率的平均值
城镇非国有单位从业人员占城镇从业人员的比重	四、贸易环境公平化	11. 利率和汇率
非国有经济创造的增加值占 GDP 的比重	7. 贸易产品定价自由度	各种金融机构一年期贷款利率全距系数
非国有经济税收占全社会税收的比重	社会消费品零售总额中市场定价的比重	资本项下非管制的项目占项目总数的比例
非国有经济进出口总额占全部进出口总额的比重	农副产品收购总额中市场定价的比重	人民币对美元汇率与新加坡无本金交割远期汇率月平均差偏离度
4. 企业运营	生产资料销售总额中市场定价的比重	
财政对国有企业的亏损补贴与 GDP 的比率	8. 对外贸易自由度	

（2）本课题组的评分标准

为了增加测度方法的国际可比性，我们参照美国传统基金会的评分方法，建立起尽可能客观的评价标准。等级分为1分、2分、3分、4分及5分五个等级，每个等级都有一个预设的标准。1分说明该项指标或因素反映的市场化程度最高，我们将1分所在的区间称为评分的上限区间；而5分则说明该项指标或因素所反映的市场化程度是最低，我们将5分所在的区间称之为评分的下限区间。在进行评分时，我们参照了传统基金会的评分标准，并结合了中国的具体实际。

各因素的得分和总体的得分我们采取了简单平均的方法进行。

（3）市场经济指数测度结果

根据我们的测度，得出了2001年中国经济市场化各子因素的测度如下：

表4-8 中国经济市场化各子因素2001年得分

子因素名称	贸易产品定价自由度	资本与土地	企业运营	非国有经济的贡献	政府的财政负担	法律对公平贸易的保护	劳动与工资	政府对经济的干预	银行与货币	利率和汇率	对外贸易自由度
得分	1.33	1.67	2	2.4	2.5	2.5	2.67	3	3	3	3.5

排分值从低到高即市场化程度由高到低的排序是："贸易产品定价自由度"、"资本与土地"、"企业运营"、"非国有经济的贡献"、"政府的财政负担"、"法律对公平贸易的保护"、"劳动与工资"、"政府对经济的干预"、"银行与货币"、"利率与汇率"、"对外贸易自由度"。

在各子因素进行得分评估的基础上，我们可计算出各因素的得分，请见下表：

表4-9　中国经济市场化各因素2001年得分表

因素名称	生产要素市场化	经济主体自由化	贸易环境公平化	政府行为规范化	金融参数合理化
得分	2.17	2.2	2.44	2.75	3

评分分值从低到高即市场化程度由高到低的排序是："生产要素市场化"、"经济主体自由化"、"贸易环境公平化"、"政府管理规范化"、"金融参数合理化"。

通过五大因素得分的评价，通过简单算术平均可计算2001年中国经济总体市场化指数为2.51分，如果折算为百分比，近似为69%。在判断是否是市场经济国家方面，多数领域或某领域大部分市场化，就可以判断这个国家从整体上已是市场经济国家。利用百分数衡量，60%应是一个及格水平，是一个临界水平。69%反映了中国市场经济程度超过了市场经济临界水平，当然应被视为市场经济国家，尽管她正处在转型期和成长期。

3. 欧美市场经济标准的剖析——工资率决定的自由度为例

美国市场经济标准有六条，结合到中国，就是这样六个问题：人民币可兑换问题；中国工资率决定的自由度；设立合资企业或外资企业的自由程度；政府对生产方式的所有或控制程度；政府对资源分配、企业的定价和生产决策的控制程度和其他认为需要回答的问题。

工资率决定自由度是美国承认我市场经济地位标准的两条底线之一，现在我们就以这一条为例进行分析。所谓工资率决定自由度，按美国说法，就是要看这个国家的工资水平由劳资双方通过自由谈判来决定的程度，或说雇员与雇主谈判工资自由的程度。那中国的工资率决定的自由度如何呢？

经过研究，我们认为，中国这一条是完全可以达到的。对此标准，可以告诉美国人5句话：

第一句话是：从国际比较角度，我国劳动与工资决定的自由度高于不少发达国家。加拿大弗雷泽研究所和美国卡托研究所联合发布的最新一期自由度报告是《世界经济自由度 2003 年度报告》。其中有单独的劳动力市场管制因素评估，具体考察最低工资的作用，员工的聘用和解聘是否由合同决定、工资由劳资双方谈判决定的劳动力的比重，以及失业福利和兵源征募的运用对劳动力自由度的影响。有 80 个国家参加排序。从排序结果，中国劳动力市场管制（Labor Market Regulations）指标得分 4.6 分，在 80 个国家中排在第 54 位（与葡萄牙并列），高于俄罗斯的 4.5 分和波兰的 4.3 分。由排名结果来看，中国劳动力市场的自由度在 80 个国家中应该处于中等水平。劳动力市场规则得分低于中国的国家有奥地利、芬兰、德国、希腊、以色列、意大利、立陶宛、俄罗斯、韩国、瑞典等。

第二句话是：中国劳资双方工资协商机制基本建立。我国 2000 年颁布了《工资集体协商试行办法》，从法律上保证员工与企业产权代表依法就企业内部工资分配制度、工资分配形式、工资收入水平等事项进行平等协商，在协商一致的基础上签订工资协议。按此试行办法，协商双方享有平等的建议权、否决权和陈述权。2001 年底，劳动与社会保障部下发《关于进一步推行平等协商、集体合同制度的通知》，要求大力推进工资协商制度。2002 年，30 个省、自治区和直辖市建立了省级劳动关系三方（企业、员工和政府）协调机制。3 万多家企业建立了工资集体协商制度，全年通过集体协商签订集体合同 63.5 万份，涉及职工 8000 多万人，占当年城镇单位就业人员的 1/3。2003 年，工资集体协商制度得到进一步推广，29 万多家企业建立了工资集体协商制度。通过法律制度，大大推进了劳资双方平等协商工资的制度形成。

第三句话是：国有企业工资标准也已按市场化规则来制定。国有企业已可以灵活决定员工的工资分配。国家经贸委、人事部、劳动和社会保障部2001年《关于深化国有企业内部人事、劳动、分配制度改革的意见》后，国有企业引入用人与分配市场机制，实行竞争上岗，以岗定薪，岗变薪变。国有企业经营者的工资实行年薪制改革。2003年，国务院国有资产监督管理委员会出台了《中央企业负责人经营业绩考核暂行办法》，确定经营者劳动报酬实行年薪制，用量化指标约束国有资产经营者，按经营业绩领取薪酬。同时，中国政府不再直接干预企业的工资形成，只规定公务员的工资标准。同时，中国目前实行9级累进税率，工资薪金所得税率从5%到45%。中国的税负相对来说是比较低的。2000年中国税收收入占GDP的比例为15%，俄罗斯和波兰分别为21%和28%。

第四句话是：中国劳动力自由流动形成高潮。工资水平由劳资双方谈判决定的自由程度，是与劳动力自由流动紧密相关的。中国劳动力自由流动近几年形成高潮。我国出现了劳动力跨所有制、跨地区、跨行业的大流动。劳动力市场服务体系逐步完善。2001年3月，国务院批转了公安部《关于推进小城镇户籍管理制度改革的意见》，对办理小城镇常住户口的人员，不再实行计划指标管理。2002年后，各省（直辖市、自治区）纷纷进行"取消指标限制、实行准入制度"、"打破城乡界线，实行城乡户口登记一体化"为核心内容的户籍制度改革，促进了劳动力的有序流动。1990年我国城镇化率为26%，2003年末，城镇化率达到40.53%，平均每年递增进1.09%。

第五句话是：中国劳动者权益保护得到大幅度改善。中国2003年颁布新的《最低工资规定》，对中国工人的最低工资水平进行了限制。据统计，企业职工年平均工资，1978年为615元，1990年为2140元。此后工资水平迅速增长，2000年为9371元，2003年达到12422元。劳动者社会保障得到明显改善。中国在逐步完善社会基本保障体系。这方面资料很多，不再列举了。

对欧美标准引出的对中国市场经济地位的问题，我们已做了全面的分析，并就此进行过全面的答复。限于篇幅，不再在此介绍了。

三、评欧盟对我市场经济地位初步评估结论

2003 年 6 月，中国商务部正式向欧盟提出了在贸易保护调查中申请市场经济地位的请求。9 月，中国商务部代表团向欧盟提交了《2003 中国市场经济发展报告》（英文本）作为申请市场经济地位的补充。2004 年 2 月，根据欧盟要求，中方具体回答了欧盟提出的 31 个问题，提交了《中国市场经济发展补充报告》。6 月 17 日欧盟做出了《关于中华人民共和国要求在贸易救济调查中获得市场经济地位的初步评估》。评估报告认为：在中国被给予市场经济地位之前中国有必要在政府影响、公司治理、财产法和破产法、金融领域四个领域要取得具体的进展，一旦取得进展，中国将尽快被给予市场经济地位。

对欧盟的初评，我们也有四句话的评价：一是评估有失公允；二是逻辑存在矛盾；三是初评留有余地；四是需要完善自身。

为什么说评估有失公允？这明显体现在不能平等地看待中方与其他渠道的材料，初评结论主要是依据中方以外的研究机构提供的观点和数据得出的。既然是中欧之间对中国市场经济的认定，当然要以中方材料作为讨论或争论的基础。其他来源的材料不是不重要，但引用要充分考虑到背景和目的，不能直接用于判断中国市场经济地位上。对中方报告的大量证词和数据，则应回应，不同意可反驳，可争论，但不能回避。如果不能形成对话，不能回应中方的观点和材料，一次次要求中方提供材料的意义何在？

评估结论在事实上低估了中国 26 年经济体制改革开放使市场化达到的程度。对此，我们已选择了 14 个问题，正在进行深入研究，要与欧盟专家组争论一下。欧盟此次评估，太具功利之嫌，似乎有利就承认；对其不利，就不承认。给人的印象是客观事实并不

重要，实力和强权才重要。

为什么说其逻辑存在矛盾？因为欧盟的评估结果，是以微观标准来断定宏观事物得出来的，即用认定"转型经济国家"的企业申请市场经济地位时的衡量标准，来对整个国家的市场经济地位作出评估，逻辑上肯定有问题。欧盟自己也意识到这个问题，因此，在初步评估意见中特别申明评估并不是对中国经济从总体上进行判断。但遗憾的是：评估结论，并不是说中国某些企业达到不达到市场经济标准，而仍然是中国是否在达到市场经济标准。我们从其讲政府干预、讲法规、讲金融运行等，就知道其并非指企业层面的问题。有趣的是，在企业层面上，欧盟认为中国企业市场化标准是达标的（欧盟市场经济标准二）。"贸易救济调查方面的市场经济地位"，到底是企业层面的，还是国家层面的？欧洲是出大哲学家的地方，我们不能相信，欧盟对这样一个矛盾真看不出来；不能相信，欧盟认为报告中有所申明就解决了这个矛盾。事实上，国内外各界对初步评估意见的解读，都认为是对中国市场经济地位是否的回复，这种效果到底是欧盟愿意见到的，还是不愿意见到的？此外，"初评"的证据也不充分。欧盟评估中带共性的一个有问题的思维是：以案例说整体，以企业说全国，推理太简单。评估中既不说有问题样本占多大比重，更不分析能在多大程度代表全体，甚至案例是什么时候的事情也不考虑。按这种逻辑，美国安然公司财务上出了事，就可以证明美国的会计制度立法和执法都没达到欧盟的会计标准？或者，英国工党搞国有化阶段，可以说明当时的英国不是市场经济国家？

但是，我们也要指出，欧盟的"初评"是留有余地的。这表现在：初步评估意见虽然没有给予中国市场经济地位，但保证将随时因中方的进展给予评估。欧盟在评估报告中，称"应该强调这仅仅是一个初步的结论，对评估的最终结果没有任何歧视，这也不是评估进程的终结，一旦情况发生变化，委员会将对结论进行重新审议并与中国政府保持联系"。"值得一提的是，这份评估材料清楚地表明这只是一个有限范围内的技术性的评估，这个问题仅仅涉及贸易救济调查的实践，我们的目的并不是对中国经济从总体上进行判断，而是以此确认贸易救济调查中在整体上能否采信中国企业的成本和价格"。"在以上31项下列举的未得到解决的问题的基础上，这意味着一旦下面所列举的行动得以采取、所列举情况得以发生，就将给予中国市场经济地位"。"我们邀请中国政府提交在这些问题上他们认为有用的任何最新情况，并一旦上述问题得以解决向欧盟委员会通报有关情况，以便，一旦认为符合有关条件，保证导致给予市场经济地位的快速审查"。

　　同时，我们看到，欧盟近几年来非常关注中国向一个完全的市场经济的转型方面所取得的进展，并在调整政策。比如，1998年，欧盟宣布将中国从"非市场经济国家"名单中取消，但仍将中国视为"市场转型经济国家"，从而允许中国企业在个案中"抗辩"市场经济地位，逐个获得市场经济待遇。近两年，提高了对我国企业申请市场地位的批准比率。1999~2002年，我国共有16家企业获得了市场经济地位，28家企业获得分别裁决。可以说，欧盟评估报告的语气是有余地的。因此，与其说欧盟拒绝承认"中国的市场经济地位"，不如说欧盟"推迟承认"或申辩"仍在进行中"，更为准确。

　　虽然我们对欧盟初步评估意见有不同看法，但是，我们仍然认为，欧盟对我国市场经济提出的问题，在具体方面上还是存在的，是需要完善的。换言之，只要不是以偏赅全，那么，"偏"确实是存在的。我们正在完善市场经济体制，在进一步深化改革，在按照WTO协议在全面对外开放。因此，欧盟评估报告中指出的市场经济发展不完善的地方，也是我们需要改进或改革的。比如，政府对经济的管理方式上，虽然多次强调不越位、不缺位，不错位，但事实上存在某些地方政府过多过深干预企业的问题；比如，在会计法执行上，部分企业确实存在不按照会计法办事、账目不清不实的问题；比如，金融运行的某些环节上，存在市场化程度不高的问题；我国《破产法》正在修订刚通过一审，也需要早日问世；等等。可以说，欧盟初评报告涉及的各个方面都需要改进，并加强执法。

党中央和国务院对非市场经济问题高度重视，近几年在积极推动解决这个问题，并取得不小成绩，现已有 17 个国家承认我国市场经济地位。最近加拿大又推定我国所有行业为市场导向行业，基本上解决了我国非市场经济待遇问题。欧委会不久前向中方建议就非市场经济问题设立专家组。只要在技术层次和政治层面加强磋商，增进了解，争取早日使欧盟承认我市场经济地位是完全有可能的。

第二节　所有制结构的完善：国有资产管理体制的改革和"非公 36 条"的出台

党的十六大报告中指出，改革国有资产管理体制是深化经济体制改革的重大任务。2003 年成立的国有资产监督管理委员会，初步理顺了国有资产管理体制。在坚持国家所有制的前提下，确立了中央政府和地方政府分别代表国家履行出资人职责，享有所有者权益，权利、义务和责任相统一，管资产和管人、管事相结合。在这一体制下的国有企业改革积极推进大型国有企业的产权多元化，不但完善国有企业的市场退出机制，使得国有经济布局和战略性调整迈出了新步伐，而且国有企业效益、实现利润明显提高。

自己做了些什么呢？记得在 2002 年 11 月党的十六大召开后，对国有资产管理体制的改革与完善，我曾发表过讲演。同年年底在中国国有资产管理青岛研讨会和深圳基金论坛上以及次年参加新疆建设兵团国资公司顾问会上，均发表了自己的观点。有些是解读，也有些可能是一孔之见。如：个人认为，1998年政府机构改革方向正确，但取消专门的国有资产管理机构，是不妥当的。一个国资局，合并为财政部一个司，显然，难以承担管理全国国有资产的重担，反而会加重了政资不分。西方国家国有资产很少，可集中到财政部管，中国不行。1998年我当时就在内部会议上提出过。当时对压缩国家统计局我也有不同看法。党的十六大报告明确了中央政府和省、市、地两级地方政府设立国有资产管理机构，我认为很有必要。其次，政府管理体制改革的关键点是，作为资产所有者管理权力与作为社会管理者的权力的区分与界定，可归为"政资分开"。政府领导国有企业改革时，要明确是以什么身份在领导？是国有资产出资者身份，还是政府领导人身份？应有规定，而这效果是不一样的，进而，应对以社会效益为主和以盈利为主的两种类型的国有资产实施不同的管理体制。在调查中发现，国有资产收益收缴和预算工作难以开展，控股公司没有资产收益权，而是收管理费，这不是国企股改的目标。此外，对于健全国资管理体制也提出几点建议：如国有资产管理应明确是谁对谁的授权，具体讲是政府给国有资产管理机构授权，还是应先有人大通过的法律给政府授权？国资管理如何不变成强化行政干预？比如，现在大企业工委合并到国资委，党政工团妇青是否是出资人的组成部分？对国有资产的行业分布比重应有一个比较明确的说法，而这应从社会主义市场经济下国有经济的作用来确定等。2002年12月20日中国证券报以《经济学家李晓西认为国资管理体制改革要统分结合》为题的一篇报道说："在昨日进行的2002（深圳）基金论坛上，李晓西所长指出，下一步国有资产管理体制改革的重点是实现统分结合。在'分'的方面，要实现中央与地方管理权限的合理划分，政府行政职责与国有资产出资人职责切实分开，国有资产所有权与经营权合理分开。在'统'的方面，各级政府应该遵循国有资产的有关法规，国有资产出资人要在国有资产管理过程中做到权利、义务与责任的统一，国有资产管理人要将管理资产与管人、管事结合起来，避免国有资产的多头管理。"该报道的记者是江波和鑫平。

2005 年 2 月，国务院制定了《关于鼓励支持和引导个体私营等非公有制经济发展的若干意见》（简称"非公 36 条"），明确提出了推进非公有制经济发展的 7 个方面 36 条的重要政策措施，在市场准入方面取得了根本性突破。在这一政策的推动下，非公有制经济快速发展，成为经济新的增长点。此外，十六大报告中提出"除极少数必须由国家独资经营的企业外，积极推行股份制，发展混合所有制经济"。混合经济作为所有制改革的产物，已对经济改革和发展产生巨大的影响，成为我国经济改革的一种新思路。

在所有制结构的完善方面，我与余明博士合作写了一篇"西部开发的所有制问题"被国务院发展中心内参 2001 第 62 期采用了，后发表在 2000 年第 6 期《世界经济与中国》杂志上。2001 年 3 月 21 日《中国日报》将其译为英文转载，我记得好像它还发表在中国社会科学院工业所的《工业经济》上。这些在我自己的文章目录中都有，但奇怪的是，几份原稿都没有找到。因此，就不能全文照登了。

"非公 36 条"出台，我非常高兴，也在有关论坛上做过解读或发挥。如在 2006 年中国社会科学院的《财富》论坛上，我针对非公经济发展，归纳了近年非公有经济的 10 大进展：企业数量增多，注册资金增加，就业人数居高，经济总量上升，技术进步加快，企业管理改善，市场准入拓宽，对外贸易扩大，经济效益增长，税收比重提高。同时，提出了进一步发展非公经济的 8 条建议：全面推进经济体制改革是促进非公有制经济的基础，进一步完善保护私人资产的法规，政府的宏观调控在市场经济法律体系边界内进行，对非公经济融资观念要进一步突破，政府官员与非公企业关系要正常化，加快行业协会市场化和民间化，要改进对非公有制经济发展情况的统计，社会各方为构建和谐劳动关系共同努力。2006 年 11 月 9 日，我应邀参加商务部投资局在温州召开的"民营企业对话世界 500 强"国际会议，我就民营企业与跨国公司合作模式进行了大会发言，我提出了 8 种合作模式，受到与会代表的认同与好评。会后，以《民企跨国公司有 8 种合作模式》为题发表在 2006 年 12 月 28 日人民日报海外版上。

该文完成过程中，董晓宇和林永生二位博士为我提供了不少资料和思路，因此，在《经济界》杂志上是以三人名义发表的。

专栏二十一

抓住四个关键环节，完善社会主义市场经济体制

胡锦涛总书记"七一"讲话提出，要回答"如何建成完善的社会主义市场经济体制"的重大问题。这里，拟从完善政府、完善企业、完善法规、完善环境这四个重大方面，谈点个人粗浅的认识。

完善政府，指把我们的政府建设成"行为规范、运转协调、公正透明、廉洁高效"的政府。完善政府是完善社会主义市场经济体制的关键，是政府职能转变走向新阶段的标志。改革开放以来，我国政府职能从计划经济的政府职能向市场经济的政府职能进行转变。这一时期，政府一边解决计划经济历史遗留下来的问题，一边破除计划经济体制下的政府管理体制和行为规范，其显著特点是"破旧"。进入新世纪后，将开始从不成熟、不完善的政府职能向规范、完善的政府职能转变，即政府机构改革和职能转变中，更多体现了"立新"的特点，体现着"完善"的要求。在这个阶段上，政府将进一步制定经济规范，维护市场秩序；将进一步设法为社会提供公共产品诸如基础教育、基础科学、交通与通信以及城市公共基础设施、国土整治与水利、消防、环境保护等；将进一步完善收入再分配，以实现社会公平与效率的兼顾目标；将进一步创造有利于本国经济发展的国际环境，解决与国外的经济联系及搞好内外平衡。为达到这样一些目标，政府将进一步科学界定管理范围、管理力度和方向，界定政府与市场的相互关系；将进一步依法规范中央和地方的职能和权限，正确处理中央垂直管理部门和地方政府的关系；将进一步完善社会管理和公共服务的职能，减少和规范行政审批；将进一步完善政府的经济调节，完善国家计划和财政政

策、货币政策等相互配合的宏观调控体系，努力保持宏观经济的持续平稳增长。

完善企业，指企业（也包含各类市场经济组织）真正成为市场经济的主体，真正成为"产权清晰，权责明确，政企分开，管理科学"的成熟企业。实现这一点，需要从两个方面努力：一方面是正确处理好政府与企业的关系，另一方面是企业自我完善，解决好管理模式、治理结构和发展战略。就政企关系来讲，完善企业首先要求政府依法尊重和保护企业的自主权利：企业能自主确定产出数量和价格，自主决定出口还是内销，自主选择管理层、分配利润和弥补亏损，自主协商合同条款并签订合同，自主开展各类商业活动等。这就要求，企业不仅在法律上而且在事实上是独立的经济实体，产权关系是明晰的，在资源（资本、劳动、土地和企业家）配置方面，是按照市场规则和供求进行决策的。就国有企业而言，正确解决政企关系，有赖于国有经济布局和结构的调整，有赖于国有资产管理体制的完善；就非国有企业而言，其进一步的完善，有赖于企业运行环境市场化程度的提高，也有赖于企业自身管理水平的提高。

完善法规，指进一步完善我国有关市场经济方面的法律，完善涉及方方面面的经济法律，为社会主义市场经济提供完备的法制条件。我国已制定了市场主体行为的法律制度、市场管理秩序的法律、宏观调控方面的法律、劳动和社会保障的法律等30余部专门的法律。这些法律确立了市场经济主体的合法权利，提供了法制化的公平贸易环境，促进了市场经济的发展。随着我国市场经济的迅速发展，这些法律需要进一步修改和完善。特别要指出的是：修改和完善宪法已被列入党和国家的议事日程。宪法的稳定是国家稳定的基础。根据国家经济社会发展的客观需要，依照法定程序对宪法作适当的修改和补充也是必要的。这些年来，通过三次修改宪法，明确了"国家实行社会主义市场经济"，确立了各种市场经济主体的平等地位，确立了市场规则，已初步建立了有关产权确认和保护的法律体系，初步形成了市场经济法律体系。现在，需要进一步修改宪法，完善社会主义市场经济制度，确认保护私人财产的法律制度，完善对权力制约和监督的法律，保证把人民赋予的权力真正用来为人民谋利益。

完善环境，指健全市场经济运行的环境。主要包括：有统一、开放、竞争、有序的现代市场体系环境；有生产要素市场化环境即原材料、能源、劳动力等价格按市场供求来形成的条件；有企业融资的市场化环境即利率和汇率由市场形成、资本项目完全可兑换；有交易活动自由、市场中介独立、内外资企业平等待遇的贸易环境等。完善的市场经济环境，是完善的社会主义市场经济体制中重要的组成部分，还需要根据中国国情和经济发展程度，一步步地实现，不可能在短期内全部完成。

建成完善的社会主义市场经济体制，要求我们对经济体制改革的正反经验有深刻的理解，对当前存在的问题有准确的把握，对与国外发达市场经济体制的差距与不同特点有清醒的判断。我们在《2003中国市场经济发展报告》中，曾测度出2001年中国经济市场化程度大约为69%。这一结果表明中国经济的市场化程度，与欧美等发达市场经济国家比还有一定差距，中国还只是一个发展中的市场经济国家，正处于从初级的市场经济向完善的市场经济推进的阶段上。只要我们紧紧按照党中央的战略部署办事，从实际出发，持续推进经济体制改革，不断完善改革的思路和方案，我们就一定能早日建成完善的社会主义市场经济体制。

专栏二十二

我国民营企业与跨国公司合作模式分析

随着经济全球化、全球经济一体化进程与中国改革开放的呼应和良性互动，跨国公司在中国的发展拥有了难得的历史机遇。同时，逐步发展壮大的中国民营企业也有与跨国公司合作的强烈愿望。民外合璧，已经成为我国当前民营企业和在华经营的跨国公司新的发展战略。民营企业同跨国公司之间可以采取哪些模式进行合作，在这些模式当中民外双方又有哪些共同特点，这些合作模式今后一段时间内的发展趋势如何，这些都是我们接下来将要研究的问题。本文共分四个部分：第一部分为我国民营企业与跨国公司合作的背景；第二部分为我国民营企业与跨国公司合作模式的类型；第三部分为各种合作模式中民营企业和跨国公司的共同特征；第四部分为各种合作模式的发展趋势。

一、我国民营企业与跨国公司合作的背景

近年来，我国经济持续高速稳定增长，经济总量和经济规模持续扩大，经济结构不断完善，人民生活水平稳步提高，蕴藏着巨大的市场潜力，形势为外界普遍看好，中国连续 15 年成为引进外资最多的发展中国家。全球 500 强中已有 480 多家来华投资，越来越多的跨国公司将中国作为全球投资战略的重要区域。在跨国资本积极进入中国的同时，本土成长起来的民营企业飞速发展，并已悄然占据了中国 GDP 的半壁江山。根据中华全国工商联不久前发布的《中国民营经济发展报告（2005—2006）》数据显示，截至 2005 年年底，内资民营经济在 GDP 中所占比重为 50%，而在 2000 年仅为42.8%，加上外商和港澳台投资经济，"十五"期末两者相加的比重已经占到了 65%；内资民营投资总量 5 年间增长了近三成，2005 年达到了 52193 亿元。

面对快速发展且更为成熟的市场，面对愈来愈激烈的竞争，保持着强劲增长势头的两大阵营，均在深刻思考如何更好地优化组合各种资源，扩大竞争优势，巩固竞争地位。民营企业与跨国公司，这两个各具鲜明特色的强势经济群体，都已经进入对方寻求合作发展的视野。在中国这个快速成长、最具潜力的市场上，长袖善舞的民营企业与跨国公司各具优势，各有需求，但同时也面临着各自的挑战：民营企业的竞争优势和创新活力，跨国公司的技术资源、管

理水平和国际营销渠道；跨国公司能否借助民营企业加速其本土化进程，民营企业又如何在与跨国公司合作中提升技术与管理水平、推动产业升级，进而有效实施品牌战略和创新战略，双方怎样在融合中求发展、在竞争中求合作。毫无疑问，寻求一种对于双方来说，最佳的合作模式，携手发展共赢，对于解决这些问题具有十分重要的意义。

二、我国民营企业与跨国公司合作模式的类型

对此，首先要有三点说明：一是本文主要是从广义上、从个人理解上讲民营企业与跨国公司的合作形式。因为按商务部统计口径，中外合作是有很具体且严格的范围的。商务部把 FDI 分为中外合资企业、中外合作企业、外资企业、外商投资股份制、合作开发这 5 种类型。本文将不从法规和统计分类谈合作模式，而是从个人理解谈合作模式。其二要说的是：对合作模式的分类是会有多种指标和标准的，主要有按产权看合作模式和按合作领域看合作模式。按合作领域如生产、流通、销售看合作，比如，前些年很流行的加工贸易、对外补偿贸易，当前兴起的分销中心、制造基地、服务外包，还有供应链条上的合作，加入跨国公司的国际采购等。由于产权关系对合作是最根本的，因此，本文对合作模式的分类主要是按产权关系，当然也兼顾其他有影响的形式。这也会有点逻辑不严密的地方。第三点要说明的是：民营企业与跨国公司之间的合作，一般可分为境内合作与境外合作两种形式，本文只讨论中国民营企业同跨国公司在中国境内的合作问题。

由于跨国公司的特大规模和实力，由于中国民营企业熟悉国情、高成长性、规模相对小和产权的完全自主性，因此，合作模式确有独特性。本文将跨国公司与民营企业合作暂归纳了 8 种模式：

1. 通过跨国公司并购民营企业而形成的完全一体化合作。如西子集团公司先是通过与大型跨国公司的购销合作进一步发展为一体化合作。要说明的是，如果一体化后，民营企业仍然拥有独立性

和产权，这种合作也即为中外合资或中外合作的公司。前者以股论权，后者以契约分利。

2. 中外双方合作形成跨国公司或多国公司。如 2003 年 3 月，中国夏梦服饰有限公司与享誉全球的世界精品男装著名领袖企业——意大利杰尼亚集团合资成立夏梦·意杰服饰有限公司，各占 50% 股份，夏梦将全部资产准入合资企业。迄今，该公司生产的"夏梦"服饰，被誉为中国十大男装著名品牌之一。1999 年 4 月，华立集团与以色列尼斯科工业电表公司签约经营浙江华立尼斯科电器有限公司。温州柳成集团和世界化工龙头瑞士汽巴精化有限公司签订合资协议，投资 1300 多万美元，双方各持 50% 股份，成立浙江瑞成珠光颜料有限公司。

3. 通过跨国公司下属公司与中方民营企业母公司出资形成的在垂直分工下的兄弟式平等合作。如 2001 年 1 月，浙江阳光集团股份有限公司与荷兰飞利浦公司（全世界最大的节能灯具生产商和光源制造商）签订合资协议，合办"浙江阳光照明有限公司"，进行强强合作，共同致力于节能照明产品的开发与生产。

4. 通过跨国公司资金支持而改制成其子公司而形成的母子型有隶属关系的合作。2006 年 8 月，国内炊具行业占据龙头地位的民营企业——苏泊尔集团在浙江省杭州市召开临时股东大会，会议以 96.4% 的高票通过了《关于苏泊尔与法国 SEB 进行战略合作》的议案，这意味着法国 SEB 收购苏泊尔，通过资金支持而控股苏泊尔集团将很快进入实施阶段。

5. 跨国公司与中国民营企业通过贴牌生产甚至技术入股（如专利、商标、专有技术等无形财产入股）等方式形成的知识产权合作。类似事例有很多，中国的出口贸易很大程度上是加工贸易，其中绝大部分是我国内资民营企业为跨国公司贴牌生产，然后再内销或出口，这种现象在苏南、浙江和广东三省尤为普遍。

6. 中方或是做跨国公司的原材料供应商，或是接受跨国公司订单进行生产，或是做跨国公司的客户的购销合作。如 1997 年 8

月，浙江万向集团正式获得美国通用汽车公司生产订单，成为第一家进入美国一流主机配套市场的中国汽车零部件企业。可口可乐公司98%以上的原料在中国采购。自20世纪80年代后期，可口可乐公司产品的包装物料就是由我国国内的民营企业供应，经过其对国内供应商的长期培植和考察，迄今为止，可口可乐公司从生产线、原材料到包装物料、运输工具和销售设备都能从国内供应而且质量也能达到国际水平。

7. 承接跨国公司代理业务甚至作为跨国公司在中国的代理商的委托式合作等。美国的必能信和德国的STAPLA，是全世界最大的两家超声波焊接设备生产商，它们在中国都选择民营企业作为其代理商，向国内甚至亚洲区的其他客户销售其产品。

8. 中外双方在某一项目上进行的短期合作。如2000年，温州庄吉集团聘请国际著名设计大师、正装休闲化的缔造者、意大利纺织服装工业委员会委员毛里齐奥·巴达萨里先生担任"JUDGER庄吉"首席设计师；同时聘请意大利著名工艺师尼克罗·伯格拉里先生为技术顾问，并率先在意大利米兰设立了"庄吉服装设计工作室"。他们每年为庄吉集团提供400多个服装设计款式。又比如2003年8月，西门子集团与德国相关方面签订了合作开发太阳能项目协议书。

此外，一些有规模有实力的中国民营企业委托跨国公司在供应链上某环节做代理合作。当然，这种合作模式现阶段还不多。实际上，民营企业与跨国公司合作模式的选取很大程度上取决于双方的协商以及一些客观性因素，比如中方没有资金、只有土地和人力的话，那么就可以采用跨国公司并购民营企业而形成的完全一体化合作模式，或者通过跨国公司资金支持而改制成其子公司而形成的母子型有隶属关系的合作模式；如果中方有资金，那么可以采用跨国公司下属公司与中方民营企业母公司出资而形成的在垂直分工下的兄弟式平等合作模式，或者跨国公司与民营企业母公司组建中外合资企业；如果民营企业同跨国公司双方具有互补的技术，共同攻关某项核心技术研究，那么就可以采用项目合作的模式；至于我国民营企业是选择做跨国公司的上游供应商，还是下游客户，或者做其产品代理，则取决于双方客观的产品结构。

三、各种合作模式中民营企业和跨国公司的共同特征

无论民外合作采用哪种模式，在合作过程中，民营企业与跨国公司都有一些共同的特点，这些共性贯穿于中外合作过程的始终，从双方合作伙伴的寻求，到合作模式的选取，再到合作过程中的管理，都体现出这些共性并且受其影响。本文归纳了4点共性：

1. 合作双方都有外部压力和合作的内部动力。经济全球化和全球经济一体化的时代背景，国内外市场越来越激烈的竞争格局，对跨国公司和中国民营企业形成很大压力，促使企业加快国际化的步伐。另一方面，双方合作的内在动力也越来越大。跨国公司早就认识到，跨国企业不仅要全球化，也需要本地化。中国民营企业发展很快，与民营企业联营是本地化一条可行的途径。而中国民营企业也认识到，与跨国公司合作，是中国民营企业国际化一条比较便捷而有效的途径。

2. 双方都有对方需要的资源，尤其是民营企业的资源在快速增多。近年来，随着国家对非公有制经济进入领域的逐渐放宽、支持和鼓励非公经济发展的政策逐渐增多，民营企业的经营范围在不断扩大。中国民营企业还拥有本土的人才资源、土地资源、信息资源、对中国市场的把握甚至关系资源，这些都是为跨国公司所看重的。而跨国公司的雄厚资本、先进的技术、管理的经验、国际市场的渠道等，也为中国民营企业所看中。通过与跨国公司合作，国内的民营企业可以并且已经不同程度地学习到其先进的生产技术、管理理念和管理经验（微软、诺基亚、三星电子、现代汽车等跨国公司都在京津地区设立了自己的研发中心或生产基地。）

3. 双方都有相当的实力，尤其是民营企业实力在迅速提升。跨国公司有相当实力不必再说。近年来，中国民营经济得到了飞速

发展，民营企业的实力迅速提升，活力不断凸显。中国民营企业的经营机制比较灵活，经营决策比较自由（受政府干预相对较小），同时，由于民营企业是在同国有企业、外资企业的激烈竞争中生存下来并不断发展壮大的，不像很多国有企业那样，可以便利地通过政府担保或其他形式获得优惠贷款，其生产经营活动几乎全是自负盈亏，面对的是硬约束，因此，民营企业对中国市场的把握更准确，也更具竞争力。

中国民营企业经过多年发展，已经具备同跨国公司合作的实力条件。一大批颇具实力的民营企业开始在国内、国际市场上崭露头角。比如，浙江规模较大的优秀民营企业如万向、华立、阳光、富通等已同跨国公司有了合作关系，这在很大程度上相当于宣告我国民营企业同世界500强合作与对话的商业机会已经到来并将越来越多，"民外合璧"，对于我国很多民营企业来说，将会成为自身进一步发展和壮大的契机，毫无疑问，中国的民营企业不会放弃这个新的发展战略和机会。

4. 双方都愿意接受对方的经营理念，尤其是民营企业规范化在快速增强。作为产权自主的企业，双方都有着对产权清晰的偏好，都有着对自由竞争的认可，都有着对平等国民待遇的追求，都有着提高管理水平的愿望，也都有着自负盈亏、承担风险的思想准备。这些共同的市场经济理念，是双方的合作的文化价值基础。跨国公司的本地化，不仅仅停留在那些对其必要性进行严密论证的理论层面，实际上，很难找到不注重本地化经营的跨公司。像普华永道、毕马威、德勤、宝洁、通用这样的公司每年都要在中国内地招聘好几百甚至上千名员工，在华经营的跨国公司的中高层领导者大多也是中国人。再比如可口可乐公司在中国的业务系统有30000名员工，99%以上是本地招聘的。2005年可口可乐公司建立了可口可乐大学，为公司各级员工以及全国各装瓶厂人员提供培训，定期聘请海外的专家开班设课并安排部分员工到海外受训。显然，这些跨国公司看重的除了内地人才的工资相对便宜以外，还有很大一部分原因是，他们愿意接受内地的文化和经营理念，注重本地化经营和管理。

如今，内地民营企业"走出去"的口号越来越响、步伐也越来越快，这些已经走出去的民营企业也已经开始并将继续注重本地化经营，实际上它们的本地化也就是我们内地民营企业的国际化；我们国内经营民营企业也已经开始注重积极学习国内外知名企业的科学管理方式和组织结构，突破家族制的经营模式，摆脱所谓的"三缘"情结，建立起了现代的、科学的法人治理结构，比如我们今年刚刚在浙江上虞考察了浙江阳光集团，其已经建立起非常科学、现代化的组织机构和管理方式。

经过20年的成长，中国民营企业不仅依赖灵活的经营机制参与竞争，也依赖着规范化管理提高市场竞争力，还越来越重视在法制的规制下参与竞争。这些，更使双方合作的基础条件更接近了。

四、各种合作模式的发展趋势

综合分析各种因素，我们认为，未来一段时间，跨国公司与民营企业合作可能会出现这样一些发展趋势：

1. 品牌、技术等知识产权合作仍保持较大比重，并会持续继续相当一段时间。迄今为止，我国共有约465万户民营企业，其中16.8万户民营企业，约占民营企业总数的3.4%，购买了境外品牌的使用权；有74.5万户民营企业，约占民营企业总数的16.1%，购买了国内外的专利技术包括技术专利和设备。当前我国民营企业向纵深发展面临最大的约束就是难以改变技术水平低、产品档次和附加值低的局面，很多中小民营企业的生产处于产业价值链，也就是我们通常所说的微笑曲线的底端，这是那些几乎垄断世界上所有顶尖生产技术和设备的大型、甚至超大型跨国公司进行全球产业资源配置的必然结果。民营企业提升技术水平和实力，增加研发投入，增强创新、尤其是原始创新的能力，是一个长期的过程，仅就当前和今后一个相当长的时间来看，走引进、消化、吸收、再创新之路是比较可行的，这是一种趋势。因此，相信今后相当一段时间，品牌、技术等知识产权合作仍将是民营企业和跨国公司合作的重要形式。

2. 简单的合作在向复杂的合作演进。如初期的一部分项目合作、技术品牌合作，在向股权合资合作方面演进。如万向集团既为美国通用和福特两大汽车公司配套生产传动轴，也在一步步收购美国相关企业的股权，走向世界。如总资产已超过百亿元的民营股份制企业华立集团，1999 年与以色列尼斯科工业电表公司合作经营浙江华立尼斯科电器有限公司，后来收购飞利浦集团负责手机芯片设计业务。但以合资方式进行合作的现象和比重会进一步增加，改革开放 28 年来，我国经济飞速发展，民营经济尤为突出，与之相伴生的就是居民财富非均衡地迅速增加，造就了一批富人阶层，其中主要是我国民营企业的中高层经营管理人员。由于富人的边际消费递减、再加上国内投资渠道单一，内地中小民营企业恶性竞争加剧，因此，如果有可以同像世界 500 强那样的跨国公司进行共同投资合作，共享利润机会的话，我国民营企业会选择组建合资公司的方式进行民外合作的。

3. 有主有次的合作在向平等的合作演进。我们看到，中国企业成长很快，因此，中方与外方合作越来越多地成为平等的合作。尽管我国当前内地的民营企业在保险、企业理财、审计、咨询等生产性服务或者高端设备及部件的采购环节依赖于跨国公司的现象仍然比较严重，但是在其他领域，中国民营企业生产经营过程中所需要的原材料、设备和部件，一般都是向内资企业采购。其原因一是成本（含生产成本和运输成本以及议价协商等环节的交易成本）比较低，二是在这些技术壁垒相对减低的行业中，中外企业间的技术水平差别不大。加之，近年来，中国内地的咨询公司、保险公司及审计公司也在飞速发展，以通信领域为例，包括某些核心设备，中国企业（如华为、中兴、大唐）的生产技术水平接近甚至超过了世界上其他发达国家。因此，内地民营企业对于跨国公司的单向依赖会逐渐转变为向跨国公司和内地企业的双向依赖，甚至是对内地公司的单向依赖。所以，预期我国民营企业与跨国公司之间，逐渐会从有主有次的合作向平等合作模式演进，而且有理由相信，这个趋势会越来越明显。

4. 民营企业进入跨国公司全球采购系统，成为其稳定供应商的合作现象会逐渐增多，但是速度不会很快，分布的产业领域会日趋不均衡。跨国公司对于其上游供应商的选择非常严格，对于企业注册资本、生产规模、员工数量、生产设备和技术水平、产品的市场份额等都有较为严格的要求。我国民营企业整体上的技术水平和创新能力比较低，有关数据显示，我国只有万分之三的企业具有自主知识产权，而提升企业的技术水平和创新能力又是一个长期的过程。因此，在小机电、普通家电、轻纺等这样技术要求不是很高的劳动密集型产业中，内地民营企业通过这种模式与跨国公司进行合作的现象仍会越来越多，但是在类似汽车零件尤其是部件的行业中，这一种民外合作的模式尽管会逐渐增多，但速度不会很快。

5. 项目合作很难成为民外合璧的主要模式。通常而言，民营企业同跨国公司之间以合资或合作的方式组建公司之后，双方在生产经营过程中会因企业股权结构脆弱性、目标冲突以及不信任，而进行长期、复杂的博弈。而如果双方只进行项目合作，不组建公司，就有很多优势，至少可以避免或降低这种复杂博弈而带来的交易成本，但是这种合作的方式不会成为主流。因为无论对于民营企业，还是跨国公司来讲，如果有高利润、高回报的项目，比如某个核心零部件或模具的开发，通常企业会自己来做，防止利润外溢，经济学上比较理论化的说法叫"一旦有外部利润的激励，生产领域的正外部性会被追逐利润最大化的厂商主动内生化"，那么剩下来的，应该就是单方很难攻破的、成本和风险都比较高的项目。如果把这种项目比做为一种产品的话，这种产品会因为其质量不高而难得消费者青睐，进而也就不会有很大的市场份额。

6. 双主体的合作会逐渐向多主体发展。其中令人注目的是，中国东部民营企业与跨国公司合作同时，与中西部企业发展各类合作关系，造成一种连锁式开发合作。这为更好地发挥中西部土地和资源优势提供了新的机遇。过去中国民营企业普遍缺乏资金和技术，比较优势就是人多、土地多、能源多。这种客观的形势决定了中外企业间的对话多以中方出力、出土地、出资源，外方出资金、出技术的合作模式。如上分析，这些年中国居民财富骤增，而且还有一个不容忽视的原因就是，经济的长期高速增长已经凸显了土地、能源等战略性资源的瓶颈约束。这种现象在东部沿海地区，像浙江、江苏等省份表现得尤为明显，基本上已经没有多少建设用地可以开发了，而且工人的工资也渐趋增加。因此，我们认为，在中西部的工人工资、土地等资源成本相对比较低的情况下，民外合作的地区性转移现象会越来越多，即从东部沿海地区向中西部转移，进而东部民营企业同跨国公司的双主体合作模式会向东、中、西部民营企业同跨国公司的多主体合作模式转变。

我国民营企业与跨国公司的合作模式可以归纳，但创造合作的源头来自中外企业自身，模式创新有赖于极富智慧的企业家们。相信在全球化、一体化、市场化和自由化的大背景下，民营企业与跨国公司的合作模式会越来越多，越来越有效，也越来越成功。

第三节　生产要素的进一步市场化：
劳动力、资本、土地

改革开放以来，随着产品领域的市场化的深入，要素市场也在朝着市场化方向迈进，而且在某些领域取得了很大的进展。

首先，在劳动力市场化方面，政府较早地退出劳动力资源配置领域，使得行政配置劳动力资源的范围不断缩小，市场配置劳动力资源的领域不断扩大。尽管户籍制度改革相对滞后，但目前造成劳动力流动障碍主要原因是户籍制度衍生的对农村劳动力的各种歧视性政策。

其次，在资本市场化方面，2002 年以来，QFII（境外合格机构投资者）制度、股权分置改革以及 QDII（境内合格机构投资者）制度先后实施，标志着证券市场不断发展与完善。同时，产权交易市场、中小企业板块、证券公司代办股份转让系统也相继建立，并取得重大进展。

最后，在土地的市场化方面，2002 年以后，国土资源部颁布的《招标拍卖挂牌出让国有土地使用权规定》、《协议出让国有土地使用权规定》以及 2004 年国务院下发的《关于深化改革严格土地管理的决定》、《关于加强土地调控有关问题的通知》，使得土地使用权价格的市场形成机制初步确立，土地产权进一步细化和明确，土地权利体系开始构建，政府对土地市场的宏观调控得到加强和完善。

在这些方面，我们研究团队做了集中的研究。我主持完成的《2005中国市场经济发展报告》对中国 2002 年和 2003 年市场经济发展进行了全面分析。报告的基本结论是：2002 ~ 2003 年，中国经济市场化的深度与广度都在不断增强，2003 年中国市场化总指数达到 73.8%。报告中有三章用了近 4 万字分别论述劳动力、资本和土地这三大生产要素的市场化程度。结论是：劳动力流动明显加快，农村转移劳动力占农村劳动力的比率从 1998 的 20.6% 提高到 2003 年的 34.9%，跨行业、跨地区的职工人数变动率明显上升；土地交易制度和市场化建设快速发展，有偿出让用地面积比重从 2001 年的 50.6% 增加到 2003 年的 67.6%，招标、拍卖、挂牌出让面积占出让土地总面积的比重由 2001 年的 7.3% 增加到 2003 年的 28%；资本交易市场体系和规则日益完善，QFII 等 20 余种新制度出台实施，合同利用外资金额大幅增长。生产要素市场化构成我国市场化测度的五大因素指标之一。

专栏二十三

中资银行提高竞争力的三大领域

我国加入世界贸易组织刚刚半年多的时间，就已经有不少外资银行开始抢滩中国市场，现在我们已经感受到了外资银行紧逼的脚步。从半年来中外资银行竞争的态势来看，银行要想提高自身竞争力，关键在于在竞争中推出新产品、新服务，稳住老客户，争取新客户，最终实现经济效益的提高。在这当中，有三大领域可以也是必须有所作为的地方。

一、把握高端客户，扩展中间业务，向现代银行业务转变

在银行界有一句话，80%的利润来自20%的优质客户。它说明，要想壮大自身实力，首先就必须要抓住能影响整个银行利润的这些高端客户。而要留住和吸引他们则需要不断拓展服务领域，尤其是尽快发展中间业务，实现从传统银行业务向现代银行业务的转变。目前我国商业银行的主要业务是一般存贷款和结算业务，而外资银行业务中，成本低，利润高的国际结算等中间业务已成为利润主要来源。有资料表明，国外银行利润来自中间业务的部分占到2/5甚至2/3。在华外资银行办理的出口结算业务已占有我国市场份额的40%以上。许多外资银行业已成熟开展的包括为企业的并购、重组、项目融资、托收、贸易融资、保管、经纪人清算等金融服务，还有对企业的咨询服务，帮助企业分析资产结构、财务结构，提出资产重组以及如何融资的建议在内的中间业务，都是中资银行应当学习和介入的领域。这里要指出的是，我们扩展这些中间业务，严格讲，不是创新，而是补课。不补就会失去很大一块市场。

当然，需要提醒的是，对于外资银行的先进做法，我们不能去盲目效仿。不久前，中资银行要学习外资银行，对存款收服务费，引起讨论。笔者认为，这是盲目学习，自毁墙角，实不可取。开拓新的中间业务不是以放弃或自伤传统业务为代价，优化客户结构不能以客户增加成本来实现，平等竞争不是以削足适履、以弱拼强去应对。本来中资银行在竞争中长项有限，需要珍惜。作为客户，我

的感受是，放弃麻烦，是放弃客户，更是要失去人心。

二、依托高新技术，发展电子金融业务，实现银行信息化

日新月异的高新技术，使金融业的增长潜力大为加强，也使金融业在适应高新技术发展要求时，创新制度和品种。建立健全现代化支付清算、结算体系，能提高支付清算和结算效率；大力发展电子货币、银行卡业务，可减少现金流通；还要积极稳妥地发展网络银行、网上证券、网上保险等新型网络金融服务。在这个过程中，既是适应金融电子化发展，金融业本身也是在不断创新。

与此同时，金融企业的管理也越来越依赖于技术的进步。比如，建立金融系统现代化的计算机通信网络，实现网络互联，资源共享；建立健全金融系统计算机安全体系，提高金融系统防范计算机犯罪的能力，确保金融资金和信息的安全。我国现在还没有一家银行能实现全方位的金融服务，没有真正的一卡通。银行业信息处理能力相对差，分享程度相对低。我们应加快金融信息化的发展，提高金融电子化水平。只有尽快接近发达国家金融业的信息化水平，才能真正提高银行业的国际竞争力。

三、不断推出满足客户需求的金融新产品

需求是催生新产品的伟大力量。新的金融产品是怎样产生的？按美联储主席格林斯潘的话讲，就是通过金融分解技术而产生的。格林斯潘认为可以将金融分解技术的应用分为两支，一支是创造衍生品，一支则是资产证券化。这个说法一下子就把金融产品如何产生的过程说透了。分解技术的作用是把很粗糙的东西细化，产生出多种品种，比如贷款会因利率和时限不同，产生多种不同的品种。金融衍生品这十年中每年以百分之三十的速度增加，新产品的推出速度之快，成长之快，是二十年前所不敢想象的。

必须指出的是，要在转轨条件下不断推出新的金融产品，就需

要尽快解决交易的不成熟性。这种不成熟性表现在，第一，我国关于金融产品交易的法律规定有过渡性质。法律、法规往往是"试用""暂行"，还准备修改。第二，转轨过程中的金融产品本身不完善。比如产业基金，究竟应该实行封闭式的还是开放式的，是公司制的还是契约制的，还在争论之中。第三，供求双方本身具有不成熟性。在我国，由于金融正在发展，需求者对金融产品往往缺乏了解，交易时很盲目，交易后又不愿受法制约束。第四，由于体制等方面的原因，交易环境尚不成熟，如交易场合、交易条件、交易规则、法律制度都不够完善，使交易不成熟。有时可能由于法人的产权不清晰，连"谁借钱谁还钱"这个最基本的原则都无法贯彻。

专栏二十四

今天我们需要什么样的合资

观察娃哈哈与达能的冲突，许多人持这样一个观点：娃哈哈当年对国内企业遍抛绣球却无人理睬，出于无奈才与达能合资，所以，是为了解资金之渴才饮下丢牌之鸩。此一时彼一时，在资金滚滚流动的今天，也许宗庆后就不易误入陷阱。的确，如果从1980年中国第一家外资企业诞生算起，我们在合资的道路上已经走了近30年。与改革开放初期相比，中国经济取得长足发展，中国企业取得长足进步，中国合资的环境也发生了很大变化。

一、合资环境：你在变，我也在变

第一个方面，中外两个市场变成了一个市场，中国成为国际市场的一个组成部分。第二个方面，中国由资金短缺的国家变为资金充裕的国家。第三个方面，中国外商投资法律从单项的合资法律，成长为涵盖外商投资方向、外商投资产业指导、外资并购等各方面的外资法律法规体系。第四个方面，由优惠外资的政策环境变为中外平等的国民待遇。自20世纪70年代末实行改革开放以来，我国对外资企业一直采取了有别于内资企业的税收政策。今年3月,十届全国人大五次会议表决通过企业所得税法,实行"两税合一",规定从2008年1月1日起,内资、外资企业将实行统一的25%的企业所得税率,体现"四个统一"。第五个方面,由关注外资企业的经济作用,到强化外商投资企业社会责任意识,实现企业、社会、环境可持续协调发展。

不独我们在变,外资也在变。

一是从合作到合资的转变。改革开放初期,因为无论是从贷款的可获得性、企业的规模、实力、品牌,还是从税收以及其他各种政策优惠方面,国有企业无疑是外资企业的合作对象。在比较优势原则的支配下,中方出力、出厂房、出地,外方出资金和技术的中外合作便成为外资进入中国初期,中外合作的主要方式。近30年来,中国企业逐渐成长壮大,内资企业尤其是民营企业的资金和技术实力逐渐增强,外企在华经营方式的变化显示出这样的趋势:"民外合璧"以及中外合资将会成为未来相当长一段时期内中外合作的主要方式。

二是并购成为外资进入我国日益重要的新方式。并购在相当长的时间一直是跨国投资的主要方式,但是,中国由于长期缺乏关于外资并购的法规,而且外资政策取向中更偏重于新建投资,并购一直不成气候。近年来,国家关于外资并购的法规逐渐完善,国内市场潜力充分显现,对国际投资者的吸引力越来越大,加之产能过剩,越来越多的行业骨干企业显现出投资价值。在此形势下,并购日益成为外资进入我国的重要方式,这方面的例子不胜枚举。虽然并购投资占全部外商直接投资的比重并不高,但由于并购较之新建投资涉及的利益相关者更多,且不少外资并购对象为国内行业骨干企业,因此,近年来不少外资并购案例引起媒体与社会各界的关注。

三是跨国公司地区总部初露端倪。早期在华外商投资企业,是一个个分散的工厂或子公司、分公司。随着在华子公司数量的增多,需要建立地区总部来加以协调。通常而言,跨国公司的地区总部对人力资源、交通、通信等基础设施的要求较高，一般设立在商业中心城市。吸引跨国公司地区总部，有利于提升城市的经济结构，提高本地劳动力收入水平，促进其现代服务业发展，增强经济活力，培育经济中心城市。近年来，三菱、摩托罗拉、诺基亚等著名跨国公司均已经在我国设立地区总部。

四是外商投资企业研发活动开始向我国扩散。据商务部资料，外商投资的独立研发机构总数已经超过700家。据联合国贸发会议研究，中国已经取代美国，成为跨国公司海外研发活动的首选地，高达61.8%的跨国公司将中国作为其2005~2009年海外研发地点的首选。

二、面对并购：取其利防其害

今天的中国仍然需要外资，我们要坚持引进利用外资，但要学习取其利防其害。外商已在中国实际投下了累计7000亿美元的外资，庞大的外国资本已成为中国国力的组成部分并发挥着作用。同时，我们也需要新外资。一是有些领域需要外资来介入，比如：大力发展服务业需要与跨国公司密切合作。我国正积极倡导发展服务业，积极承接服务外包。而作为外包环节中最重要的发包方，跨国公司控制着世界范围的主要发包业务。二是我们有些技术需要外资来提供，比如，"节能减排"就需要借鉴其他国家成功经验。三是科研创新仍需要中外合作。在中国，外商投资企业技术引进占合同金额50%以上。近5年来，高新技术产业中的外资企业技术消化吸收经费支出从近2亿元人民币增长到24亿元人民币，增长了11倍多；新产品开发经费支出从47亿元人民币增长到192亿元人民币，增长了3倍多。在很多领域，如通信、电子、石化等等，外商投资企业推动了技术的迅速发展，促使中国以十年、二十年跨越性、后发性的速度追赶发达国家。此外，资金变资本的过程仍需要外资的推动。

外资并购汹涌而至，恶意收购、行业垄断、危害经济安全等问题的出现似乎不可避免。李晓西认为，最大的负面效应是跨国公司控股并购我国企业后，凭借其雄厚实力逐步占领较大的市场份额，对我国产业尤其是战略性产业的控制，将可能垄断或图谋垄断国内一些产业，从而大大削弱我国经济的竞争力。

2005年，中海油竞购优尼科、联想收购IBM电脑业务以及阿联酋迪拜公司收购美国六大港口等事件中，收购方都曾受到这个机构的审查——美国外国投资委员会。美国设立这样的专门机构，是为了对外资并购进行经济安全审查。中国要向发达国家学习，也要会以其人之道还治其人之身。目前关键是完善并购的法律法规，完善有关的机构，加强对外资并购相关行业的审查和监督。

中国企业怎样实现在引进外资的同时，打造自主创新的技术能力、壮大自主品牌？必须承认，这是一个漫长而艰难的过程。内资企业在引进外资企业的同时，如能充分发掘利用它们的全球营销网络、技术和研发团队，可能会有所裨益，但是，主要在于企业自身要扩大用于R&D的资金比例，要着眼于以质取胜的发展战略。

三、引进外资：从大规模组织招商换以平常心对待

无论是徐工并购案、苏泊尔并购案，还是正在争论的娃哈哈达能案，都涉及一个核心问题：今天我们如何对待外资？

近30年的改革开放把中国经济带入了发展新阶段，我们引进外资也应该站在新起点上。讨论哪个行业应该引进多少外资、哪个地区应该引进什么样的外资固然重要，但更重要的是我们以什么样的心态引进外资。我主张以平常心来对待引进外资。所谓平常心，首先是平常心看市场。外资来多来少，要顺应市场经济的规律，尊重市场经济的调节作用。那种以行政干预而致使资源条件大幅度偏离市场价格，以此吸引外资的做法，是心态不平常的表现。其次，就是以平常心看内外资企业。对外资企业尤其是跨国公司，你来我欢迎，你按法规办事我支持，你有违法违规之事按法律解决。外资企业有很多优势，但我们也有相当的优势，要自信，不要跪求，无需压宝

似的过于期望。不要过分宣传,不要不计代价。同时,对内资企业,要平等对待。不要重外轻内。在引资上,各类内资企业尤其国有企业自己有招商引资积极性和主动性,是非常重要的。要更加注重于了解企业需求并为企业自愿引进外资提供各种服务,而不是迫使企业签订各种并购或合资的协议。三是以平常心看待外商。外商也是人,不仅需要好的投资运营环境,也需要有良好的生活环境,解决居住问题,小孩上学问题,看病问题,文化生活等。引凤与筑巢是同等重要的。巢筑好了,凤引来就能留住,凤还会招来同伴。四是以平常心看待市场竞争。不管引进与否,跨国公司这个强大的对手都是客观存在。经济全球化使强大的对手从暗处走到明处、从远方来到眼前,为害怕竞争而排斥引进外资是没有必要的,也是没可能的。中国企业完全可以在竞争中学习、在竞争中壮大! 政府则要致力于创造公平竞争的环境。五是以平常心来组织招商活动。招商活动要正常化,那种组织庞大行政力量来招商引资,不计成本到国外花钱砸广告招商,甚至层层下达招商引资的指标的做法;其心太急了。要更加注重招商引资的长期效果,而不是过于追求政府的短期招商业绩。不顾自身条件,不考虑本地的消化能力,完全寄希望于来一两个几亿元的外资大项目就能一下子把经济搞上去,绝对不是正确的招商引资的态度,也不是市场经济中政府应该做的事。

李晓西相信,如果地方政府有了平常心,各地企业和老百姓也都有了平常心,东西部尤其西部有了平常心,以此对待外资,就有助于走出一条以政府为指导,以企业为主体,社会中介机构积极参与,市场化、长期化的招商路子。

专栏二十五

对成都市探索农村土地产权改革中
遇到的几个问题的看法

成都市在城乡统筹中,积极推进农村产权制度改革,取得了重要进展。成都市委2008年1号文件即《关于加强耕地保护　进一步改革完善农村土地和房屋产权制度的意见（试行）》（成委发〔2008〕1号）。一号文件提出了农村产权制度改革工作的四个基本原则：严格保护耕地；稳定农村基本经营制度；切实维护农民利益；重点突破、分步实施。这非常重要。一号文件，揭开了成都市统筹城乡综合配套改革具有划时代意义的一页，必将在中国改革历史中留下深刻而鲜明的烙印。2008年底前将完成都江堰市、彭州市、崇州市、邛崃市、大邑县五个受灾市（县）的宅基地确权颁证工作；2009年3月底完成全市农村产权确权颁证工作。

我翻看了蔡昉所长和陈显煜院长主持的中国社科院、成都市社科院联合课题组所做的城乡一体化发展之路的统筹城乡综合配套改革研究报告，看了蒋青、吴建瓴、李世明等专家的关于成都市双流县、都江堰、锦江区等农村产权制度改革试点调研报告，受到很大启发。

首先是特别兴奋，感觉触摸到又一次重大改革的脉搏。成都的专家说得好：农村产权制度改革是继联产承包责任制后的又一重大变革，这一改革的成效直接决定着我国社会主义新农村建设的顺利进行，直接关系到和谐社会建设。农村土地产权制度改革正在兴起，其意义不可低估！我看到成都在这方面的探索已非常深入。成都市做出了重要贡献，确实发现了新问题，也有新办法，试出了一些新路，获得了不少成果！

党的十七届三中全会决定指出，要健全严格规范的农村土地管理制度。土地制度是农村的基础制度。按照产权明晰、用途管制、节约集约、严格管理的原则，进一步完善农村土地管理制度。这个非常重要的要求，实质上是通过农村土地产权改革来实现，不可能平平淡淡、不费力气就能达到。

现就这些调研报告，谈点自己的看法。大体有这么几个方面：农村土地流转权的主体是否清晰？流转的客体是否清晰？流转的规则中有什么问题？土地流转试点中面临的难题选择？

　　土地流转指的是土地使用权流转，土地使用权流转的含义，是指拥有土地承包经营权的农户将土地经营权（使用权）转让给其他农户或经济组织，即保留承包权，转让使用权。那么，有以下问题值得探讨。

一、流转权的主体是否清晰？

　　土地承包权可流转，但土地到底是谁的？

　　成都的几个试点区中，都发现了这个问题，即现有的集体经济组织产权模糊，原有农村集体经济组织在法律上只是一个承包经营土地的发包方，而在土地以流转形式而非劳动投入形式产生收益时，原有集体经济组织就很难承担了。因此，搞好土地流转，不仅要保证流转合法，还要先明确流转的主体。比如，双流调研中提出两个问题。问题一：一些村的部分村民长期外出打工，农村产权制度改革如何对待？问题二：除社长外，没有相应的机构和人员，难以承担农村产权制度改革的繁重工作。

　　如何解决呢？联合课题组提出，必须培育农村市场主体。这非常有道理，明晰流转权主体，是培育农村市场主体基本的一步。课题组提出：必须推进乡村治理结构创新。实行"政经分离、政事分离、政企分离"后，乡镇村各级职能职责需要重新界定。这种行政性改革的步骤，在我看来，也是明确产权主体的重要内容。

　　围绕如何做实农村集体经济组织，各试点单位都在进行大量的探索，双流如何做的呢？各村社或通过"海选"或以 10～15 户推选一名为原则，成立了社审核调解组，社审核调解组不能解决的问题，报村议事会解决。村议事会则主要负责协调和处理产权制度改革中重大问题和跨社范围内的各类纠纷。

　　都江堰制定了《都江堰市农村集体经济组织成员确认办法（试行）》的规定，农村集体经济组织成员权区分为普通成员权和特殊成员权，明确规定两种成员权的具体内容。与此同时，该办法规定了成员资格取得和丧失的基本条件等。都江堰还将村组集体经济组织确定为村民委员会、村民小组、乡（镇）集体资产管理委员会三级组织，对各自的权利义务进行了规定，并组建了以农业合作社为主体的集体经济组织实体。

锦江区农村产权制度改革思路中，也考虑要把发展新型的集体经济组织作为农村产权制度改革的一个重要内容，通过对集体经济组织的股份制改造，建立起适应市场经济的体制和机制。

这些都是在力求明确主体，明白是谁的土地在流转？是谁来做谁的土地流转？

如果我们深入分析一下，问题确实不简单。成都的一位律师李世亮同志提出：根据现行《土地管理法》等法律法规的规定，我国的集体土地为集体经济组织所有。但何谓集体经济组织？法律规定上并不明确。正是由于制度性缺陷才造成了某些乡镇政府或者组长、村长个人代行集体经济组织的法定权利，损害农民利益的现象时有发生。因此，农村产权制度改革的首要任务是如何做实农村集体经济组织这一法律主体，使其成为真正的市场主体，使其成为真正的农民集体财产所有权的代表人。要解决该问题，首先应该从立法的角度对各地出现的集体经济组织主体的形式进行统一的归类，对集体经济组织的定义、条件、权利义务进行认真研究，并制定相应的指导意见，从而对其他地方的农村产权制度改革起到指导性作用。李律师建议，在我市的改革试点中可以采取户口、权利义务关系与村民自治三者结合的标准来认定成员资格。值得研究。

二、流转的客体是否清晰？

有专家指出，承包土地时，农民关心的是产量，而不是面积；但当土地拥有流转前景时，面积就成为主要的收益计量依据了。面积如何来清晰？需要不需要清晰？有同志在研究中发现，客体明确，就是要清楚承包地的方位、面积、边界和等级，要四个到位。但有的农民认为，自己的土地天天耕种，自己清楚，其他农民也清楚，要不要四个到位无关紧要。这一点上，共识还是搞清楚好，不仅为今天，还要考虑明天。十七届三中全会决定中提出，搞好农村土地确权、登记、颁证工作。这说明现在这个客体还不清晰。流转的到底是土地什么权？是使用权吗？现在成都各试点单位就在做这件确权的工作。

我们再来看试点单位的体会。

大家的共识是：由于历史原因，成都市农村产权状况纷繁复杂，产权关系混乱、界限不清、账实不符等问题普遍存在。因此，确保确权工作的依法有序进行和确权结果的合法有效是农村产权制度改革确权阶段的重中之重。

在双流县，问题有：同一地块二轮土地承包的台账面积普遍小于实际测量面积。是否要重新丈量？否则如何？而重新丈量违背了《土地承包法》的规定。按照《中华人民共和国农村土地承包法》明确规定：承包期内，发包方不得调整承包地。因此，在承包地确权时，大多数地区采用了按照二轮承包的台账进行确权登记颁证的方法。但这将与一号文件要求建立的"归属清晰、权责明确、保护严格、流转顺畅"的农村产权制度不符。还有一个问题：宅基地和房屋的面积如果由农民测量，可能存在面积偏大，而若由专业测绘队进行，有如此大的力量吗？

锦江区的经验是：由于农村产权制度改革是农村土地资源利益格局的重大调整，没有各级政府的强势参与是不可能推进的。

此外，有一个确权颁证工作。确权颁证阶段的主要工作由相应政府部门完成，审查核实的工作量非常大。权证代表着政府公信力，发证机关必须承担失误所产生的后果。它主要包括了六个步骤：确权公示，确权登记会审，填制证书，签订耕保合同，制作卡、折，发放证、卡（折）。

土地产权归属的确定与根据家庭人口变化调整土地的集体产权特点相矛盾。现在马上中断调整，会引发新的不公平。耕保金发放是以农户家庭承包的土地为依据，如果不再进行土地调整，很多农户将不能享受这一政策。双流县尊重农民的意愿，探索了农村承包地的"先调整后确权再固化"的方式，即首先按照"按户承包，按人分地"的原则，将人均土地较多家庭的土地调整给人均土地较少的家庭，实现起点平等，然后进行确权登记颁证，并在此基础上严格按照《土地承包法》的要求，取消土地的经常性调整，固化承包经营权。这种确权方式，取消了长期形成的土地经常性调整的方法，是对《农村土地承包法》的回归。同时，它也使每个农户在农村产权制度改革中得到了平等的起点，有利于建立归属清楚、产权明晰的土地承包制度。此外，双流还对已流转的承包地的确权、宅基地使用权的确权、房屋所有权的确权提供了来自实践的做法。

为确保确权工作的合法性，都江堰市发明了一种称为"鱼鳞图"的土地确权图。该图纸由成都市农村产权工作组与都江堰市政府相关部门牵头，在农民宅基地、承包地等的现状自行测绘、委托专业机构测绘，并绘制成农民房屋、土地的分布图基础上，由农户家庭代表按手指印确认，包括耕地、宅基地、建设用地等内容是农户确权其财产所有权的基础性文件，就其性质而言属于村民之间关于物权确认的民事协议，它是农村产权制度改革中的确权依据。由于村民确认时按的手指印很多，很像鱼鳞，故被形象地比喻为"鱼鳞图"。"鱼鳞图"是确权的最基础性文件。该文件系由村民代表所确认的、反映村内所有土地房屋现状的基础性文件，该图所反映的每一个地块和房屋均为四至清晰、权利主体明确、用途清晰等，并由农户户主代表签名画押，是对农村农民产生约束力的图纸，相当于协议的法律属性。

一个综合性问题是：确权要求高，但工作量太大，工作进度如何保证？

三、流转的规则中有什么问题？

逐步建立城乡统一的建设用地市场，对依法取得的农村集体经营性建设用地，必须通过统一有形的土地市场、以公开规范的方式转让土地使用权，在符合规划的前提下与国有土地享有平等权益。

1. 同地不同权问题

同地不同权首先缘于现有法律对于集体土地权利的限制。《土地管理法》第43条和第63条分别从建设用地的需求者和供给者的角度对集体土地进行了严格的限制：除个别例外，"任何单位和个人进行建设，需要使用土地的，必须依法申请使用国有土地"，"农民集体所有的土地的使用权不得出让、转让或者出租用于非农业建设"。按照这一规定，集体土地如果作为建设用地，只能本村村民自用（如农民自己兴办企业、建设村民住宅、农村公共设施和公益事业）以及有限的与他人的合作使用（如以土地使用权入股、联营等形式共同联办企业）。同时，《土地管理法》第8条规定，城市市区土地属于国家所有。这意味着不但是全部现存城市土地属于国家，而且是凡是将成为城市的土地也全部属于国家。这就为现存农村土地资源流向城市领域强制性地设定了唯一路径——通过征地转为国有，也就是农地转为非农民自用的建设用地，必须完成从土地集体所有制向国有制的转变。只有被征为国有，才能顺利地进行用途转变，实现发展权。

2. 流转环节要做好什么？

联合课题组还总结出成都在探索开展农村产权流转工作，即在"依法、自愿、有偿"的前提下，健全土地承包经营权流转市场；探索组建农村土地承包经营权股份合作社等农村新型集体经济组织；探索农村土地承包经营权固定不变的机制和办法。开展农村集体建设用地使用权流转试验，探索建立城乡统一的土地市场。探索农村房屋产权流转的办法和途径。搭建农村产权流转平台，建立农村产权价值评估机制，建立完善产权流转市场硬件和软件设施，制定完善流转市场规则。2008年10月，成都农村产权交易所正式挂牌运营，成为全国第一家农村产权交易机构。

还有各种经验，如锦江区对近郊农村农户承包地的二次流转的探索，都是流转中的新经验。

四、土地流转试点中面临的难题选择？

有很多选择与难题，这里仅提出3个。

1. 如何处理规范化与多样性的矛盾？

土地产权流转涉及法规界定，这是一个规范化问题；但我国农村产权流转面临着千差万别的情况，需要从实际出发，比如，是从当地实际出发确权还是采用一个统一规范的要求来确权？这二者关系如何处理？

这里，我同意双流试点中提出的建议：对试点予以更多的支持和宽容，着力探索试点中已经出现的共同性问题的更完善的解决方法，切忌过早总结经验，过早总结模式。试点不仅是要试对，也可以试错。要鼓励多种形式和多种方法的试验，而不必要求一试就成功。不能充分试验出各种问题的试点不是高质量的试点。

如果这样，有什么有力的理论来支持。我想，十七届三中全会决定中提出，必须切实保障农民权益，……依法保障农民对承包土地的占有、使用、收益等权利。这是关键。这是最关键的理由。离开这一条，农业基础地位的巩固，农村社会生产力的发展，城乡统筹等，都不可能顺利。

锦江区认为：在界定农民集体内部个人的土地权利时，强调充分尊重农民的意愿，充分发挥农民的主体作用，鼓励和支持农民根据具体情况探索不同的确权方式。刚才李春城书记特别强调了这一点，发挥农民的主体作用，群众是真正的英雄，再好的主张也需要群众的认同。对此，我非常赞同。

2. 如何处理依法行政与改革试点的关系？

这次农村土地产权改革，肯定涉及如何对待现有的相关法律的问题。这里，我同意联合课题组提出的问题：农村土地集体所有权与农民土地承包经营权能否实现真正的分离；农村土地承包经营权的预期收益权价值化以及与之相关联的金融产品创新问题；农村房屋所有权及宅基地使用权的确权登记与市场化流转及其法律突破；

土地资源的资本化对现存公权对农民私权的侵害的有效防范问题。这些问题的解决都将涉及《宪法》、《土地管理法》、《农村土地承包法》等现行法律、法规的调适问题。这个看法的含义就是，要从实际来适当修改法律。从试点中取得可资修改的根据，正是实践丰富和完善法律的重要途径。

　　3. 如何处理土地流转中的市场化与行政化矛盾？

　　实践证明，明确主体与客体是政府必须要帮忙的。但流转本身要强调自愿。在当前，问题重点还在于政府如何来领导好农村土地产权改革。有专家说得好，政府以公共产品的形式，向农民及其他市场主体提供产权明晰之后的土地流转平台，并且运用延伸公共财政为核心的政府信用方法，在农民和农村金融机构之间搭建桥梁，增加土地的流动性。这些实际上是以土地的"资本化"为手段来构建和完善农村的社会主义市场经济体制框架。

　　《成都市耕地保护基金使用管理办法（试行）》，率先在全国建立规范可行的耕地保护基金，主要用于提高耕地生产能力和对承担耕地保护责任的农民的养老保险补贴，从而进一步完善了耕地保护制度。这就是成都市政府为做好这项改革而采取的重要措施。

第四节　政府与市场准确定位：推进政府行政管理体制改革

　　"十一五"规划明确提出"加快行政管理体制改革，是全面深化改革和提高对外开放水平的关键"。这一时期，推进政府行政管理体制改革体现在投资体制改革稳步推进，垄断行业和城市公用事业改革步伐加快，政府的市场监管职能、公共服务职能有所加强，政府审批进一步规范，政府问责制得到强化，政府规模继续缩小，依法行政全面推进等七个方面。

　　政府行政管理体制改革是一项综合性很强的改革。在推进行政管理体制本身一系列改革的同时，还配套推进现代企业产权制度改革、分类推进事业单位改革，发展和规范市场中介组织，加快公共财政体系建设等其他一些重要内容。

对政府职能及其管理体制改革，这一时期我写了相当多的文章。这里想提到的是观点比较尖锐的一篇，即《从提高执政能力来看完善宏观调控》一文，载于《中国社会科学院 2004 年经济蓝皮书》上。文章是从党的十六届四中全会提出的"科学执政、民主执政、依法执政"三个方面入手，来谈对完善宏观调控的建议。一是认为，从科学执政完善宏观调控，应明确宏观调控的科学内涵和性质。宏观调控是中央政府用货币和财政两大手段对经济的干预，侧重需求管理和解决短期问题。土地管理是供给管理，政府完全有权利根据土地的相关法律来管理好土地，但是不应把土地作为宏观调控的内容。宏观调控不是对微观经济的干预，也不能用产业政策调整的名义对企业直接干预，更不应仅仅根据某些产品的供求预期作为宏观调控的依据。二是认为，从依法执政看完善宏观调控，1993 年宪法修正案已赋予我国中央政府宏观调控权力的合法性，但在实践中，需要明确我国宏观调控的法律边界。我国已制定了市场主体、市场主体行为、市场管理秩序、宏观调控等多项法律制度，这些构成宏观调控的法律边界。宏观调控要依法进行。三是从民主执政角度完善宏观调控，应体现在立法的民主化上，应认同并尊重市场主体的自主决策权，应减少行政手段对经济的干预，还要承认地方有依法促进本地区经济发展的权力。我国宏观调控的法规"治民"、"管民"印记不浅，还需要更有效地体现对民众正当权利的法律维护。

专栏二十六

改革共识有赖于阶段定位

社会各方面，都认为中国经济改革已经进入了新的攻坚阶段。从国家领导到专家学者，都认为要积极推进政府行政管理、财税、金融等重点领域的体制改革，使其更适合社会主义市场经济要求。

所有制结构、投资体制、价格管理体制、现代市场体系、城乡、区域、经济社会协调发展的体制和机制要进一步通过改革而完善。现在的问题是：改革到了攻坚新阶段，经济发展到了什么阶段，特征如何？改革新阶段如何与发展新阶段协调？这些似乎不是问题，但若深究，实际上它们没有解决。

据我所知，各方面对经济发展阶段有多种定位，尚没有取得共识。比如，有的学者认为，中国当前已经进入了重化工业发展阶段，而有的学者认为，中国是三次产业同步发展的阶段，不能忽略农业和服务业；有的学者认为，应该紧跟世界潮流，实现跨越式发展，要从信息化时代来定位中国的经济发展阶段；但也有学者认为，信息化可归入工业化中，而不能单独提信息化阶段。再比如，有的学者认为，中国正处于外向型拉动经济阶段，应进一步扩大出口，开拓国际市场；而有的学者则认为，中国经济的对外依存度已经过高，现在是内需为主的发展阶段。

经济发展阶段定位不同，与改革进行协调的思路或角度也会有很大不同。比如，政府管理体制应适应重工业化阶段的需要，还是适应多种统筹的需要？金融体制和财税体制是要适应外向型经济需要，还是适应城乡一体发展阶段的需要？汇率制度是要适应鼓励多出口的外向拉动需要，还是适应内需为主的经济发展需要？等等。这些问题表面上看来似乎简单，真正操作起来差别是会很大的，效果也会很不相同。

进一步考虑，我国政府职能转变是混合式的、多因素的，不同因素比重是要与经济发展阶段联系起来分析的。我认为政府职能转变有三种类型，一是从计划经济政府职能向市场经济政府职能的转变，也称为政府职能适应市场化改革的破旧型转变，是适应型的转变。第二种是从不成熟市场经济政府职能向规范的市场经济政府职能的转变，也可称为政府职能完善型转变。这主要体现为政府为提高办事效率所做的努力之中。第三种是从当代发达国家政府职能创新而诱发引导的我国政府职能转变，这可称为政府职能创新型转变。这三种转变类型反映了改革本身也是复杂的，而确定我们要在哪些方面加大改革力度，则需要与经济发展阶段定位相联系。我相信，经济发展阶段的定位也将会是一种复杂的多因素组合，很难是一个单纯的结论。

当然，复杂的问题求解前，其实我们也是有相当多的基础的。其中一个值得我们欣慰的框架是：改革要为全面落实科学发展观、构建社会主义和谐社会提供制度保障。这个判断我认为是极其重要的。

概而言之，对我国目前所处的发展阶段做出科学判断，已经成为一个刻不容缓的重大的理论和实践问题。

专栏二十七

宏观经济政策应与国际惯例协调

北京师范大学学术委员会副主任李晓西近日在分析加入世贸后我国政府体制改革的新趋势时提出，加入世贸组织就意味着政府今后在制定宏观经济政策时，要主动遵循国际惯例，并妥善协调好国内外的经济互动关系。

李晓西指出，作为政府制定宏观经济政策的重要基础，有关部门要进一步提高经济数据的准确程度，使经济数据的统计方法与国际惯例一致。这是宏观经济政策适应加入世贸组织后更加开放局面的重要前提。

李晓西认为，随着经济的发展和政府职能转变的深入，我国政府在制定今后的财政政策时，要特别注意那些通过财政手段对企业形成支持的新政策，要符合世贸组织的规则。在税收政策方面，也要更多地按照国民待遇的原则，来统一内、外资企业所面对的税收政策。他分析指出，在以遵循国际惯例为前提制定新的货币政策时，要逐步加快利率市场化的步伐，继续发展和完善公开金融市场工具，进一步发展票据业务和票据市场。

李晓西还提出，宏观经济政策与国际惯例的协调统一，在外贸进出口领域表现得尤为重要。在这个领域，当务之急是建立健全我国的进出口贸易预警机制。在世贸组织规则下，我们应当更充分地利用技术法规、标准、合格评定程序、以及含量限制、转基因标志等各国通行的做法，来控制进口贸易的数量和层次、水平。与此同时，政府也有责任关注并参与贸易争端的解决，按照国际惯例，建立起应对多边贸易争端的跨部门协调机制，以抵制世贸组织其他成员对我国实施的不公平贸易措施，协助我国企业解决在双边经贸活动中受到歧视性待遇。

专栏二十八

加入 WTO 与我国政府管理体制和职能的转变

加入世贸组织是党中央、国务院根据国际国内经济发展形势，高瞻远瞩、总揽全局，做出的重大决策。经过十五年的努力，我国将在今年底加入世贸组织，这对我国经济和社会各方面产生重大而深远的影响。

加入世贸组织，对我国政府管理体制，既是机遇，也是挑战。加入世贸组织后，我们将直接成为经济全球化的一个重要组成部分，国际竞争将更加激烈。这种竞争，从表面上看是企业之间的竞争，但其背后是政府管理方式、机制、职能与效率的竞争。瑞士国际管理学院每年公布的国家竞争力评估，将政府作为决定一国经济竞争力的基本因素之一，这一观点为各国政府所认同。显然，我们必须正视入世对政府管理体制的重大影响。

一、政府管理体制改革和职能转变需要加快

政府是入世的主体，是享受权利与履行义务的承担者和执行者。我国加入世贸组织以后，在享受世贸组织成员权利的同时，将承担应履行的义务。这就需要我们接受世贸组织的规则，建设和完善符合世贸组织规则的政府管理体制。

政府管理体制改革，政府职能的转变，首先是社会进步、经济发展的需要，是实现新世纪战略任务的需要。政府宏观经济政策影响着国家总体经济运行质量，政府科技政策影响到技术投入与创新能力，政府贸易与投资政策决定一国经济的国际化程度，政府对财产权、企业和市场的基本态度决定了经济资源配置的效率。凡此种种，说明政府在领导和组织国民经济活动中的重要性，说明政府管理体制和职能方式进一步改革、完善的必要性。面对巨大社会需要，我们看到行政管理体制和职能存在的不足和困境。我国政府管理体制源自传统计划经济，在实现社会主义市场经济中，需要进行多方面的重大改革。我们要进一步实行政企分开，转变政府职能；要减少繁琐复杂，范围过广、时限过长、透明度差、随意性大、法律依据不足的行政审批制度弊端；要尽快解决地区封锁、部门垄断、行业垄断和行政壁垒的问题；要立足全球竞争需要，提高政府工作效率。在我国经济发展的十五计划中，对此有明确的要求，需要我们坚定不移地努力实现。

政府管理体制改革，政府职能转变，也是履行加入世贸的承诺、协议的需要。世贸组织的规则与要求，与我国经济改革方向是一致的。世贸组织规则的基础是市场经济，是贸易中的不歧视原则和国民待遇要求。一国政府按 WTO 进行政府管理体制改革，表面上是服从 WTO 这一国际组织的纪律，实质上是完善市场经济基础的过程，是为与各成员国之间形成共同语言和平等关系的过程。从加入世贸组织成员国经济发展的实践看，入世并不能自动带来一国经济发展，只有那些善于抓住时机，借助外力，改革和完善政府管理体制和法规的国家，才能得到快速发展。因此，应加快政府体制改革，转变职能，做好政府先入世的准备工作。这才有助于减缓加入世贸组织后的各种冲击，减少与世贸组织规则的冲突。

有同志担心，按 WTO 规则来转变职能，会弱化政府制定政策和对经济调控的自主权，削弱政府对经济命脉部门和产业的控制权。这种担心不是没有道理的，关键是看我们如何对待。总体上讲，入世后我国政府的职能不是弱化，而是转化，是由计划经济下的政府职能向市场经济体制下的政府职能转变。从各国经验看，弱化一部分行政管理权如对企业经营的管理权同时，还需要强化另一部分行政管理权如在公共政策方面的管理权；减少对经济命脉部门和产业的行政调控权的同时，必须强化对此的法规监管权。现代社会中，对政府管理的需求不是减少了，而是更强了，只不过对管理方式要求变化了。可以相信，加入WTO有助于政府管理体制完善，而政府管理体制改革有助于平稳入世，健康发展。

二、政府管理体制改革与职能转变的要点

从加入世贸组织角度看政府管理体制改革与职能转变，以下几方面具有更突出的地位。

在市场经济体制基础上进行政府管理体制改革与职能转变。世贸组织现有成员142个，其中120多个是实行市场经济的国家，近10个是向市场经济转轨的国家。WTO的基本原则及协定、协议都是建立在市场经济基础之上的。从1978年党的十一届三中全会以来，我国改革就是市场取向的改革。而1992年确定社会主义市场经济体制目标后，市场经济的框架基础就在一步步建立起来。加入世贸组织，将有助于我国在市场取向改革中借鉴取得各国共识的市场规则，借鉴反映全球化新情况的市场规则，借鉴取得成功经验的市场经济国家所认定的市场规则，更加坚定地推进市场化改革，加快完善市场经济体制基础的步伐，全面与WTO规则接轨。政府管理体制与职能，将与正在走向成熟的市场经济形成互动助长关系；政府管理体制与职能的取舍，将以是否符合市场经济下政府的管理方式为判断标准；政府管理体制与职能的完善，将在国内外企业甚至国外政府的关注下实现。

高效率的现代行政管理制度才能适应入世的形势需要。入世对政府管理水平和效率，提出了严峻挑战。为适应新形势的需要，要尽快根据世贸组织要求来完善行政管理制度，改进相关的政策措

施；要坚决落实中央关于减少行政审批的决议，凡是没有法律法规依据和不应由政府直接管理的审批事项应一律取消；地方政府要结合机构改革，更好地为企业服务；要加速实现政府经济管理的信息化，提高工作效率，加强政府部门之间、政府与公众之间的信息交流；要培育和健全社会中介组织，促使它们规范运作、健康发展，成为承担政府管理社会服务的具体组织者和市场竞争秩序维护者；要根据WTO透明度原则的要求，向社会公开政策、法规，有些地方已开始免费赠送政府公报，做法值得肯定。最重要的是，政府官员要减少"官本位"的观念，树立"三个代表"的思想，变管企业、管百姓为服务企业、服务民众，才能去努力探索、真心建设一套高效率的现代行政管理制度。

要确保国内相关法律法规与世贸组织规则和相关义务一致。我国现有的法律法规，与WTO要求相比，有三个突出的缺陷：一是与WTO规则不一致的问题。根据目前的清理结果，我国还有数十个重要的法律法规要修改，如在对外经济贸易法律体系方面，反倾销、反补贴条例的修改和保障措施条例的制定均未完成；还有220个部门规章以及大量的地方性法规和规章与WTO规则要求有冲突，有待清理。有些地方政府制定的一些行政法规，带有明显的保护地方利益、部门利益和垄断利益的特征，直接导致市场分割、区域性垄断和不公平竞争，需要清理修订。二是不协调问题。不少行政规章政出多门，缺乏统一性，一些规章甚至与法律法规冲突或不协调，使公众和企业难以适从。三是不透明问题。我国传统行政管理思维影响很深，重内部文件，轻法律法规的倾向仍很严重，政策只是官员知道，公众不了解甚至不知情。综上，我们需要尽快完成重要法律和相关行政法规的修改工作，尽快完成地方性法规、规章的清理、修订和制定工作，着手建立处理贸易法律、法规和措施相互冲突引致投诉的工作机制，要尽快公开所有涉外经济法律法规，尽快设立专门的通报咨询机构，建立一个透明的、统一的、公正的、便于监督的法律体系。

要建设与国际接轨的外经贸体制。加入世贸组织后,在政府管理体制中,冲击面最广、冲击力度最大要属外经贸体制。为此,应加速修订1994年公布实施的《对外贸易法》,清理各种对进出口资格限制的规定,取消对外资企业及个人贸易权限制的规定,全面实施贸易政策的透明度措施和履行世贸组织非歧视性待遇规定;要按照三年过渡期计划,逐步统一内外资贸易权政策;要抓紧制定符合世贸规则的国营贸易制度,建立规范的国营贸易产品定价机制及企业资格认定制度,推进国营贸易企业制度改革;要制定非国营贸易企业从事国营贸易产品的比例、数量和资格条件的相关规定;要完善以出口信贷和出口信用保险为重点的外经贸支持体系;要改革我国进口许可程序及进口配额的发放、产品的指定经营制度,简化出口手续,推行自营生产企业进出口登记制和外贸流通企业进出口经营核准制,加快建立符合多边贸易体制规范和我国国情的外经贸新体制。

三、处理好严格履行 WTO 协议与从我国实际出发的关系

入世后,经济全球化对我影响剧增,作为代表我国利益的政府一方面要创造条件,积极利用入世带来的机遇,同时,还应从中国国情出发,学习某些国家的经验,利用世贸组织对发展中国家的一些优惠条款,在不违反世贸组织规则前提下,制定一些保护和监控措施,缓和、化解入世前期带来的冲击。

政府有必要研究并利用世贸组织为发展中国家提供的某些保护措施,支持企业发展。如我们可利用世贸组织农业协议中的绿色措施支持农业发展;当我国企业受到国外商品倾销的实质性伤害时,可通过征收反倾销税和反补贴税予以抵消;利用过渡期和世贸组织允许的微量补贴规定,有控制地保留促进相关产业和外贸发展的补贴;当我国出现大量贸易逆差、严重的国际收支赤字和受到实质性伤害时,可以通过谈判,引用保障措施,暂时中止履行义务,对相关产业进行保护。

政府有责任在不违反世贸组织规则基础上,从中国国情出发,

制定一些有助于本国经济发展的政策。比如，可根据我国国情，修订关税配额的分配规则，减缓关税配额分配方法调整后对国内产业的影响；完善出口退税、政策性出口信贷、融资担保、出口信用保险和中小企业市场开拓支持的贸易促进机制；建立健全进出口贸易预警机制，尽快研究对有关产品进口进行有效监控的新措施和手段，正当护卫我国出口商品和服务的竞争力；一旦国际收支出现重大失衡，及时采取符合世贸组织协议规定的进口附加税、进口押金要求等贸易措施，恢复国际收支平衡。

政府有责任关注并参与贸易争端的解决。解决贸易争端是世贸组织的一项重要职能，争端解决机制在世贸组织机制中的作用越来越重要。加入世贸组织后，我国与其他成员之间的贸易争端可能会迅速增加。如不做好充分准备，日益增多的贸易纠纷将可能恶化我国贸易发展的外部环境。应尽快建立应对多边贸易争端解决的跨部门协调机制，以抵制其他成员对我实施的不公平贸易措施，协助我国境内企业解决在双边经贸活动中受到的歧视性待遇。

政府有责任对企业进行入世的辅导和帮助。应培养一大批熟悉我国国情，具有很好的外语水平、丰富的专业知识，精通WTO规则和国际经济法律的专门人才，以更好地维护我国的正当权益；要大力培训国内企业经营管理者，使他们尽快熟悉国际经贸活动的规则，增强开拓国际市场的能力；通过各种方式，帮助中国出口企业了解发达国家产品进口方面的技术法规、标准要求等，为国内外贸出口企业进入国际市场疏通"信息瓶颈"；应建立产业救济保障机制，当企业因入世冲击而关闭、破产时，政府要有解决由此造成的下岗、失业的一套措施。

专栏二十九

新形势下的政府管理体制改革

行政管理体制改革，关键还是要界定管理体制改革的范围。说政府不缺位、不越位、不错位，这个概括非常好。但是，我想补充的是：不缺位、不越位、不错位的前提是定位。只有把政府的行为权力范围定得非常明确，才能不缺位、不越位、不错位。本届政府成立时第一次会议提出来，政府要做政府的事，市场要做市场事。这说得非常正确，但在实际操作中，这也是很难真正做到的。

现在对改革提出了很多评价，有很多争论，其实归根到底都涉及对政府职能的一个评价。说搞市场化改革，并不意味着政府的职能要全部退出来。在市场经济条件下，政府、市场职能之间的界定更加重要。国内外学术界百年来没中断对政府行政权力范围的研究。无论是亚当·斯密的守夜人理念，还是弗里得曼的"有限政府论"；不论是凯恩斯的政府积极干预理论，还是萨缪尔森的"政府与市场结合理论"，都在不同角度明确着政府行政权力的范围和作用，必须进一步界定好政府与市场的关系。

以卫生、教育领域改革为例。对卫生和教育中的部分资源市场化配置，有人提出现在老百姓看不起病、上不起学等问题主要来自于市场化改革，认为不如回到政府统管卫生的体制中去。对于这种想法，我们非常理解，但不得不指出，它高估了财政的承受力，也忽略了卫生产品中公共品与私人用品的分类。卫生监督执法、重大疾病的控制与预防、健康教育等是公共品；计划免疫、传染病预防、地方病防治与管理、妇幼保健与计划生育、从业人员健康教育等，具有公共产品的属性；而非传染性的各类个体性疾病，以及高层次的个人消费服务，应由个人承担费用，是私人消费品。因此，一方面，政府有责任为社会提供最基本的卫生和医疗服务，卫生机构有责任为重大社会性疾病的预防提供免费的服务。另一方面，医院、卫生院要有盈利目标，要有成本核算，要考虑市场需求，要根据医院与政府资源的关系和所提供产品的性质，来界定这些领域中的市场化比重。实践证明，行政包干成分太大，会影响卫生机构自我积累能力和发展后劲。但只按盈利目标来发展卫生，就会使卫生的公共类产品消失。因此，卫生资源的市场配置与卫生产品的政府责任，是需要分工结合的。把握这两方面结合的度，是一种水平，是一种领导艺术，也关系到改革的成败。

同样，推进教育改革，也需要正确定位政府与市场的关系。教育是一项需要超前的事业，从事教育是一种高尚的、培养人的工作，我们教育的目标是培养德、智、体全面发展的新人，教育具有公益性，这些是多年来达成的共识。但在计划体制下，我们把教育事业变成了由国家大包大揽的行政化事业。其后果，一方面，在用心上、口号上显得极其高尚；另一方面，教育行业资源政府统一配置效率低下且大量流失，教育经费严重不足，教育水平不适应经济发展和国际化的要求，教育规模和质量也满足不了民众培养子女的需求。因此，借助社会力量扩大教育资源成为教育改革的重要环节。比如，办学体制和后勤服务的社会化，校办工业和出版业的产业化，房地产管理的市场化，培养学生的方向与规模与市场需求挂钩，学生资助来源的多元化等，均是有必要的，也取得了巨大进展。因此，问题不是出在教育改革上，而是出在一些地方教育全盘产业化、唯利是图的乱收费和不公平上；出在本是公共品的市场化，出在本是市场化的产品要行政干预甚至设租寻租。现在要做的事，是如何把政府对教育的责任与市场对教育资源的导向很好地结合起来。在我们珠海分校我参加过一个家长会。会上有家长说分校要不是国立的，我们就退学。珠海分校是国立民办，这就很复杂了。我问他：如果你孩子考上了哈佛大学，会不会考虑退出？他说，哈佛大学难道是私立民办的？不可能。我说正是私立的。他很吃惊，没再坚持观点。实事上，教育全公有公办财政是无力支持的，也是难以提高质量的。

教育与卫生等是一个既包括公共品也包括非公共品的大领域，简单地说要靠政府行政力量来解决其各种问题，既脱离现实，也不符合辩证法。在教育与卫生领域推进改革，关键也是界定好政府与市场的关系。在企业改革等其他领域也存在类似的矛盾需要很好地解决。在经济资源合理配置中，处理好政府与市场的关系非常重要。

界定好政府与市场的关系，在理论上有了很多讨论，我以下仅举出 8 个具体问题供大家思考：

1. 政府管理中能否和如何执政为民？

当你作为市长要争取卫生城市而整顿市容时，如何对待那些在街道上摆小摊卖小吃的人？当你作为领导为城市做规划时，对拆迁居民是如何考虑其利益的？出现争议时如何解决的？当你作为领导推行电子政务时，着力点是加强管理还是为民提供各种便利？政府管理中经常讲如何执政为民，具体做的时候可能并不是这样。比如说电子政务，我参加了一些相关活动，后来发现有些地方只把电子政务理解为加强管理的手段，而不是便民的手段。他的猫眼是反着安的，是监督房间里面的人，不是为房间里的人提供安全用的。再比如说一些领导同志在整顿市容的时候，要求广告牌一模一样，统一就是美吗？结果找商店都分不清了。在对待小商贩影响市容问题上，领导是否也应设身处地的想想解决市容固然重要，但是否也要让小商贩能生存？生存问题比漂亮问题更重要。这些问题都不考虑，都不以人为本，时间长了，百姓就站到政府的对立面上了。城市拆迁的道理也一样。总之，处处都应体现我们执政为民，真正理解执政为民，真正做到以人为本。

是否以人为本并不简单。一次乘机来海口，航空公司的管理就有不足。我是从济南开完会到广州，换飞机来海口。但飞机晚点两个小时，到广州怕赶不上换机，找了不少窗口，最后是打了多家电话让改下班。到广州后换票时说还可以赶上，但是要加两百块，因为后一班飞机不打折扣。我出了费，但心里的确不痛快，因为这是航空公司造成的，害得我跑来跑去，打了不少的电话，已经很辛苦了，然后还要缴费。这是小事情，但什么是以人为本，怎么做怎能让消费者高兴呢！我曾在日本地铁站里遇上类似的事，但让我感慨。那次进站买票后坐错了车，坐到头又坐回来了，我就出站。没想到出站口的乘警什么也没问就把票钱退给我了。如果我们航空公司员工说你换票是我们的原因，我们不收你的钱，这就是以人为本的高水平了。联想到管理中的执政为民，真正做到绝对不是简单的事情。有时候蝇头小利使他偏离了以人为本，失去了公信力。

2. 政资能否分开？

关于政资分开的问题。国有资产是属于整个国家，但另一方面我们领导人应该是代表国资的。究竟哪些领导能代表国资，我也没有想明白。比如，某一个领导人说你这个企业应该上市，这种权力使用对不对，宪法有没有赋予我们领导人这个权力？国有企业管理者不能有别的选择，就是领导人的指示作为最重要的东西留下来，一旦有情况就说不是我的责任。这样做，使该负责的不愿负责了，使没有责任的做决策了。这可能很有问题，要改革。再比如，让我们的资本市场给国有企业扶贫帮困，这对不对？行政领导有没有权力要求资本市场扶贫？有一段时间我调查封闭贷款问题，有不少体会。新的发现是：政府要达到社会目标如"稳定"，离不开用国有资产者身份去推动；反之，要达到国有资产保值增值目标，又要借助社会管理者身份去推动。这里可举众多事例来说明。这里只需指出两种最重要关系的处理为例：一是政府与银行关系。政府要求国有银行对国有企业给予封闭贷款，表面上是以社会管理者身份出面的，实质上是以国有银行所有者的身份来行使权力的。国有商业银行之所以服从，就是因为自身是国有的，虽然商业化，但国有所有者的指令还是不能违背的。二是政府与企业关系。政府的部门经委，可以在为企业的协议上签字承担责任。这里体现政府与国有企业之间的一体性关系。在经济体制转轨中，政府身份具有两面性。政府既是社会管理者，又是国有资产所有者，政资难分开。这就是问题。

3. 部门利益有没有道理，能否克服？

以前很少听到部门利益，现在到处都在讲部门利益。部门利益有没有道理？能不能克服部门利益？哪些是合理的？现在我们小公大公，公器私用，这个问题太多了，我觉得这个东西很值得研究。部门利益有多少情况？哪些是合理要求？哪些是不合理的要求？行政管理部门为什么会要求部门利益？大公与小公：小公挤大公，小公还算公吗？部门利益问题不解决，政府实施行政权力的公信力就大大受到损失！长期如此发展下去，就会出现了相当多的"公器私用"，以权谋私！

4. 如何看待领导干部子女经商问题？

中央对此有过决议，但现实中领导干部子女经商问题仍然为社会关注。看了李真被抓起来了，我觉得执政党应该好好考虑这个问题。到底如何办？作为领导，你是否能劝阻子女不经商？当子女说不让经商是不能平等对待公民的权利时，你是如何回答的？子女经商让你帮助要地要信贷时你是如何处理的？当子女要求你帮助某人某事时，你能否判定这其中与子女经商的关系？当你听到某些领导同志的子女不仅经商而且获利甚丰时，你有什么感想？当子女在经商中发生了纠纷时，你是如何处理的？

5. 国家资源如何管理？

资源大量的浪费，国家对资源的管理非常重要。国家重要的资源，不论土地水流还是矿藏，到底如何才能管好用好？讨论多年了，为什么总难管好？承担管理责任的行政部门在要求法律支持，法律到底够不够？使用国家资源如何上缴税费？对国家大型企业有什么规定？土地转让中有多少本来是国家的收入没收回来？再拖下去，国家资源流失的损失就更大了！

6. 如何理解和处理依法执政中的关系？

我们的行政权力和法律权力是不相同。真正依法行政就要使行政权力有法律的依据。行政权力与法律权力是不同的。真正依法行政，就要使行政权力有法律的依据。比如，我们根据某产品的供求关系来决定有些企业应当关闭，这种理由是否有法律根据？说违反卫生法要关，违反环境法要关，这有道理。如果说因为是供大于求的产品，因此要关，这太荒唐了。这不正是市场调节会做的事吗？

这里要靠市场还是靠行政权力？进一步，当制定某一项法律时，经常是让相关的行政主管部门来起草，使形成的法规体现着行政的观点。但是，由于利益相关的集团没被邀请参与，结果执法非常困难。

7. 行政管理部门意见不协调时有什么办法达成共识？

这是解决行政管理效率时常遇到的一个问题，应当在改革中予以考虑。一种观点认为，要解决这类矛盾，就要设立统一的领导机构，同理，对行政管理中经常提及的多龙治水现象，也提出要形成统一领导机构。但同时，设立过多种统一领导机构，管理中仍然存在很多问题，包括不协调的问题。这个问题到底如何办？立法机构能否对行政部门协调问题有作用？能否出面解决？上级领导是否也能有一套解决部门协调的程序？利用程序来解决部门矛盾，可能有助于提高行政管理水平。

8. 明知无法执行的制度为什么改不了？

现在有些行政规定，大家都认为难执行，但宁肯集体违反，也不修改，这对政府管理水平提高会有什么影响？比如，财政规定的若干财务管理办法，制度是越来越严，但有些行不通。如到各地的食宿标准，明明不可能执行，但并不修改。因此，中央机关与地方同时在灵活处理这事。发票管理上也如此，甚至在国家发改委门前经常出现卖发票的贩子。这些对我们年轻的公务员是什么影响？集体违规是行政管理体制改革应考虑的问题。

类似问题还有许多，需要逐步认识与解决。在电子政务实施中，为做模块，国际上有专家将政府的业务分为九类共165项。九类即居民服务、司法与公共安全、岁入、国防、教育、行政管理、运输、法规与民主、邮政，以发展和评估一个国家电子政务的实现程度。这里给我们的启发是，如何细化我们的政府管理职责和业务？如何搞好包括行政管理在内的政府管理？

第五节　共享市场化改革成果：收入分配 制度改革及社会保障体系的完善

党的十七大明确提出："合理的收入分配制度是社会公平的重要体现。要坚持和完善按劳分配为主体、多种分配方式并存的分配制度，健全劳动、资本、技术、管理等生产要素按贡献参与分配的制度，初次分配和再分配都要处理好效率和公平的关系，再分配更加注重公平。逐步提高居民收入在国民收入分配中的比重，提高劳动报酬在初次分配中的比重。着力提高低收入者收入，逐步提高扶贫标准和最低工资标准，建立企业职工工资正常增长机制和支付保障机制。创造条件让更多群众拥有财产性收入。保护合法收入，调节过高收入，取缔非法收入。扩大转移支付，强化税收调节，打破经营垄断，创造机会公平，整顿分配秩序，逐步扭转收入分配差距扩大趋势。"

收入分配问题非常重要，落实中央有关精神事关大局。2005 年，我作为首席专家承担了国家社科基金重大项目"我国地区间居民收入分配差距研究"课题。两年时间里，通过校内外专家配合，我们完成了对山东威海、东营居民收入分配差距调研，对山西（大同和阳泉）煤炭工业可持续发展中居民收入分配调查，对北京市老年人收入与健康支出状况调查，对重庆三峡库区移民收入状况调查，对广州城郊和惠州失地农民生活和就业状况调查，对甘肃平凉农村信息化促进农民增收的典型调查，对黑龙江齐齐哈尔市扎龙国家级湿地和拜泉国家林业区的居民收入及生活调查，对云南红河州少数民族地区居民收入分配差距调研和江苏省南通市居民收入分配调研。在进行实地调研基础上，完成了一些调研报告和若干内部参阅件，如《应高度重视解决企业退休金偏低问题》、《应加大支持农村"五保"的力度》和《分配制度改革需要准确全面的舆论导向》等，分别通过国务院研究室、全国社科规划办公室、教育部、新华社内参等渠道报送中央、省市有关领导，有的成果得到领导同志的批示，有的成果引起了一定的社会反响。我们的主导思想就是，以科学发展观为指导，兼顾各方利益，为民众疾苦发声，为平稳推进收入分配制度改革而建言献策。

专栏三十

关于分配制度改革的四份政策建议

一、分配制度改革需要准确全面的舆论导向

近年来，国务院及相关部委出台了一系列有关收入分配的政策规定，对维护工人、农民和干部等各方面的利益，具有重要意义。各级政府为落实有关政策做出了很大努力。但在调研中，我们感到，对收入分配制度改革的宣传不够全面。从社会普遍反映来看，人们的关注点过于集中在给公务员涨工资方面，对收入分配制度全面改革缺乏认识。

据我们初步了解，目前已出台有关收入分配制度的多项政策法规，如国务院的《城市居民最低生活保障条例》、《城市生活无着的流浪乞讨人员救助管理办法》、《农村五保供养工作条例》、《公务员工资制度改革方案》，劳动和社会保障部、财政部《关于调整企业退休人员基本养老金的通知》，以及民政部、建设部、教育部、卫生部、司法部等对城乡社会困难群体的生活救助、住房、教育、医疗、法律援助等政策法规。

当前，各级政府都在按国务院要求落实公务员工资制度改革，随着各项措施的逐步落实到位，方方面面的关注程度将会大大增加，做好舆论宣传工作显得尤其重要。我们建议，以中办和国办名义，下发《关于统筹宣传收入分配制度改革的通知》，并由中宣部牵头规划好分配制度改革的宣传口径，即重点是落实胡总书记的指示精神，全面准确宣传收入分配制度的配套改革进程，特别是要把公务员工资制度改革和解决低收入困难群体的政策措施结合起来宣

传，使中央的精神得以很好地贯彻。

建议宣传部门和重要媒体结合自身实际，组织重点文章，全面阐明经济转型期社会分配的理论，辩证地分析分配方式与生产方式的关系，有针对性地把收入分配体制改革纳入到科学发展观的战略思维中来，阐明当前公务员工资制度改革的意义，为公务员工资制度改革平稳推进创造良好的舆论环境。

二、应高度重视解决企业退休金偏低问题

2006 年 7 月 1 日我国开始实行新的公务员工资制度，这是新中国成立以来第四次大的工资制度改革，意义重大，影响广泛。但如何平稳推进，需要深入研究。近期，我们在山西和山东省就收入分配问题进行了调研，更深刻地体会到胡锦涛总书记"在解决公务员收入分配问题的同时，要注意协调各方面的利益关系，特别是要关注低收入群众的利益问题，使全体人民都能够享受到改革开放和社会主义现代化建设的成果"指示的重大意义。

1. 企业与机关事业单位退休金差距悬殊引发的矛盾非常突出

1985 年以前，机关事业单位和企业退休费比例基本为 1:1。据国家统计局统计，1990 年养老保险制度改革时，我国机关、事业、企业退休人员的平均退休金差距很小，每月分别为 143 元、148元、134 元。2003 年，机关、事业、企业离退休人员的平均离退休费每月分别为 1221 元、1151 元、644 元，待遇水平相差 500 多元。2004 年，全国企业退休职工退休金年人均为 7831 元，而事业单位的职工退休金为 14644 元，机关单位的职工退休金为 15932 元。2000 年至 2004 年的 5 年间，全国企业职工的退休金以年均 6.31%的速度增长，机关和事业单位职工的退休金增长速度分别是13.45%和 11.67%。目前，机关事业单位和企业退休金差距在 2 至3 倍左右，个别省市相差幅度还要大。在一些中西部地区，这种情况更为突出。

在调研中我们获悉，山西省 2005 年曾两次出现上千企业退休

人员因退休金偏低集体围坐省政府请愿的事件，影响很大。在山东省威海市，去年上访案件有 178 起近 5000 人次，其中企业退休职工上访 4084 人次，占上访人数的 80% 强。虽经各级政府努力，矛盾已有所缓解，但并没有从根本上解决问题。

退休国企职工反映：到企业或机关工作，都是服从党和国家安排，同是社会主义建设者，同样享受退休待遇，为什么退休金出现几倍的差距？尤其是复转军人和企业干部反映强烈。在我们召开的座谈会上，威海一位在千人大厂工作 35 年并且担任一把手的老同志感慨地说：我现在每月 900 多元退休金，而机关科级干部退休金都在 2000 元左右。我们承认差距，但是差距过大了。这类人员中不少是老劳模、老英雄、老战士，对国家做出过较大贡献。他们说：若不是生活困难，多方反映解决无望，我们也不会上访。

2. 两点建议

（1）贯彻落实好《关于调整企业退休人员基本养老金的通知》精神。劳动和社会保障部、财政部已于今年 6 月 16 日下发了《关于调整企业退休人员基本养老金的通知》，这是非常及时和必要的。各省市区正在结合自身实际，制定具体措施。《通知》中提出"从 2005 年起，连续三年提高企业退休人员基本养老金"。我们建议，要特别重视 2006 年对企业退休人员基本养老金的调整，调升数额应不低于此次收入分配改革后退休公务员退休金增加的绝对数，而不仅仅是与上年企业退休人员月人均基本养老金为比较的基数，以改善此次公务员工资调整的舆论环境和社会预期。《通知》明确提出对中西部地区调整所需资金由中央财政予以补助，是非常必要的。

（2）建议研究完善企业职工退休金核定办法。目前企业退休职工基本养老金，其给付标准为当地职工上一年平均工资的一定比例。这决定了晚退休的职工养老金一般要比早退休的职工高，而且一经核定，基本固定不变，因此是一种单因素核定。建议研究参照上年职工工资平均增长幅度、通货膨胀率、利率水平等多因素确定增长比例，完善企业职工退休金核定办法。

三、煤炭工业持续发展中分配制度的改进

山西是我国煤炭工业最大生产基地，今年国务院已确定山西为煤炭工业可持续发展综合试点的省份。我们于 2006 年 8 月 13 日~8 月 20 日分别在太原、阳泉和大同对煤炭工业持续发展中分配制度方面的问题进行了调研。

山西煤炭职工占全省在岗职工总数 18.45%。2000 年前，煤炭工业效益和煤炭职工的收入都很低。2000 年后，煤炭工业效益提高，山西省煤炭工业职工的平均工资由 2000 年的 7430 元，增加到 2005 年的 22536 元，年均增长 24.8%。但是煤炭工业企业职工、煤炭工业区的居民收入很不稳定、波动性大，即使近几年效益好转，也仅能"以丰还欠"。从今后煤炭市场供求关系的趋势看，从现在煤炭产业投入产出的成本看，实现煤炭工业可持续发展还需要进一步完善收入分配机制。为此，我们提出五个较宜操作的具体建议：

第一，建议试行煤矿井下职工提前退休的政策。煤矿职工工作环境差、劳动强度大、寿命相对较短等。据反映，煤矿井下职工的平均寿命只有 65 岁，比目前全国平均寿命 71 岁要少 6 年。而井下辅助岗位和井下采掘职工每天工作时间，如果包括上下井的时间，长达 10~12 小时。因此，采掘岗位连续工作 25 年和井下辅助岗位连续工作 30 年，可以相当于正常职工一生总工作时间。因此，煤炭企业职工希望能对煤矿井下职工采取 55 岁即办退休并享受养老保险待遇的政策。能在井下持续工作一辈子的职工人数也不是很多，其退休养老金若再由中央、地方和企业三方面负担，对国家财政的压力实际上也并不很大。

第二，建议煤矿井下职工特殊工作津贴不征个人所得税。劳动保障部、国家发展改革委、财政部《关于调整井下艰苦岗位津贴以及有关煤矿有关工作的通知》（劳社部发［2006］24 号）制定

了井下津贴、夜班津贴和班中餐补贴标准和现行的井下保健津贴等（井下采掘工每月大约955元，井下辅助工每月大约730元），体现了国家对煤炭这样的特殊性行业关心。但是，这些特殊津贴，目前被纳入个人收入所得税征收范围。如果考虑到煤炭井下职工劳动的特殊性，考虑到这些津贴是维持艰苦条件下劳动力简单再生产的成本补偿，而不是一种真正意义上的收入，因而能免征收个人所得税。这将体现对煤矿井下职工的巨大关心，也有利于煤炭工业的可持续发展。

第三，完善国有煤矿企业领导干部的年薪制。年薪制是企业改革分配制度的一种探索，方向是正确的。但年薪制推行中也有需要完善的地方。在调查中，群众反映，希望企业领导的年薪制要与企业效益挂钩，要与整个职工的工资变化相联系。在年薪制的试行中，应该增加职工和工会的参与程度。与此同时，政府应出台相关政策来规范年薪和工资制定的程序和标准。

第四，及时划拨发放资源型城市的低保资金。自1997年11月实施国务院《关于在全国建立城市居民最低生活保障制度的通知》以来，对解决城市低收入居民的生活保障，起到了很明显效果，受到广大群众热烈拥护。但在调研中，一些居委会和享受低保的居民反映，低保资金是"救命钱"，是低保户生活的依赖，晚一两个月领取就感到很困难，希望能更及时地发放。因此，建议财政部门检查一下发放低保金的程序和安排，关注资源型城市的就业困难的特点，提高对其发放低保金的工作效率。

能让低保金及时到位的另一个环节是如何提高代理部门的效率。目前，各地的低保金由金融部门代发，封闭运行，保证了安全。但是，此账无法形成存款余额，银行无利可图。因此要收取一定手续费。如大同市区财政每年就此需要交纳银行140万手续费。在中西部不少市、县财政，资金紧张，交纳手续费有困难，这也会影响低保金正常运转。中央财政能否就此项收费，与国有银行上缴利润半额相抵，与国有银行共同承担此项社会责任。

第五，支持山西省财政建立煤炭工业可持续发展收入分配调节基金。根据国务院的指示，山西省在体制、资源、安全、环境、转产五方面进行煤炭工业可持续发展的综合试点。国家提供了一定资金支持这项试点。根据我们调研，在解决煤炭型城市的可持续发展中，让省政府有资金实力来调节收入分配的差距是很有必要的。我们建议，能否通过健全对小煤矿尤其是私人承包的煤矿的征税，把应征收的所得税和相关税种全额征收，并特许将部分税收收归省里支配，专门用于解决和平衡煤炭工业发展中的过低收入和收入差距。这一方面能充实财政的力量，更重要的是，能对引起全国关注的小煤矿尤其是私人承包的煤矿引发的收入分配差距问题，有一个比较合理的解决，去帮助形成良性循环的分配机制。

四、应加大支持农村"五保"的力度

不久前我们去山东、山西，就农村收入问题进行了调研。我们认为，解决好农村"五保"问题，可作为平稳推进公务员工资制度改革的重要配套措施。

1. 把中西部农村"五保"列入中央财政支持范围，花钱不多，但意义重大

农村"五保"是有明确界定的，且人数不多。农村"五保"对象主要指无劳动能力、无生活来源又无法定赡养、抚养、扶养义务人的老年、残疾、或者未满16周岁的村民。今年三月一日施行的国务院《农村"五保"供养条例》特别提出"中央财政对财政困难地区的农村'五保'供养，在资金上给予适当补助"。在当前公务员工资制度改革中，把中西部农村"五保"明确列入中央财政支持范围，具有重大政治意义，在配套宣传工、农、干部利益协调中，可成为一个亮点。

据我们了解，中西部省区社保资金普遍不足，无法做到应保尽保，建议部分资金缺口主要是"五保"资金由中央财政承担。试以山西为例进行分析：从对象的判断上，"五保"标准比低保标准

明确;从人数上讲,山西省"五保"户为农村特殊困难群众的六分之一,为特困户救助人数的四分之一,为农村低保人数的二分之一;从金额上看,"五保"资金总额低于由省市县三级分担的农村低保金额;从范围上看,"五保"比农村医保等,更好把握;从贫困程度看,支持"五保"更为必要。另外,中央财政承担"五保"资金,也是对取消"乡统筹、村提留"的一种补偿办法。山西省现有"五保"对象10.2万人。2005年省级财政按每人每年1000元供养标准安排了专项资金1.02亿元。按此推算,中西部"五保"资金总额约在十几亿元左右。

中央支持中西部省区农村"五保"资金的同时,可要求省级财政原承担的农村"五保"资金转用于低保、医保等,缓解农村低保、医保资金不足、水平偏低的问题,也可缓解农业县区财政负担较大的问题。

2. 东部省区可借鉴山东省东营市农村"五保五救助"的经验

山东省东营市在统筹城乡社会保障方面摸索出了一些很成功的经验,他们推行的"新五保"和"五救助"做法值得借鉴。所谓"新五保"是:(1)农村养老保险。目前东营市农村养老保险适龄人员投保率已达到52%。(2)农村最低生活保障。低保标准为每人每年1300元。(3)农村医疗保险。市财政按农业人口每人每年补助10元,县区和乡镇补助5~10元,农民以家庭为单位按人均不低于10元的标准交纳医疗保险费。目前农民医疗保险参保率达到91%。此外,东营市还设立了农民大额医药费救助金,有效地降低了农民因病返贫的几率。(4)农民工失业保险。(5)农村"五保"老人集中供养。东营市集中供养率达到95%。每个农村"五保"对象的供养标准已提高到每年2800元,市财政并为每个农村"五保"对象每年发放400元零花钱。"五救助"体系包括教育救助、残疾人救助、灾害救助、老年人救助和住房救助。"五保五救助"的农村社会保障体系,对提高农民收入水平,统筹解决城乡社会保障体系,具有超前性和示范意义,值得东部地区借鉴。

但就财政比较困难的中西部地区而言，达到这种"五保五救助"尚需时日。

专栏三十一

关于市场化改革重大理论问题的探讨

以市场化为主线的中国经济改革取得了伟大进展，中国社会主义市场经济体制已基本形成。我们曾在《2003中国市场经济发展报告》和《2005中国市场经济发展报告》等系列报告中，以近百万字的篇幅全面翔实地阐述了中国市场经济推进的新成果，并得出中国已是一个"发展中的市场经济国家"的结论，为对外争取中国市场经济地位做出了努力。但另一方面，中国经济改革还存在一些突出的矛盾和问题需要解决。在新的历史条件下，如何进一步深化市场化改革理论，在实践中正确推进改革，是中国市场经济发展需要研究的重大课题。

一、市场化改革与政府的责任

市场在经济资源配置中越来越发挥基础性作用的时候，政府应做什么？自1993年我国确认社会主义市场经济改革目标后，历次党代会和人代会都非常重视政府职能定位问题，本届政府第一次工作会议也明确地提出政府与市场的关系问题，但在实践中这个问题仍然是在摸索中。

以卫生、教育领域改革为例。对卫生和教育中的部分资源市场化配置，有人提出现在老百姓看不起病、上不起学等问题主要来自于市场化改革，认为不如回到政府统管卫生的体制中去。对于这种想法，我们非常理解，但不得不指出，这高估了财政的承受力，也忽略了卫生产品中公共品与私人用品的分类。卫生监督执法、重大疾病的控制与预防、健康教育等是公共品；计划免疫、传染病预防、地方病防治与管理、妇幼保健与计划生育、从业人员健康教育等，具有公共产品的属性；而非传染性的各类个体性疾病，以及高层次的个人消费服务，应由个人承担费用，是私人消费品。因此，一方面，政府有责任为社会提供最基本的卫生和医疗服务，卫生机构有责任为重大社会性疾病的预防提供免费的服务。另一方面，医院、卫生院要有盈利目标，要有成本核算，要考虑市场需求，要根据医院与政府资源的关系和所提供产品的性质，来界定这些领域中的市场化比重。实践证明，行政包干成分太大，会影响卫生机构自我积累能力和发展后劲。但只按盈利目标来发展卫生，就会使卫生的公共类产品消失。因此，卫生资源的市场配置与卫生产品的政府责任，是需要分工结合的。把握这两方面结合的度，是一种水平，是一种领导艺术，也关系到改革的成败。

同样，推进教育改革，也需要正确定位政府与市场的关系。教育是一项需要超前的事业，从事教育是一种高尚的、培养人的工作，我们教育的目标是培养德、智、体全面发展的新人，教育具有公益性，这些是多年来达成的共识。但在计划体制下，我们把教育事业变成了由国家大包大揽的行政化事业。其后果，一方面，在用心上、口号上显得极其高尚；另一方面，教育行业资源政府统一配置效率低下且大量流失，教育经费严重不足，教育水平不适应经济发展和国际化的要求，教育规模和质量也满足不了民众培养子女的需求。因此，借助社会力量扩大教育资源成为教育改革的重要环节。比如，办学体制和后勤服务的社会化，校办工业和出版业的产业化，房地产管理的市场化，培养学生的方向与规模与市场需求挂钩，学生资助来源的多元化等，均是有必要的，也取得了巨大进展。因此，问题不是出在教育改革上，而是出在一些地方教育全盘产业化、唯利是图的乱收费和不公平上，出在本是公共品的市场化，出在本是市场化的产品要行政干预甚至设租寻租。现在要做的事，是如何把政府对教育的责任与市场对教育资源的导向很好地结合起来。

在企业改革等其他领域也存在类似的矛盾需要很好地解决。在经济资源合理配置中，处理好政府与市场的关系非常重要。

二、市场化改革与社会主义制度

社会主义重视公平，市场经济强调效率，社会主义市场经济的目标就是力求实现二者的有机统一。改革开放以来，我国打破了传统计划经济体制下平均分配的格局，实行了"效率优先，兼顾公平"、"按劳分配为主，多种分配方式并存"的分配战略和政策，通过调整国家、企业和个人的分配关系，鼓励一部分人通过合法手段先富起来，刺激了发展生产的积极性，使民民收入和人民生活水平有了大幅度提高。但进入20世纪90年代以来，我国社会出现的贫富差距问题越来越引起广泛关注。这给我们提出一个严肃的问题：如何对待效率和公平问题？

尽管中国经济在高速发展，目前已成为世界第六大经济大国，但我国的人均收入水平还非常低，距离经济现代化还很远，发展仍然是当前和今后相当长一段时间内的主题。面对日益复杂激烈的大国角力，只有保持较高的经济发展速度，才能在国际竞争中拥有更多的生存空间和发言权、主动权，也才能解决发展中的诸如收入差距等矛盾和问题。按照马克思社会再生产理论，生产决定分配，只有先做大蛋糕，分配的公平化才能逐渐得到解决。因此，今后一段时间在生产领域、在国民收入初次分配阶段，仍需坚持多劳多得，提倡按劳分配和按生产要素分配相结合，就是要承认"追求效率"。

肯定"追求效率"并不是否定社会公平的合理性和重要性，没有公平分配的发展是不可持续的，甚至会引发社会动荡。改革开放20多年来，我国收入分配差距明显扩大，许多学者认为已经达到国际公认的警戒线。为了妥善处理好发展和稳定的关系，在新的条件下有必要考虑在追求效率的同时更加重视公平的分配战略。

"追求效率，重视公平"是在充分考虑收入分配差距的前提下，主张国家大力发展经济，经济主体提高劳动生产率；同时又要以社会和谐为目标，努力构建公共服务型和社会管理型政府，对过高的社会分配差距进行调节，保证社会的公平与稳定。我们认为，这种提法能充分体现十六届五中全会和"十一五"规划提出的"更加注重社会公平，加大调节收入分配的力度，努力缓解地区之间和部分社会成员收入分配差距扩大的趋势"的精神，体现邓小平同志"让一部分人先富裕起来"到"走向共同富裕"的科学论断。当然我们还要看到，收入分配出现较大差距，原因非常复杂，要从体制和机制改革出发，创造各类市场主体平等利用生产要素的环境，实现收入分配的起点公平和机会均等，实现以人为本、经济社会协调发展，以更好地构建和谐社会。

三、市场化改革与法制建设

我国加入世贸组织以来，随着与国际范围内市场经济体系联系的增强，适应市场经济需要并且符合世界贸易组织规则的经济贸易法律制度已基本建立。我国政府各个部门清理了各种法规和部门规章 2300 多件，废止、停止执行或修改了 20 万件以上地方性法规。期间，《中华人民共和国宪法修正案》从宪法的高度对公民私有财产的保护进行了规定；通过制定《政府采购法》和《行政许可法》，行政法制建设又向前迈进了一大步；修订了《中华人民共和国对外贸易法》等多部涉及外贸的法律法规，在规范化和透明度上前进了一大步；对《中外合资企业法》、《中外合作企业法》、《外资企业法》以及《指导外商投资方向规定》等规章的修订，加大了开放程度；《知识产权海关保护条例》和三部知识产权司法解释，增强了知识产权法律的可操作性；制定和修订了《商业银行法》、《银行业监督管理法》和《中华人民共和国外资金融机构管理条例实施细则》，标志着金融法制建设进入快速发展时期；《最低工资规定》和《集体合同规定》两部规章的颁布，进一步使保护劳动者利益有法可依。

进一步完善法规体系，构建市场经济的诚信基础，在当前仍然具有重要意义。比如，规范以所有权为基础、包括用益物权和担保物权在内的《物权法》和解决国有企业出资人缺位问题的《国有资产管理法》正在起草中，修改《企业破产法》和制定《金融机构破产法》等，也相当重要。下一步，为解决好劳动、就业和社会保障方面的问题，制定《就业促进法》、《社会保险法》、《劳动合同法》，均将有助于进一步保护民众的合法权益。

依法执政，严肃执法，也是非常重要的一环。虽然在执法方面，当前加大了法律法规的执行力度，加强了对法律法规的解释工作，正在推进行政执法体制和司法体制改革，加强对执法活动的监督，但还存在大量问题。例如，当前劳资冲突包括拖欠农民工工资问题如何解决？对一个成熟的社会来讲，我们不是要鼓动农民工在法律之外举行斗争，而是应该在法律框架内保护工农利益，或促成劳资和谐，或取缔不法资本，最终使得劳动者得到他们应得的部分，同时也要让资本所有者有信心、有动力继续投资扩大生产。

我们相信，只要坚持社会主义市场经济的正确方向，坚信党和政府领导改革的决心和能力，尊重人民对利益的保护和对公平性的呼唤，我国这场史无前例的改革就一定会取得最后的成功。

第六节　科学发展观：经济社会发展与
改革开放事业的伟大指南

胡锦涛总书记在 2002 年 11 月 16 日率十六届中央政治局常委对中外记者讲，要"聚精会神搞建设，一心一意谋发展"，高度重视了"发展"问题。2003 年 4 月 15 日他在广东考察时，提出要坚持全面的发展观。7 月 28 日，胡锦涛总书记在全国防治非典工作会议上指出，要更好地坚持协调发展、全面发展、可持续发展的发展观。2003 年 10 月 21 日，在十六届三中全会《关于完善社会主义市场经济体制的决定》中，提出统筹城乡发展、统筹区域发展、统筹经济社会发展、统筹人与自然和谐发展、统筹国内发展和对外开放,提出"坚持以人为本,树立全面、协调、可持续的发展观,促进经济社会和人的全面发展"。2003 年 11 月 29 日,胡锦涛总书记在全国经济工作会议上指出,"重要的是牢固树立和认真落实全面、协调、可持续的发展观"。2004 年 2 月 16 日,受胡锦涛总书记委托,中央党校校长曾庆红在中央党校开班式上讲话指出,树立和落实科学发展观,各级领导干部特别是高级干部是关键。同年 2 月 21 日,温家宝总理在省部级主要领导干部"树立和落实科学发展观"专题研究班结业式上发表题为"提高认识,统一思想,牢固树立和认真落实科学发展观"的讲话。3 月 10 日,胡锦涛总书记在中央人口资源环境工作座谈会上阐述了科学发展观的深刻内涵和基本要求。科学发展观是共享市场化改革成果的纲领性指导方针,也是深化改革开放的伟大指南。可以说,科学发展观形成的过程,就是新领导集体不断作出新贡献的过程。

2003 年 10 月 24 日人民网全文发表了我的《解读十六届三中全会"决定":五个统筹是一个新的发展观》一文。我在文中指出,《决定》充满了协调与统筹的思路,充满着辩证法;"五个统筹"是全面建设小康社会强有力的体制保障,是一种新的发展观,不仅是对客观世界最真实的认识,也是中国经济发展的指导思想。回过头看,我将《决定》提出的五个统筹归纳为一种"新的发展观",时间上还算较早的,因为那是源自内心的赞同。

2008 年,中央决定在北京师范大学开展学习实践科学发展观试点,这是我校发展的新机遇,也是我本人从事改革开放理论研究的新起点,我相信并期待试点会取得成功。

专栏三十二

关于科学发展观答记者问

坚持以人为本,全面、协调、可持续的发展观,是我们党以邓小平理论和"三个代表"重要思想为指导,从新世纪新阶段党和国家事业发展全局出发提出的重大战略思想。

树立和落实科学发展观是全面建设小康社会的必然要求。树立和落实科学发展观是妥善应对我国经济社会发展关键时期可能遇到的各种风险和挑战的正确选择。日前，就理解和落实科学发展观的有关问题，记者采访了北京师范大学宏观经济与发展研究所所长李晓西。

正确理解五个统筹，落实科学发展观

十六届三中全会《关于完善社会主义市场经济的决定》，提出了五个统筹发展：即统筹城乡发展、统筹区域发展、统筹经济社会发展、统筹人与自然和谐发展、统筹国内发展和对外开放的要求。这与科学发展观有什么关系？

李晓西对记者分析，科学发展观是总的指导思想，它包括了五个统筹。

李晓西认为，《决定》充满了协调与统筹的思路，充满着辩证法。五个统筹是全面建设小康社会强有力的体制保障，是一种新的发展观，不仅是对客观世界最真实的认识，也是我国经济发展的指导思想。他从对每一个"统筹"的理解来解释了自己的认识：

统筹城乡发展：我国农业发展滞后，农民收入增长缓慢，已成为制约经济增长的重要问题。全面实现小康，关键在农民。根本上解决"三农"问题，已经不是单纯的支农、建农问题，而是城乡统筹发展的问题，是城乡一体化下的问题。通俗地讲，是如何把"农民"变成"市民"的问题。因此，统筹城乡发展，是新形势、新阶段的大思路，是符合世界经济发展潮流并可供解决城乡差别的大政策。没有这种城乡统筹，三农问题不可能真正解决。

统筹区域发展：就是要求政府加强对区域发展的协调和指导，全面部署和兼顾东中西各大区域的发展。就是要继续积极推进西部大开发，同时要有效发挥中部地区综合优势，也要在振兴东北地区等老工业基地下功夫。发达与落后是相互影响和转化的，因此，还要鼓励东部有条件地区率先基本实现现代化。借用 20 世纪 50 年代著名的《十大关系》中的思路，就是真要解决经济相对落后的中西部，就要大力发展相对发达的东部；真要使东部上新台阶，就要大力把中西部搞上去，这就是辩证法，就是客观的现实。

统筹经济社会发展：就是要求我们把社会发展与经济发展兼顾并重，使之共同发展。回顾改革以来的进步，先是从政治高于一切到以经济建设为中心、发展是硬道理，这对我国经济发展、国力增强起了巨大作用；后来是进一步强调经济增长质量，强调生活质量，强调新的多元化的生活方式，强调生态和环境美。现在一个新问题突出了，就是社会事业发展不能总落后于经济产业的发展水平，提出要关心公共管理、关心社会保障，关心健康事业、教育和文化等。2003 年上半年出现的 SARS，就是对公共管理，对社会发展一次强有力的检验和推动。正是在这个意义上，我们看到《决定》提出经济与社会发展统筹，是顺应民心、符合时代发展要求的。

统筹人与自然和谐发展：它体现着保护环境、保护生态、以人为本的现代思潮，是人类对自己行为的深刻反思的重大成果，具有为子孙万代造福的远大眼光。我们要搞生态保护，搞人和自然和谐发展的工业化。现在，清洁生产问题是越来越突出。赚钞票，大家都知道；很多地方钞票赚到一定程度，用了很大的力量来治理污染，实在太可惜了。而我们现在做了很多东西和下面的矛盾非常大。你去关污染企业就不好关。为什么不好关？搞到这个程度以后，县里面乡里面就靠这个吃饭。因此，现在看看，咱们前一段时间中央电视台播的，我们一些地方的农民喝的是几乎不能喝的水。所以，要是这样的话，我们还不如二三十年前的山清水秀。全国人大在 2002 年已经通过了《清洁生产促进法》、《环境影响评价法》，环保的力度在不断加强。如果不搞生态保护，我们就会把老祖宗给我们留下的好山好水都给干掉了。与其这样，还不如不要兜里的钱呢！所以我觉得，我们现在保护这一片蓝天，保护我们这里的鲜花太重要了。

同样，统筹国内发展和对外开放的要求，是中国百年来历史发展正反两方面经验的高度总结，是近年来与国际经济接轨的充分肯定，非常重要。

实现可持续发展，落实科学发展观

为什么在科学发展观中特别提出要可持续发展，李晓西认为，因为我们在传统的经济增长理论和社会习惯性理念上存在三大误区：

1. 传统的经济增长理念，使经济理论自觉不自觉地将人造成果的重要性放在高于"上帝"或"自然之主"所创造成果的地位，自觉不自觉地塑造了一个效益公式：即把人造成果当成分子而求其大，把自然之物当成分母而求其小。这是造成经济不能持续发展的理论误区。

2. 降低成本和追求利润的市场经济真谛，使企业顽强地抵抗着在防止或治理污染上扩大支出并计入企业成本的要求，以此增加利润。这是成本效益第二大误区，或简称为企业误区。

3. 多数学者公认，可持续发展的定义的核心是代际公平，当代人具有道义上的责任，以确保后代人至少能够享受到与当代人同等好的生活质量。但我们看到，公众往往很自然地重视当前生活水平的提高，往往不经意地忽视后代生活水平状况是否能保持或超过当代人的问题。因此，当我们心安理得地将多年劳动和技术进步的巨大成果传授给后人时，往往忽视了我们同时把一个什么样的自然资源和环境资源交给了后代。这是成本效益第三大误区，或简称为代际误区。

对于如何实现可持续发展？李晓西提出8点建议：

1. 制度化：建立可持续发展的体制和制度保证。

什么制度呢？比如：

——资源公平有效分配的制度；完善和建立环境资源产权

制度；

——明确各类资源所有权与使用权，建立有偿使用和转让制度；

——健全经济政策，利用税收手段、环境认证、许可证交易等鼓励企业清洁生产，提高资源利用率，处理三废，加强生态建设等；

——完善政绩考核制度，不能使各级政府只关心短期效益，没有长远发展的安排；当前的关键问题是，在城市扩大和土地资源的再配置中，保护好可供长远发展的土地资源。

2. 法制化：健全环保的法律环境。

要做到环境专家们提出的"三不"：可再生资源的利用速度，如土壤、水、森林、鱼类等资源的可持续利用速度不能超过再生速度；不可再生资源（如石化燃料、优质矿石等）的利用速度不能超过以可持续方式利用可再生资源的代替速度；三是污染物的排放速度不能超过环境对这些物质的循环、吸收和无害化处理速度。这些都需要法律制度的保障。

比如：

——节约能源要有一定强制性。世行专家指出：中国几乎所有新建筑都采用旧的高耗能设计，中国居民楼房供暖耗能比西欧和北美高 $50\% \sim 100\%$。现需要有法规约束之；

——环境污染要征税；

——利用和开发自然资源和环境资源要受监督，过程要透明；等等。

3. 市场化：要利用市场机制力量搞好环保。

这表现在：

——环保应由公益性转入国家经济性产业，"谁治理谁受益"，把需要变为供给，把支出化为收益，发展环境产业；

——实行"谁污染谁付费"，治理污染成本要计入，形成对企业行为的市场约束机制。

4. 民主化：形成环保的群众基础。

——要把政府环保行为扩展为公众的环保行为，要让相关利益群体成为环保先锋，政府部门才可能成为有权威的裁判员；

——要重视非政府组织的作用，成立各类环保组织；

5. 系统化：统筹解决可持续发展问题。

比如：

——优化广泛的资产组合，协调好自然资产、社会资产、人造资产和人力资产的配套；

——解决好环保部门与各部门在可持续发展中的协作关系；

——解决好综合效益与单项效益的关系；等等。

6. 自然资源管理资产化：即对自然资源要有合理定价，实现资产使用和交易有成本、有价格的制度。这要求国家强化自然资源的产权管理，并制定使自然资源高效利用的制度和法规。

7. 经济运行要循环化：即要将"环境"问题纳入经济内部，将环境变为生产力要素，并在一定制度框架下形成经济和环境的良性循环。

8. 投资规划长期化：世行称目前是以较小成本过渡到可持续发展规律轨道的一次机会，因为人口增长趋于稳定。随着人口结构变化和赡养率下降储蓄潜力逐步增加，投资潜力因而也较大。因此，世行呼吁在本世纪初要抓住最后的机遇，要做到为可持续发展投资。

准确定位政府的角色，落实科学发展观

从科学发展观角度看，政府应扮演什么角色？李晓西说，温总理在国务院第一次全体会议上就提出了一个总原则：市场能调节的，政府不管，它管不了的政府才管。这非常对！比如说，政府在城市发展规划中要特别注重市场调节。最典型的例子，就是日本的筑波和美国的硅谷。两个都在搞科技城。日本的筑波就是政府大力扶持，花的钱比美国还厉害，最后的效果却比不上美国的硅谷。而

美国是通过市场抓住市场调节的机会，让它发展起来的。我们现在做科技园区，也要特别注意到市场自己的积聚的力量。有的时候你都不知道为什么它就在哪个地方积聚起来了，比如说白沟、珠三角的很多地方。所以希望我们的工业园，要特别注重市场在选择什么东西，怎么扶持市场、承认市场，而不是我们过早地去规划这个、规划那个，以为我们可以包打天下。这样做的结果最后就会使得我们投入了很多东西，最后没有多大的收效。

再一个，政府应该做的事情是，明确自己手中有多少资源。我们政府手中是有资源的，不是没有资源。到底有多少资源？哪些资源可以用？我们有多少财力？我们有多少荣誉的授予？资源是多种多样的。我们要好好想想这些资源，然后把我们的资源真正和我们的市场调节配合起来。现在我们有很多支持的方式，它们都值得大家来研究。

什么叫市场经济的调节方式？市场经济的调节方式就是，通过市场经济决定用什么方式来生产，而这个东西就要靠大家来竞争，最后成功者就会成了社会有代表性的生产方式。大家就用这个方式来给社会提供产品，这就是市场的竞争。所以我们现在反对重复建设，主要是谨防我们政府的财政方面，不要搞重复建设。但是我们不要过分地去干预。我们企业家拿私人的钱去投资这个，投资那个，不用太担心。他投入钱他睡不着觉，这是肯定的。觉得我们在做选择，我觉得其中有一条，我希望我们大家特别关注利税大户。那些利税很大的户特别值得我们关注。我们要给这些利税大户好好支持一把。这是非常值得做的。我上次到福建，福建当时的省长是贺国强。我们一块讨论。我说，我对百强企业不持特别赞成的态度。大的不见得就一定强，最主要的还是要强。作为政府来讲，关键是有利税。玉溪红塔山的利税，比全国的钢铁工业所有的利税多得多。我们要的是利税大户，而利税大户是市场检验出来的。我们要重视利税大户，我们要相信对这些利税大户的支持，是对先进生产力的支持，所以这个事情特别值得我们做。我们现在不要轻易的想去做大什么。把很多集团做很大，这个东西要慎重。

再一个，我们要特别强调关注制度创新方面，这至少有三方面。一个方面，就是刚才上面讲的，民营企业的发展。我们要支持他们。第二个方面是国资管理体制。现在国资管理体系是非常难搞的，并不是很简单，现在大企业工委一下到了国资委以后，国资委这个出资人已经连共青团、妇联都要全部管起来。这是出资人吗？他已经很不像出资人了。我们的国有企业的改革，事实上真是非常艰难。政企分开的要害是政府，而不是企业。政府好多东西都抓着不放。政府是矛盾的主导方面。所以政府理顺政企关系，把国资管理体制搞好，国企改革才能真正有希望。还有一个很重要的方面是社会保障。没有社会保障，我们所有的改革往前走，走到最后就会社会不稳定了。

还有一点，就是在我们的城市发展中，要把中长期的发展思路和解决当前重大问题结合起来。我们要从地方经济发展中，找到面临的瓶颈到底是什么问题，要从问题中来理出一条思路。一个地方和一个地方面临的问题不一样，这一点非常非常关键。

比如说，政府想支持云药。与其直接组织几个集团，倒不如设立政府资助项目。设立项目之后，让企业来申报。企业觉得自己能做好，就来争取这个项目，政府让企业把领导选好，把各方面选好，然后给它资助。有句话叫做"手里有把米，小鸡来吃食"。我们现在政府做的就是这个事。把自己手里的米看清楚，有多少米，然后想办法把这些米怎么告诉这些小鸡来吃食。这些小鸡会活蹦乱跳地来抢这个食。看那个身材最壮的，最有发展潜力的，品种最优的，给那个小鸡多吃点。而不是说，这个小鸡和这个小鸡归到一块，那个小鸡和那个小鸡一块，然后给这个小鸡发5粒米，那个小鸡发5粒米。这个办法还不如让小鸡来抢着吃，抢出来的那个小鸡有竞争力，强壮。所以政府在这个问题上，还有很多办法都值得思考。

李晓西说，在社会主义市场经济条件下，在改革开放条件下进行发展经济，需要有新的思路。我想这个新思路的重点应是政策支持与市场调节的结合，也即市场机制对资源配置作用与国家宏观调控作用的结合。必须要调动起各方面的积极性。比如过去单靠国家财力投资搞建设的模式要向国家政策投入与市场基础作用相结合、多元化投资发展经济的方向转变；国家可以把间接利用外资即政府间信贷多用于给地区；在直接利用外资方面，政府可扩大外商投资区域的诸多领域，鼓励外商投资；允许区域城市设立基础设施建设彩票，扩大地方企业发行债券的规模。政府可以制定西部大开发战略和振兴东北老工业基地战略，通过政府引导，促进落后地区的经济发展，深化改革，实现快速健康发展。

李晓西建议，完善政府是完善社会主义市场经济体制的关键，是政府职能转变走向新阶段的标志。我们的政府要建设成"行为规范、运转协调、公正透明、廉洁高效"的政府。改革开放以来，我国政府职能从计划经济的政府职能向市场经济的政府职能进行转变。这一时期，政府一边解决计划经济历史遗留下来的问题，一边破除计划经济体制下的政府管理体制和行为规范，其显著特点是"破旧"。进入新世纪后，将开始从不成熟、不完善的政府职能向规范、完善的政府职能转变，即政府机构改革和职能转变中，更多体现了"立新"的特点，体现着"完善"的要求。在这个阶段上，政府将进一步制定经济规范，维护市场秩序；将进一步设法为社会提供公共产品诸如基础教育、基础科学、交通与通信以及城市公共基础设施、国土整治与水利、消防、环境保护等；将进一步完善收入再分配，以实现社会公平与效率的兼顾目标；将进一步创造有利于本国经济发展的国际环境，解决与国外的经济联系及搞好内外平衡。为达到这样一些目标，政府将进一步科学界定管理范围、管理力度和方向，界定政府与市场的相互关系；将进一步依法规范中央和地方的职能和权限，正确处理中央垂直管理部门和地方政府的关系；将进一步完善社会管理和公共服务的职能，减少和规范行政审批；将进一步完善政府的经济调节，完善国家计划和财政政策、货币政策等相互配合的宏观调控体系，努力保持宏观经济的持续平稳增长。

坚持以人为本核心，落实科学发展观

"坚持以人为本，树立全面、协调、可持续的发展观"，这是科学发展观的基本要求，而"以人为本"是科学发展观的本质和核心。

李晓西对记者分析，他理解的以人为本思路是与党的十六大报告提出的全面建设小康社会相一致的。他认为小康社会的核心是指人民生活总体上达到小康水平。这就是说，小康社会是将人民服务作为我们工作和奋斗的目标。它包括：

一是人民更富有，这是从经济上看。这表现在八个方面：一是国力，在优化结构和提高效益的基础上，国内生产总值到2020年力争比2000年翻两番，综合国力和国际竞争力明显增强；二是基本实现工业化；三是建成完善的社会主义市场经济体制；四是建成更具活力、更加开放的经济体系；五是工农差别、城乡差别和地区差别扩大的趋势逐步扭转；六是社会保障体系比较健全；七是社会就业比较充分；八是家庭财产普遍增加，人民过上更加富足的生活。

二是人民更有权，也更安全，这是从政治上看的。这表现在，社会主义民主更加完善，社会主义法制更加完备，依法治国基本方略得到全面落实，人民的政治、经济权益得到切实尊重和保障。基层民主更加健全，社会秩序良好，人民安居乐业。

三是人民更聪明，更健康，更有素质，这可以说是从文化上看的。这表现在：首先，形成比较完善的现代国民教育体系；其次，形成比较完善的科技和文化创新体系；再次，形成比较完善的全民健身和医疗卫生体系。全民族的思想道德素质、科学文化素质和健康素质明显提高。形成全民学习、终身学习的学习型社会，促进人的全面发展。

四是人民生活环境更美好。这表现在：可持续发展能力不断增强，生态环境得到改善，资源利用效率显著提高，人与自然和谐共处，社会文明、生产发展、生态良好。

专栏三十三

中国经济发展正处于"工业化和城市化'双中期'区间"

作为一个发展中大国，我们认为中国经济发展单纯用工业化阶段或城市化阶段都难以完整地概括，必须同时考虑工业化与城市化。

一、通过比较，得出中国工业化和城市化发展的阶段

首先，我们根据对中美经济史的对比分析，得出中国接近于美国工业化中期阶段的结论。我国第二产业占GDP比重对应于美国1950~1960年的水平，即美国工业化后期阶段。就业比重对应于美国1900年的水平，即其工业化初期阶段。而我国第三产业就业相当于美国1900年，即工业化初期的水平；三产产值占GDP比重相当于美国1870年以前的水平，还达不到工业化初期水平。只能近似地说，中国现阶段经济处于"工业化中期区间"。

在现有的国内外经济发展阶段理论中，钱纳里的工业化阶段理论是目前应用最广泛的。他分析比较了1950~1970年期间101个国家（地区）经济结构转变的全过程，勾画出了经济增长过程中产出结构与就业结构转变的"标准形式"。按他的分析方法，我国2004年工业增加值占GDP比重为46.2%，已进入后工业化时期；但我国2003年第二产业就业比重为22.5%，处在工业化前期。对比钱纳里多国模型的工业化阶段分期理论，我国经济处于"工业化中期区间"的结论是可以成立的。

其次，根据美国著名经济地理学家诺瑟姆（Ray M. Northman）

在总结世界各国共同发展经验基础上提出的城市人口占总人口比重即城市化率模型，我国 2003 年、2004 年城镇化率分别为 40.5%、41.8%，由此也可得出中国经济发展同时处于城市化发展中期的结论。

二、"'双中期'区间"最新时点（2003）关键特征归纳及国际比较

国民收入水平、产业发展结构、城市化程度、消费水平以及科技实力是我们分析处在"工业化和城市化'双中期'区间"的中国经济的五个关键特征，并相应得到收入指数、产业发展指数、城市化指数、消费指数和科研发展指数五个特征指数。在进一步对"按汇率法折算的人均 GDP"和"按购买力平价法计算的人均 GDP"、"农业占 GDP 比重"和"服务业占 GDP 比重"、"城市人口占总人口的比重"和"二、三产业就业量占总就业量的比重"、"最终消费支出占 GDP 比重"和"人均居民最终消费支出"、"研发经费占 GDP 的比例"和"每百万人中从事 R&D 研究和技术人员比例"等具体指标进行测算后，我们发现：中国的收入水平相当于发达国家平均值的 12%，处于下中等收入国家的中上等水平（指数为 0.93）；中国产业发展水平相当于发达国家平均值的 37%，处于下中等收入国家的中下等水平（指数为 0.84）；中国城市化发展水平相当于发达国家平均值的 50%，处于下中等收入国家的中下等水平（指数为 0.68）；中国消费水平相当于发达国家平均值的 50%，处于下中等收入国家的中下等水平（指数为 0.69）；中国科技投入和产出的综合水平相当于发达国家平均值的 34%，处于下中等收入国家的中上等水平（指数为 0.82）。

三、我国现阶段经济发展的双重性规律

在进行阶段划分和阶段特征的分析中，我们强烈地感受到有一种双重性现象在反复出现：

首先是收入增长的双重性。2003 年，中国 GDP 总量占世界 GDP 总量的5%，居第6位；而经过购买力平价调整后，占世界总量的14%，居第2位。从人均来看，中国按汇率法折算的人均 GNI 居世界第 134 位；按购买力平价法计算的人均 GNI 居世界第 119 位。综合比较，中国收入现象呈现双重性：按总量收入居世界第4位，排在世界前列；按人均收入居世界第 126 位，仍然落后。

其次是产业发展的双重性。2003 年，中国商品和服务进口额、商品和服务出口额均居世界第 4 位；非农业增加值占世界总量的3%，居世界第 7 位。从比率来看，中国农业占 GDP 比重在《世界发展指标2005》统计的 137 个国家中居第 75 位；中国服务业占 GDP 比重在《世界发展指标2005》统计的 137 个国家中居第 125 位。综合比较，中国产业发展呈现双重性：中国产业总量水平居世界的第 5 位，名列前茅；但农业比重偏高与服务业比重偏低，因而产业比率指标居第 100 位，还是很落后的。

再次是城市化水平的双重性。2003 年，中国城市人口总量为世界的17%，居世界第 1 位。从比率指标来看，中国城市人口占总人口的比重在《世界发展指标2005》统计的 151 个国家中居第 107 位；中国第二、三产业就业量在《国际统计年鉴2005》统计的 32 个国家中居最后一位。综合比较，中国城市人口呈现双重性：中国城市人口总量居第 1 位，城市人口比率指标居第 70 位。

第四是消费水平的双重性。2003 年，中国最终消费支出为世界的3%，居世界第 7 位。从比率指标来看，中国最终消费支出占 GDP 比重在《国际统计年鉴2005》统计的 37 个国家中居倒数第 2 位；中国人均居民最终消费支出在《国际统计年鉴2005》统计的 41 个国家中居第 36 位。综合比较，中国消费水平呈现双重性：中国消费总量水平居第 7 位，人均消费支出比率在统计的 37 个国家中居第 36 位。

最后是科技实力的双重性。2002 年，中国研发经费总量居世界第 6 位；2004 年，R&D 研究和技术人员总量居世界第 2 位。从比率指标来看，中国研发经费占 GDP 的比例在《国际统计年鉴2005》统计的 36 个国家中居第 13 位；中国每百万人中从事 R&D 研究人员比例在《国际统计年鉴2005》统计的 42 个国家中居第 26 位。综合比较，中国科技实力呈现双重性：中国科技实力总量水平居第 4 位，比率指标在统计的 42 个国家中居第 20 位，属中等水平。

综上，我们看到，2003 年中国经济按国民收入、城市人口、产业发展、消费以及科技实力五个方面总量指标在世界上的排序分别为第 4、第 5、第 1、第 7 和第 4 位；五个方面的综合排序达到新的高度，位居世界第 4 位，高于仅按 GDP 总量指标的排位，表明中国确实成为了举足轻重的大国。但若按人均量或相对量排序，这五大指标分别排在第 20、第 36、第 70、第 100 和第 126 位，五个方面的综合排序为第 70 位，还是比较落后的。

四、中国经济发展"三挖潜力"的强国战略

分析中国经济发展所处的阶段、特点和规律，目的是要明确我们的发展战略。既然我国已处在"工业化和城市化的'双中期'区间"，既然我们已成为世界举足轻重的大国，我们就应立足大国国情，在对外方面提出相应的大国战略。既然我国经济具有总量强、人均弱的两重性规律，我们就需要固强壮弱、以强促弱，在对内方面提出相应的强国战略。

党中央和国务院也提出了非常正确的经济发展战略，这里，仅就挖掘潜力而言，尝试阐述依靠统筹、依靠全民、依靠制度的"三挖潜力"强国战略。

在依靠统筹规划强国上挖潜力。中央对统筹经济发展已制定了基本国策。在这里是想强调落实中央决策时，要根据对"工业化和城市化'双中期'区间"的理解将统筹与均衡结合起来。因为，"双中期"区间就意味着我国经济在产业发展时序、城乡结构比重及国内外市场上还存在较大的差异。因此，需要有包括三次产业协

调、城乡统筹发展、国内外两个市场的均衡发展战略。"双中期"区间还意味着我国在国民收入水平、产业发展结构、城市化程度、消费水平以及科技实力这五方面都表现出了一定的"双重性"。因此，我们要实施以强带弱的战略，发挥有优势的一面，带动相对处于劣势的方面。

在依靠全民参与强国上挖潜力。这方面理论与实践上存在巨大差距。我们都承认，人民创造着社会财富，创造着历史。我们也看到，社会主义市场经济是亿万人民进行交换的经济，人民在经济发展中有根本性作用。改革初期，当我们让农民自己来决定生产和流通时，发现财富突然涌现出来，缺粮少棉时代突然就结束了。但是，回顾改革过程，承认人民首创精神仍然经常停留在理论上。目前，我国已经初步建立起市场经济体制，大部分市场已经发挥基础性的作用，但宏观方面改革还是滞后于微观主体发展的要求。因此，对全体人民创造的市场经济组织与运行方式，政府要积极引导，切不可随意干预。多年来，不断有群众创新被否认后又肯定。规则常变，是非难定，形成巨大的人力与财力的损失。改革到今天，这种时常出现的巨大付出到了变成巨大财富的时候了。因此，政府相信与依靠人民的首创精神，微观组织就会不断出现生机与活力，民富才会国强。

在依靠制度完善强国上挖潜力。中国经济发展取得了较高的速度，但经济增长质量仍不理想，深层次的矛盾是制度还远不完善造成的。面对当前出现的众多问题，使我们深深感到，现在的各种制度对解决问题还存在很大不适应。其中，尤其是行政权力对财富的支配过大且存在制度缺陷，使我国的巨大财富出现低效配置、个人侵蚀和人为浪费。比如，国有存量与流量资源收益上的部门化、企业化、地方化甚至个人化，非常严重，甚至已成为社会上见惯不怪的常态。如果这方面能下功夫解决好，国家的收益可有巨大增长，有规则的合理支出也会使国力更强。再比如，县乡财政紧，但财政系统在支配财政收支上机动性决策权力仍然太大，而形成按公式拨款的部分仍很小。虽然这些现象的出现与经济制度的改革与变动是相关的，与工业化与城市化过程中的新情况太复杂是有关的。但如果我们敢于正视并着手解决，我们的强国之路就更为通畅，更为成功。

专栏三十四

完善社会主义市场经济
实现中华民族历史上最伟大的进步[①]

问：十六届三中全会《决定》，是 1992 年社会主义市场经济确立为经济体制改革目标 11 年后，做出的关于完善社会主义市场经济体制的新决定。作为一名学者，您对社会主义市场经济体制的前景有什么看法？

答：建成完善的社会主义市场经济体制，是我们党在新世纪新阶段作出的具有重大现实意义和深远历史意义的决策。

我认为，"社会主义市场经济"在社会主义史上有里程碑的意义。建成完善的社会主义市场经济体制，有助于达到小康社会的目标，有助于建成一种高度文明、人本主义的社会经济体制。

把市场经济与社会主义联在一起，是对马克思主义的伟大发展和超越。我们尊重马克思主义的经典作家们，把他们对社会进步的思考视为人类思想史上最伟大的成果。但是，社会主义经济改革的实践，要求我们不能教条地对待马克思的学说，要从现实出发来正确认识马克思主义的历史地位。市场经济创新着社会主义，使社会主义从阶级斗争内核走向合作、民主和法制；社会主义创新着市场经济，使市场经济从古典的个人利益至上走向更多社会福利和更多的自由人联合体团体精神的现代市场经济。马克思曾使社会主义从空想走向科学，中国社会主义经济改革的伟大实践正在使社会主义

[①] 此为人民网对作者的一篇采访，摘自《解读十六届三中全会：五个统筹是一种新的发展观》，人民网 2003 年 10 月 24 日。

从科学走向现实。

坚持经济改革的社会主义方向，会使社会在比较稳定的框架内实现制度变革，会减少改革的社会成本。社会主义经济的市场化，将最终导致创造一种充满民主、人道、体现人本主义制度文明的新型社会主义。而赞成市场经济，除了因为市场经济对经济发展有显著的作用，更重要的是市场经济具有人民性：交易的自愿和公平原则，消费者主权原则，财产权保护原则和参与市场交换活动的普遍性，最充分体现了人平等、自由的权利。

综上，社会主义市场经济具有合理性，历史的现实性。其出现并走向成熟，具有历史的必然性。

问：《决定》中提出要按照统筹城乡发展、统筹区域发展、统筹经济社会发展、统筹人与自然和谐发展、统筹国内发展和对外开放的要求，更大程度地发挥市场在资源配置中的基础性作用，增强企业活力和竞争力，健全国家宏观调控，完善政府社会管理和公共服务职能，为全面建设小康社会提供强有力的体制保障。您对这"五个统筹"是如何理解的？

答：《决定》中充满了协调与统筹的思路，充满着辩证法。五个统筹是全面建设小康社会强有力的体制保障，是一种新的发展观，不仅是对客观世界最真实的认识，也是中国经济发展的指导思想。

我想从每一个"统筹"的理解中来解释我的认识：

统筹城乡发展：我国农业发展滞后，农民收入增长缓慢，已成为制约经济增长的重要问题。全面实现小康，关键在农民。根本上解决"三农"问题，已经不是单纯的支农、建农问题，而是城乡统筹发展的问题，是城乡一体化下的问题，通俗讲，是如何把"农民"变成"市民"的问题。因此，统筹城乡发展，是新形势、新阶段的大思路，是符合世界经济发展潮流并可供解决城乡差别的大政策。没有这种城乡统筹，三农问题不可能真正解决。

统筹区域发展：就是要求政府加强对区域发展的协调和指导，

全面部署和兼顾东中西各大区域的发展。就是要继续积极推进西部大开发，同时要有效发挥中部地区综合优势，也要在振兴东北地区等老工业基地下功夫。发达与落后是相互影响和转化的，因此，还要鼓励东部有条件地区率先基本实现现代化。借用 20 世纪 50 年代著名的《十大关系》中的思路，就是真要解决经济相对落后的西部，就要大力发展相对发达的东部；真要使东部上新台阶，就要大力把中西部搞上去，这就是辩证法，就是客观的现实。

统筹经济社会发展：就是要求我们把社会发展与经济发展兼顾并重，使之共同发展。回顾改革以来的进步，先是从政治高于一切到以经济建设为中心，发展是硬道理，这对我国经济发展、国力增强起了巨大作用；后来是进一步强调经济增长的质量，强调生活质量，强调了新的多元化的生活方式，强调了生态和环境美。现在一个新问题突出了，就是社会事业发展不能总落后于经济产业的发展水平，提出要关心公共管理、关心社会保障，关心健康事业、教育和文化等。2003 年上半年出现的 SARS，就是对公共管理，对社会发展一次强有力的检验和推动。正是在这个意义上，我们看到《决定》提出的经济与社会发展统筹，是顺应民心、符合时代发展要求的。

统筹人与自然和谐发展：它体现着保护环境、保护生态、以人为本的现代思潮，是人类对自己行为的深刻反思的重大成果，具有为子孙万代造福的远大目光。同样，统筹国内发展和对外开放的要求，是中国百年来正反经验的高度总结，是近年来与国际经济接轨的充分肯定，非常重要。限于篇幅，这两部分就不展开了。

问：《决定》提出进一步巩固和发展公有制经济，鼓励、支持和引导非公有制经济发展。《决定》的第 4、5、6 条分别阐述了公有制、非公有制和现代产权这三个重要问题。您如何理解这三点的？

答：完善所有制形式是经济发展的基础。其中，需要对公有制、非公有制和产权有深刻的理解。我对《决定》中提出的公有制主体作用有这样四点理解：一是公有制经济的范围是宽泛的，即它不仅包括国有经济和集体经济，还包括混合所有制经济中的国有成分和集体成分。二是公有制形式是多元化的，股份制形式将是主要形式。正如《决定》讲的，要大力发展国有资本、集体资本和非公有资本等参股的混合所有制经济，实现投资主体多元化，使股份制成为公有制的主要实现形式。三是国有经济对经济发展起主导作用，这主要体现在控制力和引导作用。正如《决定》所讲，完善国有资本有进有退、合理流动的机制，进一步推动国有资本更多地投向关系国家安全和国民经济命脉的重要行业和关键领域，增强国有经济的控制力。从中我们体会到，不能把国有经济变成凝固不变的东西，关键是质量，是引导力，而不是数量。四是不能绝对化理解公有制为主体和国有经济为主导。正如《决定》中指出的，不是在任何地方和产业中的所有领域和所有企业都需要由国有资本控股的企业，应区别不同情况实行绝对控股或相对控股。其他行业和领域的国有企业，通过资产重组和结构调整，在市场公平竞争中优胜劣汰。这与十五大报告提出有的地方、有的产业公有制也可以是非主体的精神是一致的。

我想结合第5、6条来理解非公有制经济。《决定》中提出要大力发展和积极引导非公有制经济，认为个体、私营等非公有制经济是促进我国社会生产力发展的重要力量，提出非公有制企业在投融资、税收、土地使用和对外贸易等方面，与其他企业享受同等待遇。《决定》中提到现代产权制度是所有制的核心和主要内容，包括物权、债权、股权和知识产权等各类财产权。这一点对我们理解任何形式所有制都非常重要。这里，我特别想从非公有制经济不仅具有经济效率一面，且具有社会效益一面说几句。我们看到，经济发展和时代进步，科技起着越来越重要的作用。知识的价值越来越高，固定资产的所有者地位在分配中的份额相对在下降。股份制企业组织形式，使就业者不仅有劳动的收入，还有了资本的收益。国家通过税收和补助，对分配差距有所调节。对贫困有所补助，对高收入有较大征税，这些因素都部分地缓解了资本所有带来的收入分配上的不平等，或说，我们需要对非公有制经济中存在的不公平一面有新的认识。可以说，党和国家充分肯定了非公有制经济为我国经济发展所作贡献。从《决定》中也可以体会出，就平等与效率结合上，公有制与非公有制两种经济，都有自己新的特点，都有自己最适宜的领域，其财产权都应得到保护。

问：分配制度是理解经济制度的关键之一。《决定》提出要推进收入分配制度改革。这主要包括完善按劳分配为主体、多种分配方式并存的分配制度，坚持效率优先、兼顾公平，各种生产要素按贡献参与分配。整顿和规范分配秩序，加大收入分配调节力度，重视解决部分社会成员收入差距过分扩大问题。您对此如何理解？

答：分配制度的关键是分配的规则，《决定》中主要提出三条：一是按劳分配是主体，这与我们社会主义的基本理论是一致的，与现代经济理论如人力资本对人的肯定也是一致的。二是多要素按贡献分配。这是确定了什么因素可以进入分配且按什么分配的规则，是用现代分配理论发展了劳动价值理论，非常重要。三是收入分配不能过于悬殊。具体讲，就是鼓励劳动收入，保护合法收入，调节过高收入，取缔非法收入。

进一步讲，坚持效率优先、兼顾公平，涉及经济学中的关键问题，也是确定分配原则的核心问题。早期的资本主义只强调效率，而传统社会主义特别强调公平，这都有失偏颇。改革以来，我们强调了效率优先，调动各种因素的积极性和潜力，促进了经济发展，是一大进步；但也要兼顾公平，不能让收入差距太大。人人过上好日子，是几千年中国人的梦想，更是社会主义的基本内涵。因此，二者既要有主次，也要结合。

问：《决定》特别强调了深化行政管理体制改革、加快转变政府职能。您对此有什么体会？

答：正确处理与市场关系，完善行政管理体制的管理方式，这是完善社会主义市场经济体制的关键。《决定》提出要继续改革行政管理体制，加快形成行为规范、运转协调、公正透明、廉洁高效的行政管理体制；要深化行政审批制度改革，切实把政府经济管理职能转到主要为市场主体服务和创造良好发展环境上来，非常必要。

我们知道，大政府好还是小政府好，强政府好还是弱政府好，是百年来市场经济国家理论界争论的焦点问题之一。其中，核心问题是政府与市场的关系。以亚当·斯密为代表的古典经济学强调小政府，凯恩斯理论则强调大政府。就现代市场经济而言，当代主流的经济学理论强调政府与市场各就各位，相互结合。资源的市场配置作为市场体制运行的重要基础而存在，而政府通过对经济的干预进行资源的再配置则成为资源市场配置方式的必要补充。

我们看到《决定》对政府与市场关系界定是非常清楚的，非常正确的。比如，《决定》中对投资体制完善的规定，就使我们看到了政府体制如何完善以及对投资体制进一步改革与健全具有的意义。《决定》提出，要进一步确立企业的投资主体地位，实行谁投资、谁决策、谁收益、谁承担风险。显然，这就要明确政府在投资中的定位。传统计划经济投资主体是政府，现在一步步在弱化作为政府投资主体的定位，这是否意味着政府在投资中就没有了作用？也不是。《决定》还提出，政府通过审批关系经济安全、影响环境资源、涉及整体布局的重大项目和政府投资项目及限制类项目，通过将大量投资项目由审批制改为备案制。总之，《决定》中基本精神就是，要通过把企业及各种经济组织变成投资主体，加强政府在投资领域的作用，更有力地实现作为政府的职能，更有力地为企业提供法制环境和服务体系。我们从这一例子中可以体会到，《决定》要求政府体制进一步完善，对从根本上完善经济领域各类体制确实具有重大意义。

第五章
国际金融危机背景下的
反思与前景展望

2008 年第三个季度，中国已感受到金融海啸的第一浪打过来了，但各地的反映还不一样。如何看待这场金融危机，如何应对它，今后中国经济前景如何，是本章关注的问题。

第一节　国际金融危机引发的思考

人们从不同角度在分析国际金融危机产生的原因，有大量的文章在做这方面的分析。我对此类文章印象最深的是网上的一篇文章，题目是《大家来看看美国金融危机有多严重!》。这篇文章以例举方式解决了这场金融演变过程为什么是危机? 首先，他讲了关于银行如何操作杠杆。他说，许多投资银行为了赚取暴利，采用 20～30 倍杠杆操作，假设一个银行 A 自身资产为 30 亿，30 倍杠杆就是 900 亿。也就是说，这个银行 A 以 30 亿资产为抵押去借 900 亿的资金用于投资，假如投资赢利 5%，那么 A 就获得 45 亿的赢利，相对于 A 自身资产而言，这是 150% 的暴利。反过来，假如投资亏损 5%，那么银行 A 赔光了自己的全部资产还欠 15 亿。第二步，他讲了 CDS 合同。由于杠杆操作高风险，所以按照正常的规定，银行不进行这样的冒险操作。所以就有人想出一个办法，把杠杆投资拿去做"保险"。这种保险就叫CDS。比如，银行A为了逃避杠杆风险就找到了机构B。机构B可能是另一家银行，也可能是保险公司，诸如此类。A对B说，你帮我的贷款做违约保险怎么样，我每年付你保险费5千万，连续10年，总共5亿，假如我的投资没有违约，那么这笔保险费你就白拿了，假如违约，你要为我赔偿。A想，如果不违约，我可以赚45亿，这里面拿出5亿用来做保险，我还能净赚40亿。如果有违约，反正有保险来赔。所以对A而言这是一笔只赚不赔的生意。第三步，他讲了CDS市场。B做了这笔保险生意之后，C在旁边眼红了。C就跑到B那边说，你把这100个CDS卖给我怎么样，每个合同给你2亿，总共200亿。B想，我的400亿要10年才能拿到，现在一转手就有200亿，而且没有风险，何乐而不为，因此B和C马上就成交了。这样一来，CDS就像股票一样流到了金融市场之上，可以交易和买卖。实际上C拿到这批CDS之后，并不想等上10年再收取200亿，而是把它挂牌出售，标价220亿。D看到这个产品，算了一下，400亿减去220亿，还有180亿可赚，这是"原始股"，不算贵，立即买了下来。一转手，C赚了20亿。从此以后，这些CDS就在市场上反复的炒，现在CDS的市场总值已经炒到了62万亿美元。

对此我有些非专门针对性的评论。我认为，在这个过程中，我们看到四大问题：一是金融经济的虚拟化膨胀到脱离实体经济而成为真正的金融赌博。在CDS市场上，这个金融产品就完全脱离了现实，真实的信息就看不到了。缺乏有效监管的金融创新，已演变成祸及全球的金融赌博败局。二是金融衍生工具自由到把避险的工具演变为加剧风险的利器而无人监管，衍生工具的快速发展，使习惯于集中管理的监管制度难以实施。三是金融过度的自由化破坏自由市场经济秩序。投机性自由到超过投资性自由，高杠杆操作的自由超过经济人的道德底线，发达国家放纵资本的自由不仅冲击发展中国家的经济安全最后也引火烧身，导致自身出现了经济危机。四是资本市场国际交易迅速膨胀，但缺乏国际监督和防险措施，全球化金融市场与本地化法律与监管架构的矛盾。同时全球化规则本身不健全，国际资本运动非核心国与核心国之间经济制度安排上的不衔接，国际金融组织规定与各国经济制度也存在着矛盾和不衔接问题。究其本质是资本流动的自由化与资本市场要求稳定性的矛盾。

如果换一个信息化角度来看这个过程，我认为，国际金融危机产生的过程反映了信息化时代的信息非常不对称，信息的过剩与信息的不足并存，杠杆化使金融产品信息难以把握。金融衍生品发展速度或说杠杆化的发展，造成实体经济与虚拟经济的脱节，也造成信息真假的高度融合，无法辨识，一步步将真实信息掩盖起来了。因此，可以说，信息化过程中，人们重视的是信息化手段，但现在问题在于：信息手段很发达了，但发出信息的主体与程序出问题了。

2009 年 7 月 3～4 日，新成立的"中国国际交流中心"在北京召开了世界智库会议，来了很多国内外专家学者，以及国内外各类机构的官员和领袖。作为其理事，我有幸被邀请参加这个学术盛会，听到不少学者对国际金融危机形成原因的独特分析。特别印象深的是诺贝尔经济学奖获得者、美国著名学者蒙代尔在大会讲演中提出的观点。他说："这次危机是次贷危机、银行危机加国际金融体系三大危机的结合"，这给了我很多启发。因为，这一板子打到金融业及其结构上，肯定不错。因为我看到，不少人把板子打在老百姓身上。比如说，是美国老百姓消费太多，中国老百姓消费太少，把金融危机说成是中国发展模式与美国消费模式的原因。这种说法是片面的，有些过偏了。也有学者认为是因为长期低利率和主要国家汇率不协调引起的，这可能有一定道理，但解释经济波动可能尚可，但解释金融危机肯定力度不足。

专栏三十五

中国经济发展的内外平衡问题

经过 20 多年的改革开放，中国的经济和社会发展取得了巨大的成就，在中央政府的宏观调控之下经济运行整体来看是健康的。但在世界经济全球化、多极化的新形势下，中国经济发展也出现了一些从内到外不平衡的问题。本文在全球化的三大背景下，归纳了我国经济发展的内外不平衡问题的表现，对实现国内经济和国际经济综合平衡进行了理论分析，并提出政策建议。

一、现实意义：三大背景新动向下求解

当前，我国经济发展面临重大的现实背景，主要体现在三个方面：第一，中国经济大国化。2005年中国国际贸易总额达到14221亿美元，保持了世界第三贸易大国的地位，中国已成为全球资源性产品价格和数量的最大影响国之一，中国的石油依赖度达到40%以上。中国的国内经济政策已影响到世界，欧美亚对中国的和平崛起议论纷纷。其次，世界经济全球化。技术革命快速化、各国经济紧密化、经济制度一体化、资本交易的循环化、跨国公司国际化，把全球的贸易、金融、投资等经济要素日益融合，使全世界经济融为一体。最后，国际经济多极化。所谓多极化就是站在全球化背景下经济力量对比发生了很大的变化，一批新兴的国家上台，一批老的大国之间的关系发生了很多变化，而且国际间区域间合作也强化了，一方面是全球化，一方面是区域化。贸易摩擦与金融波动强化。战争、瘟疫等非经济矛盾增多。世界正在走向多极化，这是当今国际形势的一个突出特点。无论是在全球还是在地区范围，无论是在政治还是在经济领域，多极化成为一种趋势。

在上述三个大背景下，考虑中国经济发展的内外部平衡问题有着重要的意义，求解内外平衡有助于协调中外经济，尤其是协调中美经济关系。国际经济与国内经济变动往往是通过经济参数或变量之间的传导作用而发生的，其中最主要的纽带当属汇率——以人民币与美元汇率为关键。中美经济关系是中国国内外经济关系的重要内容，中国对美政府债券持有产生的影响非常大。从下图可以看出，2004年，向美国经常账户提供赤字融资的并不是美国央行，最高的31%这一部分源于中国；其次是日本，为24%。据统计，2004年有3000亿美元官方资本投资到美国，最大的一笔就是中国

人民银行的投资。因此，仅仅从贸易赤字看中美关系实际上是远远不够的，还要看到我们对美国经常提供的资金。实际上，中国外汇储备的增长在一定意义上就是对美国投资的扩大。

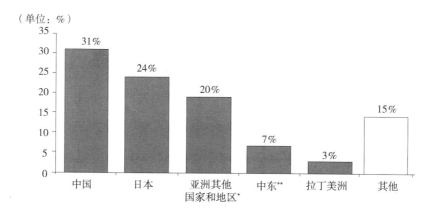

（单位：%）

图5-1　国际储备积累（占美国经常账户赤字的百分比）

（注：＊包括韩国、香港地区、印度、印度尼西亚、马来西亚、菲律宾、新加坡、台湾地区和泰国。＊＊包括巴林、伊朗、科威特、阿曼、卡塔尔、沙特阿拉伯、叙利亚、阿拉伯联合酋长国和也门等石油生产国。）

二、当前中国经济发展内外不平衡的表现

当前，中国正在被经济发展的不平衡问题所困扰，其内外发展不平衡主要表现为：一是我国国际收支顺差继续增加。2006年6月份实现了145亿元贸易顺差，同比增长是49%，增长幅度相当大；上半年实际利用外资284亿美元。二是外汇储备快速增加。截至2007年7月底，我国外汇储备已达9545亿美元，排名世界第一。三是资本流动性过剩。由于我们的外汇外资、结售汇制度，人民币基础货币投放非常大，造成相当程度的流动性过剩。2005年末，我国银行体系存差资金已达9.4万亿元，为2000年的3.9倍。2000~2004年，金融机构在央行的超额准备金由4050亿元增至

12650 亿元，年均增长率高达 32.94%。四是由于银行的存差非常大，会促使银行放贷，刺激和支持投资快速增长。从上面分析可以看出，从外部到内部，从外汇到基础货币，最后影响储蓄和投资关系，内外经济不平衡表现比较突出。

在国内，经济失衡的表现之一就是国内投资和消费失衡。我国投资增长过快，上半年增长 29.8，同期加快 4.4 个百分点，比一季度增长 2.1 个百分点；全社会投资第一季度为 27.7%，二季度为 30.9%，上半年城镇投资 31.3%，增长过快；14 个省份投资增长超过 35%，60 多个行业中有 30 多个行业（制造业）增长过快，新开工项目 98850 个。相比之下，我国消费率比较低，消费对整个国民经济增长的拉动作用小。2000 年至 2003 年，中国的最终消费率分别为 61%、59.8%、58%、55%，比世界平均水平低 20% 左右。与此同时，中国的投资率却比世界平均水平高出 20% 左右。据统计，在 6 月末，我们城乡储蓄是 15.5 万亿元，比年初又多了 1 万多亿元。高储蓄的一个原因就是社保不到位，预期不乐观，投资渠道不畅等，这也就导致消费增长不足。

三、国内经济与国际经济综合平衡的理论含义

如果用 IS-LM-BP 模型来分析国内经济和国际经济综合平衡，平衡就意味着 IS、LM、BP 这三条曲线都交于一点。如果达到这样一种目标，如果两条线已相交，另外一条线就要移动去过交点。总之，三条线都动，就会有三种对策。如果移动 BP 曲线，也就是调整国际收支，结合当前的情况，可以通过经济政策，比如汇率提高，会抑制出口，鼓励进口；利息率下降，则使资本净流出额增加，但可能加大国内货币供给，可促使国际收支消除盈余走向平衡。政府还可通过出口贴补、减小或加大出口退税力度、提高或降低进口关税、放宽或收紧进口限额等办法，进行直接干预，影响国际收支。

从理论上分析调节国际收支的方法至少有四种。一是通过汇率调节，在收入不变的条件下，通过汇率变动调节国际收支；即汇率变动影响进出口的供求，从而影响国际收支。二是收入调节，主要是通过紧缩或者扩张的财政和货币政策，减少贸易赤字或减少盈余，改善国际收支。三是收支调节法，收入和支出两个结合起来进行调节。四是货币调节法，既可以调节货币供给，也可以调节货币需求。结合当前形势，当出现国际收支巨大盈余时，促进价格总水平和实际国民收入下降，促使资本外流，以抵消盈余。

四、实现国内外经济综合平衡的现实政策选择

实现国内外经济综合平衡的现实政策，有税率、汇率、利率、就业政策，以及行政性干预政策等，特别需要关注的是外汇储备规模问题。现在内外协调政策选择中的关键有两个，一是如何看待外汇储备规模的问题，二是如何看待汇率水平问题。

1. 外汇储备规模

从外汇储备规模变化上，可以部分反映出国内外经济之间的影响，反映出国内宏观经济变动的影响，反映出汇率政策变动的影响。外汇储备增加的渠道主要有：吸引外商直接投资，商品贸易和服务贸易顺差，企业多结汇、少购汇，外债的增加，个人转移和收益的增加，证券投资的收益，国内机构在海外的金融资产投资的收益，外汇变化形成的收益，等等。在外汇储备规模上，近几年有很热烈的争论。对我国外汇储备规模有多种意见，多数人认为主要考虑的因素是：①储备至少 3 个月进口的外汇所需。2001、2002、2003 年，我国进口总额分别为 2436 亿美元、2592 亿美元和 4128 亿美元，最少需要年持有外汇储备美元 600 亿～1000 亿美元左右；②还外债每年在 120 亿～150 亿美元之间；③海外投资用汇估计在 100 亿美元；④外商投资企业年汇出利润估计也在 100 亿美元左右。因此，年度 1200 亿美元的外汇储备是需要的。以上可以说是

在正常条件下的外汇储备规模。但是，在非正常条件下，外汇储备规模就还要有新的因素考虑。比如，外汇储备在国际资本冲击下，在国际金融动荡中，似乎多一点更能抵御外部的金融冲击，更能增强国人的信心，更有能力干预和稳定外汇市场，更能帮助别国度过金融危机。此时，我国外汇储备成了手中一张王牌，成了支持香港对付国际金融炒家的一支利器，成了提高国际地位的重要砝码。换言之，按常规经济理论讨论外汇储备规模已不很重要了。多一点外汇储备有什么不好呢？多花一点经济代价，带来一种事关全局经济利益和安全的保证，似乎是更重要的，更有价值的。正因为如此我们看到，1994年我国外汇储备上了500亿美元后，有人认为我国外汇储备规模过大。1996年它过了1000亿美元，这种意见就更多了。但是，到了1997年8月泰国金融危机后，这种意见似乎越来越少，尽管这时我国外汇储备已接近1400亿美元。2005年我国外汇储备已经超过7000亿元，对经济产生的负面压力也越来越大。

而当前，我国对外汇储备规模是不是偏大了呢？下面从三个方面做出判断。首先，比较外汇储备与GDP占比。我国外汇储备占全世界外汇储备的25%，我国GDP占世界的5%，我国的外汇储备占比和我们GDP的占比相比较是偏大的。其次，我国持有外汇储备各种机会成本之和高于国内投资收益率，外汇储备特别高会抑制对外汇政策尤其发币政策的灵活性。最后，我们外汇储备已大大高于外债规模，通常要求这一比例为40%～50%，而现在我们外债规模大概有2800亿元。总之，"外汇储备世界第一"要不要继续当，对我们内外平衡是好处还是坏处，这个是很值得研究的。之所以把外汇储备放在这么重要的位置，是因为它毕竟反映了综合的量，在很大程度上是体现在储备上，当然最后体现在国际收支上。

2. 人民币汇率制度

现有人民币汇率制度已形成的基本框架包括：（1）银行结售汇制度；（2）银行结售汇周转头寸管理；（3）央行外汇公开市场

操作，如人民币做市商制度、外汇一级交易商等；（4）银行间市场汇率浮动区间管理，如银行间人民币外汇掉期交易等。

有三种方法计算汇率水平，并对汇率水平的合理性做个初步判断。第一种方法是购买力平价。所谓购买力平价，即以工业化国家产出的相对价格来衡量发展中国家的产出。用这种方法无疑会推出发展中国家货币的现有汇率基本上都是低估的结论，它相当于只是简单地确定，随着发展中国家经济的进一步发展，若干年后货币会趋于升值。英国《经济学家》杂志采用大汉堡包指数进行测算，根据这种方法测算，人民币对美元约被低估了56%，存在升值空间，如表5-1：

表5-1　大汉堡包汇价指数

国别	大汉堡包价格		2003年4月22日对美元汇率	本币对美元低估（-）或高估（+）幅度（%）
	本币价格（本币）	美元价格（美元）		
美国	2.71	2.71	1.00	0
英国	1.99	3.08	1.58	+16
中国	9.90	1.20	8.28	-56
波兰	6.30	1.56	3.89	-40
欧元区	2.71	2.89	1.10	+10
泰国	59.00	1.37	42.7	-49

（资料来源：英国《经济学家》2003年第5期）

第二种方法是基本的国际收支余额。基本的国际收支余额是衡量发展中国家汇率水平的最普遍方法。第一步：根据现有的汇率水平并调整周期性因素以后，估计经常项目的今后走向；第二步：估计"基本的"资本流动，基本的资本项目余额主要指FDI和其他中长期的净资本流动，剔除短期借贷、证券组合投资、直接的资本外逃以及官方储备变化。高盛公司用这种方法得出的研究结论认为，中国的基本国际收支余额无疑是顺差，意味着人民币汇率被低估。但是，人民币汇率被低估的程度并不严重，大约是目前汇率的10%～15%，不足以对中国的贸易伙伴国造成太大的冲击。第三种方法是实际有效汇率和均衡汇率的估算。这种方法要求建立人民币均衡汇率决定的理论模型，确定变量和选取数据。均衡汇率的实际决定因素可以分为供给、需求、外部环境和商业政策四类。主要有实际有效汇率、巴拉萨-萨缪尔森效应、国内投资比率、国外直接投资、国际需求水平、贸易条件、开放程度等变量。实际有效汇率指标是衡量一段时期内货币汇率水平的基本工具。实际有效汇率揭示了人民币实际汇率升值的趋势。经过测算，我们可以得出如下结论：(1) 人民币均衡汇率在中长期内面临升值趋势。从1994年到2001年，人民币均衡汇率累计升值20.6%，平均每年升值2.6%。(2) 1994年到1995年，人民币出现了一定程度的低估。1995年到1998年中期人民币出现了高估。1999年以后，人民币实际有效汇率由高估再次转向低估，尤其是2002年以后低估趋势更明显。目前实际有效汇率依然保持在较高水平，如果以内外部均衡较为理想的2001年下半年为基础，目前人民币实际汇率低估6.5%～10%。从以上三种测算，可以看出人民币低估是肯定的。

在转轨期间，由于经济体制中市场机制基础差，宏观间接调控手段难以真正奏效。只有随着市场化改革的推进，汇率机制才能越来越发挥作用。因此，汇率形成机制要市场化，而且其重要性高于汇率水平。汇率形成机制运行得好，汇率水平才有它的合理性。台大的孙震校长在国共论坛上发表讲演，专门谈到台湾经济自由化有一个经验，就是它的外汇完全自由化太慢了，使得20世纪90年代台湾经济受到了很大影响。实践反复证明：汇率形成机制是第一位的，汇率水平高低是第二位的。因此，我们要在汇率形成机制的市场化方面继续前进，进一步发挥市场供求在汇率形成中的基础性作用，逐步提高人民币汇率的灵活性，保持人民币汇率在合理、均衡水平上的基本稳定。

专栏三十六

政府"双重化"经济职责的探索

本文主要讨论国际金融危机中的政府作用与政府改革。

政府"双重化"简称为"N & U 管理",是英文 Normalization（正常化）和 Urgency（紧急事件）的缩写。政府"双重化"经济职责涉及最关键的问题是：从应对金融危机看政府作用有什么新的定位？或说在国际金融危机中政府作用有什么变化？在此基础上，政府应如何应对金融危机？

最近，我不断听到有这样的一些评论：有的认为美国银行国有化倾向说明美国在走向社会主义，而中国加强政府投资则是在回到计划经济的社会主义；有的认为投资扩大的措施不利于提高消费，是短期伤害长期，是饮鸩止渴。甚至对 4 月 2 日 G20 的伦敦峰会，也出现了会议主旨是"救市还是改革"的争论。这些争论，都与我们传统理论对政府与市场关系理解有关。如果我们以实现政府正常化管理为判断标准，那么，不少应急措施就会被认为是偏离了政府规范的作用；反之，如果我们只强调应急管理，那就会忽视了通过改革形成新的国际秩序与国内管理体制的必要性。因此，我认为，对于政府作用有必要进行重新定位，把市场经济中政府的正常管理与应急管理要区分开来，并分析其关系，界定其演变与转化的条件，并防止因传统思维方式造成管理失误。

综合很多专家意见，我们把这场世界金融危机简化地归纳为三个方面的原因，一是市场失灵，二是政府失效，三是国际经济失衡。这里，我不打算论证危机如何形成以及到底有多少种原因，只尝试从解决这三个问题入手，提出政府管理的新定位：

一、面对市场失灵，政府应以 N & U 管理来强化市场秩序

从市场角度来看，危机是市场长期非理性繁荣的产物。美国房地产次级贷款和低利率为危机埋下了种子，抵押贷款标准的放松导致银行大量负债，金融衍生品导致资产重重泡沫，终于导致了经济开始全面衰退。在这个过程中，我们看到三大问题：一是金融经济的虚拟化膨胀到脱离实体经济而成为真正的金融赌博，缺乏有效监管的金融创新，已演变成祸及全球的金融赌博败局；二是金融衍生工具自由到把避险的工具演变为加剧风险的利器而无人监管；三是金融过度的自由化破坏自由市场经济秩序。投机性自由到超过投资性自由，高杠杆操作的自由超过经济人的道德底线。发达国家放纵资本的自由不仅冲击发展中国家的经济安全最后也引火烧身，导致自身出现了经济危机。

此时的 N & U 管理，意味着不仅要让政府回归本位，把那些放弃管理的责任承担起来，比如要对金融衍生品加强管理而不是放任，还要消除因过度自由而出现的对市场信心与基础的破坏，要以超过平常管理的力度比如通过刺激经济的众多政策与措施来消除出现的经济衰退与失业过大。显然，政府要区别 N & U 管理权限与职能的不同，要动用危机管理手段处理经济问题，而不是停留在尽量少干预经济的正常要求上。政府要把经济手段与行政手段结合起来，甚至借助法律的新授权来干预经济。政府既要做好正常管理，提高管理有效性，维持市场正常秩序，同时要加大管理力度与范围，及时且有针对性地解决紧急问题，形成危急状态下的特殊市场秩序，防止市场失灵的继续恶化。

我们要强调，政府应界定危机时间与范围，明确应急手段与正常管理手段的转换，控制行政干预的长期化，在适当时候要回归 N 管理。当然，我们承认，随着经济发展和复杂化，一些被称为 U 管理的内容可能会逐渐成为 N 管理的内容，即应急管理常态化。

但两种管理不能混为一谈，以便决策，仍是重要的。

以"去杠杆化"为例。杠杆化是伴随着金融创新发展的，也是伴随着资本全球化过程而扩张的。以前，这个领域中N管理力度不够，甚至是缺乏管理。今后，一定要有一套制度来管理。同时，U管理也要健全起来，这是对其引发严重后果的应急管理。在这里，N管理像是治安警察，U管理则像是消防队。可见，如果完全拒绝杠杆化，可能会不利于金融创新；但如果放纵杠杆化，也可能会再次引来危机。

二、面对政府失效，要求政府以 N & U 管理来强化监管市场主体行为

此次金融危机暴露出政府管理上的问题，既没有管理好国内的金融机构及其行为，也更没有能协调管理好世界范围内的金融活动。大家承认，金融衍生工具的快速发展，使金融交易量增长大大加快，而这种金融分解产品的出现使习惯于集中管理的监管制度很难实施。在这场金融危机中，据有关方面消息，去年公布的排名前25家的大银行中，有6家亏损超过1000亿美元；金融机构累计亏损则超过1万亿美元。

N & U 管理的首要任务就是要对市场主体进行分类。对投资银行、对冲基金、商业银行、保险公司、房地产开发商和销售商、信用评级公司等中介组织，我们将要来区分这些市场主体中哪些是N管理为主的，哪些是U管理要特别关注的。

重树信心，完善治理结构是N管理要解决的；金融透明化是要追求的，利率市场化还是要坚持的；而现在银行业务正在向传统回归，表明N管理的重要性也提高；N管理还要求金融机构披露更多信息，要求改进会计标准，要监管资本充足率，要监管账面业务等。

U管理也有很多工作。如量化风险指标，是否注资，是否关市，这些都是U管理要考虑的。单一业务的大型投资银行是否还

要存在要研究，而欧美银行国有化和再私有化，都会是该国 U 管理的内容。我们在采取各项扩大投资措施时，有强化国有经济一面，但也只能列为 U 管理的内容，不能使之成为常态管理的内容。

N & U 管理要求政府分清两类问题。投资者要求明白金融产品与实体经济的联系，或说明白杠杆化的金融产品与实体经济的联系。这是合理的要求，也是 N & U 管理的目的。而同样，正常的 N 管理时并不干预企业包括金融机构的奖金，但在非常时期则对那些受援企业和金融机构的奖金就可以直接干涉。

简单地概括而言，以面对人类健康要求为对比，N 管理像是医院，U 管理则像是防疫中心。

三、面对世界经济失衡，要求各国政府之间形成 N & U 管理为内容的新合作机制

对世界经济失衡有完全不同的理解。美国财长曾说，美国经济出现问题，与中国高储蓄有关。这种观点引起很大议论。站在亚洲人角度，尤其是中国人角度看，全球经济危机是美国人高消费，没钱还要住大房子惹的麻烦。美国经济学家、诺贝尔经济学奖得主斯蒂格利茨说，世界上穷国借钱给富国，而且利率几乎为零，太奇怪了。还说，现在出现了美国特色社会主义，负债社会化，收益私有化！这种深刻的分析真是非常令人深思的！

可以说，对国际资本的监管和防险机构和措施，远远不能适应国际资本高速发展的形势。国际资本流动和现行的国际货币金融体系，存在着监管和协调上的内在矛盾，导致金融市场不稳定性的加剧。进一步讲，不受国际监管却充当国际货币的"美元"引发世界各国（包括亚洲新兴经济体）为经济衰退买单，是不可持续的，也是要重新审视的。

我们回到主题。先从 N & U 双重管理角度看 G20 会议的主题争论。会前，各国对伦敦峰会到底应解决什么问题，存在不同意见。欧盟倾向于讨论国际金融秩序与机构的改革问题，美国则倾向

于讨论救市，特别还想提出一个各国救市的指标要求。显然，欧美有一些不同看法。而在对问题的重要性排序上，欧美与发展中国家也有不同看法。发展中国家认为要解决话语权与提高地位。但从最后通过的决议看，应该说既鼓励各国实施经济刺激政策，又开始改革国际金融监管体系，同时，也提出发展中国家在多边金融领域的话语权和规则制定权力。好象是折中，其实是共存。这是短期与中长期问题都要解决的体现，也是 N & U 双重管理结合的具体表达。

笔者想进一步讨论一下以 N & U 管理为内容的新国际合作机制的内容。从 N 管理角度看，改革与完善国际金融组织与国际金融规则早已成为共识。比如，我们从 1998 年亚洲金融危机中就看到，全球化金融市场与本地化法律与监管架构的矛盾；同时全球化规则本身不健全，国际资本运动非核心国与核心国之间经济制度安排上的不衔接；国际金融组织规定与各国经济制度也不衔接问题；资本市场国际交易迅速膨胀，但缺乏国际监督和防险措施。国际金融监管机构的功能缺陷等，这些问题的解决都应成为新国际金融合作秩序中正常的管理内容。在金融危机下，反对贸易保护主义，好像是 U 管理，但这其实就是 N 管理的内容。

在金融危机的情形下，价格信号已经扭曲，经济随时可能急转直下，实体经济也因此状况堪忧。这些对社会稳定本身就是一个极不确定的因素。政府救市行为本身更重要的是向市场传递出积极的信号，此时的意义绝不能简单地从经济学的视角去衡量。从 U 管理角度出发，首先可做的就是各国政府在应对当前金融危机时的刺激政策的协同。绝大多数国家政府都出台了一系列刺激经济的措施，人们也普遍对政策的实施效果给予了很高期待。但由于各国政治制度、经济发展水平、资源禀赋等差异，在面对全球性的金融危机，各国之间无法产生高效率的政策协调机制。在这种情况下，需要各国政府在维持本国经济金融稳定上负起更大的责任，并且应该加强合作与协调。当然，经济刺激政策应尊重各国志愿与能力，不要强求；同时，美国理应承担更多的责任。

综上所述，如果我们认同了政府 N & U 的双重性职责及其作用，对政府在应对当前金融危机前的作为有了一个明确的要求，对政府职能的改革也就有了一个比以前更复杂的新标准。

专栏三十七

成都外出打工之谜的思考

近日来，我非常担心在就业上出大问题，因此，很关心这方面的情况，也在思考这个问题。初步想法是，就业问题应表现在两大方面，一是经济发展与就业人口增加的长期矛盾；二是国际金融危机对产业及就业短期影响。国际金融危机对农民工就业影响可分为两大类型：一种是减裁型失业，另一种是减招型失业。前者多为出口企业因国际市场订单减少而裁员；后者是同样原因企业普遍减少招聘的数量。我国就业形势仍然是相当严峻的。但具体分析下来，劳动力供大于求的长期矛盾是第一位的，国际金融危机加剧的作用虽不可低估，但肯定是有限的，高校和中专毕业生新就业问题比农民工再就业问题数量大得多。

实际上，由于我 2008 年 11 月去广东调研，对失业问题很敏感，尤其是对农民工失业问题非常关注。因此，我重点是想了解这个问题。2009 年 6 月 5 日我去成都开会，当天晚上就约请了成都市劳动局局长了解情况。曾经听过 34 万返乡民工在成都找工作很难的传闻，因此想知道现在如何了。局长说：2008 年返回成都的农民工 95% 以上已返回，具体就业不清楚。我心里轻松了些，但疑问还是有的，一是这些农民工工作都找到了吗？二是国际金融危机对东部地区的影响已减弱了吗？翻看了《成都市劳务输出规模和目标任务完成情况表》（2009 年 4 月），发现 2009 年 1 至 4 月，全市劳务输出规模达到 139.9 万人，与去年同期相比略为减少（去年同期为 145.69 万人），减幅为 3.97%；实现劳务收入 41.66 亿元，与去年基本持平（去年为 41.99 亿元）；其中劳务输出到成都

市外的有 53.10 万人，与去年同期相比减少 2.23 万人（去年同期
为 55.33 万人），减幅为 4.03%。这么看来，经济形势对外出打工
影响并不像我们传的那么严重。

那么，东部是如何吸收的？回京后查看到据有关部门的统计，
外出打工的农民工中尚有 1100 万人没有落实工作，农民工失业率
大约在 15% 左右。农民就业情况，一是中西部自己吸收了一小部
分。据全国农民工工作办公室主任会议消息，春节前后全国返乡农
民工约 7000 万人，比常年多 10%。另据人力资源和社会保障部对
安徽、江西、河南、湖北、四川五省 250 个行政村的前车普查，春
节后（2 月 1 日到 3 月 20 日）累计净外出人员占春节前（去年 9
月 1 日至今年 1 月 31 日）累计净返乡人数的 89%。也就是说，返
乡农民工中约 11% 没有外出务工。若按此比例推算，全国 7000 万
返乡农民工中约有 770 万没有外出务工。二是因东部出现的就业区
域均衡化而被新区域吸收，如广东一批新的产业群正在广东相对欠
发达地区形成，如茂名的石化下游产业、云浮的石材加工业等。今
年珠三角城镇就业 25 万人，同比下降了 26%，但粤东西北区域新
增就业 16 万人，同比上升了 19%；今年前 4 个月，广东农村劳动
力转移到本省欠发达的地区就业的近 40 万人。三是各省市开展的
就业培训工作吸纳了相当多的农民工。今年前 4 个月，广东省培训
农村劳动力 16 万人……看来，成都调研中的就业之谜有了一些答
案，但还不能完全清楚。

第二节　应对国际金融危机的探索

2008 年 11 月底，正是中国感受到金融海啸第一浪打过来的时候，中
央电视台组织专家去广东实地考察，看在金融海啸前如何做到保证中国经
济仍然能平稳较快地增长。我与北京大学光华管理学院的王建国教授被邀

请前往。在顺德的调研考察中，我们看到，风浪已来，但数据还没有充分显示，大家还没有充分感受到浪潮的暴烈。当地干部反映，对于形势还摸不准，有人乐观，也有人悲观。顺德外向型企业比例还不算高，产业结构升级比较早，拥有品牌和研发能力强的企业比较多，而且自有资金为主，不过分依赖贷款。但我前往几家企业调查，出口为主的企业已经没有了订单，压力很大。

在与当地政府和企业交谈中，我提出了5点想法：一是经济运行是个有机整体，产供销和人财物，在全球化背景下形成了全世界的经济体系。现在，这个有机整体即全世界的若干关键纽带、关键区域、关键环节出了大问题。美国金融这些年鼓励金融产品创新，让商业行不顾信用的贷款，形成金融产品；鼓励保险公司再介入使之成为进一步的金融衍生品，掉期保值的CDS合约买卖，使杠杆不断扩张，过度膨胀，形成大的金融赌博。有报道说，有毒资金高达62万亿美元之巨，一旦链条断开，就形成了巨大的金融危机。这个垮台就不是几千亿美元能救得了的。同时，通过金融渠道包括金融衍生品渠道，贸易渠道影响方方面面，使各国的企业和市场均出现大幅度的萎缩。因此，形势相当严峻，商务部一研究人员给我发来一份几个发达国家破产企业的名单，数量之多，令人吃惊。二是中央要求做到在国际金融危机下经济保持平稳增长。如何理解这个平稳增长，我想有以下几点：（1）失业率处于可控的增长，（2）企业的优化升级与维持生存处于平衡的增长，（3）民生利益基本保持和有所改善条件下的增长，（4）城乡居民收入水平保持不下降条件下的增长。三是企业是否可分为三类——无可挽救的，需要稳定的，很有前景的，也就是低、中、高三档。要区分正常倒闭与非正常倒闭。不要把企业因国际金融危机冲击下的倒闭当成了正常倒闭，正如不要在非典开始时把死亡当成正常的一样。在海啸面前，企业先要以稳为主，升级换代为辅。换言之，提高冲浪的水平没有撤退和保住企业生存更重要。在巨浪面前，就业重于增长，生存重于发展，稳定重于调整，当前重于未来。关于全面涨工资的改革，要先暂缓一下。四是我提出要供求两条线调整，使在新形势下达至新的总供求较低水平的均衡，这就是大思路。供给方面要有融资方面的支持。人力资源结构性失衡，政府出力，做点培训，尤其是工种转换之间的培训。顺德正在做，而且做得比较成熟，这是值得赞扬的。它对企业发展也有100多个亿的支持，很好。其中，如何引领民间资本的介入，非常重要。在需求方面，对于开拓市场，政府如何支持。如我们参观的一家自行车厂家，如果改内销，可以喘口气，但政府有什么办法，例如增加政府采购。相信顺德的领导与干部会有办法的。五是可否成立金融海啸办公室，就像当年成立"非典"办公室一样。要充分理解胡锦涛同志形势"相当严峻"的提法，要高度重视。要随时上报企业情况，分企业等级动态追踪；要邀请专家包括北京的专家，深入研究金融海啸的可能性影响。现在有这样一个自然灾害的应急办公室，百利而无一害！应把正常管理和应急管理分开。

专栏三十八

应对金融危机——短期与中长期结合的思考

在当前形势分析中，出现了非常有益的大辩论。其中，有些倾向值得进一步讨论：比如，用中长期的经济发展需要来否定短期的救市政策，用规范化管理来否定应急的临时举措等。实际上，应对金融危机，不仅需要非常及时的决策应对，也需要全面考虑各种经济政策的配合，还需要有短中长期的系统调适。

一、为什么分析形势需要短期与中长期结合？

中长期是短期发展的未来，对未来的判断当然会影响现在的选择。因此，主动的提前的衔接二者有助于少走不必要的弯路。比如，我们不能因为这场国际性的危机，尤其是美国金融危机的传递及影响，否认全球化，进而否认今后还要坚持对外开放。中国融入世界经济是长期的国策，虽然会有利有弊，但我们只能力求多利少弊，而不能放弃国际化，不能动摇坚持对外开放、与世界共生的选择。

中长期涉及经济体制改革与制度创新，因此，与短期结合起来，有利于把发展与改革结合起来。比如，有同志认为扩大投资在强化旧体制，强化了行政干预力量，因此，反对这样做。但扩大投资对于解决危机是必要的，是正确的与及时的。投资体制的改革，投资效益的提高，扩大消费需求的努力，都很重要，但要在救市大投资的举措中推进。为治急病，必须要先打止痛针，然后才是吃补药。当然，在半年大投资后的现在，对投资方向与效果的要求会越来越高，这也是必然的、正确的。

中长期涉及对未来市场发展潜力的判断，短中长期结合分析，有利于促进下一步市场供求达到均衡。比如，调整结构是重要的，涉及我们经济下一步能否在合理健康的基础上增长。但如何调整结构，则是需要短中长期结合分析布局的大问题。特别要指出的是，调整结构是非常复杂的工作，有些结构是以政府为主来调的，如国民收入分配的结构；有些结构如产业结构，在很大程度上要运用市场力量，让企业自主判断按市场需求去发展而形成产业结构的基础。当然，产业结构调整从中长期看，抓住新增长点是重要的；就短期看，稳住就业也是非常重要的，不能过于强调关闭一批中小企业来升级换代。

二、短期与中长期如何结合？

在分析短期经济形势时，与"城镇化、工业化、市场化、国际化"相联系，是一种短期与中长期结合的观察视角或说法。换言之，从党的十七大提出的"五化"角度来评价短期政策，是在中国特有国情条件下，短期与中长期分析结合最有价值的选择。

首先，我们要更加重视城镇化，重视新型的城镇化。据我所知，学界有两种截然不同的观点，一种认为工业化创造供给，城市化创造需求。只有缩小二元经济，这才有助于走出经济困境。如果城镇化进展更健康一些，更快一些，可能消费需求的提高和服务业的发展会更快一些。因此可以说，城镇化是走出低谷的重要通道。另一种认为，城镇化对提高投资有作用，但可能对提高消费率作用不大。因此，它对扩大消费需求拉动经济也仍然没有贡献。我个人倾向于前者的观点，虽然不全相同。我认为，中国提高城镇化水平还有较大空间。据有的专家测算，2010 年我国城镇人口比重为46.50% 左右，2014 年可能超过50%，2020 年的城镇化水平将达到60% 以上。我想，有一个思路应是各方面可以接受的：就是把城镇化工作放在更重要的位置上，尽全力去做好，并高度重视"新型城镇化"的提法，重视推广成都城乡统筹的经验，在防止损害农民利益和各种弊病情况下加快进展，让城镇化为近期更为中长期中国经济健康发展作出应有的贡献。

其次，继续坚持新型工业化道路，把近期发展与长远发展结合起来。工业化与应对金融危机肯定有内在的紧密地联系。比如：金融危机冲击中，不同的产业受到的影响不同，金融渠道与贸易渠道传递金融危机的特点也不同。正因为如此，我们也就能理解，为什么政府要把产业振兴规划作为应对近期危机与长期结构调整的重要环节。事实上，工业化与走出当前困境确有关系，比如，产业结构与消费率提高相关，其中三产比例高有助于提高消费比率。上半年经济的恢复中，工业的重要就非常明显，工业特别是沿海省份工业和重工业的起色成为中国经济回升的亮点。而从中长期角度讲，中国经济发展处于工业化中期，需要继续完成工业化。但应强调，如何使政府主导的高速工业化变为市场调节均衡增长的工业化，如何实现新型工业化即节能、环保、保护资源的工业化，是非常重要的，具有重大意义。

再次，强调市场化方向的制度改革与创新，为中长期发展奠定良好的体制基础。提出这个命题似乎有点奇怪。因为，本次国际金融危机是市场长期非理性繁荣的产物，不少人得出的结论是市场经济道路是错误的，那为什么还要强调市场化方向的改革呢？我想说，只有坚持改革开放才能把握好中国在全球化进程中的定位，才能处理好公平和效率的关系问题，才能促进经济与社会的和谐发展，才能实现可持续发展，才能完善社会主义市场经济制度。最简单的一个道理是：没有一个充分的市场发展，没有总供求的均衡化，现在讨论消费与储蓄比率的合理化也缺少客观依据。这里我更深切地体会到，列宁讲真理多走半步就成为谬论的名言太正确了。

最后，在推进国际化过程中，需要促使内外需协调发展，以走向良性发展的轨道。我们看到，自2008年11月我国外贸开始呈现负增长的格局至今没能扭转。当前，中国经济中投资、消费、出口"三驾马车"中，投资扩张明显对经济有较大拉动，消费有所上升但对经济拉动仍不足，出口这驾马车则步履艰难，对经济复苏难有作为。不得不承认，这场世界性的金融危机，让我们深深感到了全球化对经济负面影响的一面。国际间的关系是复杂的，是有利有弊的。在国际经济逐步过渡到新均衡格局的过程中，我们要从国情与中国特色出发，从中国经济转轨时期与工业化中期阶段出发，适度地调整自己的发展战略，而不要简单地否定我们走过的30年。比如，我们现在扩大内需，不能过度解读国产品不出口了，不能让欧美出现的贸易保护主义找到借口。

三、短期与中长期结合中应该注意的几个问题

结合是复杂的，要具体问题具体分析，不能一概而论。具体谈几点想法：

1. 短期与中长期分析结合中考虑的重点是如何制定好短期措施。短期与中长期分析结合是个动态的长期的过程，结合中重要的是先走好当前的一步。正确的做法是：具有了中长期的眼光，迈出当前的步伐。没有了当前选择，只讲中长期是空谈。反之，当前问题与中长期目标矛盾很大时，也必须及时地调适，不能造成未来风险。当然，中长期判断对当前制定政策的影响也是复杂的过程，对有些事上影响很大，对有些事上影响小些。还是那句老话，具体问题或具体措施要具体分析，问题不能简单化。

2. 贯穿短期与中长期分析结合的核心问题是处理好政府与市场关系。在现实中我们发现，很多达成共识的中长期发展思路甚至

纲领，在当前执行中完全没有影响力。比如说，我们要可持续的发展，要环境保护，要节约资源等，但在实际生活中往往达不到目标。追求 GDP 的倾向难以得到真正的纠正。为什么？我认为关键在于政府与市场关系没能从制度上解决好！政府与市场各自做好自己要做的事，说起来容易，做起来难。判断政府的缺位、越位、错位很难。其中重要的原因在于，没能让民众有更多机会就具体事件表达意见的场合，而这应成为制度安排中的关键内容。比如，民众没有力量来抵制破坏资源和造成污染的行为，政府的监管效果又成问题。如果对污染、生态保护、资源利用都有民众的监督，有相关利益者的监督，所谓的中长期关心的那些问题就会有较好的效果。

3. 中长期和短期的结合中，要经常用中长期的规范管理来制约短期应急管理容易出现的过度问题。一般来讲，短期可强调应急管理或者灵活管理，而中长期应强调经济的正常的规范管理。在应急处理中，加强政府干预是必要的，不必要过于担心。有些措施强化了行政干预，为救急也是可以接受的。我们不怕应急时退一步，我们要关注必要时还需进两步。当然，为应对危机的必要干预与过分干预要区分开，不能借欧美国家加强政府干预就误认为中国政府要加强全面干预。当前，有一种过分强化行政力量的倾向，如信贷支持投资中各地政府的融资平台吸收了大部分的信贷，实际上是国家背景的银行与政府背景的企业在推动着各个投资项目。这固然有拉动经济的一面，但风险也不要低估。如果有风险，让纳税人承担是不合理的。当然还要指出，一旦情况好转，就应当撤销不利于形成社会主义市场经济体制的应急措施。总之，在现在条件下，我们应力求保持清醒头脑，形成明晰的改革思路，并寻求推出的适宜时机。

专栏三十九

东部产业转移趋势与承接机遇

随着国家中西部大开发战略的实施，中西部进一步加快开放，基础设施条件日趋完善，中西部地区承接东部和境外产业转移的能力增强。在国家宏观调控的大趋势下，东部的土地、劳动力、水、电等要素成本大幅度上升，东部急需产业转型升级。目前，东中西部产业转移正进入加快发展的战略机遇期。

下面，从东部产业转移的现状和发展趋势、东部产业升级与迁转的障碍与困难、中西部承接东部产业转移的方式与策略、产业转移中政府的作用四个方面来分析这个问题。

一、东部产业转移的现状和发展趋势

1. 产业转移的速度和规模正在快速提升

中西部地区经济数据全面"优于"东部，这说明产业的梯度转移以及升级正在加速进行。据国家发展和改革委员会统计，2008年上半年，中西部、东北、中部地区社会消费品零售总额增长均快于东部地区，上述4个地区社会消费品零售总额分别增长21.65%、21.39%、22.47%和21.10%。上半年，中西部、东北、中部和东部地区投资高速增长，分别达到28.62%、36.36%、35.11%和22.08%。另外，从工业经济增速看，上半年，中西部、东北、中部和东部4个地区工业生产增加值分别增长19.74%、19.06%、21.41%和15.73%。东部地区明显落后。同时，产业转移的规模越来越大。据测算，到2010年，仅广东、上海、浙江、福建4省市需要转出的产业，从产值上估计将达到14000亿元左右。

2. 产业转移主要集中在传统劳动密集型产业

随着劳动力、土地等要素成本明显上升，发达地区那些处于产业链中低端、赢利能力较弱的劳动密集型产业，正加快向中西部地区转移。据调查，当前珠三角地区纺织、服装、食品、玩具、皮革、制鞋等产业转移最为迫切，电子信息、家电等也在开始寻求新出路。如深圳的机械、仪器仪表等行业企业外迁较多，占外迁企业总数的58%；佛山市计划将近一半产值的陶瓷企业转移，由陶瓷生产基地向研发、物流、会展、总部基地转变。此外，依托资源进行开发的产业如竹木加工、家具制造、矿产品开发及加工、水电开发、旅游开发、药材种植及加工等行业，也都需要向外转移。未来一段时期，低附加值的劳动密集型产业和加工贸易从沿海地区向中西部地区转移的趋势还会进一步加强，转移的产业主要以纺织服装业、农产品加工、化工、家电制造、汽车零部件产业等为主。

3. 区域之间争夺产业转移的竞争将日趋激烈

产业转移对经济增长的拉动效应非常明显，中西部地区希望借助东部地区产业转移的时机，实现中西部地区产业结构的调整，增加中西部地区的就业机会，更好地带动相关产业的发展，因而都在积极承接沿海产业转移，都在比环境、抢客商、争项目，态势逼人。有的城市拥有比邻珠三角、环渤海发达地区更好的区位优势，有的城市拥有资源优势，有的城市拥有某些产业集聚优势，中西部地区还拥有中西部大开发的特殊优惠政策优势。一些中部地区开发区承接东部产业转移力度很大、发展水平较高，已经成为承接产业转移、推动当地经济快速发展的重要力量。同时东部地区各省市政府，努力推动本省市发达地区产业向本省市欠发达地区转移。东南亚一些国家也在利用价格低廉的劳动力和资源等优势，吸引日韩、港澳台地区以及我国东部地区的产业转移，我国东部地区的一些产业已开始向一些东南亚国家转移。特别值得注意的是，产业转移机遇性很强，新一轮国际产业转移的黄金周期可能只有3年至5年，国内产业转移也不会无限持续下去。根据有关方面分析，国内东部地区这次大规模的产业转移估计5年左右完成。因此，中西部区域间争夺东部产业转移的竞争日趋白热化。

4. 企业抱团转移趋势明显

目前东部产业转移的一大特点是以龙头企业和大企业为核心，实行组团式或产业链整体转移。也就是龙头企业和大企业基于降低成本、贴近市场等方面的考虑，对一个产业的上、中、下游各个阶段的产品进行整个产业链的大规模转移，同时将研发、采购、销售、物流、售后服务等各个营运环节也转移过来。由于龙头企业和大企业社会化协作程度高，一家龙头企业和大企业投资往往会带动和引导一批相关行业的大量投资，形成"龙头"带"配套"，"配套"引"龙头"的良性发展格局。

5. 有产业特色和配套产业基础的地区最吸引东部企业转移

由于同类和相关产业高度集聚，具有整合优势、网络效应、相互学习、创新激励、知识溢出等内在机制，因而有产业特色和配套产业基础的地区具有稳定、持续、不寻常的竞争优势。产业集聚优势已经超越低成本优势，成为吸引产业转移的主导力量。如合肥、铜陵都分别建立了纺织服装产业创新工业园，九牧王、利郎等众多国内知名服装厂家纷纷签约入驻，将其研发和生产基地迁移至此，形成了一定规模的服装加工和产出能力。再比如，中国中西部鞋都璧山目前已有来自东部、南部和中西部（含本土企业）1300 多家相关制鞋产业入驻，年产皮鞋 6000 多万双，产值达到 45.7 亿元（引自温州外宣网）。

二、东部产业升级与迁转的障碍与困难

1. 转出地障碍

产业转移过程中，对承接地来说，有利于经济发展，但对产业输出方，看法就比较复杂。特别是在现行财税制度以及地方政府考核评价体系之下，尽管东部沿海地区迫切需要将传统的高耗能、低效益的企业转移出去，从而获得产业转型升级的空间，但一些地方出于短期利益的考虑，对企业外迁却往往并不鼓励。东部地区对企业外迁、对外投资缺乏积极性，主要源于这样的担心：一是大量建设资金外流、税源流失、财政收入减少。二是可能会出现外移产业"空心化"问题。东部升级换代不仅是因为自身的需要，也是因为一波又一波的经济全球化浪潮在促使产业不断转移和升级，但是如果东部地区产业转出了，却没有将先进的制造业或者服务业吸引过来，就可能出现产业"空心化"的问题。正如东部政府所担心的：

"我转出去，没人转进来"怎么办？"腾笼换鸟，旧鸟走了新鸟在哪里？"新来的产业在哪里？这确实是要认真考虑的。对东部地区而言，发展新产业需要高投入和高成本，而且不可能在短期内获得收益。而依靠东部地区自身拥有的自然资源和劳动力资源，继续发展劳动密集型产业，能获得短期的贸易利润，但随着各项成本的上升和来自其他发展中国家竞争的加剧，利润的空间将逐渐被压缩。在创新机制尚未形成、新的主导产业没有形成气候，而旧的主导产业又开始向中西部地区转移之时，东部可能因为产业"空心化"而面临失去新的经济增长点的威胁。三是短期内会影响当地居民的收入。以民宅出租为例，广东有2000多万人口居住，当地村民或居民的房租收益以及集体的厂房出租收益，是收入的重要内容。换言之，广东有上千万的农民，可能没有完全融入工业化，产业转移可能一定时期内利益要减少。在这种心态支配下，东部地方政府就会考虑转移对当地村民利益有什么影响？可能对企业外迁大多持不积极、不鼓励态度。四是制造业西移会带来结构性失业的难题。由于历史原因和国家政策导向，东部地区集中了大量企业和从业人员。一旦产业结构乘上升级的快车，主导产业向信息化发展，必然产生资本、技术对资源、劳动力的高替代率，就会造成从业人员的大量过剩。在东部地区高收入的吸引之下，从业人员不愿迁出本省、本地区。因此，如不采取有效措施，东部地区的失业问题将十分突出。这不但会影响东部地区的经济发展，更会影响到社会稳定。

其实不仅是东部的政府有担心，东部企业也有迷惑：企业在转移当中有什么好处？企业转移不仅是解决劳动力成本上升，而会考虑赢利水平和持续发展。由于中西部地区在发展中面临着交通运输、环境恶化、水资源不足等困难，因此，东部企业在考虑：是转向中西部还是转向国外，尤其是东南亚？即使转向中西部，中西部有18个省区，具体转向哪个省区？也需要考虑。

因此，在产业从东部向中西部转移中，各方行动比预期的要慢。为避免经济急剧下滑和产业"空心化"，发达地区均通过土地、税收、资金、项目等方面的倾斜和扶持，鼓励企业在发达地区内部进行转移。

2. 转入地障碍

（1）产业配套能力不足。在东部地区，传统产业经过多年的发展，已经形成规模较大、配套齐全的产业集群，而产业集聚效应使得在产业链上的有限区域内，各种生产要素的流动更加快速方便，对企业生产环节的配套支持、成本的降低都起到很大的推动作用。任何产业都不能脱离其他产业而孤立地存在和发展，只有那些能为发达地区转出产业提供良好协作配套能力的地区，才最有可能成为承接东部发达地区产业转移的基地。加工制造业的"产业链"特点突出，电子、机械、玩具、服装等，需要零配件和不同工艺流程的配套。以电脑生产为例，从零配件来说，需要五金、塑胶、纸箱等配套；从工艺上说，需要模具、电镀、印刷等配套。这种配套原来在东部较为完善，当地有各种零配件专业市场，有提供各种工艺服务的工厂。但中西部相对落后，有的甚至属于空白，造成了"两难"处境：龙头企业要转移到中西部，希望当地有较完善的配套；做配套的小企业要迁移，在龙头企业没走之前自己不敢走。据了解，目前已经转移的企业中，多数属于"产品自成体系"。生产电源适配器的冠德科技公司 2006 年从深圳迁往北海市，每年以50% 的增长速度扩张，因为其主打产品体积小，零配件内部解决，基本不需其他企业配套。

（2）园区发展模式存在缺陷。园区是目前中西部地区承接产业转移的普遍模式，被认为具有节省土地、管理服务方便的优势，但不少地方设立的园区远离城镇，偏安于城郊一隅，虽然实现了"五通一平"甚至"七通一平"，但企业落户后遇到很多问题。比如，北海市主要的招商平台市工业园距北海城区七八公里，由于规划滞后，没有相关生活配套设施，入园企业不是招不到工，就是新的招来老的走掉。一些入园企业负责人形容工业园像是"北大荒"，没有商业、文化娱乐、医疗、银行，甚至理发也要跑到城里。有的企业为稳定员工，自行建起了图书室、娱乐室、球场，有的还开了网吧，这样做一来增加了较大成本，二来这些厂区内的配套没有与外界的交流，对员工吸引力不强。相比之下，珠三角发达的制造业基本都分布在各个镇，形成以不同产品为主的特色产业，如东莞市长安的五金模具、电子业，虎门的服装业，厚街、大岭的家具业，石排的塑料业。这些镇成为企业的天然生活配套区，满足了员工吃、喝、玩、乐和购物等各种消费需要。

（3）产业转移成本过高。首先，从人力成本来看，虽然西部地区拥有丰富的人力资源和廉价的劳动力，但考虑到单位劳动力的生产率和可用人力资源的易获得性因素，西部地区的人力成本并不占绝对优势。西部地区的中低素质劳动力成本确实较东部低，但在缺乏高级管理人才和技术人员的条件下，中低素质劳动力的生产率将大打折扣。在西部地区雇用高级员工的费用比沿海地区还高，而且很难招聘到素质优秀的高层管理人员。

其次，从土地成本来看，西部的工业用地成本与其他地区相差不明显，甚至要高于东北地区，西南地区的商业用地甚至要高于全国平均水平。在重庆、成都、西安的工业用地最低成本为每平方米 200~225 元，最高可达 420~450 元，而苏州和东莞的土地价格仅为每平方米 125~150 元。

第三，从原料成本来看，西部地区蕴涵着丰富的资源，但是资源存量的优势并不一定能转化为成本优势，而且西部地区一些地方将资源作为摇钱树，在原料上摊派各种费用和高额税负，使原料成本大大高于企业的预期。

第四，从物流成本来看，中西部地区交通不如东部地区顺畅，因此物流成本居高不下。比如，北部湾沿海的交通基础设施仍然较落后，特别是港口码头设施不全，滞港压货时间长；货船吨位小，稍有风浪就停航，而且数量少，班期不正常，海关通关不畅，目前从北海市到香港的物流费用，相比东莞至香港每个货柜高 2500 元。

（4）投资环境有待改善。一方面，从硬件条件来看，中西部基础设施十分薄弱，许多地方自然环境恶劣，工业发展设施不完善，交通运输成本高，信息流通也容易受阻。另一方面，从软环境来看，虽然目前中西部地区投资软环境得到了极大的改善，但近年来，在少数地区，软环境恶化的趋势有所抬头。如重招商轻安商、失信违约、后任不理前任事、办事效率低、吃拿卡要、均贫富心理严重。从东西部企业合作的实践看，西部地区政府的工作效率低且优惠政策落实难并不鲜见；频繁的、缺乏规范的各类检查则严重干扰企业的正常经营；不依法行政、不依法办事，外来企业与当地企业发生纠纷打起官司来，基本上是输多赢少。这种现象如任其发展，中西部地区承接东部产业转移将面临巨大困难。在一项调查中表明，拟"西迁"的东部企业中有78%反映在中部投资行政干预过多。所以，中西部地区的投资环境还需要加大改善力度。

三、中西部承接东部产业转移的方式与策略

中西部地区在承接东部产业转移中，首先是要坚持从自身实际出发，要增强承接产业转移的主动性，营造良好的投资环境，并与自身产业布局、结构调整和节能环保等要求紧密结合起来。

中西部要尽快熟悉与适应产业转移的多元化方式。有学者把东部企业参与西部大开发的产业优势转移和产业对接模式概括为以下10种：市场进入模式、品牌扩张模式、资金输出模式、管理输出模式、技术转移模式、资源开发模式、配套协作模式、异地生产模式、易货贸易模式、兴办市场模式。在产业转移的过程中，各地资本跨越行政区划有联合、重组、兼并收购、组建集团公司、参股、控股等产权交易活动，也是多种形式。分析与借鉴这些思路是很必要的。

1. 中西部应从地区优势产业出发承接产业转移

中西部地区在新中国成立后特别是改革后的几十年时间内，依托政府政策及资源优势，国有经济蓬勃发展，基本形成了比较完备

的产业体系，特别是冶金、化工、能源等初加工工业在全国占到一定比重，正是这些产业带动着整个中西部的经济发展。因此，中西部在承接东部转移产业时，要考虑到原有产业结构，注重本身优势产业的培育。首先，充分考虑中西部地区现有的产业布局，承接时不能来者不拒，形成多头转移，导致产业趋同竞争，而应该使之与原有产业协调统一。其次，考虑中西部原有优势产业状况，接受转移的产业应有利于加大其原有优势产业的规模与市场竞争力，也可以接受一些与原有产业关联度比较强的产业，有利于产业发展的协同。同时，中西部在优化产业结构时，还要考虑当地的就业状况。如果不根据当地产业基础、市场条件和发展规划，只求一时之利，必然会影响一个地方的长远发展。

2. 发挥集聚效应引导产业相对集中

中西部要实施城市群和产业集群战略，发挥城市的聚集效应和产业的规模经济。因为，追求集聚经济是企业的天性。大量的相关企业在地域上相互集中在一起，可以节约生产成本，扩大生产和消费需求，并有利于相互竞争和协作，提高管理和办事效能。如在昆山，组装成一台手提电脑的800多个部件有780多个能在区内找到供应商。反之，产业集聚程度的引力不足，可能是东部产业滞缓西进的重要原因。发挥产业的聚集效应，引导产业相对集中，构建产业聚集平台，引导同类企业向园区聚集，利于形成规模，做大做强。因此，中西部地区在承接产业转移的过程中，应坚持以优势产业为依托，围绕提升产业核心竞争力，形成产业配套，发展产业集群，提高工业化水平。各经济园区是承接产业转移的主阵地，是承接产业转移、加速产业聚集、培育产业集群的主要载体。发展经济园区的优势在于优化资源配置、共享基础设施、集中治理污染、集约利用土地。应发挥园区的积极作用，进一步完善园区基础设施，发挥基础设施的先导效应，加强规划、合理布局、明确定位、完善设施、创新体制，提高园区对产业转移项目的吸纳和承载能力，更好地发挥产业的聚集效应。要着力建设一批承接东部产业转移的专门园区，努力使各产业园区成为承接产业转移、带动本地工业快速发展的基地和龙头。

3. 积极营造承接产业转移的良好环境

中西部相对较低的劳动力成本是吸引东部企业的重要因素，但不少地区缺乏配套能力，交通基础设施落后，物流成本高，高出了节省下来的劳动力成本，为此要有新措施。要把优化投资环境作为承接产业转移的一项重要工作，加快交通等相关基础设施建设，努力打造精品投资环境，降低产业转移成本，为承接产业转移创造有利条件，让外来企业"无障碍进入、无障碍发展"。

中西部政府管理方式改革也是重要的，这是投资环境的重要内容。有专家提出一个地区的投资软环境包括正式制度安排与非正式制度安排。中西部地区在招商引资方面应该把管理型政府转变为服务型政府，政府要讲信用。中西部政府要加大政策创新力度，增强承接产业转移的竞争力和吸引力；加强政务环境建设，转变干部作风，推进政府职能转变，规范行政审批，改进服务方式，提高行政效率，树立诚信形象，为外来投资者提供最优的政务环境；要深入实施"城乡清洁工程"，优化招商引资环境；要坚持依法行政，切实保障投资者的合法权益。当然还有很多事要做，如抓好人才教育培养，加大职业技术培训力度，根据企业用工需求开展"订单式"教育培训，为企业提供合格的、高素质的劳动力；加快发展与产业转移互动发展相关的生产性服务业，为引进企业提供完善的专业配套服务；营造良好的社会环境。要加大宣传力度，提高全社会对承接产业转移重大意义的认识，在全社会营造亲商、安商、富商的氛围。

4. 承接东部产业转移，必须坚持可持续发展的原则，走节约、环保、高效之路

中西部地区承接产业转移应当有选择、有重点地进行，要与区域经济发展结合起来。中西部地区经济基础薄弱，缺乏技术人才的技术管理经验，引进技术的消化能力低下。温总理说：中西部地区

缺水，生态条件差，决不能把那些高耗能、高耗水、高污染的项目引进来。产业转移不是污染转移，在承接东部产业转移时不能走先污染后治理的老路，要把生态保护理念贯穿于承接产业转移的整个过程中，不能饥不择食，以降低环保门槛来承接产业转移，对高污染、高能耗、高物耗、低附加值的产业承接要严加控制，超出环保指数的，坚决予以拒接。

四、产业转移中政府的作用

中央政府认为东部产业向中西部转移是必然的，也是合理的。中央政府对产业转移的关心，不仅来自对东部经济持续发展的关心，也基于对区域经济协调发展的关心，对一部分地区先富起来到共富格局形成的关注。当然，东西部的经济合作不能像计划经济时期那样，采取国家统调统配方式或者是一平二调方式，而应主要采取市场化的方式，即以企业为主体，通过利益驱动机制来实现。国家和各级地方政府应依据市场化原则，通过产业政策和财政金融手段，鼓励东部地区的企业向西部投资。

1. 中央政府积极推动产业转移

国务院领导同志认为，珠三角、长三角和环渤海等东部沿海地区随着要素成本持续上升，既有的优势在减弱，传统的发展方式难以走得更远，加上国际形势变化和周边国家竞争加强，加快经济转型和结构升级已经刻不容缓。而中西部地区基础设施逐步完善，要素成本优势明显，发展空间还比较大。在这种情况下，促进区域协调发展的一个重要方向，就是加快东部沿海产业向中西部的梯度转移，形成更加合理、有效的区域产业分工格局（引自温家宝2008年11月1日发表于《求是》杂志上的文章《论当前发展若干重大问题》）。商务部曾决定，用几年时间实施"万商西进"工程，即通过投资和贸易促进，推动上万个境外和东部地区的工业、商贸及服务等企业到中部地区开展投资、采购、经营协作。2007年4月在第二届中部投资博览会上，曾就中部地区接受产业转移进行研讨，并确定南昌、合肥、太原、武汉、新乡、焦作等9城市为"加工贸易梯度转移重点承接地"。商务部还准备在广东、上海、江苏等东部地区建立"产业转移促进中心"，在昆山基地揭牌的"产业转移促进中心"是这个计划的第一家。"产业转移促进中心"的建立，有助于东部地区产业结构的转移，也有助于中西部地区的承接。

学者们也赞成产业转移，其理论基础之一是梯度转移论述及区域性梯度差异，使得产业转移成为可能。区域经济发展的需要，使得产业转移成为现实。区际产业转移使存在技术经济水平梯度差异的两个地区各获其利，是互补的。但在2006年和2007年，有学者实际调查研究发现，预期中的大规模产业转移在我国并未发生。两个主要的原因在于：一是东部地方政府动力不足，东中西部之间缺乏产业转移的互利共赢机制。二是企业自己转移的动力与选择估计不足。可以说，在现阶段，产业转移的规模不是政府能左右的，而是由市场主体——企业自己决定的。

2. 搭建制度平台，促进东中西部互动

（1）将优惠措施纳入法制化轨道，促进产业向中西部地区转移。企业是产业梯度转移的主体。在市场经济条件下，企业跨地区的协作、兼并、技术转移与生产环节的分工是产业转移的实现形式。只有企业真正按照市场经济规律行动起来，把握产业转移中的巨大商机并及时行动，中西部地区吸引产业转移才能取得实效。要使投资者对在中西部投资有信心，有必要制定"中西部投资鼓励法"，用立法的形式保障投资者的利益，鼓励外商和东部地区的企业到中西部投资兴业。

对中西部地区开发投资的鼓励可以采取以下几种形式：一是对中西部地区基础设施建设和重点产业开发实行投资补贴。二是对商业银行在中西部地区的产业贷款予以贴息。三是设立鼓励创造城镇就业的"就业补贴"基金。就业补贴也是国外为缩小地区失业差异而采用的一种区域性政策措施，通常是根据企业在不发达地区创造的就业机会给予企业一定数额的补贴，以降低企业的工资成本，鼓励企业多雇用地方工人。

（2）推动东中西合作共建产业工业园区。产业转移工业园区是一个共赢的选择。产业转移工业园区实行"利益共享"原则，对园区产生的税收和各种规费的地方分成部分，由合作双方按协议分成，从而实现了产业输出地和承接地的"双赢"。目前，东部地区也在积极探讨与中西部联合建立工业园区，探索建立共赢机制，如浙江与新疆签订框架协议，欲在新疆已批园区中设立"浙江工业园"。重庆也与浙江、江苏等省的开发区多次接触，探讨能否在重庆开发区划出一定范围设立"园中园"，双方共同招商，利益分成，以达到互利共赢的目标。但由于涉及财税政策、土地宏观调控等问题，目前各地的探索都还无法正式启动。

事实上，目前各地在探讨东中西部产业转移的"园中园"等合作模式时，不可避免地遇到了"分产值、分税收"的问题，涉及财税体制的调整，需要国家的统筹支持。国家应鼓励东部地区开发区利用资金、管理、人才等优势与中西部地区开发区进行合作开发，按生产要素投入比例分享利益，这样既可以有计划引导东部企业进行产业转移，又可以节约企业调研费用，以获取经济规模效益。在这一方面，国家有关部门应制订相应措施，鼓励东部地区开发区和企业通过租赁、股份经营等方式在中西部地区现有开发区和工业园区内设立"区中区"、"园中园"；鼓励东部地区开发区和企业在中西部地区中心城市、资源富集区、口岸地区按国家有关规定和政策新设立工业园区，国家在用地政策上给予倾斜等。

（3）健全工作协调机制促进东中西互动。为推动东部产业向中西部顺利转移，国家应加强规划引导，同时应进一步建立健全工作协调机制，构建东中西部互动平台。

由于中西部地区范围大，地区与地区之间、城乡之间都存在着很大差距，除制订总体规划外，应重点制订特殊区域和重点领域的区域规划、开发与保护规划，并确定一批重点经济带（区）、资源和产业综合开发区、旅游经济开发区、都市经济区等；制订若干个专项规划，如基础设施建设规划、土地及自然资源开发规划、生态环境建设规划、城市化发展规划等。这一规划系统是引导东部企业参与中西部开发的重要依据。

与此同时，应进一步推动东中西部省区政府间的高层会晤和工作协调机制，建立日常工作联系，加强沟通、协商和配合。推动西电东送、西气东输、西煤东运等资源协作区域的政府间合作，促进东中西部结对帮扶地区、国内友好城市、开发区及高新区等互助协作区域的政府间合作。同时建立和完善投资贸易平台，构建东中西部地区公共信息平台和专业信息平台，帮助企业科学决策，引导东西互动健康发展。

总之，政府要支持产业转移，但不能代替企业来做产业转移的决策。是否转移，向哪里转移，转移什么与如何转移，一定要尊重企业的自主权。政府是为企业转移服务，为企业转移顺利和成功服务的。有专家提出产业转移时不能形成多头转移，使本来就不发达的西部各地之间形成趋同产业竞争。这类问题则不应让企业去考虑，政府是可以提供信息和指导的。

专栏四十

我国外贸出口趋势的分析

出口是我国经济增长的重要支柱。自 2008 年第四季度以来，我国出口整体持续下滑。据海关统计，上半年我国外贸出口同比下降 21.8%，青岛经济技术开发区趋势相同，同比下降 19.9%。但也应看到，2009 年 6 月份我国外贸出口环比增长 7.5%，青岛经济技术开发区出口环比增长 38.1%。外贸出口回升的原因是什么？基础是否牢固？能否可持续？政策支持力度是否足够？我们带着这些问题，于 2009 年 7 月底，前往青岛经济技术开发区进行调研。在对照全国外贸出口情况比较分析基础上，提出一些看法，供决策参考。

一、青岛经济技术开发区外贸出口的回升趋势

青岛经济技术开发区是十四个沿海国家级开发区之一。2009年全区经济社会保持了平稳较快发展，总体运行好于预期。外贸出口方面有以下4个亮点值得关注：

一是上半年出口额同比虽下降，但6月份出口额环比开始上升。上半年全区出口13.59亿美元，同比下降16.9%。6月份同比仍在下降，但环比开始上升。当月出口3.03亿美元，已达到2008年的平均水平，同比下降17.3%，但环比大幅增长了38.1%。6月份这种积极变化是值得关注的，是否会是出口由降回升的一个拐点？

二是对新兴市场国家的出口额增长很快。传统出口市场下降幅度较大，比如对欧洲市场的出口同比下降了50.1%。而对台湾地区、南美、非洲、澳洲等非传统出口优势市场的出口保持了快速增长，上半年的出口分别增长了101.1%、66.1%、27.2%和57.6%。虽数量还不大，其总和仅占开发区出口总额的23.4%，但显示出很大的增长潜力。

三是民营企业成为外贸出口的新生力军。三资企业进出口下滑幅度较大，而民营企业的降幅远远低于平均水平。1～5月，民营企业进出口同比下降8.7%，降幅比全区低10.3个百分点；出口同比下降1.6%，降幅比全区低21.3个百分点。

四是少数企业仍实现了出口增长。2009年上半年，虽然全区一半以上企业的出口出现了下滑，但还是有117家企业的出口实现同比增长，占全区进出口企业数的28.3%，出口增量超过2亿美元。这表明有些企业的抗危机能力较强。

二、外贸出口回升的原因分析

据我们了解，有多方面的原因在促使青岛开发区外贸出口回

升，可归纳为三条：

1. 中央与国务院应对危机的措施在发挥作用。2009年2月发布的《国务院办公厅关于保持对外贸易稳定增长的意见》，各级政府正在一步步落实到位。财政金融部门在加大财税政策支持力度、改善对进出口的金融服务方面的工作效果，已在基层显现。而商务部门在完善出口信用保险政策和出口税收政策、大力解决外贸企业融资难问题、提高贸易便利化水平等方面的工作，也推进了外贸出口环境的改善。我们在调研中看到，政府"家电下乡"政策对相关家电企业有直接的帮助，而政府财政支持基础设施建设也拉动了相关的工程建筑类企业效益提高。

2. 开发区政府加强了"保市场、促增长"的配套服务。一是成立了"应对金融危机扩大内需稳定外需领导小组"，出台"投资、减负、服务"三方面措施，建立了全市外经贸大项目协调机制。二是组织银企交流活动，组织进出口银行、中国银行、出口信保山东分公司等为外贸企业提供多方面的融资信息与渠道。三是建立政府部门与重点企业的直接联系。深入开展"走访企业大调研"活动，累计走访重点企业170余家，解决企业发展难题250余件。对企业遇到的问题及时沟通解决，帮助进出口企业解决融资、退税、通关、检验检疫、结汇等环节遇到的重大问题。

3. 企业市场战略调整与内部管理水平的提升。企业作为应对危机的"排头兵"，在危机面前，着重在增强自主创新能力和提高出口产品的科技、质量和品牌附加值上下工夫。我们考察的海尔集团有很强的危机意识，在受到危机实质性影响之前就提前练内功做准备，把可能面对的危机当作企业正常运行环境来对待，重视对市场风险的防范。在2008年下半年开始的零库存等管理活动，大大降低了成本并提高了应对风险的能力。而福田雷沃通过推进新产品开发，及时调整产品方向，以应对市场变化，拓展市场空间，从而在行业整体形势下滑的现实环境下，上半年实现了持续的增长，平均超过行业增长16个百分点。

三、我国外贸出口前景及政策思路

青岛开发区外贸形势与全国总体上是一致的，实地调研使我们对外贸出口总体形势有了更深的理解和更清晰的把握。经过与当地政府、企业座谈，结合我国上半年外贸形势，我们认为，国家有关政策的支持力度将进一步到位并发挥作用，出口回升的基础将一步步增强，外贸出口回升势头将要持续。下面，我们对下一步我国外贸出口前景提出6点具体看法：

1. 国际市场变化趋势有利于中国出口的稳定。目前，外部需求虽仍不稳定，但世界经济已出现了触底反弹的迹象，国际经济的开始复苏，对中国出口的恢复至关重要。同时我们也看到，根据联合国和OECD的报告，前阶段世界贸易额同比降幅为40%和30%，而我国2009年以来贸易额降幅仅略高于20%，远远低于全球贸易的平均降幅。这间接表明中国贸易在国际市场的份额并没有下降，且有一定程度的提高。尤其是上半年中国对新兴市场国家进出口降幅低于总体降幅，显示出市场多元化战略正在发挥作用。我们应在稳定传统市场的同时，积极开拓成长性好、潜力大的新兴市场。

2. 中美贸易关系的基础和贸易前景仍然良好，且对中国GDP增长并没有实际的负面影响。上半年，我国对美国出口970亿美元，下降16.9%；对美国进口350.1亿美元，下降15.6%。我国对美国进出口下降比率接近，说明其贸易差额对我国GDP影响很小。另据多方面反映，美国经济出现见底回升的势头，这对我们出口是好信息。另一方面，根据我们的估计，美国的消费率虽有所下降，但不可能出现根本性变化，其发展的阶段和各种客观的经济因素决定着这一点。正如中国要降低储蓄与投资水平也受发展阶段与客观力量限制，不是主观能决定的。加之最近中美战略经济对话取得很多共识，因此，从近中期看，中美贸易较大程度的恢复是值得期待的。

3. 中欧贸易近期困难较多，值得关注。上半年，我国对欧盟出口1034.5亿美元，下降24.5%；对欧盟进口565亿美元，下降13.2%。欧盟是我第一大外贸伙伴，且我国对其出口下降程度大大高于其对我国进口下降率，这对我国经济发展的不利影响较大；且在多起贸易摩擦中，欧盟承担了发起争端的角色，值得我们重点关注。

4. 民营企业在稳住出口方面表现较为突出，需要进一步加大政策支持。2009年上半年，我国民营企业出口降幅低于其他性质企业，表现出较强的应对危机能力。上半年，国有企业出口同比下降28.4%，其他企业（主要是民营企业）出口同比下降14.5%，且在出口总额中的比重由一季度的27.4%上升到上半年28.0%，高于国有企业16.7%的出口占比。我们已从中看到，中低端生活必需品和非生活必需品全球消费量保持了基本稳定，甚至可能有所增长，这对我国民营企业是难得的市场机遇。另一例证是：6月份，服装出口环比增长了22.3%，玩具出口环比增长18%，鞋类出口环比增长16.4%。这些多为民营企业。我国主要劳动密集型产品（服装及衣着、鞋类、箱包、家具、塑料制品等）出口同比降幅均小于总体降幅21.8%的水平。由此可以得出一个结论，就是在出口恢复中，市场内在的回升动力在增强。因此，我们在支持内资大企业发挥作用的同时，应加大对中小外向型企业的扶持力度，发挥其体制、机制优势。

5. 内资企业与外资企业出口比重的升降，预示着我国出口结构调整的一个好的发展方向。上半年，外商投资企业出口同比下降23%，大大高于其他类企业下降14.5%的幅度，因此，外贸出口额占比相应显示出内升外降的变化。虽然外商投资企业出口额上半年占比仍高达到55.3%，但内资企业尤其是民营企业的发展势头，将预示着今后改善我国出口企业市场主体结构的良好方向，而且这可能会因一些产业出现向发达国家"回流"的态势而加强。进一步而言，这对优化贸易方式，提升对国内产业关联度高、带动力强的一般贸易地位，也有着重要意义。不久前，我国商务部提出的，支持企业开拓国际市场、支持培育出口品牌和支持建立自主营销网络的政策措施，显然是有意义的。

6. 我们现在需要继续坚持内外需并举的战略，"三驾马车"都要加油。在国际金融危机中调整中国经济发展战略要适度，不能压抑外需。内需的扩大有一个逐步的过程，保持经济增长需要继续发挥外需的作用。据有关专家估算，我国出口占 GDP 的 35%，而相当于国内市场消费总额的 90%。因此，外需转内需是不可能的事情。稳定并扩大外需，要抓机遇，巧策划，多措施。比如，鼓励企业开展海外加工贸易，扩大海外资源和能源投资等，以创造出口需求，真正实现在国际上保市场、保份额的近期目标，加快形成内需和外需共同拉动经济增长的格局。

专栏四十一

进一步促进服务外包业的发展

中共中央政治局委员、国务院副总理王岐山 2009 年 2 月 2 日在江苏南京主持召开服务外包工作座谈会。他指出，我国发展服务外包产业具有难得的机遇和独特的优势，前景广阔，要把发展服务外包产业作为落实科学发展观的具体实践，集中力量办好服务外包示范城市，充分发挥其集聚、示范和带动效应。

为什么要发展这个产业？发展好这个专业技能密集型产业，对当前保增长，促进就业特别是高校毕业生就业，调整和优化产业结构，具有重要意义。未来 5 年国内服务外包产业将吸纳百万大学生就业。

这个产业的前景如何？有关资料显示，2008 年全球离岸服务外包的市场规模达到 4650 亿美元。根据联合国贸发会议估计，未来 5~10 年全球服务外包市场将以 30%~40% 的速度递增，服务外包已成为一个潜力巨大的产业。

当前形势变化的机遇是什么？全球金融危机给我国服务外包产

业发展带来新机遇。世界是平的，金融危机不仅不会使得世界各国之间的经济关系发生断裂，反而会因此而变得更加紧密。在传统格局中，印度是全球服务外包第一大国。然而不久前，亚太总裁协会与国际外包中心联合发布《2008 年全球服务外包发展报告》称，许多跨国公司出于降低成本、增强竞争力的考虑，正在向中国转移相关服务产业，而金融危机的爆发加快了这种趋势。

服务外包企业比较环保，耗电也很少，占用场地也不大。业内人士说，这里 90% 是靠人脑，10% 靠电脑。当原材料、能源、资源等生产要素大幅度涨价时，服务外包产业成本变动不大。有调查显示，服务外包对经济增长的贡献是来料加工制造业的 20 倍，能耗却只有制造业的 20%。印度一个服务外包企业的人员规模就超过了江苏省上千家服务外包企业人员的总和。资料还显示，全球 65% 的软件外包市场业务和 46% 的其他服务外包市场业务都被印度收入囊中。

南京情况如何？发展很快。作为国务院批准的 20 个示范城市之一，南京做得很好。一季度，南京市服务外包合同额、离岸服务外包合同额、服务外包执行额、离岸外包执行额四项主要指标分别实现 5 亿美元、3.5 亿美元、3.4 亿美元和 2.3 亿美元，新吸纳就业约 1 万人，从业人员总规模达到 7 万人，在全国示范城市中处于领先地位。近期，南京开始承接 GE、IBM、微软等的订单。金融危机爆发，南京部分企业逆势扩张。据了解，发生金融危机之后，在江苏的一些服务外包公司，因来自国外的订单太多，而在招聘新人。

对于下一步应当做的工作，我初步建议是：

一、进一步落实相关部门的支持措施，把上级财政支持真正拿到手

有这样几个文件值得关注：

1. 2006 年起，商务部会同有关部门实施了服务外包"千百十

工程"。它的目标是在"十一五"期间在全国建成 10 个具有一流国际竞争力的服务外包城市，或者说在三到五年内建设 10 个中国承接离岸服务外包业务的基地。

2. 财政部和商务部于 2009 年 3 月 27 日发布了《关于做好2009 年度支持承接国际服务外包业务发展资金管理工作的通知》，多项支持城市发展服务外包，可归纳为三方面：

（1）用好培训方面的支持政策。文件指出，服务外包企业每新录用 1 名大学（含大专）以上学历员工从事服务外包工作并签订 1 年以上《劳动合同》的，给予企业每人不超过 4500 元的定额培训支持；服务外包培训机构培训的从事服务外包业务人才（大专以上学历），通过服务外包专业知识和技能培训考核，并与服务外包企业签订 1 年以上《劳动合同》的，给予培训机构每人不超过 500 元的定额培训支持。（2）支持示范城市的相关公共服务平台设备购置及运营费用。取得示范城市称号未享受财政资金支持的服务外包承接地予以 500 万元定额支持，专项用于公共技术服务平台、公共信息服务平台和公共培训服务平台所需设备购置及运营费用。（3）支持服务外包企业取得国际通行的资质认证。服务外包企业取得的开发能力成熟度模型集成（CMMI）、开发能力成熟度模型（CMM）、人力资源成熟度模型（PCMM）、信息安全管理（ISO27001/BS7799）、IT 服务管理（ISO20000）、服务提供商环境安全性（SAS70）等相关认证及认证的系列维护、升级给予支持，每个企业每年最多可申报 3 个认证项目，每个项目不超过 50 万元的资金支持。提醒大家注意获援资金的申请程序、时间和材料要求。

3. 国务院办公厅 2009 年元月下发了《关于促进服务外包产业发展问题的复函》，批复了商务部会同有关部委共同制定的促进服务外包发展的政策措施，批准北京等 20 个城市为中国服务外包示范城市，将在这 20 个城市实行以下政策：自 2009 年 1 月 1 日起至2013 年 12 月 31 日止，对符合条件的技术先进型服务企业，减按

15%的税率征收企业所得税，对技术先进型服务外包企业离岸服务外包收入免征营业税；中西部地区国家级经济技术开发区内的服务外包基础设施建设项目贷款，可按规定享受中央财政贴息政策；制订符合服务外包企业特点和需要的信贷产品和保险险种。批复并且同意建立国际服务外包人才库和服务外包人才网络招聘长效机制，设立服务外包研究和行业性组织。

南京已做了很多工作，2008年9月推出新政策后，帮助企业用好上级相关政策，已享受国家和省级扶持资金5000多万元。南京财外经〔2009〕57号文件共三十七条，对全面落实这些文件精神有了非常全面具体的措施。现在就是要实际地落实这些措施，让企业和相关机构把各种政策支持拿到手。

二、从民众容易接受的角度，进一步宣传服务外包的意义与作用

要获得民众真心支持。现在讲意义，多是立足于政府角度，这固然正确，但并不全面。比如说：发展服务外包是转变对外贸易发展方式，这确实是正确的，但如何让民众接受，这种说法就不够了。再比如，说发展服务外包是利用外资新的重要途径，这个也对，但民众关心的更多是自己，不是关心新途径这种意义的。要让社会各界都能感到服务外包业与自己有切身利益，是活生生发在身边的。比如说，可宣传"服务外包是新一代白领的新生活"之类。

三、重点支持在服务外包行业中涌现出来的优秀企业

国务院批准北京等20个市为中国服务外包示范城市，北京服务外包产值占全国三成总收入，超20亿美元。2009年前4个月，杭州市离岸服务外包额和执行额分别达到7136万美元和6617万美元，已经分别达到2007年的53%和59%。这正是南京可与之对照找差距的标杆。我以为，提高城市在服务外包上的竞争力，关键在培育一批有竞争力的企业。南京的企业反映，江苏省政府和南京市

政府真正把服务外包和软件外包这个产业作为一个产业来提升，增加了我们的市场竞争力。据我看到的资料，早在 2006 年，南京市成为全国首批服务外包基地城市的同时，五个国家级示范区就形成各自规划，将产业优势和发展目标相对接。

如何理解政府的支持：首先，尊重企业的经营自主权，要让企业来决定如何发展。要让企业按市场化动作来实现经营目标。比如，服务外包具有多种形式：1. 全面外包；2. 单项外包；3. 维护外包；4. 电话支持；5. 定期现场服务，定期为客户提供上门维护；6. 响应式服务客户，提交申请起 30～90 分钟内到达现场，解决技术问题；7. 驻员式服务，这些是不定期的。其次，要力求奖励政策效果的最优化。实施奖励政策时，要有很好的程序。这一般会规定，但如何灵活调整，达到奖励效果最大化是不容易的。南京 2009 年 2 月出台实施办法，明确市财政连续三年每年拿出 1 亿元，引导全市共 30 亿元用于促进服务外包产业。奖励的标准是否在合理基础上有一些灵活性？奖励的时间是否合适？奖励金的到位是否及时？奖励如何考虑平等与效率的结合？如果优秀企业的多支持，是一种纵向平等了。如何具体支持？再次，支持那些自强、自立的企业。我们看到，国际金融危机对服务外包这片领域构成影响，对不同企业情况有不同。转接包企业，订单不足。而善于捕捉产业转移机遇、有国际接包经验且直接与发包商做生意的高端外包企业日子要好过些。

总之，我想政府的引导作用已相当有力，如何发挥市场力量作用，是值得进一步探索的。

四、进一步完善发展服务外包的环境

南京市具有发展服务外包的独特优势，即人才优势。有优势的教育资源而操作成本没有北京、上海高，基础设施建设也很不错，地理区位优势和天然禀赋都有优势，还有政府的全力支持。印度服务外包巨头撒蒂扬公司，他们于 2008 年把亚洲交付中心搬到了南京，但仍然需要完善。完善是多方面的，我只想提出一点：重视知识产权保护，这是各类产业发展都需要的，但对发展服务外包的是非常重要的基础条件。比如，服务外包中的跳槽问题如何办？要重视复合型人才培养，加强对有文化的、有专业的、有英文表达能力的、有优秀沟通能力的人才培养。当然，还要进一步实现工作和生活环境的改善，这是与城市发展整体规划相关的，如基础设施较好，交通便利，污染指数较低，适宜居住等。

五、做大做强服务外包企业

提高服务能力是服务外包企业的关键，服务能力比成本优势更重要。中国服务外包产业在国际市场的份额目前只相当于印度的十分之一。印度一个企业离岸服务外包的营业额甚至与中国全行业离岸服务外包的总额相当。有相当多的中小企业是重要的，有若干大而强的企业也是有必要的。印度巨型服务外包企业人数在3万至5万人。它全面承包了美国相当多的产业的服务。如美国航空，订票时是印度人的口音在回答。中国没有这么大的企业。中国服务外包的企业往往难做大？为什么？有文化因素，有法治因素，也有体制因素。要帮助和鼓励企业和技术人员转变就业理念，要有跨文化的管理，培养出一批桥梁式的人物。

南京市的服务外包企业和产业能否做大做强？能否在市场竞争中形成特大企业而不是行政性拉配出来的大企业，我对此非常期待！

专栏四十二

发展绿色经济的战略思考

我想从5个方面，结合青海的实际谈谈发展绿色经济的想法。

首先，如何在新形势下看绿色经济的发展。这次国际金融危机引起人们的思考，大家发现，过去10年金融业确实是功劳不小，拉动了世界经济的高速发展。但这次出事又出在这个金融业上，过度的衍生与杠杆带来了空前的金融赌博，酿出了渗透世界的恶果。如果说我们在总结这段历史时，可能会说，过去的10年是金色发展的10年，现在形势变化了，未来的10年主色不是金色了，是什么色？是绿色。美国新总统上台伊始，就宣布了"绿色新政"，引起全球关注。而欧亚在环保与可持续发展上早已有了进展，率先签署了《东京议定书》。中国提出的科学发展观，很大程度上就是讲如何为人类、为后代人服务，要环保，要关注气候变化，要节约资源等。这说明什么，说明一个达成广泛共识的新时代开始了，这就是绿色经济的时代。这是真正伟大的颜色革命！

中国的发展模式也与这相关。在金融危机中，有人说，这场美国率先"起火"的金融危机是因为中国人消费太少造成的。这多么可笑！不久前，全世界还在为中国30年的发展惊叹、佩服或嫉妒，转头来又成了替罪的说辞。这个世界真是变化快！我想说的是，30年来中国发展成绩斐然，发展模式是正确的，但发展中颜色有些不正，发灰发黑，资源用得太多，污染实在太严重，下一步中国的发展需要带上绿色，要减少黑色……

其次，我想问：绿色是什么？是山？是水？是草原？是林木？我看到，在青海，对绿色有明确的范围界定，那就是"三业五圈"：一是以三业为主的生态经济，有绿色农牧业，绿色工业和生态旅游业；二是以五圈为主的生态环境建设，即三江源生态圈，青海湖生态圈，柴达木生态圈，祁连山南麓生态圈，湟水流域生态保护圈。还有正在成为青海生态经济建设中重要部分的新能源。因此，不仅是青山绿水，不仅是草原和森林，还有生态经济与产业。

再次，绿色经济能养活500万青海儿女吗？回答是肯定的。道理很简单：一是青海的绿色不同寻常，这里有中国长江黄河的源头，被称为中华水塔。这里有雪山、高原，被称为中国的生态屏障。因此，青海生态不仅关系自身，更关系全国，这是各地无法与之媲美的。既然如此，我想说，要形成一个"青海绿"，如同那个"高原红"，要使之成为一个品牌在全国打响。这是巨大的无形资产，有巨大的经济潜力与商机。二是青海的绿色有广袤土地为基础。虽然沙漠化的压力很大，生态脆弱的压力很大，但有土地就有希望，就有绿化的空间，这是东部很多省难以比拟的……。三是"三业五圈"打造了绿色的经济基础：以旅游业为例，2008年旅游收入达到48亿元，占地区生产总财政960亿的1/20。而2000年旅游收入仅一亿元，增长巨大，且仅仅是开始……。最后，还要讲一点，就是青海的非绿色产业也在绿化，这是绿色发展理念下的全面发展。这里在发展循环经济，现已有2个国家级的基地；这里强调工业化与环保要结合。我曾考察过一些青海工业企业，它们在环保上做得很好，变致污产品为环保产品，有很多创新。电力、石油、盐化工、有色金属是青海省的4个支柱产业，现在不仅需要做大做强做富，还要做绿。绿色经济将保证青海人民现在和未来的持续幸福！

第四，是与外部联手开拓绿色财源。可以点出的是：向全球出售碳减排项目CDM；做绿色贡献后国内利益的补偿制度设计；利用大量荒滩地以划拨方式吸引绿色企业来投资；通过"绿葬"方式引来百鸟青海飞。什么叫"绿葬"？这里指允许土葬，且种树在其上。因为地多，土葬可改良沙漠，种树可绿化环境。这是吸引只允许火葬地区公民来此的原因。当然，如果借助宗教或塔尔寺这样的影响，在其附近有可用之地，则更能吸引人。

最后一点，想谈谈政府在发展绿色经济中的作用。其定位是：政府是发展绿色经济的领导者、组织者和参与者。10年前我曾在青海省党委核心组学习会议上讲过一个观点：对于一个资源大省，无政府主义意味着灾难！政府要直接参与重大绿色公共工程项目，如国家级的三江源生态保护工程，按规划从2004年到2010年，国家投资要达75亿元。各级政府要支持绿色产业发展和优势产业的绿化，要支持利税大户，要发挥市场作用；要搞好生态补偿等各种绿色项目的实施（包括退耕还草、湿地保护、荒漠治理、生态移民等）；要保护和壮大绝色经济发展的民众基础（如扶贫、社会事业、民生工程等）；要发挥人民的作用，要去圆市民的园林梦等。

过去 10 年青海省有了巨大发展；2009 年上半年，西部包括青海领跑着中国经济；相信未来 10 年，青海将有更辉煌的成就！

专栏四十三

需关注信贷扩张过快

听了统计局发言人的情况介绍，对上半年经济形势谈五点看法：

首先，同意"国民经济企稳向好，回升基础需要巩固"的基本判断。上半年 GDP 同比增长 7.1%，比一季度加快 1.0 个百分点，这是很不容易的，也是一个重要佐证。"工业生产加快回升，工业利润降幅减缓"，"39 个大类行业中，36 个行业保持同比增长"，"上半年工业产品销售率为 97.2%"。这些都是重要的，毕竟处于工业化中期的中国经济，其增长与否受工业影响很大，国内外专家有此共识。一是中国经济已达下降的底点，至少是接近；二是走出受世界经济下降的影响还需要时间，不能太乐观；三是回升判断要谨慎，不是直线的回升，甚至也不是 V 型的回升，可能是 L 型中的底线有点上翘且不知其长度的回升而已。各种表达比较相近，也与统计局的概括接近。

其次，国家统计局充分肯定了"各地区、各部门认真贯彻落实中央关于应对国际金融危机、保持经济平稳较快发展的一揽子计划"而取得的经济企稳回升的成绩，政策的效果较快地直接反映在投资上。上半年，全社会固定资产投资同比增长 33.5%，投资结构有所改善，对振兴经济有很大作用。

发言人在谈到形势发展时说："要坚持积极的财政政策和适度宽松的货币政策，全面落实应对国际金融危机的一揽子计划，不断提高政策的针对性、有效性和可持续性"。在肯定宏观政策发挥了重要作用的同时，要看到宏观政策发挥作用的体制基础与环境条件是有很大约束力的。在坚持宏观政策大的取向时，应关注政策效果的变化，要允许随变化的形势而有必要的小调整，同时要努力改善政策环境，要让政策引导力能在市场机制基础上发挥作用，关注民营经济在就业与投资方面的作用。

再次，信贷规模扩张太快需要引起特别关注。上半年"居民消费价格继续下降，生产价格同比降幅较大"。上半年，居民消费价格同比下降1.1%（6月份同比下降1.7%，环比下降0.5%）。商品零售价格同比下降1.4%（6月份同比下降2.3%）。这看来是比较理想的一种情况。价格水平略升略降是可接受的，但大升大降是可怕的，那可能对应的是通货膨胀或通货紧缩。但工业品出厂价格和原材料、燃料、动力购进价格下降8.7%幅度还是有些大了，说明了工业生产不够景气；当然，若是在结构走向合理的调整中，也是可以接受的。

大家非常关心是否会出现通货膨胀，因为信贷规模扩张太快。这一点需要引起关注。当然，通货膨胀不仅是与货币供给量有关，也与实质供求关系有关。"夏粮实现连续六年增产，畜牧业生产增势平稳"。这是有助于粮食价格稳定的，而粮价又是百价之基础。但无论如何，信贷的合理投放、有经济效益的投放还是要放在重要位置上的。

第四，对外贸易持续的大幅下降令人担心。上半年，进出口总额同比下降23.5%。其中，出口5215亿美元，下降21.8%；进口4246亿美元，下降25.4%。贸易顺差969亿美元，同比减少21亿美元。这是受国际金融危机影响最明显的一个经济领域。我们在提倡扩大内需时，一定不要忘记了保持出口的重要性。把美国高消费与中国高储蓄说成是此次金融危机的原因是荒唐的。美国高消费的主流是合理的，是对世界经济有贡献的。问题出在华尔街为首的金融家们的贪心与别有用心的金融衍生品设计，鼓动老百姓超出实际购买力去买大房子，搞出了一个次贷及其CDS的金融大泡沫。

在中国工业化与城市化中期，在中国经济转轨条件下，适当高的储蓄与投资也是合理的。我们只是反对不合理的高储蓄和高投资，不反对客观形成的合理的高储蓄和高投资。因此，国际经济形势的调整与均衡，是要给中国出口空间的，否则在害了中国的同时，最终也有损世界经济。

最后，国家统计局没有提出上半年的就业数据是一个遗憾。这个数据对判断经济是否走出困境非常重要，对经济生活非常重要。在笔者承担的国家自然科学基金《国际金融危机对中国经济增长与就业影响》课题调研中发现，就业问题表现在两大方面，一是经济发展与就业人口增加的长期矛盾；二是国际金融危机对产业及就业短期影响。国际金融危机对农民工就业影响可分为两大类型：一是减裁型失业，另一种是减招型失业。前者多为出口企业因国际市场订单减少而裁员，后者是基于同样原因企业普遍减少招聘的数量。据在成都调研，2008 年返回成都的农民工 95% 以上已返回东部了，当地因东部农民工返乡引起的就业紧张局面已自然消除了。

从整体上看，中西部自己吸收了一小部分农民工，大约在770万左右；而广东等省出现的就业区域均衡化大调整，新的产业群正在广东相对欠发达地区形成，因而在扩大吸收返乡农民工。根据上年的报告，工业经济是"东部地区增长 5.9%，中部地区增长6.8%，西部地区增长 13.2%"，这对我们树立信心很有作用。受国际经济影响最大的东部在小步增长，而受国际经济影响小一些的西部在较大步伐增长。此外，各省市开展的就业培训工作也吸纳了相当多的农民工。当然，我国就业形势仍然是相当严峻的，但具体分析下来，劳动力供大于求的长期矛盾是第一位的，国际金融危机加剧的作用虽不可低估，但肯定是有限的，高校和中专毕业生新就业问题比农民工再就业问题数量大得多。

第三节　国际金融危机中展望市场化改革的未来

世界性的金融危机，也让我们深深感到了全球化的另一面。本来，我们在高度地评价着全球化，包括正面地看待着国际经济各种联系的加强，如贸易、金融、国际储备、通讯的多方面联系，以及一种特别的机制，即跨国公司的联系机制。同时，我们也高度评价中国与世界经济的互动的升级，我们正在从资金的互动、贸易的互动、技术的互动走向政策的互动。从不允许别国干涉我内政，到要与他国讨论各自的内政，这是巨大的变化。但是，在国际金融危机到来后，这些联系又成为传递"毒品"的纽带。

从这场国际金融危机中，能否得出一个结论，市场化改革方向是不正确的，计划经济还是适用的？或者说，危机都可归咎于主张市场化的新自由主义？

2009 年 1 月，美国哈佛大学教授 Richard N. Cooper 教授来到我院，就美国金融风暴做了讲座，并与我院师生交流。当同学问如何看待美国银行的国有化措施时，他说，"第一，现在各国央行可以采取的措施和权力更大一些，比如在货币发行等方面。大萧条时期，世界经济处于金本位制时期，由于金本位制限制严格，各国中央银行发行货币的权力受到限制，政府没有'自由行动'（free action）的权力。第二，当前各国政府在经济调控中能够起到更大作用。以美国为例，1931 年政府支出占 GDP 的比重为 10%，而现在已经上升到 30%。第三，从学术理论和知识的发展（intellectually）看，1931 年学术界尚未出现关于宏观经济的系统理论，'宏观经济学'（macroeconomics）这个词根本不存在。这个词是由于凯恩斯经济学的诞生才出现。凯恩斯主义认为政府应承担调节和管理宏观经济的作用，通过货币政策和财政政策等方式"。Cooper 教授认为应对危机的银行国有化不是走向社会主义，"欧美等国现在采取一些银行国有化的措施，会转向社会主义道路吗？不会！现在美国很多银行国有化的现象只是暂时的（transitory），会延续 3~5 年，但并非社会主义（socialism）的体现。等金融危机过去，政府可能会出售其在金融机构中的资产，如果情况好的话，可能政府还能从中赢利，为纳税人的钱赢得一定回报。"

伦敦大学秦朵教授 2009 年 4 月份来我院讲授计量经济学。除讲授专业知识外，就当前形势，她给我院师生推荐了两本书。一本是伦敦经济学院教授约翰·格雷写的《伪黎明：全球资本主义的幻象》，另一本是《超越新右派》，是对经济自由主义的反思。应当说，作者的思想经历了两次转型：前期极其推崇自由主义，推崇以米塞斯、哈耶克为代表的奥地利学派对于市场的认同，强烈抨击国家计划干预手段；之后，作者开始转向保守主义，把市场攻击为现代文明的灾祸。其中有些观点确实有借鉴意义，他们说："多元化的经济体制求同存异以及世界范围内的政府管理，才能保证全球自由市场化的顺利进行。各国在寻求经济发展自由化、市场化的过程中，如何保持各自文化的独特性是关键"。他们还说："中国家庭式的信用在中国商业化过程中具有极其重要的地位。中国市场化改革取得巨大成效的一个重要原因是海外资本在中国本土的资本化过程"。

还有一件事很有意思，2008年诺贝尔经济学奖得主、美国普林斯顿大学经济学教授保罗·克鲁格曼在奥巴马刚上总统任时写了一封公开信，劝他要大胆发挥政府的作用，挽救和刺激经济，不要害怕被看作是"马克思主义者"。克鲁格曼称未来美国的失业人数有可能超过2000万，所以他建议奥巴马要大胆地推进就业工程。在这一点上，克鲁格曼突出政府的作用，建议加大基础设施投资，创造就业。在谈到如何破解美国银行以及信贷体系所面临的困局时，克鲁格曼也强调政府的作用，他写道，"如果银行需要联邦的钱来渡过难关，你可以提供给他们，但得要求银行一方也要做到把它们拿到的钱为经济注水加热。你在名义上，搞的是一种暂时的国有化。这是可行的。长久来说，我们不愿意政府来主持金融业"。

这里，我想还是要强调市场化对进一步完善我国社会主义市场机制有着重大意义。党的十七大报告再次提出"市场化"，表明了对经济改革的决心和信心，有重大的宣示意义。这些年对市场化有很多争议。其中一个原因是把市场化推到极端，将其孤立起来，并把很多问题都归咎于市场化。其实，统筹地、辩证地看市场化才是正确的。经济改革的市场化方向是对的，但是要和别的"化"配合起来，要和政府的管理和责任统一起来。这次把工业化、城市化、市场化、信息化、国际化放在一起讲，非常好，具有重大的理论与实践意义。

专栏四十四

防止过度解读"提高消费率"的政策主张

当前，在讨论国际经济不平衡时，人们在反思中国消费率偏低的问题。确实，不管与发展中国家的水平相比，还是与发达国家处于与我国类似发展阶段时的水平相比，目前中国在世界上已属于消费率最低的国家之一。而且，这种相对偏低格局越来越严重。过去15年，中国消费占GDP的比重急剧下降。从1978年到2005年，总的消费率下降大约10个百分点。从1990年到2007年，私人消费率则下降了15个百分点。大家公认，消费增长有助于家庭和个人更大程度地享受经济增长的成果，也有助于减少经济增长的波动性，也有助于减少国际间的贸易争端。因此，提高消费率成为了各方的共识。

但我注意到，国内外有一种过度解读中国提高消费率必要性的倾向。这表现在，一是把中国消费率偏低解释成了国际经济危机的原因之一。认为正是中国的低消费、高储蓄，与美国的高消费和低储蓄，导致了世界经济的不平衡，因而为今天出现的国际经济危机埋下了隐患。二是认为高储蓄、高投资和低消费是中国经济30年来的主导模式，这个模式是错误的，是不能持续的。

这种过度解读带来三点后果：一是否定中国出口的合理性。把中国的扩大内需过度解读为中国不要出口，在国际上传播一种中国停止出口、扩大进口的理念，并说成是中国人的观念，说成是对中国人有好处的必然之路。这助长了欧美一些国家贸易保护主义抬头。二是否定中国发展模式。把这些年对中国高速发展的正面经验与肯定，全变成负面的评价，这种把合理的反思变成自我完全否定是有害的。三是夸大消费政策的主观任意性。认为政府的消费政策是最重要的，或者说政府的措施可以很快提高消费率，这可能会对政府决策产生不利影响。我们要切记日本《前川报告》的后遗症。

过度解读中国消费率的理由是站不住的。

首先，美国出现金融危机，既不是中国高储蓄能造成的，也不能是美国高消费能造成的。责任在美国华尔街金融投机者麦道夫之流，在于金融监管不力，而不在美国民众的消费行为上。一些金融家们的贪心与别有用心的金融衍生品设计，鼓动老百姓超出实际购买力买大房子这类操作，才搞出了一个次贷及其 CDS 的金融大泡沫。应该说，中美经济多年的快速发展与相互依赖，是世界经济十几年高速发展的协调与合作的典范，不能因这些投机者的问题而自我否定。

其次，消费率的高低，或者说储蓄消费的高低，是有内在的因素制约的。在经济增长的不同阶段，消费模式有所差异。工业化加速时期，需要有较高的投资率，相应出现了滞后型的消费模式。工业化实现后，需要提高消费率以拉动经济，此时超前型消费模式应运而生。因此，我们看到，消费占 GDP 比重下降是大多数发展中国家一个典型的特点。事实上，从发展阶段上看，美国重工业化时期之前，美国国内消费占 GDP 比重很高；而在一战、新政、二战时期快速工业化进程时，消费占 GDP 比重不断下降；战后时期的消费占 GDP 比重逐渐提升。在中国工业化与城市化中期，在中国经济转轨条件下，适当高的储蓄与投资也是合理的。

第三，对经济转轨国家来讲，消费率相对低也是必然的。养老看病，子女保障，为大件消费品的储蓄，这些考虑都影响着消费率，都需要社会保障制度的改革与完善。而收入制度的改革、收入差距扩大也对其有影响。

还有，我们应区分高消费与高投资中的合理与不合理情况。我们反对不合理的高储蓄和高投资，不反对客观形成的合理的高储蓄和高投资；我们认同有经济支持的高消费，而反对金融投机刺激起来的高消费。同样，合理的高出口与不合理的高出口也应区别开来。

最后要指出，不要全面否认支撑中国经济高速增长 30 年的中国模式。中国模式不仅是单纯的发展模式，也是与改革开放结合的发展模式。我们承认不足，愿意逐步来改进；若全面否定，就会失去方向。

那么，合理的消费率应是多少？2009年上半年，根据国家统计局景气中心对百名经济学家调查，57%的经济学家认为当前消费需求是"正常的"，65%的认为未来6个月消费需求会"持平"。而对12家机构投资者进行调查，8家认为中国消费需求形势是"正常"的。在对提高消费率的主要途径的问答中，经济学家和机构投资者排在第一位的回答均是"完善教育医疗等社会保障体系"，其次是"增加对低收入人群的补贴"。这很有意思。在全世界都在高调要求中国提高消费率的时候，我们的专家和机构投资者居然认为当前中国消费率是基本合理的。这背后有深刻的原因。

实际上，消费率是很多的因素在决定，它是消费者行为包括政府与企业消费行为的结果，而不是政府可先验决定的政策目标。市场经济体制下的消费与储蓄比例是如何形成的？对于这个问题已有不少研究成果。值得注意的是在经济增长理论方面的一个重要成果是1987年被授予诺贝尔经济学奖的罗伯特·索洛在1956年提出了平衡增长理论。他认为经济要想实现平衡增长，需要产出、资本和劳动都以相同的速率增长。这是一种自然的机制，不论最初的资本—劳动比率如何，市场运行中有一种使资本与劳动平衡的机制。即当劳动增长快于资本增长时，会有一种使资本加快的力发生作用；反之，当劳动增长慢于资本增长时，又会有一种使劳动增长加快的力发生作用。这种使劳动与资本平衡的力量，就间接地解析了储蓄转化为投资的比例要求。2007年的诺贝尔经济学奖得主费尔普斯（Phelps），提出经济增长中投资和劳动力比例关系的黄金分割理论，认为需要劳动边际收益等于资本边际收益来判断劳资比例，并从而推出投资与消费关系……事实上，合理消费率的决定，都是需要市场充分均衡时才能判断。

合理的消费率不仅是短期考虑，更要从中长期考虑，其中最重要的就是依党的十七大提出的"五化"为依据进行分析。比如，在市民消费大大高于农民的情况下，城市化会有助于提高整体消费率；处于工业化中期的中国，只有调整产业结构、提高三产比例才有助于提高消费比率；推进国际化中，做好内外需的协调，对中国的消费与储蓄关系有重大影响。

因此，近期合理的消费率是多少，这个问题很难回答。当然，也有一些研究机构提出相关成果。著名的麦肯锡全球研究院于近期提出一个关于中国消费的重要研究报告，其中提到：从政府角度来看，到2025年，中国应当将消费占GDP比重从2008年的36%提高到45%～50%，我个人以为这个结论相对比较切实，可供参考。

总之，美国上半年的储蓄率上升将会使其进口增长率放缓，这对中国出口增长将有很大影响。但我们要关注形势变化，不要过分鼓吹美国要高储蓄低消费。我们在全球新均衡中的政策调整需要适度！

专栏四十五

必须坚持和推进改革开放

改革开放是决定当代中国命运的关键抉择。30余年的改革开放，谱写了中华民族自强不息、顽强奋进的壮丽史诗。与此同时，中国的改革开放也伴生或滋生了诸多问题和矛盾，并引发了人们对坚持改革开放的争议。但历史证明，停顿和倒退没有出路，只有坚持和推进改革开放，中国才可能克服前进中的困难，实现经济社会的可持续发展。

一、只有坚持改革开放，才能把握好中国在全球化进程中的定位

随着经济全球化进程的不断推进，生产要素在全球范围内的流动加快，各国、各地区相互融合、紧密联系，形成了一个复杂多变的国际政治经济新格局，各国也都在积极调整自己的定位，维护自

身的利益。

以1978年党的十一届三中全会为标志，中国进入了改革开放的历史新时期，主动打开国门，融入经济全球化这一历史进程。30多年来，中国有效地利用国际国内两种资源、两个市场，综合国力显著增强。2008年，国内生产总值超过4万亿美元，位居世界第三，外汇储备余额1.95万亿美元，排名世界第一。中国的国际影响日益扩大，国际地位不断提升，已经成为发展中国家的中坚力量。2008年国际金融危机后，中国扮演的角色日渐重要，国际社会将中国推向了世界舞台的最前沿，而中国为应对全球金融危机也做出了积极而重要的贡献，充分表明了中国是一个负责任的大国。

但是，中国仍然还是发展中国家，人口多，底子薄，发展不平衡，同发达国家相比还有很大的差距。因此，中国在对外开放和国际定位上要有理性的判断，要处理好两个基本关系：第一，处理好发展国内经济和争取国际话语权的关系。作为拥有13亿人口的发展中大国，中国需要把发展作为第一要务。当前，国际强权政治和霸权主义依然存在，发达国家和发展中国家的国际地位和构建国际政治经济新秩序的话语权之争仍在继续。第二，承担国际责任要和国情国力相吻合。虽然中国经济总量大，但人均经济发展水平还比较低，国际社会纷纷要求中国承担不切实际的国际责任，这是不现实的。邓小平曾说过，中国既是一个大国，也是一个小国，这正是对中国复杂国情的精辟论断。

经济全球化进程中，世界各主要力量的实力此消彼长，推动整个国际经济格局和体系调整演变。当前，中国正面临国内经济结构调整和国际金融危机冲击的双重困境，全球经济失衡使国际贸易保护势力抬头，国际对华贸易摩擦增加。那么，中国如何在国际经济格局变动中把握好自己的定位？这需要在调整对外经济结构的同时，转变国内经济发展模式。一是只有根据中国的国情，坚持和推进改革开放，才能不被国际反华势力所左右；二是只有依靠改革开放，才能更深更广地融入全球市场经济体系，加深与世界各国的经

贸合作，并争取更有利的国际定位；三是通过深化改革开放积极处
理好国内外经济失衡的矛盾，其核心是要转变经济发展模式，保障
"三驾马车"协调运转。这样，中国的经济才能可持续地发展，才
能更好地巩固和提升自身在国际上的地位。

二、只有坚持改革开放，才能处理好公平和效率的关系问题

计划经济体制下的分配制度是一种低水平的平等，因而失去了
效率。改革开放后，邓小平针对平均分配对效率造成的巨大损害，
提出了"让一部分人先富起来"的著名论断，中国经济在得到快
速发展的同时，成功地实现了从贫困到温饱的跨越，全国贫困人口
由 1978 年的 2.5 亿减少到 2006 年的 2148 万，贫困发生率从
30.7%下降到 2.3%。2008 年，全国在岗职工平均工资达到 29229
元，与 1978 年的 615 元相比，增长近 48 倍，年平均增长 13.7%，
人民生活水平得到了极大的改善。

但是，我国公平与效率之间的矛盾有所加剧，突出表现在收入
分配差距的扩大。第一，近年来，我国基尼系数持续超过国际警戒
线，超过所有的发达国家和大多数发展中国家，引发社会矛盾加
剧。据世界银行的分析，我国最高收入的 20%人口的平均收入和
最低收入 20%人口的平均收入之比是 10.7 倍，而美国是 8.4 倍，
俄罗斯是 4.5 倍，印度是 4.9 倍，最低的是日本，只有 3.4 倍。第
二，城乡、区域和行业之间的收入差距也在扩大。城乡居民名义收
入差距从 1978 年的 2.57∶1 扩大到 2007 年的 3.33∶1。区域间收入差
距扩大突出表现在我国东中西地区间人均可支配收入的差距不断扩
大，这三大地带城镇居民可支配收入比例在 1985 年为 1.19∶1∶1.07，
到 2007 年扩大为 1.46∶1∶0.97。另外，行业间收入差距也比较大，
主要表现在垄断行业和其他行业之间。尽管我国出台了《反垄断
法》，但一些垄断行业的垄断地位还在加强，收入水平不但没有明
显降低，反而呈现不断增强的态势。

当前，我国公平和效率问题的解决已进入了一个新的阶段。新的形势下，要强调公平与效率的辩证统一和互相促进。总体上，公平与效率的均衡要看是否有利于经济社会的可持续发展。"效率优先，兼顾公平"的分配制度需要向公平和效率并重转变。因此，处理好收入分配差距过大的矛盾，要继续深化改革，着力解决初次分配领域的不公平问题，既注重效率，也要注重公平；进一步健全和完善覆盖城乡的社会保障体系，建设社会安全网，实施反贫困措施，促进社会公平；要加大对贫困地区、少数民族地区和西部欠发达地区等的财政扶持力度；打破行业垄断，实现机会均等和生产要素的自由流动。

三、只有坚持和推进改革开放，才能促进经济与社会的和谐发展

改革开放以来，我国在经济建设取得快速发展的同时，社会事业也取得了巨大成就。我国科教兴国战略的实施，极大地促进了我国教育和科技事业的跨越式发展，我国人口素质有了显著的提高。全国 16 岁及以上人口受教育年限从 1982 年的 5.3 年提高到 2007 年的 8.4 年，2007 年高等教育毛入学率已达到 23%，为国家培养了大量的建设人才；公共卫生体系建设取得明显成效，居民预期寿命由 1981 年的 67.8 岁提高到 2005 年的 73 岁；文化、体育事业也得到长足发展，极大地丰富人民群众的精神文化生活。

但是，和经济发展相比，我国社会发展相对滞后。第一，我国社会保障体系建设还不完善，社会保障覆盖面较小，2007 年我国社会保障覆盖率仅为 33.4%，其中城镇覆盖率为 62%，农村只有 11%，同时，我国社会保障水平较低。第二，教育经费在城乡间、地区间的分配不公平，教育机会不均等等问题还没有从根本上得到扭转，总体教育质量有待提高。第三，我国国家创新能力还比较低，从劳动力文化程度和创新人才能力看，我国与发达国家差距依然很大。第四，群众"看病贵、看病难"的问题依然十分突出，

医患矛盾依然存在。第五，我国文化、体育、广播、出版、文娱等事业经费投入不足，发展滞后，不能满足群众日益增长的精神文化需求。

社会事业发展相对滞后是一个复杂的问题，需要在进一步深化改革中综合统筹解决。可以考虑从以下几个方面着手：一是需要进一步深化社会事业的改革，要"以人为本"，着力解决民生问题；二是要统筹社会保障事业、医疗卫生事业、教育、科技事业和文化、体育事业等社会事业自身的改革，改革的力度需要进一步加大，改革的效率需要进一步提高；三是要加大对社会事业的投入，为完善社会保障事业、发展社会事业等提供更加充分的物质保障。

四、只有坚持改革开放，才能实现可持续发展

改革开放以来，我国政府一直很重视资源节约利用和环境保护问题，资源合理开发、生态保护、环境治理等取得了很大的成就。但是，20世纪90年代以来，我国工业化和城镇化进程加快，经济发展中资源、环境瓶颈凸显。

一方面，人口多、资源少、不合理的利用方式加剧了资源短缺程度。我国国内生产总值虽然已跃居世界第三，但总体上还是"大而不强，快而不优"，高增长的背后依旧靠"高投入、高消耗、高污染，高排放"。目前，我国综合能源利用效率还比较低，单位产值能耗是世界平均水平的2倍多，亿美元国内生产总值消耗12万吨标准煤，是世界平均水平的3倍多。另一方面，粗放式经济发展模式加剧了环境的压力。多年来许多地方片面强调增长速度，忽视了经济与环境的协调发展，导致环境破坏严重，并有向农村地区蔓延的趋势。总体上看，空气污染越来越严重，淡水资源越来越稀缺，土地沙漠化正在加速，森林破坏越来越严重，生物多样性正在消失，渔业正在萎缩，人与环境的矛盾日益尖锐，环境的恶化使人们的生活质量并没有真正提高。据《2008年环境评价公报》，我国地级及以上城市空气质量达到国家一级标准的仅占2.4%，达到二

级标准的占 58.1%，有近 40% 的城市空气质量在三级标准以上，城市污水处治率仅 60%。

有效解决人与资源环境的矛盾，必须坚持以人为本，不仅要以当代人为本，还要考虑子孙后代。要普及科学发展意识，树立科学发展观念，充分认识当代人保护资源和环境的历史使命。经济的发展绝不能以牺牲环境和浪费资源为代价，不能走先污染后治理的道路。因此，必须坚持和深化资源利用与环境保护领域的改革，具体措施包括：一是要推进经济结构调整，实现经济增长方式根本转变和发展模式的转型，集约利用资源；二是要深化资源性产品定价机制改革，充分发挥价格作为调节资源分配和使用的重要杠杆作用；三是深化财税体制改革，发挥税收政策在该领域的激励和惩罚作用，要考虑适当时机开征环境税，有效地促使社会节约使用各种资源和能源，同时加大对保护环境的财政投入政策；四是深化科技管理体制改革，制定企业积极参与"环境友好型，资源节约型"技术创新，发挥技术创新在解决人与资源环境矛盾方面的优势；五是扩大开放领域，充分利用国内国际两种资源和两个市场，加强在资源利用和环境保护领域的国际合作，积极参与国际市场，调剂国内资源余缺。

五、只有坚持改革开放，才能完善社会主义市场经济制度

建立社会主义市场经济制度是我国改革开放的基本目标。改革开放以来，我国市场化程度不断提高，在我国全社会商品流通总额中，由市场调节部分已占 90% 以上。市场的基础调节性作用得到有效的发挥，宏观调控方式进一步完善，从依靠单一的行政手段调节转向以经济手段为主，与法律手段和行政手段并用。可以说，社会主义市场经济体制已经初步建立。建立社会主义市场经济制度，其核心问题是处理好政府与市场的关系，其最本质特征就是社会主义基本制度与市场经济的有机结合。

但是，目前我国的社会主义市场经济制度还不够完善、不够充分，已经成为制约经济增长的主要问题。党的十四届三中全会提出的建立现代企业制度已经较为普遍的建立起来，但还很不完善，尤其是政企职能还没有很好的分开，政府还经常通过信贷干预、市场准入、项目审批、土地批租、直接持股等方式干预微观主体企业的经营决策。

从根本上完善社会主义市场经济制度，就必须坚持改革开放，充分发挥市场作为资源分配的基础性手段，建立公共服务型政府，健全宏观调控体系。客观上，加快政府管理体制改革已成为全面深化改革的关键。中国政府管理体制改革的方向依然是加强经济社会事务的宏观管理，进一步减少和下放具体管理事项，把更多的精力转到制定战略规划、政策法规和标准规范上，维护国家法制统一、政令统一和市场统一。同时，政府管理体制改革要适应中国经济社会矛盾变化的客观需求，有效解决日益突出的经济社会矛盾。第一，倡导和谐改革，在改革开放的过程中，要统筹考虑各个方面的利益诉求，更要关注民生；第二，强化政府在公共服务中的主体地位，加快建设公共服务型政府；第三，进一步推进政府管理体制改革，完善宏观调控体系。在宏观调控与政府其他经济职能的协调配合上，要努力实现"四结合"，即宏观调控与结构调整、转变经济发展方式、体制改革、改善民生相结合。

通过上述五个方面的分析，我们清楚地看到，坚持改革开放是发展中国特色社会主义和实现中华民族伟大复兴的必由之路。但社会主义初级阶段的长期性，决定了中国改革开放任务之艰巨。面对发展与改革中出现的新问题，党中央提出了以人为本，全面、协调、可持续的科学发展观。科学发展观不仅是统筹解决各种矛盾使经济健康发展的纲领性指导方针，也是深化改革和扩大开放的伟大指南。经济发展中提出的种种问题，根本的解决就是要靠统筹改进制度，靠改革开放来保证。

第六章

我看改革开放进程中的经济学家群体

改革开放是亿万人民群众在党的领导下进行的伟大事业。经济学家在主战场上奋斗，为改革开放大业做出了重要的贡献。本章将从回顾经济学家参与改革30年的理论创新和建国60年对外开放的理论探索这两大方面，进行全面的回顾与反思，既表示对前辈经济学家的尊重，也客观反映理论与实践的高度相关性。

第一节　改革30年重大理论问题的讨论与进展

1978年党的十一届三中全会拉开了改革开放的序幕，中国社会主义现代化建设进入了新的历史时期。改革开放是亿万人民参与并推进的伟大事业，人民创造了伟大的实践。改革开放又是政治家远见与智慧的体现，是以经济学家为基本组成部分的专家们理论探索和创新的结果。

本文将全面回顾改革开放30年来经济理论的进展，将分别从政府管理体制改革、企业市场化改革、财政体制改革、金融体制改革、贸易体制改革、劳动力市场化改革、土地制度市场化改革、农村市场化改革八个方面进行系统的理论回顾。

在本文中，我们将以1978年后党的历次全国代表大会、中央全会的重要文件以及领导人的重要讲话为线索，以改革开放各个阶段最重大的讨论甚至是争论的问题为主题，展示政治家和经济学家们的观点与理论，提供具体领域理论讨论的大背景。

一、1978～1983年：市场化改革的起步阶段——"计划经济为主、市场调节为辅"的大讨论

改革开放从十一届三中全会起步，十二大以后全面展开。它经历了从农村改革到城市改革，从经济体制的改革到各方面的改革，从对内搞活到对外开放的波澜壮阔的历史进程。这一时期，经济学界围绕着改革经济管理体制、计划经济与市场经济的结合、计划经济为主、市场调节为辅等问题，展开了富有成果的讨论。

1. 关于"如何利用市场机制、价值规律完善计划经济"的探讨

1978年12月召开党的十一届三中全会，明确提出："要把全党工作的着重点转移到社会主义现代化建设上来"，"实现四个现代化，要求大幅度地提高生产力，也就必然要求多方面地改变同生产力不适应的生产关系和上层建筑"；"应该坚决实行按经济规律办事，重视价值规律的作用"，"根据新的历史条件和事件经验，采取一系列新的重大的经济措施，对权力过于集中的经济管理体制和经营管理方法进行改革，在自力更生的基础上积极发展同世界各国平等互利的经济合作。"这些阐述确立了对外开放、对内搞活经济重要方针的开端。在此前后，经济学界也开始围绕着"如何运用市场机制、价值规律完善计划经济"的问题进行了讨论。

（1）对于现行经济管理体制存在的主要问题，经济学界主要有两种观点。一种观点是强调主要问题仍然是中央集权与地方分权的关系没有处理好。有的认为中央集权不够，骨干企业、财政收入地方掌握的比重比较大，削弱了统一计划，在生产和建设上造成了很大的盲目性。与此相反，有的认为中央集权过多，下放的企业、财政收入等方面的权力名义上在地方，而实权仍掌握在中央主管部门手里。另一种观点是强调主要问题在于没有处理好国家同企业的关系，过多地采用行政办法管理经济。企业无论

是中央部委管还是地方政府管，都是行政机构的附属物，不能作为一个独立的经济单位发挥作用，束缚了生产力的发展。

（2）许多经济学家还从多个角度出发，探讨如何按照经济规律办事，如讨论一些与市场相关的概念，提倡在以前的完全计划经济框架和计划管理体制中加入某种市场特征。

首先，以孙冶方为代表的一批经济学家认为应当把扩大企业经营自主权和提高企业活力放在经济体制改革的中心地位，从而较多地从企业改革的角度探讨对计划经济管理体制的突破。孙冶方也是我国最早把经济体制改革的重点从中央和地方的权力分配关系转移到国家与企业的经济关系上的经济学家。他指出国家代替企业管理人财物和供产销的具体事务，限制了企业的主动性，同时也影响了国家对国民经济长远建设方面的规划和综合平衡工作。他强调利润是在经济上承认生产资料资金对劳动生产率的高低同一部门不同企业或者增长速度不同生产部门的快慢施以制约作用的形式，抓住了利润指标，就如同抓住了"牛鼻子"一样，许多问题就会迎刃而解，资金利润率应该成为全国范围内进行经济比较的综合指标。此外，吴敬琏、周叔莲、汪海波还讨论了利润提成制度对于企业考核和管理的意义。他们指出利润提成制度是社会主义经济核算制的一个重要组成部分，只有实行利润提成制度，才能保证进行严格的经济核算，促进社会主义生产迅速发展。何建章、邝日安、张卓元也积极主张资金利润率，认为社会主义国家运用的资金利润率，应是计划经济中的资金利润率，它可以成为发展计划经济，加强国民经济计划管理的一个有力工具。马洪则更强调改革经济管理体制要从扩大企业自主权入手，扩大企业在人、财、物和计划等方面的决策权力。蒋一苇也认为，改革的方向应当以企业作为基本的经济单位，企业在国家统一领导和监督下，实行独立经营、独立核算，一方面享受应有的权利，另一方面确保完成对国家应尽的义务。董辅礽提出要改变全民所有制的国家所有制形式，指出国有制形式使企业成为国家的行政附属物，企业领导人成为行政官员，从而在很大程度上排斥了企业决策的经济合理性。刘诗白也从所有制的角度分析经济改革，主张坚决改革企业所有制领域中那些不适合生产力发展的陈旧的形式与关系。

其次，还有一些经济学家在如何看待计划问题上进行了思考并提出见解。廖季立提出应把行政方法与经济手段相结合，以国家计划为主，以社会计划为辅。用生产部门和使用部门之间建立在互相协作、等价交换和产销结合基础上的社会计划，来补充国家计划的不足。刘明夫讨论了商品经济与计划经济的关系。认为不应当把商品经济同计划经济对立起来。同商品经济相对立的是自然经济，而不是计划经济。商品经济不是资本主义社会所特有。

在1979年4月的"无锡会议"上，经济学界冲破了斯大林关于全民所有制内部不存在真正商品货币关系的传统观点，一致认为，社会主义必须利用市场的作用，计划与市场必须结合。此后，卓炯提出当前要改革经济管理体制，关键就是要破除产品经济，发展商品经济，充分发挥价值规律的作用。刘国光、赵人伟还深入探讨了社会主义经济中计划和市场相结合的必然性。他们认为在社会主义公有制的条件下，市场关系是可以由人们自觉地加以控制，为社会主义计划经济服务的。对于社会主义计划经济条件下如何运用市场机制，他们认为价格和竞争是带有两个综合性的问题。对于在利用市场机制的条件下如何加强经济发展的计划性，他们提出要把计划的重点放在解决国民经济发展的战略性问题上，并通过税收、信贷、投资等政策发挥对经济活动的指导，同时还要健全法治和社会监督的制度来协调市场关系和整个国民经济的发展。难能可贵的是，于祖尧在会上提交的《试论社会主义市场经济》一文，最早正式提出了"社会主义市场经济"概念。他指出"社会主义既然实行商品制度，那么，社会主义经济在本质上就不能不是一种特殊的市场经济，只不过它的性质和特征同资本主义市场经济有原则的区别。……为了加快实现四个现代化，搞好经济改革，应当怎样正确地对待市场经济，这是我们经济学界需要认真研究的重大课题"。

提出类似于祖尧观点的还有顾纪瑞。1979年，顾纪瑞也提出了建立在生产资料公有制的基础之上的"社会主义市场经济"。他认为，社会主义经济的基础是公有制，计划经济是社会主义经济的基本特征，但发展市场经济也不是权宜之计。社会主义市场经济主要建立在生产资料公有制的基础之上，目的是为了更好地满足社会的需要，社会主义市场经济由国家自觉地运用价值规律进行指导，并受计划经济的支配和控制。在今后相当长的时期内，市场经济应该有一个较大的发展，把我们的经济搞活。而随着生产力的巨大发展，随着生产的高度社会化，计划经济的比重将相对增加，市场经济的比重将相对减少，以至最终为计划经济所代替。当然，那时对"社会主义市场经济"的理解，与现在的"社会主义市场经济"有相当大的区别。

学术界的探讨深化了人们对于经济体制改革问题的认识，也引发了改革的领导者们对于计划和市场关系的深入思考。

2. 关于"计划经济与市场经济相结合"的讨论

1979 年，邓小平在会见美国客人时指出："说市场经济只存在于资本主义社会，只有资本主义的市场经济，这肯定是不正确的。社会主义为什么不可以搞市场经济，这个不能说是资本主义。我们是计划经济为主，也结合市场经济。"同年，陈云也提出"整个社会主义时期经济必须有两个部分，一是计划经济部分，二是市场调节部分。第一部分是基本的主要的，第二部分是从属的次要的，但又是必需的"。1981 年，党的十一届六中全会肯定了邓小平提出的"在计划经济指导下发挥市场调节的辅助作用"的思想，明确指出："要大力发展社会主义的商品生产和商品交换。""必须在公有制基础上实行计划经济，同时发挥市场调节的辅助作用"。这种思想和观点后来写入了 1982 年的宪法。在这一形势下，经济学界围绕"计划经济与市场经济相结合的提法是否科学"、"计划与市场的结合方式"、"市场调节的含义及与计划调节的关系"、"计划调节与市场调节应以谁为主"等问题展开了讨论。

（1）相当一部分经济学家认可"计划经济与市场经济相结合"的提法，并在此基础上进行论述。孙尚清等认为对经济管理体制进行改革的实质，就在于有条不紊地把我国社会主义经济的计划性和市场性结合起来。社会主义经济既是或首先是计划经济，又是在公有制基础上的商品经济。计划规律和价值规律共同起调节作用的基础，就在于社会主义计划经济本身就是计划性和市场性相结合的经济。计划性主导这种经济的发展比例关系，在客观上就是由有计划规律和价值规律共同调节着的。计划性和市场性的结合是经济改革的根本指导思想。许涤新认为，通常说的在生产资料公有制基础上，对国民经济实行计划管理实质上就是计划调节。同时，由于整个社会主义经济仍然是商品经济，价值规律就必然要起作用，就必须实行市场调节。所以，问题在于如何把计划调节和市场调节正确地结合起来。

也有一些经济学家认为这种提法不太科学。骆耕漠认为，两种调节都是指对社会生产比例、供求、价格的调节而言，其中调节价格是调节生产比例、供求的中介手段。在表述上可以都叫做"计划调节"，因为都是有组织、有计划的，不是自发的；也可以把它们都叫做"市场调节"，不过是有计划的"市场调节"。因为前一项是根据从市场摸到的社会需要情况和生产力情况，来调节社会生产比例和供求，后一项是根据社会主义价值规律来调节社会生产比例和供求。所以，不能把它们分开，而只能一同称它们为"计划指导下的市场调节"或"有计划的市场调节"。

还有的学者认为"计划调节和市场调节相结合"本身是独立于计划调节和市场调节之外的第三种调节形式。张路雄认为，我国社会主义经济中除了计划调节和市场调节外，还有一种计划调节与市场调节相结合的调节形式。这是种特殊的调节形式，是与我国由计划经济向商品经济过渡相适应的。除了指令性计划的调节和自由市场的调节这两种调节形式外，还有一种调节形式，即在计划指导下用经济手段通过市场进行的调节，称之为计划与市场相结合的调节。

（2）对于"计划与市场的结合方式"问题，经济学界主要有以下代表性观点。一是"板块论"：即国民经济的主要部分实行计划管理，补充部分实行市场调节，两者拼接构成整个社会经济活动。二是"渗透论"：即计划那一部分要运用价值规律的作用，市场那一部分要受到国家计划的制约，两者相互渗透、结合在一起的。三是"重合论"：即计划必须通过市场来实现，市场必须依靠计划来调节，两者是重合在一起的。孙冶方强调，在社会主义条件下，无论商品价值规律，还是产品价值规律，都要求有统一的全面的直接或间接的计划，主张把计划放在客观经济规律特别是放在价值规律的基础上，而不赞同"板块论"。刘国光认为，国民经济整体内以板块形式结合的两种调节，每一块内部都有一个两种调节互相渗透的问题。随着指令性计划的范围不断缩小、非指令性的计划指导和利用价值杠杆进行调节的范围不断扩大，最终将形成为在非指令性的国家计划或社会计划指导下充分利用市场机制、把计划调节和市场调节紧密结合在一起的统一胶合体。董辅礽更进一步提出市场调节应成为社会主义计划经济的有机组成部分，而不是外在于计划经济。

（3）对于"市场调节的含义"，经济学界的理解有"窄派"、"宽派"之分。窄派认为，市场调节就是按市场供求的变化和价格的涨落调节生产和流通。宽派认为，市场调节包括利用价值规律的一定的调节作用，利用与价值有关的各种经济杠杆的积极作用和利用流通对生产的反作用等。

其次，在"市场调节与计划调节的关系"问题上，经济学家的观点基本接近，侧重略有不同。薛暮桥指出，计划调节和市场调节可以并行不悖，相辅相成，而不是水火不相容的对立物。市场调节主要依靠客观规律自发调节，但也不能没有必要的行政管理。于光远认为计划、市场、调节三者之间有着有机的联系。计划是规定各个部门、各项事业之间的比例关系和各项工作的进度。社会主义经济就是由计划来调节的经济。至于调节手段主要是靠经济手段。这个经济手段除了同行政手段结合得非常密切的税收和补贴等财政手段外，就要靠市场机制。宋涛认为，不能以是否利用价值规律和经济杠杆来区别计划调节和市场调节。实行计划调节也要考虑价值规律的要求。对于由市场调节部分的商品，其价格上涨幅度，国家经济计划机关也必须利用经济杠杆和行政办法有计划地加以干预，这也是利用价值规律和经济杠杆进行调节的一种形式。

（4）对于"计划调节与市场调节应以谁为主"的问题，不同经济学家的观点有些差异。多数认为应以计划调节为主。如：许涤新主张要把国民经济有计划、按比例发展规律同价值规律的调节作用结合起来，而以前者为主导。蒋学模强调在整个国民经济中实行计划调节和市场调节相结合，是经济管理体制改革的一个原则。而在计划调节和市场调节的结合中，计划调节应起主导作用。实行市场调节的，是那些同国计民生关系较为次要的产品。孙尚清、张卓元、陈吉元也主张应以计划调节为主，同时还要开展必要的竞争。竞争是加强和改进计划经济的一个重要机制。社会主义经济在计划指导下，开展一定程度的竞争，可以成为一种外部的强制力量，迫使企业和部门努力上进。

但刘国光却指出目前应以计划调节为主，而改革的最终方向并不是计划调节为主。他认为，目前两种调节相结合应以计划调节为主，是当前体制改革的实际状况和客观需要。但是如果说改革完成后新经济体制要采取的模式，那么就要进一步对"以计划调节为主"的提法加以考究。如果所说的"以计划调节为主"仍像上面指的是指令性计划的直接调节，那么，随着指令性计划在国民经济范围内过渡到指导性计划以后，就不能再有上述意义的"以计划调节为主"了。因为在个别场合必要的指令性计划，在整个国民经济的调节体系中将不起决定的主导的作用。

3. 关于"计划经济为主、市场调节为辅"的讨论

1982年9月召开的党的十二大，进一步阐述了关于正确贯彻"计划经济为主、市场调节为辅"原则的问题。党的十二大报告指出："我国在公有制基础上实行计划经济。有计划的生产和流通，是我国国民经济的主体。同时，允许对部分产品的生产和流通不作计划，由市场来调节。也就是说，根据不同时期的具体情况，由国家统一计划划出一定的范围，由价值规律自发地起调节作用。这一部分是有计划生产和流通的补充，是从属的、次要的，但又是必需的、有益的。国家通过经济计划的综合平衡和市场调节的辅助作用，保证国民经济按比例地协调发展。"报告还明确提出："正确贯彻计划经济为主、市场调节为辅的原则，是经济体制改革中的一个根本性问题。要正确划分指令性计划、指导性计划和市场调节各自的范围和界限，在保持物价基本稳定的前提下有步骤地改革价格体系和价格管理办法，改革劳动制度和工资制度，建立起符合我国情况的经济管理体制，以保证国民经济的健康发展。"这一方针成为当时改革实践的主导思想。

这一时期，经济学界对于"如何理解'以计划经济为主'"、"计划经济为主、市场调节为辅的含义及其实现形式"以及"如何发挥社会主义

市场调节的作用"进行了讨论。

（1）对于"如何理解'以计划经济为主'"的问题，经济学界主要有三种观点。第一种观点认为以计划经济为主，就是以指令性计划为主。指令性计划是社会主义计划经济的基本形式，关系国家经济命脉的重要企业是由国家经营的，关系国计民生的产品是由国家掌握的。对这部分占工农业总产值大部分的生产实行指令性计划，就表明我们的经济基本上是计划经济。第二种观点认为以计划经济为主，是指以计划管理为主。计划管理包括指令性计划和指导性计划。除少数关系国计民生的主要产品采取指令性计划以外，多数产品的生产和销售采取指导性计划，即在国家计划指导下的市场调节。第三种观点认为以计划经济为主，就是以计划调节为主。我们的国民经济主要是靠计划调节，以自发势力为特征的市场调节只起辅助作用。

（2）在"计划经济为主、市场调节为辅的含义及其实现形式"的认识方面，许多经济学家提出了各自的观点。

苏星认为社会主义经济是建立在生产资料公有制基础上的计划经济，同时要发挥市场调节的辅助作用。计划经济和市场是统一的。社会主义经济是以计划生产为主体，但国家在制订计划时，必须考虑市场的供求比较长时间的变化。市场调节只能在计划指导下进行。市场调节和市场不是一个概念，两者有联系，又有区别。在社会主义国家，不论是计划生产还是非计划生产，都需要通过市场实现商品的价值和使用价值，在市场上都要受价值规律的支配。市场这个概念比较宽。市场调节则主要是指在计划指导下根据市场需要所进行的自由生产和自由贸易。这个概念的范围比较窄。

于光远认为，在社会主义制度下实行计划经济，就要根据事物的客观实际、掌握事物的客观规律来制定计划，进行计划管理，有计划地发展国民经济。在对外开放进程中设立的经济特区，他认为应按照特区的特点来安排计划和实行计划管理。客观情况不同，实行计划经济的内容也会不同。深圳特区的国民经济是不能称为市场经济的，因为深圳的经济工作也需要进行有计划的管理，对计划的执行及时检查。这些都是计划经济而不是市场经济的表现。当然深圳特区的经济指导者们在实行计划经济中必须很好地了解市场需要，密切注意市场动向，而这也正是实行计划经济所必要的。

卓炯认为，利用商品货币关系，利用价值规律，为计划经济服务。体制改革和对外开放的实质就是要实现价值增值，也就是马克思在《资本论》所讲的资本流通。这种资本流通，实质上是一种扩大商品流通。积极办好经济特区和进一步开放沿海城市，是发展我国商品生产的重要环节。现代化的商品生产和先进的科学技术是分不开的。采取对外开放的政策，引进外资、先进技术和科学经营管理的经验，就成为不可缺少的一环。

孙效良则强调运用两种调节方式来解决两种平衡问题，主张宏观经济实行计划调节、微观经济实行市场调节的模式。他认为宏观经济平衡要通过计划调节来保证，这就决定了宏观经济计划必须由国家来制定。微观平衡要利用市场机制来调节，这就决定了微观经济计划必须由企业来制定。国家的宏观决策靠经济杠杆贯彻到企业的微观活动中去，即靠价格、税收、信贷把国家的决策翻译成经济信号，在市场上诱导企业加以实行。

桂世镛认为，不应该按照国家与企业或者价值与使用价值来划分计划调节与市场调节的界线，而要按照经济活动产品的生产、分配与流通及进行这种活动的企业在整个经济中起的不同作用，来划分哪些实行计划管理，哪些实行市场调节。在计划管理中又进一步划分哪些实行指令性计划，哪些实行指导性计划。不仅对宏观经济要实行严格的计划控制，对直接关系宏观的那些重要的微观活动也要进行计划控制；不仅对价值指标而且对重要的实物指标，也要实行计划控制。在这个前提下，对许多企业的微观活动和一般产品的实物指标实行指导性计划和市场调节。

（3）对于"如何发挥社会主义市场调节的作用"的讨论。不同经济学家提出了自己的看法。

刘国光认为，高度集权的苏联模式仅是社会主义经济体制模式之一，东欧国家偏重分权、偏于分散的市场体制和用经济办法管理经济的模式，也是社会主义经济体制的重要模式之一，我国经济体制改革在选择模式时，"要解放思想，按照实践是检验真理的唯一标准来决定我们的取舍……只要有利于经济的发展和人民生活水平的提高，都是可以采取的，没有什么政治帽子问题，只有适不适合一个国家各个时期的具体历史条件和经济发展条件的问题，也就是适不适合一国国情的问题"，市场机制是实行分权管理体制的重要手段。

薛暮桥强调应加强市场管理。他认为，在价格等经济杠杆未能充分发挥作用之前，很难实行指导性计划。贯彻计划经济为主、市场调节为辅的原则，首先要解决好市场物价问题。必须在保持物价总水平基本稳定的基础上，对不合理的价格进行有升有降的调整，对许多种小商品放宽物价管理制度。另外还要解决好劳动工资问题、商品流通问题、财政税收问题、交通运输问题、世界经济和对外贸易、对外经济合作问题等。而厉以宁则更强调改革流通体系。他认为，除了必须改进和完善计划综合平衡制度，在统一计划和统一政策指导下扩大不同类型的企业生产经营自主权外，还必须保证流通渠道的持续通畅，使少渠道、多环节、封闭式的流通体系改变为多渠道、少环节、开放式的流通体系。桂世镛、魏礼群也主张要根据市场需求结构变化调整生产结构，发挥流通对生产的反作用，以及消费对生产的反作用；同时应改革不合理的价格体系和价格管理体制，并采取措施，打破垄断商品市场，发展一些生产要素市场，为竞争创造必要的条件。

从总体上看，社会主义经济中计划和市场的关系问题一直是经济体制改革中的核心问题。经济学界尽管是在党的十一届三中全会之后才把这个问题作为独立课题展开讨论的，但它是社会主义商品经济、价值规律问题长期讨论的继续和发展。在社会主义必须利用市场的作用，计划与市场必须结合等问题上达成了共识。但也应承认，由于实践的限制与传统观念的束缚，绝大多数学者的探讨从广度和深度来说还处在开始阶段。

二、1984～1991年：市场化改革的初步进展——"有计划的商品经济"的大讨论

随着改革实践的深入，在中央决策层的支持和不少经济学家的共同努

力下，党的十二届三中全会通过了《中共中央关于经济体制改革的决定》，明确提出了我国社会主义经济是"公有制基础上有计划的商品经济"。1987年党的十三大进一步明确了"有计划的商品经济理论"，标志着经济体制改革进入了新的阶段，一定程度上也统一了经济学界对于计划经济与市场经济关系的认识。此后，众多学者开始从不同的角度和层面，更加深入地研究改革开放中存在的重大战略问题。

1. 关于"如何理解有计划的商品经济"等问题的讨论

1984年党的十二届三中全会通过的《中共中央关于经济体制改革的决定》指出："就总体说，我国实行的是计划经济，即有计划的商品经济"。《决定》认为："改革计划体制，首先要突破把计划经济同商品经济对立起来的传统观念，明确认识社会主义计划经济必须自觉依据和运用价值规律，是在公有制基础上的有计划的商品经济。商品经济的充分发展，是社会经济发展不可逾越的阶段，是实现我国经济现代化的必要条件"。同时，《决定》还进一步明确了改革的基本任务是"建立具有中国特色的、充满生机和活力的社会主义经济体制，促进社会生产力的发展。强调增强企业活力是经济体制改革的中心环节，价格体系的改革是整个经济体制改革成败的关键。实行政企职责分开，正确发挥政府机构管理经济的职能；在社会主义全民所有制经济占主导地位的前提下，坚持发展多种经济形式和经营方式，进一步扩大对外的和国内的经济技术交流"。

这次全会突破了把计划经济同商品经济对立起来的传统观念，基本上确立了市场取向的改革目标。邓小平高度评价这个决定是"马克思主义基本原理和中国社会主义实践相结合的政治经济学"，成为指导经济体制改革的"纲领性文件"。

这一时期，经济学界围绕"社会主义商品经济存在的原因"、"如何理解有计划的商品经济"、"价格改革的方式"、"经济体制改革的目标模式"等问题展开了讨论，提出了一些不同的理论观点。

（1）关于"社会主义商品经济存在的原因"。经济学界讨论中主要有如下一些代表性的观点。

第一，认为社会主义经济内在具有的商品经济属性是根本原因。其代表人物是马洪。马洪是较早正式提出"有计划的商品经济"的学者。1981年，他就曾提出我国社会主义现阶段的经济是有计划的商品经济。但当时更多的是强调要克服自然经济的影响。1984年，马洪又对此进行了详尽阐述。他认为社会主义经济之所以是大力发展商品生产和商品交换的计划经济，是因为社会主义经济内涵地具有商品经济的属性。社会主义经济是在公有制基础上的有计划的商品经济，计划经济的属性和商品经济在社会主义经济中是可以统一起来的，在实践中是能够找到它们之间的结合形式和结合点的。

第二，认为社会主义商品经济的存在是由于存在着物质利益差别。但在具体论述中，又有不同的侧重点。林子力强调生产者之间的利益差别。他认为，只要社会分工以及由此引起的生产者之间利益差别普遍存在，不论经济制度如何，在生产方式上都必然是商品生产。吴振坤则强调的是劳动作为谋生手段形成的利益差别。他认为，在全民所有制内部存在的商品生产和商品交换，是由社会主义劳动者与公有的生产资料结合方式的特点决定的。这个特点就是劳动者是把自己的劳动作为谋生手段与公有的生产资料相结合的。既然劳动还是谋生手段，就要对劳动支付报酬。这种劳动报酬构成劳动者个人的物质利益。这种物质利益还表现在全民所有制各个企业之间。因此，企业生产的产品就必然采取商品价值形式，企业之间等量劳动的交换，也就必然采商品等价交换形式。

第三，认为社会主义商品经济的存在是由生产力发展水平所决定的。于祖尧持这种观点。他指出在社会主义制度下，适应生产力状况，劳动和所有权的结合不是单一的，而是在不同范围、层次上通过多样化形式实现的。除了商品货币之外，其他生产和交换方式都不能充分体现劳动和所有权的结合。因此，商品交换便成为各个集合体之间互相交换劳动的基本形式在不同范围、层次上实现了劳动和所有权结合的集体，成为具有自身特殊权益的相对独立的商品经济组织。

第四，认为实行计划的可能性与现实性的矛盾是社会主义商品经济存在的原因。胡培兆持这种观点。他指出，由于社会主义生产资料公有制建立在生产力还不十分发达的基础上，故存在按计划分配社会总劳动的可能性与社会劳动无法直接计算的矛盾。而唯一可行的解决途径就是实行有计划的商品经济，通过市场借助价值规律来预算和决算社会必要劳动。

第五，认为社会主义生产方式的本质决定了社会主义商品经济的存在。何炼成不赞成以劳动仍是谋生手段来解释社会主义制度下存在着具有独立利益的经济实体。他认为商品经济是一种生产方式，应当由生产方式决定分配方式和交换方式。社会主义商品经济存在的原因，关键在于马克思所设想的劳动者与生产资料的结合，同后来的社会主义实践有所不同。所有走上社会主义道路的国家都没有实现直接的社会劳动力和全社会公共的生产资料的结合，正是这个原因，从总体上决定了社会主义商品经济存在的客观必然性。

（2）对于"如何理解有计划的商品经济"，不同的经济学家也提出了各自的观点。

第一，认为有计划的商品经济就是计划经济制度下的商品经济。王琢强调，社会主义商品生产既是公有制基础上的商品生产，同时也还是社会化的商品生产，两者结合必然实行计划经济制度。肖灼基更鲜明地指出，有计划的商品经济本质上是商品经济，有计划是商品经济的运行方式。

第二，认为商品经济是社会主义经济运动的落脚点。吴振坤认为，社会主义经济既有商品性，又有计划性。但它们并不是并列存在的，而是在社会主义公有制基础上有机联系的统一体。在这个统一体中，计划经济和商品经济是互相渗透、互相结合的。就是说，商品经济是在计划指导下的商品经济，而计划经济则是建立在商品经济基础上的计划经济。

第三，认为社会主义计划经济与社会主义商品经济是内容和形式的统一。白拓方指出，社会主义计划经济是以商品经济关系为其实现形式的计划经济，而社会主义商品经济则必然是以计划经济关系为其本质内容的商品经济。在这种意义上，社会主义计划经济和社会主义商品经济是计划关系与价值关系的统一体。这种统一的实质是内容与形式的统一。

第四，认为社会主义计划经济就是有计划的商品经济。胡培兆说"社会主义阶段的计划经济和商品经济是同一个实体。或者说，计划经济和商品经济是一个实体的两个同质概念，而不是一个实体的两个方面，更不是两个实体"。

第五，认为有计划的商品经济是社会主义生产关系体系。于祖尧认为，社会主义经济的商品性是社会主义生产关系内在固有的属性，是社会主义生产关系体系的本质特征之一。"商品经济"，就是把商品生产当做社会生产关系的体系或总和来理解的。

（3）在1984年全国第一次中青年经济工作者理论研讨会（即"莫干山会议"）上，尽管与会代表几乎一致赞同要立即进行价格改革，但就"价格改革的方式"争论近乎白热化。

一种主张价格以调为主。国务院价格研究中心的田源等人提出了对严重扭曲的价格体系，必须进行大步调整的建议，并进行了大量测算和方案比较。周小川、楼继伟、李剑阁等人提出要用小步快调的办法，不断校正价格体系，既减少价格改革过程的震动，又可以逐步逼近市场均衡价格的主张。当时，反对者的意见主要是认为这种方式是借助影子价格或最优计划价格在做计算，但算出来的价格不能反映真实供求变化，价格水平偏离实际，不能为实际部门接受。

一种主张价格以放为主，这是以西北大学的张维迎为代表。他主张通过一步或分步放开价格控制，实行市场供求价格。而反对者认为，在计划经济为主的情况下，一下放开价格控制太不现实，同时市场发育也需要一个过程。在市场不完备时，市场均衡价既难以实现，也未必优化。

还有一种主张搞价格双轨制，这是以中国社会科学院华生、何家成为代表。他们认为，应该通过客观上已经形成的生产资料双轨价格，自觉利用双轨价格使计划价格和市场价格逐步靠拢。在这个过程中，逐步缩小生产资料的计划统配的物资部分，逐步扩大市场自由调节的部分，最后达到两个价格统一。这一思路，得到了当时多数代表的认同，认为一方面冲击了传统的计划价格体系，另一方面也开始形成新价格机制。后来它被写入题为"用自觉的双轨制平稳地完成价格改革"的会议纪要。

双轨过渡的想法随即受到了决策层的重视。莫干山会议后不久通过的《中共中央关于经济体制改革的决定》特别强调了"价格体系的改革是经济体制改革成败的关键"。此后，华生等人又发表文章，再次论证了价格双轨制的思想。1985 年 3 月，国务院下文首次正式废除计划外生产资料的价格控制，这个决定被认为是价格双轨制改革正式实施的标志。

（4）在关于"经济体制改革的目标模式"问题上。经济学家提出了改良的计划经济模式，带有市场机制的计划经济模式，或者两者的结合等观点。各种模式的一个共同点，就是认为社会主义经济不但有计划经济的本质，而且都程度不同地承认和强调社会主义经济的商品经济属性。这其中，刘国光和王珏的观点很具有代表性。

刘国光认为经济体制改革的目标模式应当是在坚持社会主义公有制基础上，建立适合于发展商品生产、商品流通的要求和充分利用市场机制的计划经济模式。在这一目标模式中，不仅需要解决经济运行机制中的计划与市场、集权与分权、直接控制与间接控制等关系问题，而且必须解决经济运行机制赖以存在的所有制结构和内涵的问题，因而不能轻率地把科尔奈的"有宏观控制的市场协调体制"作为我国经济体制改革的目标模式。

王珏在此基础上，阐述了创立新的商品经济运行机制和新的商品经济运行的宏观调节机制的重要性，强调构建在社会主义公有制基础上的商品经济与计划经济相统一的经济体制模式。改革的具体内容涵盖了从企业职工工资到财政管理体制、信贷管理体制，实行大配套的改革。改革要达到的目的是从全局上控制国民收入分配总量的平衡，控制住膨胀的社会需求，消除国民收入超分配现象，逐步形成适度的买方市场。

邓小平高瞻远瞩，在很多场合都点明了改革的目标模式应是社会主义与市场经济的结合。1985 年 10 月，在会见美国高级企业家代表团时，他提出："社会主义和市场经济之间不存在根本矛盾。问题是用什么方法才能更有力地发展社会生产力。在某种意义上说，只搞计划经济会束缚生产力的发展。把计划经济和市场经济结合起来，就更能解放生产力，加速经济发展"。1987 年 2 月，邓小平进一步指出："计划和市场都是发展生产力的方法。只要对发展生产力有好处，就可以利用"。邓小平的思想深刻地影响着中国经济体制改革的方向和进程。

2. 对于"深化经济体制改革思路"等问题的讨论

1987 年 10 月，党的十三大提出了"社会主义有计划商品经济的体制，应该是计划与市场内在统一的体制"。"新的经济体制的运行机制，总体上来说应当是'国家调节市场，市场引导企业'的机制。国家运用经济手段、法律手段和必要的行政手段，调节市场供求关系，创造适宜的经济和社会环境，以此引导企业正确地进行经营决策"。此外，十三大报告还明确了"当前深化改革的任务主要是：围绕转变企业经营机制这个中心环节，分阶段地进行计划、投资、物资、财政、金融、外贸等方面体制的配套改革，逐步建立起有计划商品经济新体制的基本框架"。这些重要论述，使我国经济体制改革朝着社会主义市场经济体制的目标迈出了极为重要的一步。

这一时期，经济学界对于"有计划商品经济的体制"的讨论进一步深化，同时，更多的经济学家开始对前一时期的双轨制改革进行反思，并对"如何治理通货膨胀"、"深化经济体制改革的思路"等问题各抒己见。

（1）部分经济学家继续深化了对"有计划商品经济的体制"的认识。谷书堂、常修泽指出，坚持"有计划的商品经济"，即坚持实现社会主义与商品经济的"对接"。这两者间不是决然排斥的关系，可以并行不悖地共存于社会主义社会的现实中，而且不可避免地要发生联系。商品经济与社会主义结合在一起，从而形成为一种新型的商品经济。

戴园晨强调计划调节不能采用单纯缩小指令性计划范围和放松计划管理的方式。这种改革并不能适应新情况下对计划管理的要求，也不能实现计划和市场的有机结合。他主张"双层次分工结合论"（必须着眼于明确经济活动不同层次中两者的分工，再进而考虑分工基础上的结合），即宏观层次和微观层次调节中计划和市场的分工和结合与微观经济活动中价格信号和数量信号并存时计划和市场的分工和结合。

周为民、卢中原主张提高经济运行效率，实现社会公平要求，是繁荣的社会主义商品经济必须同时达到的经济社会发展目标。改革的成功与否，很大程度上取决于能否找出协调两者的最佳权衡。他们认为，社会主义平等观的实质——机会均等本身是一条效率原则，而它的贯彻意味着调整原有经济与社会发展目标。这种调整首先是指在效率与公平两者中，改变以往公平优先于效率的目标序列，把效率目标放在首位。但与过去目标单一化的倾向相反，这种调整决不意味着只追求经济效率而忽视社会公平。我们所要寻求的是效率目标与公平目标的协调，是在保证最必要的公平程度前提下，最大限度提高社会经济效率。

这一时期，社会主义商品经济理论也遇到了新的挑战。有的学者提出三点质难。一是商品经济只是社会主义经济的外壳，而不是它的实质；二是商品经济不过是生产力发展的产物，它还必然要被生产力的发展所消灭；三是将现实中存在的困难和问题，包括贪污盗窃、以权谋私、腐败等，归罪于发展社会主义商品经济。

对此，晓亮认为社会主义商品经济同公有制、按劳分配等一样，都是社会主义经济的实质所在。商品经济不仅是生产力发展的产物，更是生产力发展的巨大推动力量。要不要按照商品经济的要求改革？这是讨论社会主义商品经济问题的落脚点和归宿点。我们确认社会主义经济是有计划的商品经济，并不仅仅是要承认一个客观事实，而是要按照发展商品经济的需要进行改革，理顺各方面经济关系。此外，还有经济学家从资源配置方式角度，提出 1984 年后形成的行政为主、市场为辅的双重体制模式，违背了改革设计者的初衷，没有取两者之长，反而扬两者之短。因此，应建立市场为主行政为辅的"新板块"模式，使市场成为稀缺资源的主要配置者，行政则作为市场的补充和某些局部的替代参与资源配置。这不仅符合发展现代商品经济的逻辑，而且也符合"市场协调的效果好，就由市场协调；行政协调的效果好，就由行政协调"的原则。这种模式从根本上突破了行政配置资源的窠臼，彻底转上了市场配置资源的轨道。

（2）双轨制改革出台后，引起了许多经济学家的评论和批评。他们认为实行双轨制价格是错误的，打击了国有大中企业和技术先进的企业（它们生产的主要是按牌价出售的产品），鼓励了小企业和技术落后企业（它们生产的许多是按市价出售的产品），给一部分人钻了空子，成为一些不正之风的重要根源。

吴敬琏等就指出，双轨制等于在同一条道路上同时实行可以靠左行驶和靠右行驶的双重规则，必然导致撞车和混乱，同时还会助长计划内外的倒买倒卖和权力寻租现象，造成腐败蔓延。

李晓西、宋则对双轨制的功与过做了评价。他们认为双轨制破旧有功，但不足以立新，双轨过渡不可能把新体制推向主导地位，随着时间的推移，双轨制本身很可能从过渡形式蜕变为一种把双重弊病集于一身的畸形体制，成为更难改变的新的改革对象。

（3）在"价格改革是不是经济体制改革主线"的问题上，经济学界主要有三种观点。

第一种观点，强调"价格——市场"方面的改革，即"市场价格改革关键论"。吴敬琏认为，"企业改革的每一步推进，都必须以市场的健全和发育为条件；特别是要有比较合理的价格体系作保证，新的企业制度不可能产生于被扭曲了的价格结构状态之中，因此改革应集中力量大步推进以价格为中心的市场改革"。

第二种观点，则强调"所有制——企业"方面的改革，即"企业所有制改革中心论"。厉以宁认为，面对近期市场紧张的经济环境，只能绕开价格改革，集中精力于加快企业以产权制度转移为中心的所有制内涵的改革。他们提出企业体制改革是整个经济改革的核心，它的进展决定着市场趋向完善和价格趋向合理的进程。其他各项经济改革都应围绕企业改革这一中心任务进行。董辅礽也强调必须将经济运行机制的改革与所有制的形式和结构的改革相结合。通过运行机制的改革，将形成市场交易活动和竞争的规则和环境。在这种环境中，为了按照市场的规则运行，多种经济活动主体必须具有独立的经济利益和充分的自主性，为此必须进行所有制形式和结构的改革。

第三种观点，坚持"两条主线相结合的改革思路"。刘国光认为，上述两种观点就其自身逻辑来看都有道理，但都过分强调单面的推进。实际上，两者是互为因果、互有联系的连环套，没有一个"谁领先、谁在后"的问题。企业产权制度转换要求作为外部条件的价格改革和竞争性市场的形成同步，价格的理顺和放开又要求企业行为机制发生相应的转换。一个是形成市场活动的主体，一个是造成市场竞争的环境。这两方面的改革应当互相配合进行。当然，在不同时期和不同情况下，这两者的侧重点可以有所不同。

（4）面对 1988 年严重的通货膨胀问题，经济学界就"如何治理通货膨胀"的问题展开了争论。

一种主张是通货膨胀主要是总量失衡引起的，因此治理通货膨胀应着重进行总量控制，重点是压缩社会总需求。有的文章还提出了几条具体措施控制工业发展速度，年增长率降到 8%～10%；控制货币供应的增长速度，年货币供应增长率降到 12%，即低于经济增长率加物价上涨率之和；提高生产和流通领域的效益，保证财政收入的稳定和增长。

另一种主张是抑制总需求只是治标，只有增加供给才是治本之道。解决社会总供给与总需求的失衡和通货膨胀问题，不能强调压缩总需求，因为这样做会导致出现"滞胀"局面，而应把重点放在增加有效供给上面，实行刺激供给的宏观政策。用增加有效供给的办法可以促使经济的持续增长，又是缓解供不应求的根本措施。

还有一种主张是用通货膨胀的办法来治理通货膨胀。提出在今后五年内运用通货膨胀政策主要加强农业与基础产业的建设，着眼于改善宏观比例关系，稳住后续发展能力，使经济增长不致出现大的停滞和萎缩。国家通过通货膨胀集中到财政手中的资金，一部分用于增加公职人员收入，抵消掉一部分收入分配结构不合理的不良现象。这种主张出来后，遭到有的学者反对，认为那样做是给通货膨胀火上加油。他们认为，通货膨胀不仅不能抑制消费，反而刺激消费；通货膨胀不仅不能改善结构，反而恶化结构。

（5）对于"深化经济体制改革思路"问题，经济学家提出了各自的观点。

李晓西、王逸舟、樊纲、王振中等人提出了市场化的改革思路。他们认为，市场化改革目标是建立在市场经济基础上的社会主义。这场大变动应是以市场经济的全面推进为标志，以社会经济生活全部转上市场轨道为基本特征，即在所有的经济领域和环节，大步推进各类市场的发展；大步骤、大面积引入包括竞争、风险、供求机制在内的市场机制，让各种市场参数进入市场，启动起来，运转起来；建设市场运行中的各种经济组织，发展多种所有制经济；通过法律重新确认财产所有权；在市场化进程中，改造和完善国家调节经济的职能等。他们还提出，应当通过市场化，来统领搞活企业、健全市场、完善宏观调控的改革，即"一化三改革"，用大约十二年时间完成改革。

卫兴华、魏杰认为，在宏观调节手段选择上，应该在充分发挥财政和金融等调节手段的作用的同时，注重运用所有权约束性调节手段。我国实行的是以生产资料公有制为基础的经济制度，并且国有制占主导地位，国家能够通过所有权约束对经济实行有效的调节作用。就国有制企业来说，所有权约束可以通过经营权让渡条件、所有权实现形式、最终主动调节权、普遍监督权四个方面调节经济运行。

林毅夫、蔡昉等主张实现重工业优先发展战略向比较优势战略的转变是改革的根本目标。他们指出，从中长期看，实行充分利用比较资源优势的战略，工业发展的速度可后发制人，但这一战略要求各种要素和产品价格都由市场的供求决定，以反映资金、外汇、劳动力和各种要素、产品的稀缺程度。此外，他们认为并不存在一步到位的总体改革方案，唯一可行的改革方案是以解决当前一系列紧迫问题和矛盾为出发点的明确的局部方案。

廖季立强调必须加强宏观平衡和调控，以控制通货膨胀，整顿经济秩序，进行全面配套改革。当前我国经济体制模式和经济运行机制还是一种过渡形式，要随着商品经济发展不断充实完善。总的讲就是要注意宏观总量平衡、转变行政机关职能、开展市场竞争、企业独立自主经营。这四个方面有机结合的过程，也就是初步形成"国家调控市场，市场引导企业"的新运行机制的框架。

此后，由于受到"政治风波"影响，一些原本就对市场化改革存有否定和疑虑的人们，展开了对"市场化改革"的大规模批评。一时间"市场经济"、"市场化"等提法，都成为意识形态领域中的禁区，"计划经济为主，市场调节为辅"的观点开始重提。官方文件上将"国家调节市场，市场引导企业"的新运行机制改为"计划经济与市场调节相结合"。

3. 对于"计划经济与市场调节能否结合及如何结合"的讨论

1991年1月，邓小平在视察上海时谈到，"计划经济和市场经济都是手段，市场也可以为社会主义服务"。"发展经济，不开放是很难搞起来的"。此后，理论界对社会主义经济中计划与市场问题的讨论再次活跃起来，继续围绕"计划经济与市场调节能否结合及如何结合"的问题展开了讨论。

多数经济学家认为这二者可以结合，但对结合的程度以及所隐含的前提有不同的看法。一种是"结合论"，他们认为，社会主义公有制经济为这两者的结合提供了客观基础和制度保障。另一种是"条件结合论"，这种观点强调，两者的结合需具备与相适的企业制度、市场体系和宏观调控系统等条件。还有一种是"矛盾结合论"，即认为两者的结合寓于矛盾之中，只有不断协调矛盾才能实现结合。至于影响两者有机结合的因素，多数经济学家认为，这既包括经济因素，又包括体制、政策和制度因素。其中微观基础、市场体系和宏观调控体系方面的滞存的矛盾，则是主要的因素。

就如何实现两者有机结合的问题，学者们一致认为，继续深化改革是最根本的途径和唯一选择。但在具体思路和对策选择上又各有不同。第一，"多形式结合论"认为，两者的结合是通过板块与条块、指令性计划、指导性计划与市场调节的多形式、多空间的结合途径实现的。第二，"计划取向结合论"认为，两者结合关系的本质是计划系统内部一种（类）经济计划与另一种（类）经济计划的相互衔接与协调，结合的主导方面和途径是计划体制的自我完善。第三，"市场取向结合论"认为，实现两者有机结合可行的和合理的途径是建立有计划的市场调节机制，在当前就是要推进企业制度、市场体系和宏观调控体系的配套改革。第四，"计划调节市场论"认为，计划通过调节市场而与市场相结合。其途径一是计划通过宏观经济体系调节宏观活动，再通过启动市场调节机制；二是运用公有制经济力量调节企业的市场行为，以求得两者的结合。第五，"体制渗透结合论"认为，将两者结合的客观要求贯彻到整个体制中，以体制驾驭并实现结合。第六，"中观主导结合论"认为，以迄今两者结合薄弱环节的中观经济管理为主导，探索结合的新途径。

综上所述，经济学界对于经济体制改革有关问题的探讨，在理论上有了很大进展和突破。特别是 20 世纪 80 年代末针对改革开放十年来的主要历程,许多经济学家开始从不同的角度和层面,力图在客观、真实和科学地总结 20 世纪 80 年代改革开放经验和教训的基础上,更加深入地研究改革开放中存在的重大问题,更加科学、大胆地探索 90 年代改革开放理论与实践的战略问题。

三、1992 ~ 2001 年:市场化改革的全面推进——"社会主义市场经济体制初步建立"的大讨论

从党的十四大提出"建立社会主义市场经济体制是我国经济体制改革的目标",到党的十四届三中全会通过《中共中央关于建立社会主义市场经济体制若干问题的决定》,全面描绘社会主义市场经济体制的基本框架,我国市场化改革从破除传统体制为主进入了全局性整体推进的新阶段。而党的十五大在社会主义与市场经济、公有制与市场经济怎样结合上提出了具有突破性的理论观点,进一步促使改革进入全面体制创新的攻坚阶段。这一时期,经济学界围绕着如何建立社会主义市场经济、改革的阶段和路径选择等问题,展开了富有成果的讨论。

1. 关于"如何建立社会主义市场经济"等问题的探讨

1992 年 1 月,邓小平在视察南方讲话中指出:"计划多一点还是市场多一点,不是社会主义与资本主义的本质区别。计划经济不等于社会主义,资本主义也有计划;市场经济不等于资本主义,社会主义也有市场。计划和市场都是经济手段"。这就从根本上解除了把计划经济和市场经济看作是属于社会基本制度范畴的思想束缚。1992 年 6 月,江泽民在中央党校发表的重要讲话中明确表态:"我倾向于使用'社会主义市场经济体制'这个提法"。

1992 年 10 月,党的十四大报告中明确指出:"我国经济体制改革确定什么样的目标模式,是关系整个社会主义现代化建设全局的一个重大问题,这个问题的核心,是正确认识和处理计划与市场的关系"。"实践的发展和认识的深化,要求我们明确提出,我国经济体制改革的目标是建立社会主义市场经济体制,以利于进一步解放和发展生产力"。"社会主义

市场经济体制是同社会主义基本制度结合在一起的"。

1993 年 3 月，八届全国人大一次会议通过的宪法修正案，把"国家实行社会主义市场经济"载入国家的根本大法，明确了社会主义市场经济体制作为经济体制改革的目标，促使改革出现了一个崭新的局面，社会主义市场经济迅速发展。

这一时期，经济学界围绕"如何认识社会主义市场经济"、"如何建立社会主义市场经济"、"渐进式和激进式改革的比较"展开了讨论。

（1）对于"社会主义市场经济"的认识，经济学家的观点基本一致，但略有侧重。

薛暮桥认为，在社会化大生产条件下的商品经济，也就是市场经济。既然中国经济体制改革的实质，是用以市场机制为基础的资源配置方式取代以行政命令为主的资源配置方式，那么，社会主义经济也可以叫做市场经济。确认社会主义有计划商品经济就是社会主义市场经济，为深化改革进一步指明了方向。

马洪强调社会主义商品经济也就是社会主义市场经济。计划和市场都是社会主义市场经济内在的东西，二者不可分割。目前实际运行着的经济运行机制既非改革前的单一计划机制，也不是政府宏观调控下的一元的市场机制，而是计划与市场虽已结合，但尚未有机融合在一起的二元机制。

于光远认为，作为改革目标的社会主义市场经济体制，应该是现代的市场经济，是接受国家对自己的正确的、有意识的，有目的、有计划的控制和引导。市场经济不仅是一种社会经济现象，也是一种文化现象。在发展社会主义市场经济、争取实现以社会主义市场经济为主体的新体制的问题上，应该提"现代化"的口号。

厉以宁也认为商品经济与市场经济两者没有区别。但他强调市场经济体制是社会主义条件下有待于实现的经济体制。这种有待于实现的经济体制就是"市场调节经济，政府管理市场"的体制。这两者是统一的，"市场调节经济"就是发挥第一次调节的作用，"政府管理市场"就是政府发挥第二次调节的作用，也就是政府对调节经济的市场的管理与再调节。社会主义市场经济体制，实际上也就是"小政府、大市场"的新体制。

　　刘国光则对"社会主义市场经济"的内涵进行了更为系统的解读。他认为，商品经济与市场经济的区别在于，商品经济是讲人类社会经济活动中行为交换是否具有等价补偿的关系，而市场经济则是作为一种资源配置的方式。市场经济是商品经济的一种高度发展了的现象形态。将有计划商品经济的概念换成"市场经济"，就是强调要进一步发展商品经济，并以市场取代行政计划作为配置资源的方式，这也正是我国当前经济改革的实质所在。在市场经济前加上"社会主义"，因为中国是以市场为取向的经济改革，其目的其内容都是社会主义制度的自我完善。

　　魏礼群认为，社会主义市场经济是把计划与市场都作为资源配置的手段，作为经济运行的机制，力图实现二者优势互补。建立和完善社会主义市场经济体制的过程，就其基本点来讲，可以看做是宏观调控制度和计划工作健全化、科学化的过程，是市场体系完备化、规范化的过程。

　　刘诗白指出，当代社会主义的体制创新，表现为由计划经济向市场经济转变。研究应着眼于在我国的改革中，引进与运用市场经济的一般构架和一般运行机制，同时，又加以创新，使之完善化，更好地与社会主义制度相结合，还要使市场经济体制的构建和中国实际紧密结合，从而形成中国模式的市场经济。

　　（2）对于"如何建立社会主义市场经济"。薛暮桥的观点具有一定的代表性。他突出强调了三方面的改革：一是加快企业体制改革、特别是国有企业管理体制改革。二是加快培育社会主义市场关系。大力发展消费品市场和生产要素市场，健全市场法规，改进市场管理。三是健全以经济方法为主的宏观计划调控体系。通过国家计划把宏观管好，通过市场调节把微观搞活，是改革的目标和方向。刘国光赞同上述三个方面的改革，而且又补充了"建立符合市场经济要求又遵守社会主义原则的社会收入分配机制和社会保障制度"，认为这些方面的改革是一个复杂的系统工程。杨坚白强调，社会主义市场经济的发展，从根本上说，在于完善市场体系，特别是要健全要素市场。王梦奎认为需要着重解决好三方面的问题：一是继续坚持在以公有制为主体的前提下发展多种经济成分；二是正确处理计划与市场的关系，实现计划科学化、市场规范化；三是健全适应多种经济成分和市场经济发展的宏观调控体系。辜胜阻认为建立市场经济体制当务之急应着重加强企业制度、社会保障制度、农村土地流转制度、农村劳动力流动制度、资金商品化制度五大方面的创新。李晓西认为向社会主义市场经济转变的主要内容有：政府干预适度化，社会管理法制化，宏观调控规范化，市场主体多元化，国有私有平等化，经济运行市场化，计划调节间接化，经济特区全国化，对外开放国际化。

马洪则对建立社会主义市场经济体制做出了更为完整的阐述。他强调了十个方面的转变。即所有制从单一的公有制向以公有制为基础的混合型所有制（股份制）转变；经济运营形式由政府为主体向企业、个人为主体转变；企业经营的决策风险从由政府和社会承担向由企业和个人承担转变；企业的经营战略由依赖型向自我发展型转变；企业同政府的关系由政企不分向无行政隶属转变；政府管理经济由实物的、直接的、一对一的管理向价值的、间接的、行业性的管理转变；国有资产的管理将由实物化向价值化、货币化、证券化转变；劳动用工制度将由国家包就业向自主择业转变；竞争机制由不同所有制采取不同标准向实行同一竞争规则转变；价格制度将由行政性定价向市场定价转变。

（3）对于改革是要采取渐进式还是激进式的问题上，樊纲、刘世锦和林毅夫等人的观点比较具有代表性。樊纲较为深刻地比较了"渐进式"和"激进式"两种改革方案。他认为，不同的改革成本与改革方式，改革的"激进程度"的关系是不同的。"实施成本"与改革方式的关系使人们更倾向于激进的改革，而"摩擦成本"则使人们更倾向于采取渐进的方式。"激进式"改革的"效率损失"较小，而"渐进式"改革的"摩擦成本"较低。只有考虑到改革所面临的不同条件和不同问题，才能对采取哪一种方式更有利，作出具体的说明。"渐进道路"能够成功，是因为经济中新体制成分的成长为旧体制的改革逐步地创造出了条件。从这个意义上说，"剧变道路"的本质特征是在新体制成分未发展起来的时候就对旧体制进行较为彻底的改造，而"渐进道路"的本质特征是在旧体制还"改不动"的时候，首先在旧体制的旁边或缝隙中培育和发展起"新体制部分"，然后随着整个经济体制结构的变化和各方面条件的变化，逐步深化对旧体制成分的改革。

刘世锦认为"渐进"式改革主要不是体现于政府在国营部门所采取的温和的、过渡性改革措施上（尽管这种情况存在并且是有意义的），而是体现于不同部门间改革推进程度的差异上。具体地说，就是在以国营部门为主的旧体制未能大动的条件下，在其旁边成长起了一个市场导向、充满活力、以非国有经济为主的新体制，并且借助新旧体制的"空间并存"和相互作用，产生了"部门间'危机'转移和比较优势改变，新体制从旧体制吸引资源，旧体制获得新体制的改革'援助'，改革初始条件逐步变化，改革由计划经济边缘地带向中心地带深入"等一系列现象。

林毅夫等阐述了渐进式改革的必要性和优势。他们认为，实施"渐进式"改革原因有两点：一是在转轨中，根据预定的时间表进行一揽子改革的设计人和执行人同样面临信息不足的难题。二是改革的规则和惯例不仅是要设计，更是要通过发育和生成，"激进式"的改革可以废除旧的规则和惯例，却无法一下子建立起新的。实行非激进式的改革，首先能够充分利用已有的组织资源，保持制度创新过程中制度的相对稳定和有效衔接。其次，可以避免大的社会动荡和资源的浪费。最后，可以使每个社会集团都可从短期或长期中得到改革的收益，从而使改革成为大多数人的共识和不可逆转的过程。

2. 关于"改革的阶段和路径选择"的讨论

1994 年，党的十四届三中全会通过的《中共中央关于建立社会主义市场经济体制若干问题的决定》明确指出："社会主义市场经济体制是同社会主义基本制度结合在一起的。建立社会主义市场经济体制，就是要使市场在国家宏观调控下对资源配置起基础性作用。为实现这个目标，必须坚持以公有制为主体、多种经济成分共同发展的方针，进一步转换国有企业经营机制，建立适应市场经济要求，产权清晰、权责明确、政企分开、管理科学的现代企业制度；建立全国统一开放的市场体系，实现城乡市场紧密结合，国内市场与国际市场相互衔接，促进资源的优化配置；转变政府管理经济的职能，建立以间接手段为主的完善的宏观调控体系，保证国民经济的健康运行；建立以按劳分配为主体，效率优先、兼顾公平的收入分配制度，鼓励一部分地区一部分人先富起来，走共同富裕的道路；建立多层次的社会保障制度，为城乡居民提供同我国国情相适应的社会保障，促进经济发展和社会稳定"。这些主要环节勾画出社会主义市场经济体制的基本框架，标志着我国经济体制改革已经进入建立社会主义市场经济体制的全局性整体推进的新阶段。

这一时期，经济学家继续深化对社会主义市场经济认识的讨论，与此同时，还对"改革的阶段和路径选择"的问题展开了讨论。

田国强提出了经济体制转轨的三阶段论。在这三个阶段中所要采取的基本步骤是：经济主体行为自主化、市场化和民营化。体制转轨的基本特征是：在第一阶段中，大力发展非国有企业。它保证了社会经济的持续发展，为后阶段的改革顺利进行提供了物质基础，提高了人们对改革的支持和参与意识。在第二阶段中，各种所有制企业的继续竞争和市场机制的逐步引入将导致那些效率本来就低下，经过改革仍无出路的国营企业的衰减。在第三阶段中，将对国营企业进行大规模的民营化。第一阶段始于1978 年从农村开始的经济改革。第二阶段大致从中共十四大决定搞市场经济开始算起。第三阶段还未开始，需等到经济成分格局进一步变化并且社会保障体系基本上建立起来后才能实行。估计这大致需要五到十年时间。

邹薇、庄子银指出，改革过程在不同时期、不同国家和不同经济制度下具有显著不同。中国是在工业化任务尚未完成的一个发展中大国进行涉及国民经济各领域和各个经济主体的全面的制度创新，改革任务是双重的，即实现经济结构的工业化和经济制度的市场化；改革的目标也是双重的，即谋求政治支持最大化与社会产出极大化。相应地，改革的调整成本必然相当大，甚至大得令人难以想象。因此，就总体改革而论，选择"渐进式思路"，依循一条稳定的路径逐步地向市场经济制度结构转型，是一个优化的选择。

在"改革的路径选择"问题上，经济学界主要有以下六种观点：

第一，体制外改革。这是几乎所有的学者都谈到的改革形式。所谓"体制外"是指在现有计划经济制度之外。与其说这是一个空间概念，不如说是一个制度概念。在中国市场化改革的实际过程中，这种体制外改革主要表现为所谓"双轨制"。

第二，增量改革。增量改革与上述体制外改革非常类似。所不同的是，增量改革是指在体制内，即原有的计划经济系统内的一种改革方式。

第三，特许改革、或试验推广。这一改革方式的含义是，将市场化改革限定在一定的范围之内。目的是在较小的范围内进行改革的试点，可以积累有关改革的经验，在更大的范围内推行改革。在特定范围内的改革的成功又会对更大范围以至全国产生示范效应。

第四，补贴改革。当一种改革方案会给一部分经济当事人带来损失时，为了使这一改革能够较少阻力地实行，中央或地方政府对这些改革受损者给予相应的补偿。

第五，计划权利的交易。计划权利是指在计划经济条件下，由计划当局赋予的权利。价格双轨制的条件下，就有可能通过计划权利的交易来实现定价制度的改革，而同时不损害任何人的利益。

第六，局部改革。这种改革方式的特点是，将市场化改革在空间上和时间上分解为较小的单位，然后逐步在空间和时间上扩展和推广。这种改革方式的好处是，"保持制度创新过程中制度的相对稳定和有效衔接"。可以减少化解改革的阻力，降低改革成本。

3. 关于"如何建立社会主义市场经济"讨论的深化

1997年9月，党的十五大报告强调指出，"要坚持社会主义市场经济的改革方向，使改革在一些重大方面取得新的突破"。在社会主义市场经济理论方面，报告中明确提出了"公有制为主体、多种所有制经济共同发展，是我国社会主义初级阶段的一项基本经济制度"。"公有制实现形式可以而且应当多样化。一切反映社会化生产规律的经营方式和组织形式都可以大胆利用"。"股份制是现代企业的一种资本组织形式，资本主义可以用，社会主义也可以用"。"非公有制经济是我国社会主义市场经济的重要组成部分"。"把按劳分配和按生产要素分配结合起来"。"要加快国民经济市场化进程。继续发展各类市场，着重发展资本、劳动力、技术等生产要素市场，完善生产要素价格形成机制"。这一系列具有突破性的新理论，极大地解放了人们的思想，解决了社会主义与市场经济、公有制与市场经济怎样结合的历史性难题。

这一时期，经济运行的市场化程度明显提高，社会主义市场经济体制的基本框架初步建立。但传统体制下的社会经济矛盾并完全解决，新体制下也产生了一些新的矛盾和问题。改革将从破除传统体制为主转入全面体制创新的攻坚阶段。因此，经济学界对于"如何建立社会主义市场经济"问题的认识进一步深化。

张卓元认为，市场价格体制的初步建立，标志着经济运行机制初步从计划主导型向市场主导型的转变。20 世纪 90 年代初期已开始实现上述目标。但是，社会主义市场经济体制尚未很好建立。最主要的，在于经济运行的主体，特别是其中起主导或骨干作用的国有企业，还不是真正的政企分开的市场主体，还不是自主经营、自负盈亏、自我发展、自我约束的商品生产者和经营者。今后经济体制改革应以国有企业改革为中心，继续深化和推进，通过改革、改组、改造和加强管理，使大多数国有大中型亏损企业摆脱困境，力争到本世纪末，大多数国有大中型骨干企业初步建立起现代企业制度。到那时，社会主义市场经济体制可以说是初步建立起来了，社会主义公有制和市场经济相结合可以说是初步实现了。

苏东斌强调，必须重构市场经济微观基础与重建管理国有经济的新体制。市场经济体制下等价交换的特征，要求所有制结构多元化。所有制结构的多元化不仅是指寻找到更好的公有制实现的新形式，而且更是指非公有制成分，尤其是非国有制成分的大力发展。市场经济体制下价值实现的特征，要求所有制结构优质化。市场经济体制下交易程序的特征，要求所有制结构动态化。

樊纲认为，体制转轨的根本问题就是非国有经济比重的不断提高和经济的所有制结构的转变。在非国有经济的增长率高于国有经济的增长率的"基本假定"下，体制转轨的最重要的问题，首先不是改革国有经济，而是发展非国有经济。这不仅是由于非国有经济的发展支撑着经济的增长和市场体制的形成，而且也是由于它创造出使国有经济得以改革的更有利的条件。国有经济改革的重要性主要在于，它们若不改革，就还要占用大量资源，而且是要从非国有经济转移资源作为事实上对国有经济的补贴。正因如此，尽管目前并不面临金融危机，但必须加快国有企业和国有银行控制的金融体制的改革进度，以保证非国有经济能持续发展下去，保证整个体制转轨过程的持续进行而不被某种危机所打断。

张军认为，经济转轨过程典型地表现为以新兴工业部门的进入和扩张为特征的持续的工业化过程。改革后的中国经济在80年代经历了"增量改革"所创造的资源配置效率的总体性改善之后，似乎开始表现出"粗放"增长的特征。如果这个增长模式持续下去的话，那么，必将面临东亚经济所面临的增长持续性的相关问题。因此，对于中国来说，挑战性的问题将不再是逐步的自由化和市场化是否导致了经济的增长，而是增长将怎样避免过度依赖持续的工业化过程。

刘世锦等认为，我国加入WTO后选择和实施进取性应对战略，立足点是调整和改革，核心问题是政府职能转变。近中期应着力解决以下问题：适应WTO规则要求，加快建立统一开放、公平竞争的国内市场；加快国有经济的布局调整，为非国有企业平等参与市场竞争创造条件；以切实转变政府职能为重点，推进政府体制改革；分类推进产业调整，以多种方式有效提升中国产业的竞争力；加快立法和司法体制改革，建立与WTO规则和国际惯例相适应的法律体系；加快社会管理体制改革，减少入世后的产业调整冲击；继续扩大内需，保持宏观经济稳定，为加入WTO后的调整和改革创造良好的外部环境；加强制度建设．在开放中维护国家经济安全。

四、2002年至今：市场化改革的进一步深化——"完善社会主义市场经济体制"的大讨论

党的十六大明确提出，要在2020年建成完善的社会主义市场经济体制。党的十六届三中全会通过了《关于完善社会主义市场经济体制若干问题的决定》。进入新世纪，我国经济体制改革既面对发展战略机遇期，也进入了矛盾凸显期。这一时期，经济学界对"改革的推进与深化"、"公平与效率关系"、"处理初次分配与再分配关系"等问题展开了激烈争

论。2007 年召开的党的十七大对前一时期的理论争鸣做出了结论。

1. 关于"改革的推进与深化问题"等问题的争论

2002 年 11 月召开的党的十六大，明确提出"本世纪头二十年经济建设和改革的主要任务是，完善社会主义市场经济体制，推动经济结构战略性调整，基本实现工业化，大力推进信息化，加快建设现代化，保持国民经济持续快速健康发展，不断提高人民生活水平"。

2003 年，党的十六届三中全会又通过了《关于完善社会主义市场经济体制若干问题的决定》，进一步明确了完善社会主义市场经济体制的主要任务是："完善公有制为主体、多种所有制经济共同发展的基本经济制度；建立有利于逐步改变城乡二元经济结构的体制；形成促进区域经济协调发展的机制；建设统一开放竞争有序的现代市场体系；完善宏观调控体系、行政管理体制和经济法律制度；健全就业、收入分配和社会保障制度；建立促进经济社会可持续发展的机制"。这次会议既坚持贯彻了 20 多年来改革开放的基本经验，又在理论和实践上有许多重大突破和创新，对以后进一步完善市场经济体制起到很大的推动作用。

随着改革进入攻坚的关键阶段，出现了收入差距拉大、地区发展失衡等不和谐的现象，特别是房改、医改和教育体制改革暴露出的问题也比较多。在这一背景下，改革问题重新引起了经济理论界的广泛关注，学者们就"市场化进展程度的判断"进行了讨论，同时还对"改革的推进与深化"、"公平与效率关系"、"处理初次分配与再分配关系"等问题展开了激烈争论，形成了改革开放以来又一次理论争鸣。

（1）关于"市场化进展程度的判断"的讨论

经济学界由于对市场化内容理解的不同，往往给出不同的结论。尽管对中国市场化进展的具体程度的量上的判断还存在不同的认识，但承认市场机制对计划体制地位的根本性替代是普遍的共识。

李晓西等结合国内外市场经济发展的历史和现实，概括出市场经济五项共性标准，即政府行为规范化、经济主体自由化、生产要素市场化、贸易环境公平化和金融参数合理化。测度出 2001 年中国经济市场化程度为69%，结果表明，中国已经是一个发展中的市场经济国家。樊纲、王小鲁等通过五个方面的指标体系，计算了各地区 1999、2000 年的市场化相对进程总指数。他们强调，市场化改革的体制转轨进程是分阶段的，在不同的阶段上，不同方面的问题会较为突出，或者说这一进程在一定时期会较为突出地体现在某些方面的进展上，市场化进程本身是一个动态的过程。

但也有学者认为，对当前经济市场化程度的判断，需要克服三个误区：经济市场化程度的判断宜粗不宜细、市场化程度的判断宜低不宜高、市场化程度的判断宜宽不宜窄。

（2）在"改革的推进与深化"问题的讨论

一些学者针对当前改革出现的问题，提出要对改革进行反思；而有的学者认为反思改革是对改革的干扰，是反对改革；另一派学者则认为，反思改革中出现的问题是推动和深化改革的需要，反思是为了更好地推动改革。围绕是否要"反思改革"以及如何"深化改革"这一问题，不同学者提出了不同的观点和主张。与此同时，反思改革的争论又与批判新自由主义的争论相交织。有些学者继续批判新自由主义的危害，有的学者提出不能借批判新自由主义反对改革。

刘国光指出，当前理论经济学教学与研究中，西方经济学的影响上升，马克思主义经济学的指导地位被削弱和边缘化。中国经济改革和发展是以西方理论为指导的说法会误导中国经济的改革和发展的方向。此外，他还认为，改革方向在许多重要方面受到干扰，如在所有制问题上，公有制为主体受到干扰；在分配问题上，社会公平问题受到干扰等。这种对改革的正确方向及社会主义方向的干扰，是客观存在的，对此进行反思，提出改进的建议，不能动不动就说这是反对改革。中国的社会主义自我完善的改革，以建立社会主义市场经济为目标的改革，绝对不是简单的"市场化改革"。他将改革的正确方向归结为：一是改革必须是社会主义的自我完善，必须坚持四项基本原则；二是社会主义的本质是解放和发展生产力，消灭剥削，消除两极分化，最终达到共同富裕；三是根据宪法规定，国家在社会主义初级阶段必须坚持公有制为主体、多种成分共同发展的基本经济制度，必须坚持按劳分配为主体、多种分配方式并存的分配制度；四是在经济运行机制上，建立社会主义市场经济体制，也就是在国家宏观调控下市场在资源配置中起基础性作用；五是政府职能在社会主义初级阶段要以经济建设为中心。

高尚全则认为，在投资主体多元化、利益主体多元化、思想多样化的情况下，要取得改革的共识难度比以往任何时候都要大。中国改革可以说是世界上最成功的，代价是最小的。所以不能否定改革。目前是改革攻坚的关键时期，对改革问题进行争论有四个不利：不利于改革开放，不利于发展，不利于团结，不利于和谐社会建设。他主张要积极排除干扰，只有通过深化改革才能解决出现的问题，尤其要把政府行政管理体制改革作为重点，强化政府公共服务职能，才是有效化解社会矛盾的基础和前提。

吴敬琏认为，问题不是出在大方向上，而是枝节性的问题、执行中的问题和一些跟改革大方向相背离的逆流。改革既使我国整体经济实力明显增强，也存在不少缺陷。但一些同志利用大众对社会现状的不满情绪和学界人士对改革和发展中一些问题的正当质疑，又重提"取消计划经济，实行市场化就是改变社会主义制度，实行资本主义制度"的命题，是力图把人们引向反市场化改革的方向上去，并且取得了某些成功。

胡鞍钢认为当前不是要不要改革，也不是要不要加快改革的问题，而是要讨论需要哪一种改革。有好的改革，也有坏的改革；有双赢的改革，也有零和博弈的改革；有大多数人受益的改革，也有大多数人受损的改革。因为改革有不同的路径和方案，当然也就会有不同的结果。在中国，选择改革的路径、方案，不仅要考虑到提高经济利益，还要考虑到实现社会公平和社会和谐。我们需要确立以人为本的改革观，需要广泛参与、基于规则、透明和分享式的改革。

卢中原认为，科学发展观不仅是发展观的飞跃，也是改革观的升华。科学发展观提出的"五个统筹"，需要由"四个协调"推进（微观和宏观经济改革要协调、城乡改革要协调、经济和社会领域改革要协调、经济和政治领域改革要协调）来提供体制保障。要继续高扬改革的旗帜，坚持把改革作为推动发展的基本动力，注意用改革的办法不断克服体制性、机制性障碍，避免单纯就发展谈发展，就技术谈技术，而忽视制度创新的根本性作用。

（3）关于"公平与效率问题"的争论

经济学界主要有以下三种观点：

第一，效率优先论。这一观点认为，"效率"是经济增长的重要保证，只有"蛋糕"做大了，才能够保证人人有份，才能实现分配的公平。王珏指出对"效率优先"不能产生任何怀疑。在市场经济条件下，在社会主义初级阶段生产力不发达的情况下，效率优先应该是必须遵循的，必须强调的。市场经济的发展效率不能够放在第二位，必须放在第一位，而且没有效率也不可能维持社会公平。蒋学模则认为，"效率优先、兼顾公平"的原则可以不必再提，但决不能用"公平优先、兼顾效率"来代替"效率优先、兼顾公平"。"效率优先"始终是社会发展占第一位的因素。把社会公平放到更加重要的地位，不是以否定"效率优先"为代价来达到，而仍然是在"效率优先"的前提下来实现的。

第二，效率与公平并重论。这一观点认为，二者是优势互补的关系，轻视其中的一个因素，必然会对另一个因素产生损害。刘国光多次提出在效率与公平关系上应向公平倾斜，加重公平的分量，主张效率与公平并重。他指出"效率优先，兼顾公平"只适用于社会主义初级阶段的一段时期，不适用于初级阶段的整个时期。"效率优先"不是不可以讲，而是不要放在收入分配领域。在收入分配领域不用再提"效率优先，兼顾公平"，也不要再提"初次分配注重效率，再分配注重公平"，要更加注重社会公平。卫兴华也主张两者并重和统一。他认为强调发展，强调生产力的作用，并不存在轻视或不重视分配公平的理由或内在联系。如果在分配中将效率优先于公平，将公平放在次要地位，忽视分配公平，发展的结果必然是两极分化，不可能走向共同富裕。

第三，公平优先论。这一观点认为，我国作为社会主义国家，在经济社会发展过程中应始终以实现共同富裕为目标，不能只重视效率而忽视公平。当前我国要缩小收入差距，防止两极分化，应把"公平分配"放在优先地位，将公平作为我国经济社会发展的长远目标。

（4）对于"处理初次分配与再分配关系"问题的讨论

对此问题，理论界长期存在着分歧。有的学者坚持初次分配注重效率，再分配注重公平；有的学者强调初次分配以公平为重；有的学者提出在初次分配和再分配过程中都要注重公平；有的学者认为初次分配强调公平会导致低效率，因此，要在初次分配上注重效率，通过二次分配来弥补公平；有的学者提出在初次分配和再分配过程中，公平与效率并不矛盾，应在两次分配过程中努力实现公平与效率的统一。

刘国光主张在初次分配中也要实现公平与效率的统一。因为，整个国民收入分配中，再分配所调节的只能涉及小部分，而初次分配的数额要比再分配大得多，涉及面也广得多。许多分配不公问题产生于初次分配领域。初次分配不公的大格局一旦形成，再分配无力从根本上改变。

林毅夫认为，只有在生产过程的初次分配中就实现公平与效率的统一才能缩小贫富差距，促进和谐增长。而在初次分配上实现效率与公平统一的良好机制尚未形成，需要根据比较优势的要求深化改革。一是要鼓励支持中小企业发展，二是消除资源价格扭曲和不必要的行政性垄断，三是提高劳动者的素质和就业能力，四是保障社会困难群体的基本生活。

2. 党的十七大为改革争论定调

2007 年 10 月，党的十七大明确指出，"改革开放目的就是要解放和发展社会生产力，实现国家现代化，让中国人民富裕起来，振兴伟大的中华民族；就是要推动我国社会主义制度自我完善和发展，赋予社会主义新的生机活力，建设和发展中国特色社会主义；就是要在引领当代中国发展进步中加强和改进党的建设，保持和发展党的先进性，确保党始终走在时代前列"。"改革开放的方向和道路是完全正确的，成效和功绩不容否定，停顿和倒退没有出路"。"实现未来经济发展目标，关键要在加快转变经济发展方式、完善社会主义市场经济体制方面取得重大进展"。十七大报告在阐述立足社会主义初级阶段这个最大实际时还指出：要"全面认识工业化、信息化、城镇化、市场化、国际化深入发展的新形势新任务，深刻把握我国发展面临的新课题新矛盾，更加自觉地走科学发展道路"。十七报告还对深化收入分配制度改革提出了明确要求，"初次分配和再分配都要处理好效率和公平的关系，再分配更加注重公平。逐步提高居民收入在国民收入分配中的比重，提高劳动报酬在初次分配中的比重。创造条件让更多群众拥有财产性收入"。

由此可见，党的十七大针对理论界前一时期在"改革的推进与深化"问题上的争论，做出了强有力的回应。同时，国家还进一步强调了贯彻科学发展观，加快推进以改善民生为重点的社会建设，并在这方面加大了力度，出台了不少措施。这对于缓解社会矛盾，平衡利益分配，使全国民众共享改革开放成果将起到积极的促进作用。相信在改革开放 30 年来临之际，经济学界会从客观、真实的立场总结经验和教训，更加科学、大胆地探索处于改革攻坚的关键阶段下经济发展的理论与实践问题。

第二节　建国 60 年对外开放理论回顾

一、概述

党的十一届三中全会中明确提出，发展我国的对外经济关系，实行对外开放政策，要求："在自力更生的基础上积极发展同世界各国平等互利的经济合作，努力采用世界先进技术和先进设备"。"这一历史的选择，标志着我国多年闭关自守状态的彻底结束，走上了对外开放的宽广大道"。自新中国成立到十一届三中全会之间，在对外经济上，我国始终处于闭关自守的状态。而与之相对应，在这近三十年的时间里，对外经济理论的发展也是十分有限的。"1979 年改革开放前，中国经济学界关于对外经济关系的理论研究甚少，几乎是个空白"。"我国经济学界展开关于对外经济关系的理论研究，严格说是在 1979 年实行改革开放后开始的"。

建国 60 年来，我国对外开放可以概括为三个阶段，一是 20 世纪 50 年代，就其在对外开放阶段上，这个时期可称之为半开放、半封闭时期；二是 20 世纪 60~70 年代，为对外开放的全封闭时期，当然不排除此期间有一点小范围的涉外经济；三是中共十一届三中全会会后，即 20 世纪 80 年代至今，为逐步走向全方位开放的时期。与之相对应，对外开放理论也可分为半对外开放的理论，不开放的、封闭的或自称为"自力更生"的理论，和全方位对外开放的理论这三个阶段。

简单来说，建国后前10年，即半开放、半封闭时期。一方面以美国为首的资本主义国家对中国进行了经济封锁，另一方面在一边倒的基本方针要求下，我们只与以苏联为首的社会主义国家帮助下发展经济联系。因此，那时主要的理论倾向是，不与资本主义世界进行经济来往，只需向社会主义国家对外开放，即半开放半封闭。这一理论的基础来自于1952年斯大林在《苏联社会主义经济问题》中提出的"两个平行的世界市场理论"，即资本主义世界市场和社会主义世界市场。它认为只能在也只需在社会主义之间发扬国际主义，进行必要的物资交流，对社会主义经济发展就足够了，"不需要从资本主义国家输入商品"，就为实现共产主义目标进行准备了。而且随着东欧国家实现工业化，还将缩减甚至可以停止对资本主义国家的贸易。这一平行的世界市场理论成为我国半对外开放的理论基础。

中国之所以很容易接受两个平行的世界市场理论，有着深刻的历史原因。中国近百年来受尽了帝国主义的侵略欺辱之苦。近代对外开放史充满辛酸与仇恨。因此新中国一成立，就理所当然的反对和防止来自帝国主义的外来侵略。宁肯封关闭国，也不能与帝国主义打交道，这成为民族的共识，也成为全世界民族解放运动潮流的一部分。"新中国成立后，以美国为首的主要资本主义国家对中国实行封锁和禁运，妄图扼杀新生的中国。而斯大林领导的苏联和其他社会主义国家都愿意为新中国提供技术设备。这就是五十年代我国引进技术设备和对外开放局限于苏联和东欧的原因"。从客观上讲，长期以来，资本主义发达国家对我经济封锁，也使我国对外开放的条件难以成熟。

形成半开放理论的原因之二是教条地理解马列主义，只强调国际分工中体现的资本主义剥削关系，把对外贸易的作用局限在互通有无、调剂余缺上，而否认或忽视了国际分工中体现的生产社会化的客观需要，教条地理解列宁在对外贸易上的观点，过分强调了国家对外贸的统制。苏联政治经济学教科书的一个观点即社会主义制度下的对外贸易是发展生产和改善居民消费品供应的补充物质来源，对我们影响很大。多年来，"补充论"

成为我们对外开放理论中的主要观点。当然，即使在这一时期，我们还是利用香港与西方国家做了些生意。

对外开放理论的第二个阶段是从 20 世纪 60 年代初到 20 世纪 70 年代末的近 20 年时间。这期间，不开放理论仍占对外经济理论的主导地位，是近乎全封闭的理论。全封闭理论最兴盛、最典型的是"文化大革命"时期。这一时期我们理论上的主要观点主要有三方面：

一是对外经济关系要服从于政治关系，服从于反帝反修大目标。20 世纪 60 年代，随着与苏联关系破裂，社会主义阵营分裂了。占主导的理论认为，苏联、东欧成为修正主义、社会帝国主义，因此，仅对社会主义国家开放的对外经济关系也终止了。在理论上则把解释和宣传的重点放在政治上，否定经济交往，强调安全保护。苏联要求我们提前还债，更刺伤了我们的心，因此，更加强调"既无内债，又无外债"。苏联在社会主义国家的"经互会"中推行大国沙文主义，使我国理论界对国际分工论持批判态度或消极态度。

二是一步步把自力更生与对外开放对立起来，强调自力更生的同时，就否定对外开放。认为自力更生体现着一种革命的精神、民族的精神，而对外开放既带不来物质上的帮助，更带不来精神上的财富。在这种理论指导下，全国是大的自给经济，各部门、各单位都搞小而全的自给经济，生产活力不足，经济发展缓慢。在这种大背景下，我国理论界也只能是片面强调国民经济的完整性，美化万事不求人的自给经济。与旧社会相比，总以为经济发展上很不错了，可以傲视别国了，是没有内外债的强国了。这种观点，成为这一时期宣传上的一个模式。直到中共十一届三中全会时，抬头环顾世界，才发现大大落后了。当然，不能否认自力更生理论本身是对外部世界不公正对待我们的反映，也有其积极的一面。但当这种理论作为一种政治上的争论而产生和存在时，就没有也不可能产生真正的、有比较的自力更生理论体系，就没有可能真正地、独立地对"洋奴哲学"、"爬行主义"这类流行观点作进一步分析。因此，此时期的对外开放理论总基调仍是排外的，批判的。

三是出现了一些在涉外经济关系上的实用做法，比如，贸易上，提出出口为进口服务，进口为工业化服务，强调贸易为使用价值服务；在借用外资方面，重进口信贷而不允许直接外商投资等。可以把这些做法归于一种"从属性"观点。这些观点低估了出口作为国际分工中组成部分的作用，降低了为增加价值服务的重要地位，正如众多学者的一个共识，即对外不开放有被动的、客观的一面，不完全是自愿的选择。另一方面要看到，这些观点也反映了在对外封闭的历史条件下，并不是排除一切涉外经济活动，而是有一些保留或发展。当然，这是极其有限的。在这近 20 年的时间里，只要客观条件许可，对外贸易和引进还是力求扩大一些，比如 20 世纪 70 年代中后期就有过一些大的引进。

对外开放理论的第三个阶段是 1978 年中共十一届三中全会以来的 30 余年时间，这一时期逐步形成了全方位开放的对外开放理论。开放初期，经济学界对于李嘉图的比较成本学说在对外贸易中的作用进行了初步的探索，论述了我国在对外关系中如何利用比较利益来获得经济的更大发展。如 1980 年袁文祺等在《中国社会科学》上发表的《国际分工与我国对外经济关系》一文。改革开放初期的理论界支持改革开放是主流，但也存在一些担心，比如，对外开放会不会使贸易受国际市场波动冲击，引进外资会不会被发达国家经济控制，发达国家的消费方式和生活方式会不会冲击和影响我国人民的思想。但随着理论讨论的深入，这些担心逐步得到消除，有些认识问题逐步得到了解决。而且，在这一过程中，理论学界逐渐肯定了资本主义国家的发展成就，客观冷静地分析了资本主义的产生和发展，认识到了在我国建设社会主义的过程中，是可以借鉴、吸收资本主义包括经济、科技等各个方面的优秀成果的。而随着改革开放的不断深入，我国的对外经济理论也获得了较大程度的发展。

我国改革开放 30 余年来，对外开放理论的发展是相对丰富的，其发挥的作用是也建国以来最大的。这一时期理论的特点就是结合中国国情，从国际发展趋势与中国改革进程结合上入手，探讨我国对外经济理论的发展。而这一时期的争论焦点主要不在要不要开放上，而是在如何开放上。

对外开放理论的深化，是与商品经济、市场经济理论的发展同步的。可以说，由传统计划经济向社会主义市场经济发展和演变，也是对外开放理论不断深化的一条主线。这反映了一个基本事实，即商品经济和市场经济，其本性是要求开放的，要求将国内市场与国外市场联系在一起。对外开放理论的深化，又是与西方国际经济学影响扩大同步的。西方国际贸易、国际分工、国际投资的理论，为我们传统的经济理论注入了大量市场经济下国际经济交往的新鲜理论，大大开拓了人们眼界，提高了理论的深度。特别要指出，开放与改革，相辅相成，互相促进。开放促进着改革，改革推动着开放。一些学者说，在某种意义上讲，开放成为改革的强大推动力。这个观点的确很有道理，符合我国改革开放30年所走过的道路。

对外开放理论中，有三个观点曾起过较大的作用，一是20世纪80年代的"机遇论"，强调和平与发展的国际环境是我国发展的难得机遇；二是20世纪90年代早期开始的"接轨论"，强调了按国际惯例办事，与国际经济一体化；三是20世纪90年代末期开始的"安全论"，强调在国际金融和经济一体化中要保护国家的经济安全，当前特别是要防范国际金融危机的冲击。

这一时期对外开放理论的形成与邓小平理论是分不开的。邓小平的对外开放理论有两个显著特点，一是长期性，二是全方位。首先，他把对外开放政策与社会主义现代化"三步走"战略联系在一起。他说："对外经济开放，这不是短期的政策，是个长期的政策，最少五十年到七十年不会变。为什么呢？因为我们第一步是实现翻两番，需要二十年，还有第二步，需要三十到五十年，恐怕是五十年，接近发达国家的水平。两步加起来，正好五十年至七十年"。他认为对外开放才能有助于实现翻两番的战略目标："我国年国民生产总值达到一万亿美元的时候，我们的产品怎么办？统统在国内销？什么都自己造？还是要从外面买进来一批，自己的卖出去一批？所以说，没有对外开放政策这一着，翻两番困难，翻两番之后，再前进更困难"。其次，小平主张全面地对外开放。他说："我们是三个方面的开放。一是对西方发达国家的开放，我们吸收外资、引进技术等等主要从那里来。一是对苏联和东欧国家开放，这也是一个方面。……还有一个是对第三世界发展中国家的开放。……所以，对外开放是三个方面，不是一个方面"。邓小平多次阐述了对外开放不单是中国的选择，也是世界经济发展规律对所有国家的共同要求。全球化、市场化、信息化是世界经济发展的趋势，其深刻地基础在于国际分工的新发展。

改革开放以来，尤其 20 世纪 90 年代以来，世界科技进步的步伐不断加快，国与国之间的联系日益紧密，国际贸易获得了蓬勃的发展，全球经济一体化的趋势明显。我国在这一期间，国内经济有了迅速的发展，积极参与了国际分工，并在国际市场上有了一席之地。但是，1997 年的亚洲金融危机使得学界更加认识到，在加快我国经济发展的同时，要注意我国的经济安全，防范和规避外部经济危机对我国的不利影响。学界对于这些问题进行了多方位的研究，在外汇储备、人民币汇率以及国际收支等方面取得了很多有用的研究成果。

对外经济理论是经济学研究的一个重要领域。涉及外贸、外资、外债、外汇、外援以及对外投资六个主要方面的问题。而对于我国而言，这些问题的研究相对比较薄弱，故本文主要从外贸、外资和外汇这三个方面对我国建国 60 年来的对外经济理论进行论述。

二、改革开放前的对外开放理论（1949～1978）

（一）外贸理论

在 20 世纪 50 年代，外贸理论与整个对外开放理论一样，尚没有形成系统的理论体系，仅限于一些阐述与外贸有关的重要观点。这些观点，按影响力，当首推党和国家领导人的见解和提出的相应政策。比如，毛泽东说，"中国人民愿意同世界各国人民实行友好合作，恢复和发展国际间的通商事业，以利发展生产和繁荣经济"。"关于同外国人做生意，那是没有问题的，有生意就得做"。这类主张对外贸易观点，是 20 世纪 50 年代的主导观点。当时涉外经济活动及其理论，从有关资料看，多归入了"社会主义阵营国际主义合作"的范畴。

20 世纪 50 年代对外贸易理论上主要有这样一些观点：（1）社会主义各国之间的经济关系是一种国际主义援助关系，是兄弟般的互助、合作关系。（2）平等互利、互通有无的贸易，是社会主义国家之间经济合作的主要形式之一。通过贸易关系进行互助合作，也就把社会主义各国从经济上联系起来了。在这个原则下，我们从社会主义国家得到了许多质优价廉的商品，其中不少商品是资本主义国家不愿卖给我们，或者是索取高价才能买到的商品。（3）社会主义各国对外贸易是根据协定有计划地进行的。最初是短期协定，后来一般都有长期的贸易协定。这就使社会主义国家产品的销售和原料供应事先有了保证。贸易按照稳定的和统一的价格来进行核算，虽然这种价格还是以世界市场的价格为基础，但这是在双方平等、自愿协商的基础上规定的，因此，认为它已经摆脱了资本主义市场的行情波动和价格繁多的现象。（4）随着社会主义各国生产的发展，各国间对外贸易额也不断地增长，1957 年比 1950 年增长了 16 倍。社会主义国家的绝大部分对外贸易是在社会主义体系范围内进行。苏联的全部对外贸易中，属于社会主义国家范围的占 80%。十年来，对社会主义国家的贸易在我国对外贸易总额中约占 75%。1951 年，中国同社会主义国家的贸易额占全国对外贸易总额的比重为 52.9%，1952 年至 50 年代末，都在 70%以上；其中对苏联的贸易额约占全国对外贸易总额的 50%。苏联提出的亚非拉国家与帝国主义国家不等价交换理论，对我国外贸理论与实践都产生了影响。从这些理论观点可以看到，20 世纪 50 年代的外贸理论主要是从党的政策角度和从外贸实践角度进行总结的，还不是完整的理论，更不是有理论深度的一套体系。

建国后 50 年代初期到 50 年代末，中国同社会主义国家的贸易额占全国对外贸易总额从 50%左右不断攀升到 70%以上。其中，对苏联的贸易额占全国对外贸易总额的半壁江山。但随着 1960 年中苏关系的恶化，苏联政府废合同、撤专家、向我国逼债，中国和苏联、东欧的经济贸易交往急剧下降，对我国经济产生了不良影响，原来的"半开放"告一阶段了。"1960 年中苏两党关系破裂后，中苏贸易额为 16.7 亿美元，占中国进出口总额的 43.7%，比 1959 年下降了 21%，1961 年为 8.3 亿美元，1964 年又下降为 4.4 亿美元，1965 年为 4.1 亿美元，1967 年为 1.1 亿美元，1969 年则降至 0.5 亿美元"。"中国的对外贸易急剧萎缩，基本上关上了对苏联、东欧开放的大门"。1965 年，我们还清了对苏的债务，并开始把注意力更多放在自力更生上。而且我国长期的小农经济及其自给自足的思想给了闭关自守理论深厚的基础。20世纪60~70年代，为使这种自然经济观具有马克思主义的根据，通常是借用共产主义阶段的产品经济观来为之辩解和论证。这是这一时期对外经济理论的一个重要特点。

"文化大革命"运动时期"四人帮"的理论把20世纪60~70年代的闭关自守论推向了顶端。在极"左"思潮的严重影响下，出口初级产品被说成"出卖资源"，积极增加出口创汇则是"外汇挂帅"，引进技术是"崇洋媚外"、"爬行主义"，甚至集中攻击对外贸易部是"卖国部"。"四人帮"全盘否定了发展社会主义对外经济关系。他们提出，"社会主义国家国民经济的高速度发展，不取决于国外市场，而是取决于社会主义制度和计划经济的优越性，取决于国内劳动人民的努力奋斗"。这种完全否定国外市场重要性以及必要性的观点，把独立自主、自力更生推向了"闭关自守"的错误解释上。"四人帮"反对社会主义国家对外经济关系的理论依据是国际分工有害论。当时的教科书把国际分工看成是"帝国主义奴役和掠夺世界人民的反动理论，是霸主和附庸之间的分工"，是"帝国主义向外侵略和扩张的工具"。但是，如果否定了国际分工理论，也就否定了国际贸易的基础，否定了国际经济交往的必要性。在这种错误思想的引导下，中国对外贸易额自1967年至1969年连续三年停滞、下降，甚至几乎中断，中国同世界隔绝了。

"文化大革命"中的外贸理论被完全意识形态化了，"左"的观点达到了极点。在一本《社会主义政治经济学》中讲："社会主义国家的对外贸易，同资本主义国家的对外贸易根本相反，是一种完全新型的对外贸易，它受社会主义基本经济规律的支配，是无产阶级进行社会主义革命和社会主义建设的工具"。"四人帮"及其舆论工具，以各种理由来否定对外贸易的必要性。他们认为："对外贸易完成的贸易额越大，对国内生产的破坏也就越大，帮助外国资本家吸国内工人农民的血也就越多，丧权辱国的事情也就越多"。"进口的装备越多，出卖的资源越多，国民经济的依赖性也就越大。经济上丧失独立，政治上当然不可能自主"。"同出口有关的工业部门将出现畸形发展，同出口无关或关系不大的工业部门就会受到压制，国民经济有计划按比例发展将会受到严重破坏，独立的、完整的国民经济体系将会受到摧残。这哪里还谈得上独立自主地建设社会主义?"这一套理论否认外贸有自己的规律,否认有国际共同的规则,否认外贸有必要性。因此,这套理论不仅不能指导实际的外贸工作,反而大大破坏和阻碍了我国与世界经济的交往。

在20世纪60~70年代,外贸理论与外贸实践存在脱节现象。这一时期依靠自己的资源,实行自力更生,既是外贸实践的基本方针,也使所有的外贸实践与理论,都具有了从属于这个方针的性质。在参加国际贸易的实践中,这种具有从属性的外贸理论的基本色调是自然经济。但只要存在外贸实践,就不可避免地带有某些商品经济的色彩,并反映到这一时期的外贸理论中。比如,当时理论界也提出国际交往中的平等互利问题,提出对外要收支平衡的问题。这个观点在建国初期已经存在,后来在实践以及理论概括中则得到了细化和丰富。实际部门也在务实地讨论两种贸易政策的选择,即进口替代和出口促进哪一种战略更有利,虽然这场讨论影响很小,并没有反映到我国的贸易政策上。但在实践中,外贸部门能做点什么就做点什么,扩大出口目的也是为了获取外汇,以便进口。而且由于与苏联等社会主义国家关系破裂,所以这一时期的贸易对象逐渐由苏东国家转为西方国家。中国对西方国家贸易额占全国对外贸易总额的比重由1957年的17.9%上升到1965年的52.8%。通过这些经济交往,大致上形成了新的格局。

需要指出的是,国际贸易不等价的理论不仅有理论上的影响,也有实践上的影响。1964年第一次联合国贸易发展会议上,政治上已独立的亚非拉国家,要求取消国际商品交换中的不等价交换,中国支持这一立场。这一理论的直接影响是,一方面中国对参与国际贸易越来越持否定的观点,认为与帝国主义国家不发生贸易往来是正确的,与社会帝国主义即苏联、东欧国家减少经济往来,是必要的。另一方面,当亚非拉国家与中国贸易时,要求中国作为先进的社会主义国家,要低价卖货高价进货,才是等价交换,才是支持民族解放运动时,给我国外贸也增加了一层困难。应当承认,在国际贸易中,交换基本上是等价的,不能用一国内部成本价来衡量国际价格。这种用政治关系处理经济交往的所谓不等价交换的观点,在改革开放后，被逐步淡化并消除。

对于我国建国后到改革开放前近 30 年的外贸理论研究，一位学者有这样的概括：外贸理论除去"文化大革命"时的极"左"观点，有影响的观点主要是三点。一是关于社会主义国家发展对外经济贸易是必要的，独立自主不等于闭关自守，自力更生不排斥争取外援；二是互通有无论，外贸就是要得到自己不能生产的东西，为了进口，就要出口创汇；三是经济服从政治，与社会主义国家进行贸易是发展友好关系，与第三世界国家进行贸易是发扬国际主义义务，与帝国主义国家做生意是为了团结那里的人民。这些理论认识对指导我国对外经济贸易发展起过积极作用。但理论研究几乎没有超出领导人见解范围的理论探讨。这个评价是比较客观的，准确的。

（二）外资理论

在引进外资方面，第一个五年计划时期只是对苏联、东欧开放。那时，我国从苏联、东欧引进了资金和技术。苏联分别于 1950 年和 1955 年以 1%～3% 的利息向我国提供贷款 3 亿美元和 23 亿美元。利用这两批贷款，我们从苏联引进一大批成套设备，建立了冶金、机械、汽车、石油、煤炭、电力、电讯等 149 个重点基础项目，从东欧国家引进 7 个重点建设项目，共为 156 项。这个时期引进的外资，对中国经济发展起了重要作用。

20 世纪 50 年代，理论界把社会主义国家之间的信贷关系，视为经济合作的一种形式。认为社会主义各国间的信贷关系，根本不同于资本主义世界中的借贷关系，资本主义的国际信贷是一些国家奴役和掠夺另一些国家的手段。社会主义国家间的贷款，则是在双方完全平等和条件极为优惠的基础上进行的，归还期限通常是 10 到 15 年，利息一般为年利 2%，有时还可免付利息，或者是使用贷款的头几年免付。得到借款的国家，可以用该国大量出口的普通商品，按公平价格来偿付贷款及利息。这些说明了社会主义国家间信贷关系的真诚互助实质。建国以来，苏联给我贷款以进口设备，对我国国民经济恢复和发展起到了重要作用。同时，我国也对阿尔巴尼亚提供了长期贷款。

对于引进技术，当时认为，社会主义阵营国家间经济合作形式的另一表现是提供技术援助和进行科学技术合作。提供技术援助，包括帮助设计、供应设备、传授生产技术和管理上的经验，帮助培养专家和技术人员等。社会主义国家间在科学技术上的合作，是通过如下形式实现的：互换关于工业企业建筑工程、各种产品的生产和先进工艺规程的技术设计书；互派专家了解科学技术成就和先进生产经验；各国科学研究机关之间建立直接联系以及举行科学会议等。为巩固这种合作，社会主义国家之间还缔结了长期的科学技术合作协定。自 1954 年中苏两国签订科学技术合作协定以来，我国从苏联取得 4000 多项先进的技术。1958 年，两国又签订了关于共同进行和苏联帮助我国进行 122 项重大科学技术研究的议定书。同年，苏联帮助我国建造的第一个原子反应堆开始运转。我国和东欧各国之间也进行了广泛的科学技术合作。到 1958 年年底，这些国家在工农业方面提供我国的技术资料有 800 多项。那时我们常引用的一句话是："问题不仅在于这种帮助是极度便宜的，技术上是头等的。问题首先在这种合作的基础，是互相帮助和求得共同经济高涨的真诚愿望"。在资本主义世界，没有援助，目的只是为了赚钱，为了掠夺和进一步奴役别的国家，或者是为了摆脱本国的危机。

到 20 世纪 60～70 年代，"四人帮"攻击利用外资是"引狼入室"。他们说："旧中国借了一百多年的外债，结果国家主权、国民经济命脉全落到帝国主义手里。邓小平主张接受帝国主义国家的资本输出，实际上是妄图将我国人民经过长期浴血奋战赶走的帝国主义势力重新引狼入室，让它们继续剥削和奴役中国人民"。其次，他们还否定引进技术的必要性，认为引进技术是"洋奴哲学"、"爬行主义"。他们说，"如果把经济建设的基点放在'引进外国技术装备'上，那么自己能制造的也用不着制造，自己暂时不能制造的，更用不着自己奋发图强去研究制造，只要向外国去进口就行了。即使自己制造一点，也只是照抄、照搬外国的设计和工艺，仿制外国的设备，跟在洋人屁股后面一步一步地爬行"。在"文化大革命"期间，围绕造船有过一场大的争论。当时在"四人帮"控制下的《人民日报》说："立足于国内造船，自行配套，还是依赖买船租船、仿制装配，这是关系到造船工业走什么道路的重大问题"。这种"道理"是极其荒唐的。都知道，在世界上的发明创造中，我国占的专利很小，如果否认引进外国先进技术的必要性，中国岂不真正永远要爬行在别人后面？

由于20世纪60~70年代是我国对外经济的不开放时期，所以在外资利用上，与外贸情况相似，也是大不开放小开放。公开的半开放理论消失了，开放理论更是被批倒批臭了。但向西方引进外资的情况还是存在的，虽然规模是十分有限的。自20世纪60年代开始，中国利用出口信贷的延期付款方式，从日本、英国、法国、联邦德国、瑞典、意大利、奥地利等国引进价值3亿多美元的成套设备。但由于科学技术和资金的不足，加之"文化大革命"的不利影响，引进效果没有很好发挥。到20世纪70年代初，中国引进外资方式没有大的改进，不过规模增大，截至1978年，先后两次贷款30亿美元和73亿美元引进大型设备，由于投资规模过大，超过国力，一些项目被迫下马或调整压缩。回顾这一时期的引进工作，大致可归纳为如下几点：一是引进外资主要是利用出口信贷和延期付款方式的间接引进。由于借来的钱大多数属于利率高、还期短的商业贷款，引进成本过大。二是引进的外资主要投在重加工业上。由于农、轻、重比例关系一直没有得到正确的解决，这种不顾客观规律的盲目上项目的做法，不仅造成宏观经济效益潜在损失，而且微观效益也不高，在一定程度上加剧了经济结构的失衡。三是建国后前30年引进的外资，主要是服务于计划经济的，一方面我们不应否定它对推动经济发展的作用，另一方面也要看到这种作用发挥得十分有限。

从这30年的情况看，引进外资方面理论的很少，基本上是按照自力更生为主、引进外援为辅的精神，从经济服从于政治的角度，进行一些为现行政策解释的理论分析，占主导地位的则是"四人帮"的反对引进外资的理论。

（三）外汇理论

早在1949年天津解放时，为恢复私营进出口贸易，人民政府公布了人民币对美元的汇价。人民币汇价不根据含金量计算，也不依附某种外国货币来计算，是根据对美国进出口商品比价，兼顾侨汇的原则来确定的。

人民币汇价以能照顾 75% 的大宗出口商品，按照人民币在出口中换汇成本来考虑对美元的比例，按照华侨日用品生活费用来考虑对港币的汇价。当时汇价是灵活调整的。人民币币值尚不稳定，如 1949 年当年，对美元的汇价变动了 42 次，美元汇价上涨了 286 倍。1950 年 7 月，取消了人民币汇价在津、沪、穗三地分别挂牌的办法，实行全国统一汇价。当时定为一美元等于 35000 元（旧币）。1950 年 9 月，改变银行买卖外汇收取手续费办法，实行人民币汇价买卖制度，当时的买卖差价为 1% 左右。1955 年实行人民币改革，1 元新币等于 1 万元旧币。当时人民币对美元汇价为 2.46 元新币。这一折算率一直使用到 1971 年 12 月，长达 16 年之久。

在外汇理论方面，20 世纪 50 年代理论界争论的核心问题是人民币汇价定在什么水平上是合理的。具体有这样几个问题：一是制定对资本主义国家货币比价的依据是什么？资本主义国家商品对外的价格呈长期下跌趋势，而国内价格却在上升，如何看？我国物价基本稳定，我们根据西方国家的国际价格决定汇价，还是根据其国内价格来确定比价？根据前者，人民币要下调，根据后者，人民币应升值。二是人民币与苏东国家比价关系，与西方国家货币关系之间是不协调的。因此，出现了在各种比价中套利的现象。对此有四种不同意见：一是认为要根据资本主义国际商品价格和国内进出口商品价格的对比来制定汇价。二是认为规定人民币的含金量，根据此来制定比价。三是人民币对美元比价应从对卢布比价套算，即保持同社会主义国家一致的原则。第四种意见是，人民币汇价应从两国国内货币购买力比较为基础。这四种意见都有利也有弊。在现实中，第四种意见比较可行，同时可吸收其他办法的可取之处。实际部门基本上按此办理的。

到 1971 年，世界货币体系放弃了黄金与美元挂钩、各国货币与美元挂钩的制度，实行美元双脱钩。此后，美元贬值，人民币相对升值，1971 年 1 美元兑 2.46 元人民币。1972 年 9 月对美元汇价重新挂牌，1 美元等于 2.2 元新币。1973 年 2 月后，西方货币实行浮动汇率，变动很大。人民币调整也变得频繁了。比如，1978 年人民币对美元的汇率就调整了 61 次。从 1968 年到 1979 年，人民币对美元上升 58%，而对欧洲各国货币有升的，也有降的。

对这 30 年的外汇管理如何看待？有两种看法是有代表性的，一种是基本肯定的。比如，有学者认为，从新中国成立到改革开放前，人民币汇率制定是基本合理的。"根据出进口商品比价和侨汇比价来制订汇价，实践证明是切实可行的。它比按两国全面的物价水平计算货币购买力平价更真实，比外贸部门的换汇本成更合理，因为有的换汇成本含有经营不善、损失浪费等不合理部分。这一时期灵活调整汇价的方针也是切合实际的。该升则升，该降则降，该变则变，不固守官价"。另一种看法是，中国实行高度集中的外汇管理体制，是上世纪 50 年代从学习苏联外汇管理工作经验基础上逐步形成的，外汇收支实行了全面的指令性计划管理，人民币汇价由国家规定。这种高度集中统一的、以行政手段管理的办法是和国家垄断对外贸管理体制相适应并为其服务的。在新中国成立初期，起过积极作用。但在某些方面集中过多，统得过死，依靠行政管理，存在着经济效益低、缺少灵活性和应变能力差的弱点，不利于充分调动各方面创汇的积极性。随着中国对外开放、对内搞活经济政策的贯彻落实，这种外汇制度的弊端越来越明显。其实，这两种意见并不完全矛盾。时代不同的，历史条件变化了，当时正确的理论，在新条件下就不能适应了。因此，这两种观点只是强调的重点不同而已。

三、改革开放以来的对外开放理论（1978～2009）

1978 年中共十一届三中全会以来的 30 多年时间，已形成了全方位开放的对外开放理论。这 30 年来，对外开放成为我国一项长期的基本国策，对外开放理论也进入了黄金时期，发挥了重大作用。

改革开放的总设计师邓小平阐明了开放的重要性，他说："对外开放具有重要意义，任何一个国家要发展，孤立起来，闭关自守是不可能的，不加强国际交往，不引进发达国家的先进经验，先进科学技术和资金，是不可能的"。邓小平多次阐述了对外开放不单是中国的选择，也是世界经济发展规律对所有国家的共同要求。全球化、市场化、信息化是世界经济发展的趋势，其深刻的基础在于国际分工的新发展。他还强调"开放是两个内容，一个对内开放，一个对外开放"。邓小平思想是 30 年来对外开放理论的强大思想武器，是指导对外开放的基本纲领。

在邓小平理论指引下，我国理论界摆脱闭关自守理论的束缚，从理论上论证了发展对外经济关系的必要性和必然性，并在涉外经济各方面开展了富有成果的研究。谷牧指出："实行对外开放是进行社会主义现代化建设的迫切需要"，"我们资金还不足，技术还落后，现代社会化大生产的经济管理还缺乏经验"。因此必须"积极引进资金，引进技术，引进人才、知识、经验，博天下之长为我所用，来加快四化建设的步伐"。季崇威认为："我国过去对国际间的经济技术交流缺乏紧迫感，同我们生产力水平低和商品经济不发达有关"。今后应该"坚持对外开放，面向世界，通过各种适当的形式加强对外经济技术交流，以促进我国现代化事业的发展"。罗元铮等认为，研究和学习外国在引进先进技术、利用外资、企业管理、国家干预和组织经济等方面的先进经验，可以提高按客观规律办事的自觉性，加速四化建设。理论界还从世界经济发展出现新动向的角度，论证了对外开放的必然性。有学者指出，新的科学技术革命，产业结构调整和转移，国际分工的大发展及其导致的经济生活国际化，都要求我们实行对外开放，努力发展对外经济技术交流合作。

下面我们从外贸、外资、外汇等三个方面来概述改革开放 30 年来对外开放理论的进展。

（一）外贸理论

改革开放以来，外贸理论研究开始活跃起来，取得了较大进展。理论界比较集中讨论了以下几个问题：

1. 关于对外贸易的作用

改革开放前，外贸的作用被简单化为互通有无，调剂余缺。说到底，就是从使用价值角度来看待外贸作用。比如，柯阳认为，"我国对外贸易的作用，主要就是在国际劳动分工的基础上通过对外互通有无或交流经济技术等，一方面充分实现我国出口商品的国际使用价值和国际价值，换取必要的进口商品的国际使用价值和国际价值；另一方面实现利用国际劳动分工提高我国劳动生产率的好处，从而加速发展我国社会生产力，促进国家经济建设，满足人们物质文化生活需要，调动人们劳动积极性，巩固和发展社会主义制度，加强维护世界和平，促进人类进步的物质力量和精神力量"。20 世纪 80 年代初，有学者提出了要重视外贸在价值交换方面的作用，要从国民经济盈利性角度看外贸。与此相关，要重新认识外贸的经济效益。袁文祺、王建民在 1982 年第 1 期《国际贸易》发表的《重新认识和评价对外贸易在我国国民经济发展中的作用和地位》、王林生的《试论社会主义对外贸易的地位和作用问题》（《国际贸易》1982 年第 2 期）、陈德照、谈世中的《实行对外开放是我国坚定不移的战略方针》（《国际贸易》1983 年第 5 期）以及季崇威 1988 年在《国际贸易》第 3 期上发表的《大力提高经济效益，扩大外贸新局面》等文，是这种观点代表性的文章。

20 世纪 90 年代后，这个问题的讨论更加深入。江小涓从工业经济发展与对外经济贸易结合角度，提出比较利益原理可以用来解释国际贸易格局的现状，但是，不能以获得比较利益作为落后国家对外贸易的长期目标，要看到发展中国家的"后发优势"，应致力于使外贸发挥促进国内工业增长、结构调整和技术进步的重要作用。从这样一个角度来认识外贸作用，实际上已超脱就外贸看外贸，而是从国民经济发展的整体考察外贸的作用了。因此，应当说，20 世纪 90 年代的认识比 80 年代有了深化。

进入 21 世纪，贸易作用的讨论已经不再局限在主要讨论对外贸易对中国经济增长速度的影响上，而上升到对经济增长的质量和产业结构的转换及升级上。吴仪指出，只有加快优化我国出口商品结构、经营主体结构、市场结构，增强外经贸发展后劲，实现外经贸与国民经济发展要求相适应的持续增长，才能使我国真正由贸易大国走向贸易强国，为国民经济的可持续发展作出更大贡献。龙永图在《世界贸易组织知识读本》中称对外贸易是经济增长的发动机及条件，认为对外贸易有利于经济、产业结构的转换，有利于资本积累，有利于加速技术进步和扩散，有利于提高劳动力素质并增加人力，有利于维持国际收支平衡，保持人民币汇率稳定以及增强我国参与经济全球化的综合国力。此外，学者们还从利用全球资源，提高参与国际分工的层次的角度，论述了对外贸易对提高综合国力的作用。樊明太认为，对外贸易对于引进新产品及其内含的新技术和现代管理经验，对于提高经济增长和实现经济结构转变和升级，具有不可替代的主要作用。他在具体分析了经济增长对对外贸易的依存度及对外贸易对经济增长的贡献度的基础上，指出，对外贸易对中国经济发展的影响主要方面并不是体现在对经济增长速度的影响上，而是体现在对经济增长质量和产业结构转换及升级上，体现在维持国际收支平衡，保持人民币汇率稳定上。俞新天指出，中国应充分利用周边发展中国家资源丰富、劳动力低廉的优势，逐步把劳动密集型和资源密集型的产业和产业环节转移出去，增加中国在国际贸易和国际投资中的效益。钟昌标从通过对外贸易，提高企业的竞争力的角度来论述了在经济全球化背景下，对外贸易对经济发展的重要作用。

加入 WTO 以后我国的对外贸易取得超高速增长，同时也推动国内经济快速发展，对外贸易增加了国民经济总量，优化了经济机构，改善了国际收支状况，有利支持和促进了我国经济体制改革，增强了我国的综合国力和国际竞争力，对经济全球化进程起到了极大的推动作用。

2. 关于对外贸易的理论基础

主要有几种观点：一种认为"比较成本论"和"国际分工论"可以作为我国对外贸易的一个指导原则。他们强调，不能认为比较成本是为帝国主义服务的理论，就不能作为我国对外贸易的一个理论。在这方面，特别要提出的是一篇有影响的文章，即袁文祺、戴伦彰、王林生在《中国社会科学》1980 年第 1 期上发表的《国际分工与我国对外经济关系》。这篇文章破除了理论禁区，首先提出了国际分工的必然性，提出比较成本学说有"合理内核"，提出社会主义国家要正确看待国际分工。还有不少学者持这种观点，如季崇威《应用比较成本论指导我国对外贸易，在国际贸易中取得较好的经济效果》（参见《外贸教学与研究》1981 年第 3 期），陈琦伟的《比较利益论的科学内核》（参见《世界经济》1981 年第 3 期）等。陈琦伟在《比较利益论的科学内核》中，论证劳动生产率不同的国家通过对外贸易，利用国际分工，都能达到在不同程度上实现社会劳动的节约，从而给交换双方在经济上带来利益；朱国兴、王绍熊在《关于马克思对李嘉图"比较成本说"的评价问题》中论证通过国际交换可使贸易双方互利的问题等。

第二种观点是明确反对把比较成本学说和国际分工论作为我国对外贸易的理论之一。认为比较成本论是反劳动价值论的，是发达国家剥削发展中国家的理论工具；认为国际分工与我国建立一个完整的社会主义国民经济体系"总目标"是矛盾的等等。比如高鸿业指出，比较成本学说过去给落后国家带来灾难，今天仍然不利于落后国家，否则，中国将永远成为初级产品和劳动密集型产品的出口国。薛荣久和杨湛林等人的文章均代表了这种观点。薛荣久明确指出比较成本说不能指导我国对外贸易，他认为资本主义的国际贸易和国际分工不是以"比较成本说"为理论指导的，资本家始终非常敏感地注视着世界市场价格的变动。姚曾荫认为，完全按比较成本学说进行国际分工和国际贸易，只存在于教科书和某些经济学家的理论思维中，在现实世界早已不存在了。发达国家都不愿意为了所谓节约社会劳动而放弃保护贸易措施，大多数第三世界国家更不能按照比较成本理论行事。

第三种观点是介于这两者之间。大多数人认为，可以在一定条件下，将比较成本学说或国际分工理论作为一种可借鉴的观点，但不一定作为外贸的理论基础。如认为，利用"比较成本学说"参加国际分工和国际贸易，这决不是放弃自力更生的方针，而是使得一国的经济得到迅速发展，正是进一步巩固自力更生的基础。还有朱刚体强调如何成功利用比较成本说，且以日本利用"比较成本说"成功迅速地完成了经济结构改革的例子来说明这一问题。20世纪80年代以来，对市场经济国家外贸理论的引进，大大充实了讨论的内容，强化了讨论的市场经济取向，起到促进改革开放的作用。比如，生产要素禀赋理论、产品周期理论、需求结构相同理论等的引入，使外贸讨论理论性更强，角度更新，视野更广阔了。20世纪80年代中期以后，也有一些重要观点的争论，但影响相对小一些。比如，有人提到，我国对外贸易的理论基础是马克思的国际价值理论；有人认为应是以马克思的国际价值理论作为基础，同时吸收比较利益理论的合理内容；有人认为运用国际价值理论把古典比较成本学说改造成现代比较利益学说，作为我国外贸基础理论。但这一时期争论已不那么激烈了。

20世纪90年代后期，中国经济理论界再次展开了对于比较优势理论的理论探讨和争论。学术界从比较优势研究转向竞争优势的研究，转向国家竞争优势（整体竞争）和政府在形成一国产业和产品在国际市场上竞争优势中的作用方面的研究。洪银兴提出"比较利益陷阱"的概念，他认为单纯的由资源禀赋决定的比较优势在国际贸易中不一定具有竞争优势，单纯依据资源禀赋来确定自己的国际贸易结构，企图以劳动密集型产品作为出口导向，就会跌入"比较利益陷阱"。其实质是在告诫人们不要静止和僵化地看待比较利益理论，警醒那些单纯依据比较利益理论来制定本国的对外贸易发展的长期发展战略，势必会导致其国的资源配置和产业结构都跌入"比较利益陷阱"中去，长期下去将不利于发展中国家国民经济的健康发展和产业结构的调整与升级。王子先运用实证研究的方法对改革开放以来中国进出口商品比较优势的变化进行了分析和研究，提出一国资源禀赋的比较优势并不等于其国产业或产品在国际市场上的竞争优势，而比较优势是竞争优势的基础，但比较优势只有最终转化为竞争优势，才能形成真正的出口竞争力；同时还指出中国国内企业和产业将比较优势转化为竞争优势的能力较差，为适应知识经济和高新技术产业蓬勃发展的需要，中国外贸发展战略从比较优势导向转向以竞争优势为导向的轨道实为必然的选择。

3. 关于对外贸易的发展战略

外贸发展战略的探讨也是经贸学术界学者们讨论的一个热门话题，主要围绕外贸发展战略的概念含义，制订战略的指导思想、理论依据、战略目标、战略重点、战略步骤和措施进行的。具体地对我国外贸发展战略的几个主要模式即进口替代战略、出口导向战略、国际大循环战略、平衡发展战略、大经贸战略以及科技兴贸战略等进行研讨。

20世纪80年代初期开始，一些专家就认为，采取进口替代政策，可以较少受到国际的影响，利于安定，适合国情；可继续实行保护政策，促进民族工业的发展；在现有的生产水平下，推行出口导向有困难；实行进口替代的战略，发展国内生产，逐步取代从国外进口工业品，特别是日用

工业消费品；实行进口替代为主的战略，通过引进一大批工业项目，建立
国民工业体系，积累了经验，为继续推行进口替代奠定基础。但另一些学
者认为进口替代战略过于强调保护国内市场，无法有效利用两个市场、两
种资源，必然限制外贸对国民经济发展的促进作用。因此，应加大出口导
向战略的分量。藤维藻指出：初级产品出口奖励、进口替代和出口替代是
发展中国家曾经或正在采取的较典型的发展战略，由内向型向外向型发展
是生产社会化不断加深的客观要求，问题是不可把它们的转化顺序、发展
阶段绝对化和简单化。一个国家在经济发展的某一个阶段，虽然往往侧重
于某一贸易战略，但并不排斥实行其他形式的若干内容。20 世纪 80 年代
中后期，随着对外贸易在经济发展特别是在工业发展规划中地位的提高，
对外贸易发展战略与经济发展战略研究结合起来了。从沿海到内地，建立
和发展外向型经济成为潮流，出口导向型战略影响也在扩大。王建提出的
国际大循环理论有很大影响。他认为，我国经济是发达的重工业与落后的
农业并存，对内优先发展农业、轻工业，对外引进外资和发展制造业出口
的战略，都不能带动我国经济长期较快地发展。要解决这一结构性矛盾，
必须走国际大循环的道路，即通过发展劳动密集型产品出口，换取外汇，
为重工业发展取得所需的资金和技术，再用重工业发展后积累的资金返回
来支持农业，通过国际市场的转换机制，沟通农业和重工业的循环关系，
达到消除我国"二元结构"偏差的目标。国际大循环理论引起热烈的讨
论，赞成者有之，反对者也有。这一新的思路受到当时中央领导同志的重
视，对政策形成起到了积极作用。石水认为，国际大循环构想，顺应传统
产业海外转移浪潮，通过发展劳动密集型产业走"外向型"经济发展道
路，为我国农村工业化提供了一把金钥匙，为我国重工业高级化的资金积
累开辟了一条财路，使开放成为连接发展与改革的纽带。

　　20 世纪 90 年代初，有些学者提出了平衡发展战略，试图在进口替代
和出口导向的综合发展中，寻求一条中性的不偏不倚的道路。所谓平衡发
展战略是一种既不歧视出口，又不贬低进口，既不过度补贴出口产业，又
不过度保护进口替代产业的政策体系和生产体系，是要建立一种不偏不倚
的中性的开放经济。他们认为，此战略正适合我国国情，因为它融合了进

口替代和出口导向两种战略要素，适合我国这样一个已经建立了比较完整的工业体系的超大国经济。桂世镛、魏礼群提出，应当实行出口导向与进口替代相结合的战略。他们认为，基于中国是一个大国且已经建立了一定的工业基础这一国情，单纯地采取"进口替代战略"或"出口主导战略"都不可取，应二者结合。要把发展加工业的出口放在优先位置，着眼于多出口，多创汇，同时积极引进先进技术，改造和发展国内制造业、能源工业和原材料工业，以减少和替代这些部门的进口。这一观点为多数人接受，对政策制定起了很大影响。

20世纪90年代中期，外贸管理部门提出的一种"大经贸战略"产生了很大的影响。这种战略的主要内容是，实行以进出口贸易为基础，商品、资金、技术、劳务合作与交流相互渗透、协调发展，使外经贸与生产、科技、金融等部门共同参与的外经贸发展战略。王子先认为"大经贸战略"实施，有利于打破部门和地区界限，增进竞争，促进专业化协作，促进产业结构调整，对推动我国改革开放尤其是外经贸领域的改革开放具有十分积极的意义。相当多的专家同意这种提法，但根据自己的理解，进行了各自的解释。比如，有的认为这是把内外贸结合起来，贸易领域不再搞两个部门管理；有的理解是贸易与生产的结合，可以像日本那样，搞通产省，减少政府对生产和流通的直接干预，等等。这种战略一改过去就外贸谈外贸的传统思路，在实践中起了有益的作用，对发展民间的对外贸易和推进外贸体制改革，打破部门分割，促进部门联合，推进机构改革，均产生了实际的影响和作用。

上世纪90年代后期，为了应对亚洲金融危机造成的困难，加速我国由外贸大国向外贸强国的转变，大力推动高新技术产品出口，加快我国适应知识经济时代到来的需求。我国提出了"科技兴贸"的战略。外经贸部副部长张祥指出："科技兴贸"战略的实施对当前和今后中国对外贸易的发展具有十分重要的意义。"科技兴贸"战略是"科教兴国"战略在外经贸领域的具体体现。是我国适应国际竞争的必然需要和贸易大国走向贸易强国的必由之路。尤宏兵则具体地从入世后中国需要更深层次地参加国际竞争，实现中国出口商品结构调整，培育我国外贸出口新增长点，发展知识经济等方面论述了"科技兴贸战略"实施的必要性。"科技兴贸战略"的内涵更为丰富，是更符合我国外贸发展的一项长期战略，也必将成为促进我国由贸易大国走向贸易强国的必由之路。这一时期，对外贸易中提出的"以质取胜战略"、"品牌战略"、"走出去"战略、互利共赢战略等，都产生了实际的影响，并得到广泛的认同。

对外贸易发展战略是与对外开放的总思路相关的。在 2001 年中国加入世贸组织后，全球化背景下的对外开放有了很多新特点，学者们也是纷纷探讨如何应对新形势。李晓西在 2004 年提出对外开放的新思维，提出了 10 个转变：一是要把对外开放由政府主导向市场主导转变；二是要从发展中国家利益代表者向国际公法和规则的维护者转变；三是要从只关心国内经济稳定发展与关心国内外经济的综合平衡转变；四是要从追求国际收支顺差向追求国际收支平衡转变；五是要从世界工厂变成为世界市场；六是要由政府对外投资积极性转向企业对外投资的积极性；七是要从大规模的招商引资走向以平常心对待外商；八是要从强调知识产权上发展中国家的特殊性转向以维护知识产权国际规则；九是要强调内资企业的技术引进转向不分内外资企业鼓励技术创新；十是要把科学发展观推广到对外开放的领域中，扩大宣传经济与社会发展协调、人与自然发展和谐的大思路和价值观。这些观点产生了实际影响，尤其是从追求国际收支顺差向追求国际收支平衡的建议得到了决策部门的认可。在中央提出科学发展观的新形势下，学者们提出需要进一步研究的问题，比如中国社会科学院财政与贸易经济研究所所长裴长洪提出，要研究如何在科学发展观指导下进一步发展开放经济，如何理解外贸增长方式转变，如何统筹国内改革发展与对外开放的关系，如何加强自主创新、扩大自主知识品牌，如何处理扩大内需和开发国外市场的关系，如何通过建立贸易平衡机制解决贸易摩擦等。

4. 关于外贸体制改革的讨论

这是改革开放以来，外贸理论界讨论最多最热烈的一个题目。其中主要涉及这样几方面：

关于外贸体制改革的方向。20 世纪 80 年代初，有专家提出，我国外贸体制改革的方向是：对外贸易部负责研究发展政策，掌管方针政策的贯彻执行，负责对全国对外贸易活动的监督和管理；各专业外贸公司经营一些重要进出口商品，并负责对地方经营的商品进行协调和管理；一些具备条件的重要企业和联合体将直接经营对外贸易，它们各自独立核算，自负盈亏。戈辉认为，"改进动力性能和平衡性能是对外贸易体制改革的根本目标"。钟朋荣提出，外贸体制改革要实行四大转变。袁文祺认为，改革旧的外贸体制，使政企职能分开，变高度集中经营为分散经营，各外贸企业成为独立经营、自负盈亏的经济实体，才能实现社会主义对外贸易目的。学者们认为，政企分开是整个外贸体制改革的方向，也是解决外贸体制中管死与管活，国家和企业主要矛盾的关键。

自20世纪90年代改革开放进入全新时期后，外贸体制改革的方向是：统一政策，平等竞争，自负盈亏，工贸结合，推行代理制，建立适应国际通行规则的外贸运行机制。主要内容有：实行新的外汇管理体制，运用法律、经济手段，完善外贸宏观管理，转换外贸企业经营机制，逐步建立现代企业制度，强化进出口商会的协调服务机制等。有的学者提出，应立足于获取国际分工的利益和促进国内经济发展，核心是重构外贸的微观基础和制定宏观调控方法，造就一种具有自我调节能力，能及时灵活对动态比较利益做出正确反应的外贸运行机制。还有学者认为，我国外贸体制改革的重点是深化企业内部改革，企业改革的关键是尽快实现经营机制的根本转变，建立高效、灵敏、富于活力、完全自负盈亏的新的经营机制。邱杰等人探讨了外贸体制改革相对独立于整个国民经济体制改革的必要性与可能性，以系统论和控制论作为方法论基础，设计了新的外贸体制的"一揽子"转轨。

关于外贸体制的阶段。周小川提出了对外贸逐步放开的五个阶段：一是高度行政管理和数量控制阶段；二是开始利用经济杠杆的间接控制阶段与直接控制相结合的阶段；三是汇率合理化阶段；四是经济性和价格性手段逐步全面取代不必要的行政性手段阶段；五是货币自由兑换阶段。

对外贸改革中出现的现实问题的讨论，问题主要有：放开外贸与出现的不正当竞争和内部自相竞争，"对内抬价收购，对外削价竞销，肥水流到外人田"；放开经营以及汇率调整对国内通货膨胀的影响；外贸改革与其他改革的配套与衔接等。这些问题都成为理论界和政府部门关注和讨论的问题。最终的结论，多数人认为还是应从市场取向角度，支持和完善各项重大的改革，力求降低改革成本，建成外贸体制新体制。

改革开放 30 多年来外贸理论的进展，是与邓小平对外开放的思想分不开的。1978 年，邓小平提出了要突破经济管理体制权力过于集中，要有计划地大胆下放权力，发挥国家、地方、企业和劳动者个人四方面积极性，在经济计划、财政、外贸等方面给予更多自主权的改革思路。1979 年 4 月在中央工作会议上，邓小平听取了广东省的汇报后，提出要利用沿海优势，试办经济特区，并给予充分的外贸自主权；同年 6~7 月又批准广东、福建两省在对外贸易中实行特殊政策和灵活措施。此后，邓小平的理论一直推动着外贸改革的实践，也为外贸理论的研究指出了方向。

通过 21 世纪近 10 年的发展表明，本世纪我国外贸理论与实践都将有重大发展。外贸进出口中，国营部分将继续下降，但向提高国有经济控制力的方向转化，非公有制经济的出口将有大的发展。内外贸一体化的进程将加快。外贸理论将越来越与国际学术界靠近，有越来越多的关于全球化和内外经济相互关系的研究成果。

（二）外资理论

中共十一届三中全会确定了我国实行对外开放的政策，利用外资进入了一个新的阶段。2007 年底，全国外商投资企业注册登记数为 28 万余家，1979~2007 年累计实际利用外资总额达到 9545.65 亿美元，其中外商直接投资额达 7602.19 亿美元。2007 年度引进外商直接投资达 747.68 亿美元，居全球首位。这期间我国利用外国政府和国际金融机构的贷款、国际商业贷款等对外借款以及外商其他投资额累计达到 2000 多亿美元。对外借款主要是用于加强国民经济"瓶颈"项目，在能源、交通、煤炭、化工等工业方面完成了一批重要项目，如京秦电气化铁路，秦皇岛港扩建工程等。外商直接投资带来的先进技术和管理经验，填补了国内生产的某些空白，如电梯、彩色显像管、小轿车等，扩大了我国的出口和对外贸易，推动了市场竞争，对我国经济尤其是沿海经济发展起了很大作用。特别要指出的是，这一时期的外资理论也有了较大进展。有相当数量的论文、专著发表，在某些重大问题上，有比较深入的讨论。下面择要简述之：

1. 引进外资的指导思想

较早期的观点，主要是强调了马列关于利用外资的论述。认为马克思、恩格斯早就指出"过去那种地方的和民族的自给自足和闭关自守状态，被各民族的各方面的互相往来和各方面的互相依赖所代替了"。列宁提出："当我们国家在经济上还极其薄弱的时候，怎样才能加速经济的发展呢？那就是要利用资产阶级的资本。"由此证明，我们是可以利用外资的。邓小平在总结建国以来中国经济建设的历史经验和教训时指出，利用外资在我国改革开放的社会主义现代化建设实践过程中是非常必要的。1977年他主持中央工作后，开始思考如何拓展筹资渠道来加快中国经济发展。1978年10月，他批示"合资企业也可以办"，并指出"吸收外国资金肯定可以作为我国社会主义建设重要补充"，到了20世纪80年代后期，对引进外商投资主要是从对我国经济发展的利弊上分析必要性的，学者们主要是从实际效果来表明对引进外资的同意还是怀疑。20世纪90年代，党的十四大报告指出："当前必须进一步扩大对外开放，更多更好地利用国外资金、资源、技术和管理经验"；党的十五大报告中又一次要求我们"努力提高对外开放水平，积极合理有效地利用外资"；党的十六大报告提出"进一步吸引外商直接投资，提高利用外资的质量和水平"。进入21世纪，党的十七大报告指出："拓展对外开放广度和深度，提高开放型经济水平。……创新利用外资方式，优化利用外资结构，发挥利用外资在推动自主创新、产业升级、区域协调发展等方面的积极作用"。

2. 利用外资的基本原则和战略

改革开放以来，这个问题就开始了讨论。一种看法是："我国利用外资的基本原则和方针，可以归纳为：独立自主、自力更生、平等互利。"这种观点强调了维护国家主权，独立自主制定利用外资的方针、政策和法规；强调了在自力更生基础上利用外资，不能过分依赖外资，要保护自己的工业；强调了在合资和合作中，中外双方的平等互利，要保护外商的合法权益。这种看法在20世纪80年代的相当长时间内是主导性的观点，起过有益的作用。但可以看到，这种观点慎重有余，不够积极，只是在弥补我国资金不足角度上看待引进外资的。20世纪90年代后，曾争论过如何调整引进外资战略，一种观点认为，现在到了从引进中小外资到引进跨国公司的新阶段，从扩大数量到了提高质量的新阶段。这样概括引资战略，主要是从发展角度上看问题的。还有一种是从引进外资有利于促进改革和法制化角度提出来的，认为"我国90年代中后期引进外资的战略是：以加快我国经济发展的步伐为中心，以促进我国经济市场化、法制化和国际化进程为目标，继续积极有效地利用外资"。这种观点是对担心引进外资负面影响太大的一种分辩，强调了引进外资促进我国经济改革的作用。

我国20世纪90年代的利用外资战略，总起来说可以归结为是一种"以市场换技术"的战略。这一战略的实施，对加速我国企业技术进步产生了一定的效果。随着我国改革开放的不断深化、国内产业竞争力的提升，尤其是中国加入WTO后，这一战略的局限性日益明显。进入21世纪，一种新的观点认为，中国对外开放进入新阶段："资金等要素从单向流入为主向双向流动并重的格局开始形成，企业全球配置资源的能力增强，国内经济与外部经济的互动关系更加复杂"。中国要"综合考虑作为投资东道国和投资母国之间的利益均衡，考虑商品流动和要素流动之间的利益均衡，考虑保护国内市场和推动别国开放市场之间的利益均衡，以更积极和主动的姿态参与多边谈判，借助多边规则，平衡各方权益"。"更均衡合理地融入全球经济"，"推动全球贸易和投资体制更加合理与开放，为我国中长期经济发展争取较好的外部环境"。

20世纪90年代中期以后，较多讨论的问题是：引进外资的规模多大适宜？现在引进外资是不是太多了？一些学者认为，我国储蓄率高达35%以上，居全球之首，这些年外资流入过多，从1992年后，我国银行存款大大高于贷款，使国内资金过剩，已造成国内资金大量流向海外，导致外汇储备增长过快，因此，没必要大量引进外资了。这种观点的代表性学者如陈炳才等。另一些学者则认为，我国劳动力资源密集，需要与资本的结合；中西部发展，需要外资来投资；大型跨国公司来华投资仅为开始，远没到限制的时候；我国建设资金不足，将是长期的，外商投资不仅弥补资金不足，还分担了投资风险。因此，还需要大力引进外商投资。李晓西认为，"首先要承认，外商投资规模是市场调节的结果，你有吸引力，发展前景看好，有较好的投资环境，外商才会来。不可能事先计划好外商投资规模。现阶段我国经济对外资需求还是很大的，不仅中西部地区和基础产业（尤其是农业和电力），东部沿海仍然需要引进和利用外资。引进外资是一种机遇，要把握住，不要只看自己这一面。国内储蓄高要具体分析。城乡居民存款中，真正能用于投资是相当有限。外汇储备进行中长期投资也是不现实的，危险的"。

3. 引进外资的作用

经过 30 多年的发展，中国已经成为吸引外国直接投资最多的发展中国家之一。"总体上，外商直接投资对中国经济发展作出了积极的贡献。"与此同时，随着中国吸引外资的规模不断扩大，引进外资中存在和带来的一些问题也引起了学界广泛的思考。

余永定认为，在过去的时间里，外资对推动中国就业发挥了积极作用。但是外资在创造就业的同时，也通过竞争破坏了原先由国有企业提供的就业。FDI 对创造新增就业的贡献适中。江小涓认为跨国公司的技术外溢效应是明显的，并且大大加快了国内产业结构的升级。国务院发展研究中心对外经济研究部吕刚认为，"外资的技术溢出效应很不明显，未能对中国内生技术能力的培育起到促进作用"。麻省理工学院的黄亚生教授认为，中国对 FDI 的依赖反映了国内民间投资不旺的病症，大量 FDI 的涌入可能导致对国内民营资本的压抑。胡祖六认为，"没有实证证据表明 FDI '挤出'了有效率的国内投资。FDI 与民营投资相辅相成，在公有制为主的经济体制下一道渐渐壮大，成为今天推动中国经济增长的引擎"。"FDI 对中国资本形成的好处显而易见，对促进就业增加也立下了汗马功劳"。"FDI 给中国经济带来了技术转移，产生了外溢（Spill Over）效应"。"FDI 给中国经济最大的贡献是带进了全新的商业模式与管理模式，而不一定是高新技术"。

4. 引进外资与国家经济安全

20 世纪 90 年代以来，外商以并购国有企业的方式进行投资，而且并购重点转向效益较好的国有大中型骨干企业，有的则是在某一城市进行全行业的并购，如香港中策公司在福建泉州市和辽宁大连市的并购，这种做法在我国经济领域产生了很大影响。跨国公司进来后，其产品在中国市场上以其高质量和很强竞争力，也对我国企业形成巨大压力。在此背景下，保护民族工业的呼声开始高涨，对引进外资与保护民族工业的关系的讨论也很热烈。一些工业主管部门的研究人员认为，现在引进外商投资，是引狼入室，与狼共舞，我国自己的工业快要支撑不住了，国有企业将败在跨国公司手下。应当限制外资，保护国有企业。主张扩大引进外资的学者则认为，首先是要明确什么是民族工业。其次，要从中国引进外资中港台资本占70%的事实来讲民族工业，虽然统计时将港台视同外资，但不能否认港台资本也是民族的。还要看到，国内市场份额外资企业所占并不大，比如1995年是这个问题争论最高潮时，外资企业工业产值占我国工业总产值的比重不到5%。但由于外资企业生产的商品多为市场需要，因此，感到市场上外商企业的产品比比皆是。按现在这种情况发展下去，外资企业占市场份额还会扩大，但新的一代内资企业将会生长起来，合资和合作企业中中方力量也将最终成长起来。这个历史过程看看台湾经济发展史就可以知道。国内市场保护，最终是靠企业家，不是靠行政力量。更重要的是，如何来保护民族工业。一定要靠符合国际惯例的办法而不靠行政办法来保护。要使民族工业成为社会主义市场经济中有机组成部分，而不是特殊的被保护者。要从开放角度和积极态度支持适当保护，而不是从关门的消极的角度搞民族工业的保护。

"随着经济全球化程度的加深，国际投资的规模和影响力大大增强，'国家安全'的内涵在大幅向外扩展，已经由传统的国防军事领域向经济、社会领域延伸，由此产生了'经济安全'、'社会安全'的概念"。尤其上世纪90年代中期以后，外资企业对国内重要行业的龙头企业几次并购事件，如美国凯雷收购徐工、收购洛轴、法国SEB并购苏泊尔等，以及国内企业在海外并购遇到政治性歧视，再如联想集团收购美国IBM的PC业务、海尔并购美泰和中海油收购优尼科等事件，诸如此类的事件不断发生，不断唤醒我们对外资并购影响国家安全的意识，从而引发了国内关于外资并购影响国家经济安全的广泛关注。一种观点认为，"随着中国加入 WTO，对外资限制降低且某些政府盲目地引进外资，在带来收益的同时，也使得国家经济在丧失某些主权，严重威胁着国家经济安全"。"在鼓励大量引进外资的同时，也必须对某些重要行业的外资并购进行限制，例如装备制造业、金融业、能源业、矿产开采业等等，国家只有牢牢抓住这些关键行业，并完善相关法律法规和体制，才能在任何情况下都能稳定和发展国家经济，减小外资对于中国经济命脉的影响"。另一种观点认为，"笼统地认为外资并购装备制造业骨干企业会威胁国家经济安全过于夸大其词"。"外资并购只是全球通用的吸收 FDI 的一种形式，并且是一种行之有效的市场手段。并购并不一定构成行业垄断，并购本身也不会危及行业安全和经济安全，关键是加强审查和监督"。

利用外资是邓小平理论的重要组成部分。他说："搞社会主义，中心任务是发展社会生产力。一切有利于发展社会生产力的方法，包括利用外资和引进先进技术，我们都采用"。这是从生产力角度来评价引进外资，是有很强说服力的。邓小平认为，利用外资加速发展的积极效果要远远超过可能带来的副作用。他说："一个三资企业办起来，工人可以拿到工资，国家可以得到税收，合资合作的企业收入还有一部分归社会主义所有。更重要的是，从这些企业中，我们可以学到一些好的管理经验和先进的技术，用于发展社会主义经济"。因此，外商虽然有利可图，但更多的利益在我们自己这边。

展望 21 世纪，我国引进外资总趋势将平缓下降，但会时高时低的保持一定的数量，高时仍可达 400 亿美元，中期的平均水平也不会低于 100 亿美元。这一是因为我国将坚持对外开放的基本国策，更加积极的走向世界，完善全方位、多层次、宽领域的对外开放格局，发展外向型经济。二是因为我国正在扩大引进外资的领域，进一步开放国内市场，比如，商业零售、外贸业和旅游业的开放正在试点或扩大，会计、法律等中介机构也在扩大引进外资的试点，银行和保险业引进外资企业一直在进行中。不排除在 21 世纪的某一阶段，由于我国经济的发展出现新高潮，尤其是中西部发展加快，引进外资出现一段时期的高潮。三是因为我国经济的持续增长，宏观环境不断改善，增强了外商投资的信心。四是一些鼓励外资的政策还将持续一段时期。比如，对高新技术项目和产业政策鼓励的外资项目，其进口自用设备，凡属国内不能生产的，将免征关税和进口环节增值税等。因此，对外资的鼓励效应仍将会持续相当一个阶段的。在外资理论的研究上，会有系统的、突破性的理论成果问世。这是因为这些年引进外资的实践和已有的研究成果，已为重大理论突破提供了基础；而进一步与国际交往和学术交流，将会促使中国的学者们在若干重大问题上取得突破。这些问题可能有：一是跨国公司作用的研究将会越来越重要，与现在已有研究成果不同之处，将是理论性更强，更系统化，更着眼于从全球范围进行分析。二是对如何管理好已来华投资的外资企业，并促使其按我国法律办事方面，将会成为研究重点。如何更多引进外资的问题将不成为热点，由此引发的争论也大大减少。三是引进外资与向海外投资的双向研究会加强。后者将越来越成为被人关注的问题。四是引进外资中，外商直接投资的研究将有所减少，而对引进证券形式的外资研究将增多，利用国债形式和借用国际组织或商业贷款的间接引进外资的研究也将增多。

（三）外汇理论

改革开放以来的三十多年，是我国外汇体制改革取得很大进展，外汇理论开始系统化的新阶段。改革开放前，我国外汇一直是国家统一集中管理，中国银行处理外汇业务。1979 年 3 月设立国家外汇管理总局，直接由国务院领导，各省市则设立管理办事处。国家外汇管理总局的任务是制定外汇政策和法令，统一经营外汇，监督外币支付，保证外汇收支平衡，以及公布外汇汇率。1979 年根据外贸出口换汇成本，制定了 1 美元等于 2.53 元人民币的目标汇价。1980 年国务院颁布了《外汇暂行管理条例》。考虑到外贸出口的合理利润，为解决出口难和出口亏损问题，1981 年 1 月始，全部进出口实行 1 美元等于 2.80 元人民币的贸易内部结算价。从这以后，理论界对汇率问题进行较大规模的讨论开始了。加入 WTO，尤其是 2003 年以后，由于美欧等国对人民币币值的质疑，围绕中国汇率水平高低和汇率制度的合理性的讨论非常热烈。

综观 30 多年来的外汇理论的讨论，有三个显著的特点，一是问题比较集中；二是联系实际非常紧；三是讨论比较有深度。主要讨论的问题有这样几个：

1. 人民币汇价制度应是单一汇价制还是双重汇价制？

这个问题是由 1981 年实行内部贸易价结算价后引起的。在 1983 年 6 月召开的中国国际金融学会第一次学术讨论会上，多数学者认为，1981 年后实行 1 美元兑 2.8 元人民币的贸易内部结算价格未达到预期效果，应予改革，应将双重汇价改革为单一汇价。学者们认为，单一汇率具有更简明特点，便于管理；不能靠双重汇价来对个别商品价格进行补贴；我国作为国际货币基金组织成员国，实行双重汇率，在对外影响上也不利；单一汇率比双重汇率有利于维护人民币信誉和人民币汇率的稳定。吴念鲁认为，国际上一些国家搞双重汇价，但西方国家与东欧国家不同。中国现在实际上也是双重汇价，类似于东欧国家。因为，人民币不是自由兑换的，不是由市场供求决定的；人民币贸易内部结算价定位低，而非贸易汇价定值高，与西方国家相反；人民币贸易内部结算价主要是对外贸易出口贴补的手段。他认为，应当实行单一汇价，取消内部结算价，在单一牌价基础上，对进出口商品按大类进行补贴、加成、征税，以体现进出口贸易盈亏的真实情况，消除两种汇价引发的矛盾和混乱，以适用于我国对外各种性质的支付结算。很显然，理论界对实际部门政策操作，有不同看法，这促使实际部门思考，并在后来取消了双重汇率。

2. 人民币汇价水平的确定

20 世纪 80 年代以来，理论界曾热烈地讨论过确定我国人民币汇价水平的理论依据是什么？有人认为，汇价要以物价水平相对变化率来定，应以马克思的价格论作为基础，将购买力平价学说加以改造并吸收其合理部分后，作为我们中长期制定人民币汇价的依据。还有人进一步认为，要把汇价水平建立在狭义的购买力平价理论上，即不用两国全面的价格水平比较来确定人民币汇价，而只用可贸易商品的国内外比价作为依据，即只用进出口物价平均换汇成本为依据。也有专家认为，应以马克思国际价格理论为制定人民币汇价的理论依据。汇价实质是一国货币的对外价值与他国货币对外价值的比率。国内价值实际上反映了社会平均的必要劳动时间，国际价值则反映了世界平均劳动单位。因此,在人民币理论汇价测定中,不是比较两国国内的消费物价水平,也不是比较进出口商品的各自国内售价,而应比较进出口商品用本币表示的国内售价与用可兑换货币表示的国际市场价格相互折算的比率。或者,按照价格围绕价值波动并在长期内与价格相符的原理,可以用出口换汇成本和进口商品销售比价来替代尚无法直接测定的国际价值,并考虑进出口商品各自在对外贸易总额中的比重来加权测定人民币汇价水平。具体测算人民币汇价水平,学者们提出了五种方式:一是以出口平均换汇成本为主;二是以进口和出口商品的国内外价格比率;三是进出口商品的国内外价格比率,并参照与非贸易的净收入;四是以进出口商品的国际价格比率为主,并综合考虑非贸易项目和无偿转移项目及国际资本流动项目的影响;五是按照进出口贸易的平均比较利润相等的原则来确定。应当说,以后关于汇价确定的讨论,基本上是在此基础上进行的。

在 2003 年以后,就欧美国家对人民币升值施压,国内多数专家认为,要求人民币汇率升值,是美国等大国国内收支不平衡和世界经济结构调整深化的结果。中国对世界经济的影响越来越大,也引发了各国借汇率来保护既得利益而提出的各种要求。比较一致的看法是,一国汇率水平是其经济实力的集中体现,综合国力增强了,劳动生产率提高了,本国货币必然升值。人民币升值水平,有主张高点,有主张低点。这方面论述很多,易纲教授的观点很有代表性。他认为,人民币汇率变化是源于中国经济的实力增强,劳动生产率提高是基础,经济体制改革的推进又提供了制度性基础。

3. 我国汇率制度如何改革?

对于我国汇率制度的改革,20 世纪 80 年代就开始了对这一问题的讨论。陈彪如认为,一国的外汇制度由汇率制度、外汇收支和外汇管理三部分组成。我国汇率的改革方向,应是有限弹性的汇率;汇率决定要与外汇收支的长期平衡为目标,外汇收支要逐步由行政命令式的强制性平衡改为市场调节式的供求平衡;在外汇管理方面,慎重地逐渐地开放外汇市场,有计划有步骤地放松管制,最后建立一个比较灵活松动的外汇体制。这个思路很有影响，被实践证明是正确的。季崇威认为，我国外汇体制改革主要包括五方面，一是改革外汇的计划管理，要把短期与长期、贸易与非贸易、外汇与财政、信贷、物资进行综合平衡。二是改革外汇留成制度，调动中央、地方和企业三方面的积极性，并应考虑在几个大的口岸和中心城市设立国家管理控制下的内部外汇调剂市场。三是建立适合我国国情的汇价制度，要既能反映国际国内价格变动趋势，又能体现我国的对外经济政策。四是逐步实行外汇批改贷，即把国家无偿批拨外汇制度逐渐改为贷款制度，同时，要实行用汇与创汇相结合，提高用汇的效益。五是革除外汇管理中的官僚主义和经营中的官商作风。显然，这个改革思路就更具体了。有学者认为，当前发展中国家汇率安排主要是把本国货币同某种由几个国家的货币按一定的权数组成的"货币篮子"挂钩。我国应选择一种最佳的进口权数货币"篮子"，将人民币的对外汇率同它钉住。一方面这具有稳定性，同时又可以进行调整；另一方面进口权数可因各种货币不同方向变动而自相抵消，因此，具有一定的自调节功能。有的学者不同意这种观点，认为"我国实行一篮子货币挂钩汇率，并不符合我国在经济上独立自主的原则和国家的经济利益，我们完全有条件实行独立自主的浮动汇率，把汇率建立在稳定的对内币值的基础上，才能正确地考核进口成本和出口成本，衡量贸易条件的变化。例如，港币贬值，就不能用港币反映我转港出口商品的实际收益，而如果人民币按一篮子挂钩就也会贬值，也不能反映我国出口商品的实际收益了"。

20世纪90年代初，学术界进一步讨论汇率放开的问题。厉以宁认为，放开汇率需要四个条件：一是商品生产者应当成为独立的利益主体，自主经营，自负盈亏，具有利益约束和自行成长的机制，只有这样，才能适应汇率放开以后的市场变化和价格变化。二是总供求关系基本平衡，涉外经济活动对外汇供求基本平稳，这时放开，不至于出现汇价大的波动。三是居民的资产选择形成了多元化的格局，不会因放开汇率而抢购外汇，引出风潮。四是国家财政力量充足，有能力维持经济和社会的稳定，能应付汇率放开后出现的各种动荡。这一时期，理论界对外汇体制改革基本上形成共识，具体方案则有不同。这种共识是：近期目标是人民币实行适度管理的单一市场弹性汇率制，长期目标是人民币国际化，实现可自由兑换。学者们认为，人民币走向自由兑换时间上较长，管制需要逐步放宽，应先从特区、沿海及内地的各大城市着手，率先放松外汇管制，同时进一步完善涉及企业、外商投资的法律和投资环境，扩大企业的用汇自主权；建立稳固的外汇储备，设立中央银行的外汇平准基金；进一步推进价格改革。综上可见，我国理论界在外汇理论方面的讨论是比较深入的，也是颇有成效的。

2005 年 7 月，中国人民银行发布公告称：我国开始实行以市场供求为基础、参考一篮子货币进行调节、有管理的浮动汇率制度。人民币汇率不再盯住单一美元，形成更富弹性的人民币汇率机制。中国人民银行将根据市场发育状况和经济金融形势，适时调整汇率浮动区间。同时，中国人民银行负责根据国内外经济金融形势，以市场供求为基础，参考一篮子货币汇率变动，对人民币汇率进行管理和调节，维护人民币汇率的正常浮动，保持人民币汇率在合理、均衡水平上的基本稳定，促进国际收支基本平衡，维护宏观经济和金融市场的稳定。人民币汇率制度改革，进入了以建立健全以市场供求为基础的、有管理的浮动汇率体制，保持人民币汇率在合理、均衡的水平上基本稳定为目标的新阶段。余永定认为，要"消除人民币升值恐惧症，实现向经济平衡发展的过渡"。"汇率制度改革增加了人民币汇率的弹性，同时又给中央银行干预外汇市场留下了足够的空间，从而保证了人民币汇率的稳定。中央银行必须把握好汇率的稳定性和灵活性，既不能忽视汇率的稳定性，也不能过度强调汇率的稳定性。否则，参考一篮子货币的汇率制度又会回到钉住美元的汇率制度，从而使我们的改革目标落空"。这是理论工作者也是实际部门工作者共同努力取得的重大成果。

四、关于区域开放理论

区域开放是从中共十一届三中全会以后才开始的。1979 年 7 月，党中央、国务院批准广东、福建两省在对外经济活动中实行特殊政策和灵活措施，标志着我国对外开放正式起步。不久，中央又采取了举办经济特区的重大步骤，开办了深圳、珠海、汕头、厦门四个经济特区。此后，又相继开放天津、上海、广州等 14 个沿海港口城市，在长江三角洲、珠江三角洲和闽东南地区、环渤海地区开辟经济开放区，批准海南建省并成为最大的经济特区。上世纪 90 年代，相继开放了上海浦东新区，沿江、沿边的一些城市，扩大了内陆省会城市的对外开放，还在一些开放城市的适宜地区设立保税区。目前，我国已对外开放 1000 多个县（市），已有海、陆、空一类口岸 240 多个。区域的全方位、多层次开放格局已形成。目前，对外开放正在由南到北，由沿海到内地逐步扩大和推进。在区域开放中，理论界的争论一直没有停止过。讨论的问题和不同观点主要有：

1. 关于经济特区经济性质？

从 20 世纪 80 年代初，兴办特区的同时，就开始了特区经济性质的论争。多数学者的看法是：经济特区是在社会主义国家管理下以国家资本主义为主要成分的多种经济成分并存的综合体。比如，许涤新认为，我国的经济特区，基本上具有国家资本主义的性质；认为在特区要有国营经济作为支柱和一定的集体经济，来同外资、外商发生接触，但只有吸引大量三资企业，特区才是成功的，合资、合作经济是国家资本主义的，外商投资企业是一种受到国家限制和管理的特殊的资本主义，带有一定国家资本主义的性质。于光远对此有不同看法，认为不能把合作、合资和"三来一补"等经济形式完全看做国家资本主义，因为在它们中有社会主义的经济活动，有我国社会主义劳动者的劳动，有我国社会主义资金，有我国社会主义的组织力量等等，而且还是主要的方面，这一方面，它的性质不是国家资本主义的，而是社会主义的。符大榜认为，特区内独资企业在经济上是独立的，并不与我国发生内在联系，其性质应是私人资本主义经济，而且其比重会不断增大。戴园晨认为，要把经济性质与社会性质区分开。那种对于特区多种所有制结构的发展怀有疑虑的想法，是不必要的恐资症。显然，这个问题的提出，没有离开姓"社"姓"资"的范围，是特区发展初期遇到的意识形态困难的反映。

2. 谁赚谁的钱？

特区发展与内地支持分不开，特区与内地开展了大量的贸易活动，并从价格差中获取了收益。有的学者指出：深圳在过去几年的急速扩大，基本上是不健康的经济增长，主要利用了中央给特区的特殊政策上的优惠，在市场调节力量的盲目牵引下，依靠赚内地的钱而来的。它的发展，在一定程度侵蚀了国家其他地区的发展利益。总之，特区之特，在于特权。在这方面，胡鞍钢观点有代表性。但大多数学者不同意这种看法。有的学者认为，特区发展是改革开放的重要组成部分，作为对外开放的窗口、试验场，意义非常重大。戴园晨指出：要正确看待特区赚内地钱和靠国家输血的问题。以深圳为例，从其开发初期三年建设资金来源看，近三分之一是外资，近三分之一是银行贷款，国家投资8%，中央各部、省属单位和财政拨款只占17%。可见，建设资金来源主体上是自筹的，不是国家财政划拨的。商品区域价差是正常的，赚这个利益是按市场规律运作的，且不仅会对特区有利，也是对内地经济发展的支持，是窗口作用的体现。

3. 关于区域开放战略

20世纪80年代初，多数学者认为我国对外开放只能是"梯度推进"战略，形成经济特区——沿海开放城市经济技术开发区——沿海开放城市——沿海开放地区——内地的不同层次。在实践中，也正是这样推进的。内地也有学者提出，要实行反梯度战略，要先开放内地，引进外资到内地，缩小沿海与内地经济差距。具体提出三种办法，一是取消或者减少对于经济发达地区的优惠政策，变地区优惠政策为产业优惠政策。但这种要求脱离中国国情，是一厢情愿，很难达到目标，在实践中也没能实行。他们提出的第二种办法是，增加国家对西部资金的投入，减少对东部资金的投入。但由于西部投资回报率低，舍了东部也保不了西部甚至整体更差，因此，也没有可行性。第三种意见是改革西部资源价格和东部工业加工品价格的不合理状况，为西部经济发展创造有利环境。这种意见是正确的。价格改革对达此目标也起了一定作用，中央对发展中西部的政策中也提出了这一条，但这毕竟是西部发展战略的一部分还不是西部开放战略。因此，并没有在开放战略中形成大的影响。到了20世纪90年代，我国对外开放形成了全方位开放的格局，这时，全国出现了很多增长极，甚至增长带。因此，支持这些增长极或增长带，成为理论界关注的课题。有学者提出要从梯度开放走向点面结合的全方位开放，马洪等学者提出开放沿边、沿江和沿海的三沿开放在学术界达成共识，并有力地促进了我国全方位的开放。

4. 西部大开发、振兴东北老工业基地与中部崛起

随着我国加入世界贸易组织进程的加快，对外开放进入了一个新的阶段，中部、西部和东北地区也将像东部沿海地区一样更加开放。

1999 年，国家提出西部大开发战略。2006 年 12 月 8 日，国务院常务会议，审议并原则通过《西部大开发"十一五"规划》，《规划》要求"积极扩大对内对外开放"，"充分利用西部地区与周边 14 个国家和地区接壤的有利区位条件，进一步发挥劳动力资源、土地资源、特色矿产资源丰富的优势，更好地统筹西部开发与对内对外开放，以扩大开放促进西部地区实现又好又快发展，以西部大开发推进我国实施互利共赢的开放战略，增强西部地区参与国际国内市场竞争的能力"。要"促进东中西区域协调互动"、"正确引导外商投资方向"、"构筑参与国际区域经济合作的新平台"、"用好国际金融组织和外国政府贷款"、"转变外贸增长方式"。要"扩大西部对内对外开放，加强与毗邻国家的经济技术交流与合作，大力发展与周边国家的贸易和边境贸易"。

2004 年，温家宝总理提出"振兴东北老工业基地与西部大开发战略，是东西互动的两个轮子"。关于振兴东北老工业基地，有人认为："改革开放以来，东北地区对外开放程度明显提高。对外贸易发展较快，利用外资规模日益扩大，国际经济合作也取得了一定程度的进展，但不可否认的是，东北地区的对外开放程度在全国仍处于偏低的位置，特别是远远低于东部沿海发达地区。在这种现实状况下，扩大东北振兴过程中的对外开放必须要有新思路，并制定出符合实际情况的政策体系。即应该以形成多层次的对外开放格局、有竞争力的区域对外开放布局、提高对外出口能力和推动出口产品结构不断优化为基本思路，并制定和实施以加强区域内部的协调与合作、加快对东北地区对外开放具有重大影响的基础设施和口岸建设、推动边境贸易快速健康发展等政策措施"。

2004 年 3 月，温家宝总理在政府工作报告中，首次明确提出促进中部地区崛起；2004 年 12 月，中央经济工作会议再次提到促进中部地区崛起；2005 年 3 月，温家宝总理在政府工作报告中再次提出：抓紧研究制定促进中部地区崛起的规划和措施，充分发挥中部地区的区位优势和综合经济优势，加强现代农业特别是粮食主产区建设；加强综合交通运输体系和能源、重要原材料基地建设；加快发展有竞争力的制造业和高新技术产业；开拓中部地区大市场，发展大流通。

随着促进中部地区崛起和西部大开发战略的加速推进，我国目前已初步形成东部发展、西部开发、中部崛起和东北振兴的四大区域经济合作发展的新格局。

五、关于涉外经济法制建设

对外开放的实践证明，尊重国际惯例，按照国际通行规则办事，是对外开放的一个重要方面。涉外经济中，法规是不可缺少的。改革开放 30 多年来，有大量的涉外经济法规。涉外法规是与涉外经济活动相关的，因此，越是开放程度高，涉外经济活动多，这方面法规才更充实。

改革开放 30 多年来，我国涉外经济立法之快，成果之丰，为新中国前所未有。在改革开放前，我国仅颁布过《对外贸易管理暂行条例》、《暂行海关法》、《进出口贸易许可证制度实施办法》以及海关监管、外轮运输等少数法律法规。涉外法律的理论研究和争论也是很少的。现已初步形成一个由规范国内涉外经济和参加国际条约两大方面的法律体系。可以说，这三十年是对外经济法规建设的黄金时期，主要涉及投资、税收、贸易、知识产权、合同仲裁等各方面的法律体系。这些法律，体现了平等互利原则，体现了尊重国际惯例的导向，旨在调整我国经济主体与国外经济主体的各类经济关系，比如，外资方面立法就会调整外商企业设立、变更、终止和经营管理过程中产生的经济关系。

国内法律涉及面很广，在外贸方面，有《对外贸易法》《海关法》、《商标法》、《专利法》、《进口商品管理条例》、《出口商品管理条例》、《反倾销条例》、《反补贴条例》等，涉及进出口贸易、涉外经济合同、海关、税收、商标管理、仲裁等各个领域。在外商直接投资方面主要包括：

《中华人民共和国中外合资经营企业法》、《中华人民共和国中外合作经营企业法》、《中华人民共和国外资企业法》、《中华人民共和国台湾同胞投资保护法》等关于外商投资企业的法律法规。外资立法维护了国家主权，保护着投资者合法权益。在我国政府缔结和参加的有关涉外经济条约主要有：《海牙公约》、《保护知识产权巴黎公约》、《联合国国际货物销售合同公约》和《建立世界知识产权组织公约》等；认可和采用了国际商会制订的《国际贸易术语解释通则》、《信用证明统一惯例》和国际工程师联合会编写的《土木工程国际合同条件》等。这些法规对保护涉外经济正常运转，保证国家必要管理，保护经营者利益，解决经济纠纷，促进经济新秩序的建立等，起到了极大作用。

经济立法中讨论的问题很多，最关键的矛盾是，涉外法律尊重和参照国际法律并与国际社会接轨的要求，如何与国内经济改革转轨现实相结合。完全按国际成熟的法律来制定涉外经济法，有助于和国外经济的联系与交涉，有助于获得国际社会的承认，有助于促进我国改革向市场经济基础上的法制方向努力。但是，我国经济的基础与国外有较大差别，是从传统计划经济转过来的，经济体制改革还正在深入，完全按严格的西方法律肯定是行不通的，还需要一定的变通。其次，经济生活的很多关系变化很快，按此时需要立法，法律难以稳定；不按此时需要立法，法律与现实有较大脱节，执法困难。无法，变革没有根据；立法，又常落后于变化。因此，经济生活的变化与法律的稳定性是存在较大矛盾的。此阶段的"暂行条例"形式的法规比较多见。再次，立法中的党、政、法三者关系本身还没有完全法制化。不少法律由主管部门来起草，使法规中带有部门利益的特点。虽然在多次征求意见和修改中，会降低部门利益的要求，但不可能真正消除部门利益，使法律的权威和公正性，受到一定影响。这些问题将会在有关法律的理论研究和讨论中，寻找到更有利的结合点；在实际中，选择更可行的操作。下一步，应以《对外贸易法》等有关法律为基础，加强研究有关国际经贸条约，从建立社会主义市场经济体制的要求出发，制定和完善对外经济贸易法律法规，增强国家涉外经济法律体系的统一性、规范性和透明度。展望未来，中国走向法治社会潮流不可阻挡，涉外经济法规将会有进一步的进展，以适应社会主义市场经济对外开放的需要。

六、简要结论

从建国 60 年来，尤其是改革开放 30 多年来对外开放理论的发展可以看到：

第一，一个国家，一个地区，如果要想使经济得到高速发展，就必须向世界开放。没有对外开放，也能发展，但只能是低水平的发展，慢速度的发展，将会不断地拉大与发达国家的经济差距。没有对外开放的胆略和智慧，就不可能有大步的前进。对外开放，就是要进入世界市场进行贸易，利用国际资本市场借用资金，改善投资环境引进外商投资和开办企业，本币与外币更自由的接轨，实行有管理的浮动汇率以与外部沟通，国内宏观调控把国际经济变动作为政策分析的重要因素，加强与主要的发达国家的经济交往等等。30 多年来，凡促进开放的理论，今天看起来就显出了远见，显出了水平。凡是反对对外开放的理论，尽管有不少论据，今天看来，就显得苍白和保守。因此，我们经济理论工作者，要在支持和推动对外开放方面继续下工夫，要在提高对外开放质量上工夫。

第二，我国对外开放理论的进展，是与计划经济体制向市场经济体制转变过程相一致的，与商品经济、市场经济理论的进展同步的。商品经济和市场经济，其本性是要求开放的，要求将国内市场与国外市场联系在一起的。开放与改革，相辅相成，互相促进。开放促进着改革，改革推动着开放。传统计划经济向社会主义市场经济发展和演变，是对外开放理论不断深化的一条主线。理论工作者在商品经济、价值规律以至后来的市场经济的大争论，都直接与对外开放理论的发展紧密相关。反过来，对外开放理论的进展，也极大地推动了经济体制改革的进程。一些学者说，从某种意义上讲，开放成为改革的强大推动力。这个观点的确很有道理，符合我国改革开放 30 多年走过的道路。这说明邓小平同志将改革和开放并列提出，具有重大意义。

第三，特别要指出，理论联系实际十分重要。对外开放理论，由于其复杂性和实践性，使理论界脱离现实的超前研究相当困难。大量有实际用处的理论，是先来自实际部门工作的初级形态理论，然后由理论界再归纳升华成某种体系。改革开放30多年来的理论特点就是结合中国国情，从国际发展趋势与中国改革进程结合上入手。理论界面对的大多是新问题，理论界也是在干中学，这就是对外开放30多年的现实。这就要求理论工作者更紧密联系实际，更深入调查现状，以提供更有价值的理论给社会。

第四，引进先进理论和知识很重要。我国对外开放理论是在邓小平理论指导下前进的，但很大程度上，也是在不断借鉴发达市场经济国家经验和理论的帮助下前进的。可以说，对外开放理论的深化，是与西方国际经济学影响扩大同步的。西方国际贸易、国际分工、国际投资的理论，为我们传统的经济理论注入了大量市场经济下国际经济交往的新鲜理论，大大开拓了人们眼界，提高了理论的深度。由于理论界先接触了西方市场经济国家的理论，因此，在运用于国内开放理论上，显出了一定的超前。如果没有这种学习，理论界就相当难有作为。这说明，我们在建立市场经济体制方面，要继续勇于和善于学习，学习世界上一切对我有用的理论和知识，多学点，学深点，才能在指导中国对外开放方面，取得较大进展，才能在此基础上，创造出中国特色的对外开放理论。

第五，理论界在对外开放各方面，总体上是清醒的、谨慎的。比如，在开放时序上，理论界持既推动又慎重的态度。对外开放是一个逐步开放的过程，不能不顾条件，一步到位搞与世界接轨，这样做，无益有害。从30多年对外开放情况看，我国是逐步在开放；从30多年改革开放的过程看，对外开放也是逐步在扩大，程度逐步在提高。又比如，对外开放理论中，理论界提出的四个观点曾起过较大作用，一是上世纪80年代"机遇论"，强调和平与发展的国际环境是我国发展的难得机遇；二是上世纪90年代早期开始的"接轨论"，强调了按国际惯例办事，与国际经济一体化；三是上世纪90年代末期开始的"安全论"，强调在国际金融和经济一体化中要保护国家的经济安全。当前学界突出的是讲大国的"责权论"，这是崛起的中国融入世界所特别需要的。这些重要论述，都反映出理论界能从国情出发，及时提出比较客观的应对思路为对外开放的实践服务。当然，开放是方式，是达到某种目标的手段。理论界还要对目标有更深的理解，这样才能真正对手段的研究更加深透。

第六，思想解放对理论研究有重大意义。新中国成立60年的理论研究，为什么主要成果出在改革开放以来呢？就是因为这30多年的思想解放，实事求是，让学者讲话，不断突破各种理论禁区，把政策研究与研究宣传区分开来，才出现了理论研究的大好时期。开放初期，理论界支持改革开放是主流，在对外开放方面，理论界的争论主要不在要不要开放上，而是在如何开放上。但也存在一些担心，比如，对外开放会不会使贸易受国际市场波动冲击，引进外资会不会被发达国家经济控制，发达国家的消费方式和生活方式会不会冲击和影响我国人民的思想。但随着理论讨论的深入，这些担心逐步得到消除，有些认识问题逐步得到了解决。

第七，对外开放理论研究将要上一个新台阶。我国的对外开放由有限范围、领域、地域内的开放，转变为全方位、多层次、宽领域的开放；由以试点为特征的政策性开放，转变为在法律框架下的制度性开放；由单方面为主的自我开放市场，转变为我国与世贸组织成员之间的双向开放市场；由被动地接受国际经贸规则的开放，转变为主动参与制定国际经贸规则的开放；由只能依靠双边磋商机制协调经贸关系的开放，转变为可以多双边机制相互结合和相互促进的开放；从扩大对外开放到统筹国内与对外开放，从提高对外开放水平到提高开放型经济水平。在新的基础上，我们的对外开放发生着根本性进步，我们的对外开放理论也将走向新的阶段。其中一个最令人关注的就是，我国政府现在特别强调科学发展和民主建设，这非常重要。大力推进政治体制改革，形成完善的政治民主制度，将为理论研究创造更为良好的环境，将迎来21世纪中国的全面进步。

第八，当前的世界经济已进入了全球化和一体化的新阶段。生产要素在全球范围内流动加快，各国、各地区相互融合、紧密联系，形成了一个复杂多变的国际政治经济新格局，各国也都在积极调整自己的定位，维护自身的利益。一个国家与世界的关系，仅用"对外开放"已不够了。中国的国际影响日益扩大，国际地位不断提升。2008年国际金融危机后，中国扮演的角色日渐重要，国际社会将中国推向了世界舞台的最前沿。中国在对外开放和国际定位上要有理性的判断，要处理好三个基本关系：第一，处理好发展国内经济和争取国际话语权的关系。第二，承担国际责任要和国情国力相吻合。第三，将同时积极处理好国内外经济失衡的矛盾，在与世界经济协调中发展自己。

结　语

　　小时候读《钢铁是怎样炼成的》一书，常为保尔·柯察金"人最宝贵的是生命"那一段警句所激动。当我自己走进黄昏暮年之时，再回首少年壮志、人生历程、社会变化，不禁万分感慨，我想再一次自述这段"生命语录"：人最宝贵的是生命。生命对于每个人只有一次。人的一生应当这样度过：回首往事，他不会因为虚度年华而悔恨，也不会因为碌碌无为而羞愧；作为一个当代中国人，他能够说：我的整个生命和全部精力，都献给了壮丽的改革开放事业——为振兴中华而奋斗。"少时含泪听近代，今日扬眉说中华，两鬓虽已白发生，不信天命信变法"。

　　最后，让我以一个小故事来结束。我们研究院是选择在六一儿童节的那天成立。2004 年三周年院庆时，我请来了于光远、杜润生、宋涛、张卓元几位德高望重的老经济学家，请来了北师大实验小学、幼儿园的孩子们。中国人民大学老校长黄达老先生因事不能出席，特地录了一段讲话派人送来。91 岁高龄的杜润生老先生说，儿童是我们的未来，是民族的希望，我们要为他们创造最好的成长环境。于光远老先生问孩子们："人怎样才能永远年轻?"一位小孩子回答说："只要心态年轻，那他就永远年轻"。这句话引起在场听众的热烈掌声。说到这，我要借题发挥的一句话就是：参与中国改革开放伟大实践的朋友们，各位经济学同仁们，让我们的心灵永远伴随着祖国前进的步伐跳动，让我们永远年轻!

参考文献

1. 北京师范大学经济与资源管理研究所:《2003 年中国市场经济发展报告》,中国对外经济管理出版社 2003 年版。

2. 曹洪军著:《外资并购与中国外资政策调整研究》,人民出版社 2005 年版。

3. 曹均伟著:《利用外资阶段论》,上海社会科学院出版社 2006 年版。

4. 陈琦伟著:《国际竞争论》,学林出版社 1986 年版。

5. 戴园晨著:《从封闭型经济走向开放型经济》,鹭江出版社 1993 年版。

6. 丁冰等著:《我国利用外资和对外贸易问题研究》,中国经济出版社 2006 年版。

7. 樊勇明著:《中国的工业化与外国直接投资》,上海社会科学出版社 1992 年版。

8. 方生主编:《走向开放的中国经济》,经济日报出版社 1991 年版。

9. 冯雷等著:《经济全球化与中国贸易政策》,经济管理出版社 2004 年版。

10. 韩克信著:《现代国际经济贸易问题》,中国对外经济贸易出版社 1990 年版。

11. 黄晓东著:《中国外汇储备增长问题研究》,西南财经大学出版社 2008 年版。

12. 霍建国:《中国外贸与国家竞争优势》,对外经济贸易大学出版社 2004 年版。

13. 江小涓著:《中国工业发展与对外经济贸易关系的研究》,经济管理出版社 1993 年版。

14. 江小涓著：《中国的外资经济——对增长、结构升级和竞争力的贡献》，中国人民大学出版社 2002 年版。

15. 江小涓、杨圣明、冯雷主编：《中国对外经贸理论前沿Ⅲ》，社会科学文献出版社 2003 年版。

16. 李岚清主编：《中国利用外资基础知识》，对外经济贸易出版社 1995 年版。

17. 林树众编：《利用外资与发展外向型经济》，中信出版社 1989 年版。

18. 刘兴华著：《汇率制度选择》，经济管理出版社 2005 年版。

19. 龙永图主编：《世界贸易组织知识读本》，对外经济贸易出版社 1999 年版。

20. 吕进中著：《中国外汇制度变迁》，中国金融出版社 2006 年版。

21. 卢进勇、杜奇华编著：《国际投资理论与实务》，中国时代经济出版社 2004 年版。

22. 鲁桐主编：《中国企业跨国经营战略》，经济管理出版社 2003 年版。

23. 罗志松著：《外资并购的东道国风险研究》，人民出版社 2007 年版。

24. 裴长洪著：《中国对外经贸理论前沿（4）》，社会科学文献出版社 2006 年版。

25. 裴长洪著：《经济全球化与当代国际贸易》，社会科学文献出版社 2007 年版。

26. 世界银行：《中国长期发展的问题和方案》，中国财经出版社 1985 年版。

27. 世界银行东亚与太平洋地区减贫与经济管理局：《中国利用外资的前景和战略》，中信出版社 2007 年版。

28. 世界银行：《中国利用外资的前景和战略》，中信出版社 2007 年版。

29. 苏宁主编：《中国利用外商投资问题研究》，国际文化出版公司 1996 年版。

30. 王洛林主编：《中国外商投资报告》，经济管理出版社 1997 年版。

31. 王建主编：《跨世纪发展中的利用外资战略》，中国经济出版社 1996

年版。

32. 王珏主编：《中国社会主义政治经济学四十年》（第三卷），中国经济出版社 1991 年版。

33. 王珏主编：《中国社会主义政治经济学四十年》（第四卷），中国经济出版社 1991 年版。

34. 王晓红著：《利用外资与中国经济新跨越》，社会科学文献出版社 2006 年版。

35. 王新奎著：《国际贸易与国际投资中的利益分配》，上海三联书店 1989 年版。

36. 王叙果著：《汇率制度安排与国家金融安全》，经济科学出版社 2006 年版。

37. 王梦奎主编：《亚洲金融危机后的中国》，中国发展出版社 2007 年版。

38. 王世春：《论公平贸易》，中国商务出版社 2006 年版。

39. 王允贵主编：《中国加入 WTO 后的外经贸发展战略》，中国计划出版社 2002 年版。

40. 武超主编：《外商对华直接投资调研报告》，中国财政经济出版社 1991 年版。

41. 吴念鲁、陈全庚著：《人民币汇率研究》，中国金融出版社 1989 年版。

42. 向松祚著：《汇率危局》，北京大学出版社 2007 年版。

43. 尹翔硕：《加入 WTO 后的中国对外贸易战略》，复旦大学出版社 2001 年版。

44. 尹艳林著：《汇率多轨合并与适度管理》，中国财政经济出版社 1993 年版。

45. 余永定、郑秉文主编：《中国"入世"研究报告：进入 WTO 的中国产业》，社会科学文献出版社 2000 年版。

46. 袁文祺著：《中国对外贸易发展模式研究》，中国对外经济贸易出版社 1990 年版。

47. 张二震、马青野、方勇等：《贸易投资一体化与中国的战略》，人民出版社 2004 年版。

48. 张小济主编：《中国对外开放的前沿问题》，中国发展出版社 2003 年版。

49. 张卓元主编：《论争与发展：中国经济理论 50 年》，云南人民出版社 1999 年版。

50. 张卓元主编：《改革开放经验的经济学思考》，经济管理出版社 2000 年版。

51. 张卓元主编：《中国经济学 30 年（1978～2008）》，中国社会科学出版社 2008 年版。

52. 北京师范大学经济与资源管理研究所：《中国市场经济发展报告 2003》，中国商务出版社 2003 年版。

53. 传统基金会《经济自由度指数报告 2003》在线资料。

54. 弗雷泽研究所《经济自由度报告 2002》在线资料。

55. 萨缪尔森、威廉·诺德豪斯：《经济学》（16 版），华夏出版社 2002 年版。

56. 尼古拉斯·R. 拉迪：《整个中国进入全球经济》，布鲁金斯协会出版社 2001 年版。

57. 樊纲、王小鲁：《中国市场化指数——各地区市场化相对进程报告（2000 年）》，经济科学出版社 2001 年版。

58. 李晓西：《转轨经济笔记》，广东经济出版社 2001 年版。

59. 陈宗胜等：《中国经济体制市场化进程研究》，上海人民出版社 1998 年版。

60. 中国国际贸易学会编辑出版委员会编：《形势与对策：中国外经贸发展与改革》，中国对外经济贸易出版社 2003 年版。

61. 中国人民大学经济系编：《政治经济学（社会主义部分)》（内部发行），中国人民大学出版社 1960 年版。

62. 朱威烈主编：《亚非国家的对外开放》，上海外语教育出版社 1988 年版。

63. 周宁著：《人民币汇率机制》，上海社会科学出版社 2007 年版。

64.《陈云文选》第三卷，人民出版社 1994 年版。

65.《邓小平文选》第二卷，人民出版社 1994 年版。

66.《邓小平文选》第三卷，人民出版社 1993 年版。

67.《江泽民文选》第一卷，人民出版社 2006 年版。

68. 北京师范大学经济与资源管理研究所：《中国市场经济发展报告》（2003 年版），中国对外经济贸易出版社 2003 年版。

69. 北京师范大学经济与资源管理研究所：《中国市场经济发展报告》（2005 年版），中国商务出版社 2005 年版。

70. 薛暮桥主编：《中国经济年鉴》，经济管理杂志社 1983 年版。

71. 陈锦华、江春泽等著：《论社会主义与市场经济兼容》，人民出版社 2005 年版。

72. 陈宗胜等：《中国经济体制市场化进程研究》，上海人民出版社 1999 年版。

73. 迟福林主编：《2006 中国改革评估报告》，中国经济出版社 2006 年版。

74. 董辅礽：《经济体制改革研究》（上、下卷），经济科学出版社 1995 年版。

75. 樊纲：《渐进改革的政治经济学分析》，上海远东出版社 1996 年版。

76. 胡锦涛：《高举中国特色社会主义伟大旗帜　为夺取全面建设小康社会新胜利而奋斗——在中国共产党第十七次全国代表大会上的报告》，人民出版社 2007 年版。

77. 江小涓：《中国的外资经济——对增长、结构升级和竞争力的贡献》，中国人民大学出版社 2002 年版。

78. 孔泾源、胡德巧：《中国劳动力市场发展与政策研究》，中国计划出版社 2006 年版。

79. 李剑阁主编：《站在市场化改革前沿——吴敬琏教授从事经济研究50年研讨会论文集》，上海远东出版社2001年版。

80. 李晓西：《转轨经济笔记》，广东经济出版社2001年版。

81. 厉以宁：《股份制与现代市场经济》，江苏人民出版社1994年版。

82. 林毅夫：《制度、技术与农业发展》，上海三联书店1994年版。

83. 马凯：《计划经济体制向社会主义市场经济体制转轨》，人民出版社2002年版。

84. 马立诚等：《交锋——当代中国三次思想解放实录》，今日中国出版社1998年版。

85. 王梦奎主编：《回顾和前瞻——走向市场经济的中国》，中国经济出版社2003年版。

86. 王振之、乔荣章：《中国价格改革的回顾与展望》，中国物资出版社1988年版。

87. 吴敬琏：《经济改革问题探索》，中国展望出版社1987年版。

88. 吴敬琏等：《中国经济改革的整体设计》，中国展望出版社1988年版。

89. 杨启先：《中国市场经济大思路》，中国统计出版社1993年版。

90. 于光远主编：《中国经济学向何处去》，经济科学出版社1997年版。

91. 张皓若：《辉煌的历程：中国改革开放二十年》，中国商业出版社1998年版。

92. 张琦：《中国利用外资的新战略》，经济科学出版社2003年版。

93. 张卓元：《社会主义经济中的价值、价格、成本和利润》，中国社会科学出版社1983年版。

94. 张卓元：《中国改革开放经验的经济学思考》，经济管理出版社2000年版。

95. 中共中央文献研究室编：《三中全会以来重要文献选编》，人民出版社1982年版。

96. 中共中央文献研究室编：《十二大以来重要文献选编》，人民出版社

1986 年版。

97. 中共中央文献研究室编：《十六大以来重要文献选编》，人民出版社 2005 年版。

98. 中共中央文献研究室编：《十三大以来重要文献选编》，人民出版社 1991 年版。

99. 中共中央文献研究室编：《十四大以来重要文献选编》，人民出版社 1996 年版。

100. 中共中央文献研究室编：《十五大以来重要文献选编》，人民出版社 2000 年版。

101. 戴园晨：《计划与市场结合的方式和结合中的摩擦》，载《商业经济与管理》1990 年第 5 期。

102. 董辅礽：《关于我国社会主义所有制形式问题》，载《经济研究》1979 年第 1 期。

103. 樊纲：《两种改革成本与两种改革方式》，载《经济研究》1993 年第 1 期。

104. 范恒山：《中国经济体制改革的历史进程和基本方向》，国家发改委网站，2006 年。

105. 高尚全：《用历史唯物主义评价中国改革》，载《新华文摘》2005 年第 24 期。

106. 高尚全：《中国的经济体制改革》，人民出版社 1993 年版。

107. 辜胜阻：《论社会主义市场经济的制度创新》，载《理论月刊》1995 年第 4 期。

108. 谷书堂、常修泽：《社会主义与商品经济论纲》，载《经济研究》1990 年第 6 期。

109. 顾海兵：《中国经济市场化程度测定不要陷入误区》，载《价格理论与实践》2003 年第 5 期。

110. 桂世镛、魏礼群：《重视运用和发挥市场机制的作用》，载《财贸经济》1985 年第 2 期。

111. 何建章、邝日安、张卓元：《社会主义经济中资金利润率和生产价格问题》，载《经济研究》1979 年第 1 期。

112. 何炼成：《再论社会主义商品经济》，载《经济研究》1985 年第 5 期。

113. 何伟：《大力发展混合经济》，载《经济研究》2004 年第 4 期。

114. 胡锦涛：《在邓小平同志诞辰 100 周年纪念大会上的讲话》，载《人民日报·海外版》2004 年 8 月 23 日。

115. 胡培兆：《"有计划的商品经济"一元论》，载《光明日报》1985 年 3 月 3 日。

116. 华生等：《论具有中国特色的价格改革道路》，载《经济研究》1985 年第 2 期。

117. 蒋学模：《"效率优先、兼顾公平"的原则是否需要修改》，载《学术月刊》2007 年第 5 期。

118. 蒋学模：《论计划调节与市场调节的结合》，载《经济研究》1979 年第 8 期。

119. 蒋一苇：《"企业本位论"刍议——试论社会主义制度下企业的性质及国家与企业的关系》，载《经济管理》1979 年第 6 期。

120. 李晓西、宋则：《从双轨制到市场化——经济体制改革总思路的调整》，载《财贸经济》1987 年第 12 期。

121. 李晓西、王逸舟、樊纲、王振中等：《市场化改革——深化改革战略选择》，载《世界经济导报》1987 年 11 月 30 日。

122. 李晓西：《农副产品购销体制面临新的突破》，载国研中心《农村问题论坛》1984 第 5 期和《红旗》杂志《内参卷》1984 年第 4 期。

123. 厉以宁：《计划体制改革中宏观经济与微观经济协调问题的探讨》，载《经济研究》1984 年第 2 期。

124. 林毅夫、蔡昉、沈明高：《我国经济改革与发展战略抉择》，载《经济研究》1989 年第 3 期。

125. 刘国光、赵人伟：《论社会主义经济中计划与市场的关系》，载《经济研究》1979 年第 5 期。

126. 刘国光：《关于社会主义市场经济理论的几个问题》，载《经济研究》1992 年第 10 期。

127. 刘国光：《经济学教学和研究中的一些问题》，载《经济研究》2005 年第 10 期。

128. 刘世锦、江小涓：《国有大中型企业改革的难点、实质与战略转变》，载《改革》1991 年第 1 期。

129. 刘世锦等：《政府职能转变的近期重点与远景展望》，载《经济学动态》2002 年第 10 期。

130. 刘伟：《经济发展和改革历史性变化与增长方式根本转变》，载《经济研究》2006 年第 1 期。

131. 卢中原：《未来 5～15 年中国经济社会发展的若干重大问题》，载《财贸经济》2005 年第 7 期。

132. 骆耕漠：《关于"计划调节"和"市场调节"的内涵》，载《籁江经济》1981 年第 11 期。

133. 马洪：《关于经济管理体制改革的几个问题》，载《经济研究》1981 年第 7 期。

134. 马洪：《建立社会主义市场经济新体制》，载《经济研究》1992 年第 11 期。

135. 宋涛：《对社会主义计划经济几个理论问题的认识》，载《经济理论与经济管理》1982 年第 4 期。

136. 苏星：《中国的计划经济与市场》，载《经济研究》1982 年第 8 期。

137. 孙冶方：《要理直气壮地抓社会主义利润》，载《经济研究》1978 年第 9 期。

138. 王珏：《发展混合经济有利于公有制经济的发展》，载《中国流通经济》2004 年第 4 期。

139. 王梦奎：《中国经济的回顾与展望》，载《中共党史研究》1992 年第 6 期。

140. 王琢：《社会主义政治经济学的新突破》，载《光明日报》1984 年 12 月 9 日。

141. 卫兴华、孙咏梅：《2005 年理论经济学的若干热点问题》，载《经济学动态》2006 年第 4 期。

142. 卫兴华、孙咏梅：《2006 年理论经济学的若干热点问题》，载《经济学动态》2007 年第 3 期。

143. 卫兴华、孙咏梅：《2007 年理论经济学的若干热点问题》，载《经济学动态》2008 年第 3 期。

144. 卫兴华、魏杰：《宏观调节手段的选择》，载《经济研究》1987 年第 4 期。

145. 魏礼群：《建立社会主义市场经济体制与加快计划工作改革》，载《宏观经济管理》1992 年第 12 期。

146. 吴敬琏、周叔莲、汪海波：《利润范畴和社会主义的企业管理》，载《经济研究》1978 年第 9 期。

147. 吴敬琏：《中国经济体制改革面临的局势与选择》，载《管理世界》1988 年第 4 期。

148. 肖灼基：《当前商品经济需要着重研究的几个问题》，载《北京社会科学》1986 年第 3 期。

149. 许涤新：《国民经济综合平衡和市场调节的问题》，载《财贸经济》1982 年第 2 期。

150. 许涤新：《在国家计划指导下充分发挥市场调节的辅助作用》，载《世界经济增刊》1981 年第 4 期。

151. 薛暮桥：《关于经济体制改革问题的探讨》，载《经济研究》1980 年第 6 期。

152. 薛暮桥：《关于社会主义市场经济问题》，载《经济研究》1992 年第 10 期。

153. 于光远：《关于社会主义经济的几个理论问题》，载《经济研究》1980 年第 12 期。

154. 张卓元：《中国经济体制改革的总体回顾与展望》，载《经济研究》1998 年第 3 期。

155. 周其仁：《中国农村改革：国家与土地所有权关系的变化——一个经济制度变迁史的回顾》，载《中国社会科学季刊（香港）》1995 年第 6 期。

156. 周为民、卢中原：《效率优先、兼顾公平——通向繁荣的权衡》，载《经济研究》1986 年第 2 期。

157. 卓炯：《破除产品经济发展商品经济》，载《学术研究》1979 年第 4 期。

后　记

在我交稿之际，想说说感谢的话。

首先要感谢人民出版社经济综合编辑室主任张文勇博士。没有他的约稿和催促，本书是没法完成的。虽然从开始编写到正式交稿，大概只有一个多月的时间，但写作本书的设想和思路在去年和他的一次交流中就已基本成形了。当然，即使这本书具有相当的基础，但若无极其紧迫的气氛，也是难以这么快完成的。出版社的同志们付出的劳动和工作的紧张程度是可想而知的。当然，我还想说，本书能被选入新闻出版总署庆祝新中国成立60周年"辉煌历程"重点书系，人民出版社的领导的信任与支持是非常重要的，在此谨对人民出版社的副总编辑张小平、副社长李春生表示诚挚的感谢！

曾学文副教授对本书提出了不少好的建议，且非常及时地回复意见，对我帮助很大。本书的编辑也是我院的博士何奎，他为此书的编辑出版付出了大量劳动。尤其是在本书的"引言"部分，他为我提供了一万多字的初稿，使一本回顾60年的书找回了历史的另一半。他非常认真地查阅和运用了资料，使我在修改时不必担心出错，没有再去翻查史料，保证了交稿的时间。刘一萌博士因正在完成国家自然科学基金委交办的一个关于国际金融危机的课题，对本书的第五章很有兴趣。在阅读中，她就该章的节名提出了很好的修改意见，我均采纳了。中国社会科学院的杨旭博士，为协助完成好本书"引言"部分，在最短的时间里提供了若干资料，为保证本书进度提供了帮助。秦健硕士在我紧张赶稿的这段时间里，帮助我校对、排版等，为我节省了很多时间。没有大家的帮助，在这么短时间完成如此长篇的论著是不可想象的。我想在此对大家热情的帮助，表示衷心的感谢。

最后还想说：

谢谢帮助过我的所有人！

谢谢催人奋进的社会！

谢谢改革开放的时代！

谢谢！

2009 年 9 月 15 日

责任编辑:张文勇　何　奎

封面设计:肖　辉

图书在版编目(CIP)数据

中国市场化进程——李晓西的观察与思考/李晓西 著.
-北京:人民出版社,2009.10
(辉煌历程——庆祝新中国成立60周年重点书系)
ISBN 978 - 7 - 01 - 008284 - 4

Ⅰ.中…　Ⅱ.李…　Ⅲ.市场经济-研究-中国　Ⅳ.F123.9

中国版本图书馆 CIP 数据核字(2009)第 167748 号

中国市场化进程

ZHONGGUO SHICHANGHUA JINCHENG

——李晓西的观察与思考

李晓西　著

人民出版社 出版发行

(100706　北京朝阳门内大街 166 号)

北京瑞古冠中印刷厂印刷　新华书店经销

2009 年 10 月第 1 版　2009 年 10 月北京第 1 次印刷
开本:700 毫米×1000 毫米 1/16　印张:32.75
字数:415 千字　印数:0,001 - 5,000 册

ISBN 978 - 7 - 01 - 008284 - 4　定价:68.00 元

邮购地址 100706　北京朝阳门内大街 166 号
人民东方图书销售中心　电话 (010)65250042　65289539